UTB **3189**

Eine Arbeitsgemeinschaft der Verlage

Böhlau Verlag · Köln · Weimar · Wien
Verlag Barbara Budrich · Opladen · Farmington Hills
facultas.wuv · Wien
Wilhelm Fink · München
A. Francke Verlag · Tübingen und Basel
Haupt Verlag · Bern · Stuttgart · Wien
Julius Klinkhardt Verlagsbuchhandlung · Bad Heilbrunn
Lucius & Lucius Verlagsgesellschaft · Stuttgart
Mohr Siebeck · Tübingen
Orell Füssli Verlag · Zürich
Ernst Reinhardt Verlag · München · Basel
Ferdinand Schöningh · Paderborn · München · Wien · Zürich
Eugen Ulmer Verlag · Stuttgart
UVK Verlagsgesellschaft · Konstanz
Vandenhoeck & Ruprecht · Göttingen
vdf Hochschulverlag AG an der ETH Zürich

Prof. Dr. Winfried Marotzki, geboren 1950, leitet seit 1991 den Lehrstuhl Allgemeine Pädagogik an der Fakultät für Geistes-, Sozial- und Erziehungswissenschaften der Otto-von-Guericke-Universität Magdeburg.

Dr. Benjamin Jörissen, geboren 1968, 2000-2004 wiss. Mitarbeiter am Arbeitsbereich Anthropologie und Erziehung der FU Berlin, seit 2004 wiss. Mitarbeiter am Lehrstuhl Allgemeine Pädagogik der Otto-von-Guericke-Universität Magdeburg.

MEDIENBILDUNG – EINE EINFÜHRUNG

Theorie – Methoden – Analysen

Benjamin Jörissen
Winfried Marotzki

VERLAG
JULIUS KLINKHARDT
BAD HEILBRUNN • 2009

Die Deutsche Bibliothek – CIP-Einheitsaufnahme
Die Deutsche Nationalbibliothek verzeichnet diese Publikation in der Deutschen National-
bibliografie; detaillierte bibliografische Daten sind im Internet über
http://dnb.d-nb.de abrufbar.
ISBN 978-3-7815-1644-1 (Klinkhardt)
ISBN 978-3-8252-3189-7 (UTB)

Einbandgestaltung: Atelier Reichert, Stuttgart
Titelillustration: Alexandra Bubenheim
Druck und Bindung: Friedrich Pustet, Regensburg.

Printed in Germany 2009.
Gedruckt auf chlorfrei gebleichtem alterungsbeständigem Papier.

UTB-Bestellnummer: 978-3-8252-3189-7

1 Einleitung

Der vorliegende Band bietet eine Einführung in das Konzept einer Strukturalen Medienbildung. Er führt klassische modernitäts- und bildungstheoretische Überlegungen mit Diskursen der Bild- und Filmtheorie sowie Ansätzen der internationalen Internet-Forschung zusammen. Das Konzept einer Strukturalen Medienbildung trägt dem Sachverhalt Rechnung, dass Sozialisation in der Moderne grundlegend und unhintergehbar medial erfolgt. Das hier entwickelte Modell beansprucht deshalb, die orientierenden Potenziale von Medien freizulegen. Es berücksichtigt dabei biographieanalytische, identitätstheoretische und anthropologische Aspekte ebenso wie gesellschaftliche, kulturelle und sozialisatorische Zusammenhänge von Medienkulturen.

Dieses Buch entfaltet zunächst ein modernes, bildungstheoretisch fundiertes Verständnis von Medienbildung (Kapitel 2). In Weiterführung des von Wilhelm von Humboldt ausgehenden Bildungsverständnisses werden die grundlegende Medialität der Moderne konzeptionell eingearbeitet und vier Dimensionen alltagsweltlicher Orientierung des Menschen entwickelt, die gleichzeitig vier grundlegende Reflexionsfelder darstellen: Wissen, Handlungsoptionen, Grenzen und Biographie. Die folgenden drei Kapitel präsentieren exemplarische Analysen in drei ausgewählten Feldern medialer Artikulationen: Kapitel 3 beschäftigt sich mit audiovisuellen Artikulationen. Am Beispiel von neoformalistisch orientierten Filmanalysen (Bordwell/Thompson) wird exemplarisch gezeigt, wie innerhalb der vier grundlegenden Dimensionen Reflexionsoptionen entwickelt werden und Reflexivität thematisch wird. In gleicher Weise wird mit visuellen Artikulationen (Fotografien) in Kapitel 4 verfahren, indem in der Traditionslinie von Erwin Panofsky ein Bildinterpretationsmodell weiterentwickelt wird und zur Anwendung gelangt. Schließlich wird in Kapitel 5 der neue Artikulations- und Partizipationsraum Internet thematisiert und die Reflexionsoptionen in den teilweise multimedialen Kommunikationsräumen und -architekturen analysiert, indem Trends der Entwicklung des Internet nachgezeichnet und aktuelle Phänomene (z.B. Communities) dargestellt und diskutiert werden.

Für jedes dieser drei Felder präsentiert der Band sowohl theoretische Grundlagen als auch ausgearbeitete Analysemethoden.

Im Zuge der sogenannten Medienkonvergenz wachsen traditionelle Medien mit modernen immer mehr zusammen. Zeitungen haben eine Onlineausgabe, Fernsehsendungen haben ihre Internetseiten. Deshalb haben auch wir zu diesem Buch eine Internetseite eingerichtet:

http://www.strukturale-medienbildung.de

Hier kann Kontakt zu den Autoren hergestellt werden. In den Bereichen Film, Bild und Internet Research informieren wir über unsere aktuelle Forschungsarbeit und präsentieren *best practice*-Beispiele studentischer Projekte. Ein Glossar informiert über wichtige Grundbegriffe dieses Buches und eine Linksammlung bietet interessante Zugänge zu Seiten rund um das Thema Medienbildung. Damit wird dem Trend Rechnung getragen, dass Wissenschaft grundsätzlich eine diskursive Plattform benötigt, die sich immer mehr in das Internet verlagert, weil auf diese Weise produktive Vernetzungen ermöglicht werden. Wir wünschen uns mit diesem Buch und der Internetpräsenz eine kreative Auseinandersetzung mit dem Medienbildungsgedanken.

Magdeburg, im Juli 2008

Benjamin Jörissen
Winfried Marotzki

2 Strukturale Bildungstheorie und Strukturale Medienbildung

2.1 Historische und zeitdiagnostische Gehalte des Bildungskonzepts

„Bildung" ist heutzutage ein verbreiteter Begriff. In politischen Grundsatzprogrammen und öffentlichen Diskussionen wird über Bildungschancen gestritten, die Bildungsmisere beklagt (Pisa) oder höhere Ausgaben für den Bildungssektor eingefordert. In diesen Diskussionen wird unter Bildung vor allem Ausbildung verstanden – also die Erzeugung bestimmter beruflicher Fähigkeiten und Kompetenzen. Es geht um die Ausbildungsmisere – Mangel an Lehrstellen, überlastete Universitäten etc., um schlechte Ausbildungschancen für Jugendliche und zu geringe Ausgaben etwa für berufsbildende Institutionen. In der privaten Alltagssprache verstehen wir hingegen unter Bildung zumeist so etwas wie umfassende Belesenheit und solides geschichtliches Wissen. Für diese Art von Bildungsverständnis veröffentlicht die Wochenzeitung „Die Zeit", eine trutzige bildungsbürgerliche Bastion gegen die Boulevardisierung der Presse, regelmäßig Empfehlungen über einen Bildungskanon. Wer es schneller haben will, nimmt gleich Dietrich Schwanitz' Bestseller „Bildung – Alles, was man wissen muss" zur Hand. Darin findet sich nämlich von den griechischen Stadtstaaten bis zum Feminismus das ganze „Marschgepäck, das man Bildung nennt" (Schwanitz 1999, 8), auf knapp 700 Seiten vereint – samt Bedienungsanleitung in Form der „Regeln, nach denen man unter Gebildeten kommuniziert".

Es ist leicht zu erkennen, dass diese beiden gebräuchlichen Auffassungen von Bildung wenig miteinander gemeinsam haben. Auf der einen Seite finden wir eine kanonorientierte Bildungsvorstellung: Bildung als Ergebnis des Aneignens bestimmter Inhalte. „Bildung" heißt also hier – die Metapher des Marschgepäcks trifft es sehr genau –, über einen normierten oder „kanonisierten" Wissensvorrat zu verfügen und diesen an der nötigen Stelle entsprechend anbringen zu können. Nicht selten fungiert die solchermaßen verstandene Bildung als eine Art soziale Erkennungsmarke, mit der man unter „Gebildeten" beweisen kann, dass man „dazugehört", oder mit der man vermeintlich „Ungebildeten" zeigen kann, dass sie nicht dazugehören. Was auf der anderen Seite den Bildungsbegriff der öffentlichen Debatten angeht, so ist aus erziehungswissenschaftlicher Sicht „Ausbildung" etwas, das sich auf der Ebene des Lernens bewegt, sei es eines wissensbezogenen oder auch eines praktischen, auf Können abzielenden Lernens.

Die verbreitete bildungsbürgerliche Vorstellung von Bildung (als Aneignung klassischer oder anderweitig verbindlicher Bildungsinhalte) hingegen kann heutzutage nicht mehr als hinreichendes Bildungskonzept verstanden werden. Vielleicht konnte die Idee, dass Bildung darin besteht, sich einen festgelegten Kanon an Inhalten anzueignen, irgendwann einmal plausibel erscheinen: in einer Epoche, in der die Welt noch als geordnetes Ganzes vorgestellt werden konnte, in der die Schriften der „Klassiker" noch als ewige Wahrheiten gehandelt wurden, in der die Geschichte als ein linear fortschreitender Prozess verstanden wurde (dessen End- und Höhepunkt die bürgerliche Gesellschaftsform darstellt) und in der schließlich eine europäisch-bürgerliche Leitkultur sich ganz selbstverständlich gegenüber dem Rest der (vorwiegend kolonialisierten) Welt geistig überlegen wähnte. Von einem solchen erhabenen und unerschütterlichen Standpunkt aus lassen sich Welt und die Geschichte dann nach bildungswürdigen und bildungsunwürdigen Kulturgütern einteilen.

Diese Zeiten sind lange vorbei. Die Moderne und unsere als „zweite Moderne" bzw. „Postmoderne" bezeichnete Gegenwart sind durch eine ganze Reihe von Orientierungskrisen gekennzeichnet, die nach und nach jedem Glauben an einen irgendwie fixierbaren Standpunkt, von dem aus sich ein allgemein verbindliches „Wahres, Schönes, Gutes" festlegen ließe, eine Absage erteilt haben. Und diese Krisen begleiten die bürgerlichen Gesellschaftsformen quasi von Anfang an. Rufen wir uns drei der großen historischen Krisenerfahrungen ins Gedächtnis, um ein Gefühl dafür zu bekommen, welches Ausmaß der Erschütterungen hergebrachten Werte und Weltbilder sie darstellten:

- *Industrialisierung und Massenverarmung:* Die ökonomische Ordnung des 19. Jahrhunderts stand für Wohlstand und Fortschritt. Sie rationalisierte die Produktion von Gütern und Nahrungsmitteln und machte Unternehmer reich – und gleichzeitig führte sie ganze Bevölkerungsgruppen in die Armut.
- *Kolonialismus:* Der Kolonialismus „segnete" die kolonisierten Länder mit den Errungenschaften der Zivilisation (Rechtssystem, Bürokratie, Wissenschaft, Medizin, christliche Religion) und geriet dabei schnell mit den freiheitlichen Grundsätzen bürgerlicher Gesellschaften in Widerspruch, indem er in ein System der Unterjochung und Ausbeutung ausartete, dessen kulturelle und politische Folgen heute noch spürbar sind.
- *Weltkriege:* Im 20. Jahrhundert erschütterten die beiden Weltkriege und die Greueltaten des nationalsozialistischen Deutschlands den Glauben an „Bildung" nachhaltig – viele der jungen Soldaten, die im ersten Weltkrieg begeistert in die Schlacht zogen, hatten buchstäblich ihren „Faust" im Marschgepäck. Und nach 1933 hielt die humanistische Bildung in Deutschland nur wenige davon ab, aus der politischen Situation ihren kleineren oder größeren Vorteil zu ziehen.

Wir können an dieser Stelle nicht im Detail auf die Diskussionen eingehen, die sich in der Nachkriegszeit der Frage widmeten, wie ein solcher Rückfall in die Barbarei zukünftig verhindert werden könne. Die klassische kanonorientierte Bildung, wie sie im humanistischen Gymnasium gelehrt worden war, hatte sich jedenfalls in dieser Hinsicht als wirkungslos erwiesen. Humanistisch orientierte Erziehungsinstitutionen bringen nicht per se humanistisch handelnde Individuen hervor – im Gegenteil, denn schon der Erwerb dieser Bildung war häufig mit Drill und Unterordnung verbunden. Aufgrund dieser Erfahrung rückten in der zweiten Hälfte des 20. Jahrhunderts insbesondere die Aspekte der *Mündigkeit* und der *moralischen Autonomie* in den Vordergrund. Es ging um die *Umerziehung* einer antidemokratisch geprägten Bevölkerung in eine Gesellschaft demokratisch gesinnter Individuen. Es ist im Rückblick unschwer zu erkennen, dass dies nicht funktionieren kann: Die Forderung, durch äußere Einwirkung innere Autonomie herzustellen, widerspricht sich selbst. Während der Philosoph Theodor W. Adorno (zusammen mit Max Horkheimer einer der bekanntesten Vertreter der „Kritischen Theorie") zur zukünftigen Vereitelung antidemokratischer Gesellschaftsentwicklung eine „Erziehung zur Mündigkeit" einforderte, korrigierte der Kritische Erziehungswissenschaftler Heinz J. Heydorn solche Forderungen:

> „Erziehung ist Zucht, notwendige Unterwerfung, die wir durchlaufen, um die wir nicht herumkommen; Bildung ist Verfügung des Menschen über sich selber [...]. Erziehung soll obsolet, Bildung Wirklichkeit werden." (Heydorn 1980, 162f.).

Darin kommt zum Ausdruck, dass Mündigkeit und moralische Autonomie nur als Ergebnisse von Bildungsprozessen denkbar sind: „Bildung" bezeichnet aus dieser Perspektive nicht einen verinnerlichten Kanon, sondern zielt auf ein Selbst- und Weltverhältnis, das nur vom Subjekt selbst ausgehen kann. Die erstgenannte, inhaltsorientierte Variante wird in der Erziehungswissenschaft *materiale* Bildungstheorie genannt, während die Idee des Selbst- und Weltverhältnisses auf eine *formale Bildungstheorie* abzielt, indem das Ziel des Bildungsprozesses nicht in Inhalten, sondern in der Form der Selbst- und Weltbeziehung liegt. Wir wollen die Idee eines formalen Bildungsverständnisses im folgenden an zwei Klassikern der Bildungstheorie entfalten. Am Bildungsverständnis Wilhelm von Humboldts (1767-1835) lässt sich deutlich erkennen, dass der Bildungsgedanke diese Momente des Selbst- und Weltbezugs schon von Anfang an aufwies – ganz entgegen den autoritären Lehrpraxen der staatlichen Bildungsinstitutionen des 19. und frühen 20. Jahrhunderts. Anhand des Bildungskonzepts Wolfgang Klafkis wollen wir anschließen skizzieren, wie sich der Bildungsgedanke in diesem Sinne auf unsere Gegenwart beziehen lässt.

2.1.1 Die Bildungstheorie Wilhelm von Humboldts

Folgende Aspekte sind bei Humboldt für unseren Zusammenhang wichtig: Bildung bezieht sich immer auf den Menschen und wendet sich gegen dessen Funktionalisierung. Mindestens für den klassischen Bildungsbegriff gilt, dass er in Opposition zu der Tendenz der Aufklärungsepoche konzipiert wurde. Unter dem Einfluss utilitaristischen, also am Maßstab der Nützlichkeit ausgerichteten Denkens, hatte man den Menschen im ausgehenden 18. Jahrhundert vor allem zu einem brauchbaren und nützlichen Glied der Gesellschaft erziehen wollen (vgl. Schwenk 1983). Die Formulierung, in der Humboldts Bildungsgedanke seinen prägnantesten und wohl auch bekanntesten Ausdruck gefunden hat, lautet:

> „Der wahre Zweck des Menschen – nicht der, welchen die wechselnde Neigung, sondern welche die ewig unveränderliche Vernunft ihm vorschreibt – ist die höchste und proportionlirlichste Bildung seiner Kräfte zu einem Ganzen." (Humboldt 1792, 64)

Die umfassende Entfaltung der Kräfte des einzelnen Menschen ist auf die möglichst umfassende *Wechselwirkung* dieses Individuums mit der *Welt* angewiesen. Weiterhin betont Humboldt, es komme bei der Bildung des Menschen auf die Berücksichtigung der Individualität jedes einzelnen Charakters an. Flexibilität des Selbst- und Weltbezuges, auf die Bildung auch bei Humboldt hinausläuft, gewinnt der Mensch dadurch, dass eine möglichst allseitige Betätigung der Kräfte seines Verstandes (Rationalität), der Einbildungskraft (Phantasie) und der sinnlichen Anschauung stattfindet. Alle drei sind gleichrangig und gleichwertig. In vielseitiger Auseinandersetzung mit der Welt sollen die Anlagen des Menschen allseitig entwickelt werden.

Weiterhin ist das Studium von Sprachen und damit anderer Welt- und Selbstbezüge zentral. Humboldt hat sich nach 1819 schwerpunktmäßig sprachwissenschaftlichen Studien gewidmet (vgl. Humboldt 1820; Humboldt 1827-1829; dazu Koller 1997). Sein Interesse galt den Besonderheiten der Einzelsprachen, die für ihn prinzipiell gleichrangig sind. Eine Sprache repräsentiert für ihn nicht nur ein Kommunikationsmedium, sondern in einer Sprache sedimentierten sich kulturelle Gehalte, zeige sich jeweils eine besondere Weltsicht. So wie Sprachen ineinander nur bedingt übersetzbar seien, seien auch kulturelle Sinnhorizonte und Weltsichten nur bedingt übertragbar.

Bildung bedeutet in dieser Hinsicht ganz wesentlich, solche anderen Perspektiven kennenzulernen. Denn nur wenn man erfährt, dass andere Kulturen die Welt anders sehen – und dabei zugleich bemerkt, dass sich diese andere Weltsicht nicht hundertprozentig übersetzen lässt, dass sie sich nicht auf unsere Weltsicht *reduzieren* lässt, dass sie völlig eigenständige Sinnzusammenhänge herstellen – nur dann wird die Erfahrung möglich, dass die eigene Weltsicht nicht die einzige, sondern eine *unter anderen* ist, und dass andere Weltsichten möglicherweise gleichwertige

Alternativen darstellen – Sichtweisen, die man *auch* beziehen kann. Die eigene Weltsicht wird durch solche Einsichten *flexibel*.

Die Flexibilisierung des eigenen Welt- und Selbstbezuges erfolgt bei Humboldt wesentlich durch die Beschäftigung mit anderen Sprachen, indem durch andere Weltsichten und kulturelle Sinnhorizonte eine Relativierung der eigenen Weltsicht erfolgt. In diesem Sinn kann man auch von einer *Dezentrierung* sprechen. Damit ist gemeint, dass die eigenen Wertorientierungen und die eigenen kulturellen Sinn- und Deutungsmuster nicht mehr als Zentrum betrachtet werden. Sie werden *relativiert* – das bedeutet allerdings nicht, dass sie „über Bord geworfen" werden. Denn diese Muster und Wertorientierungen sind unverzichtbar. Wir verwenden sie notwendig und unwillkürlich, und wir würden ohne sie orientierungslos sein. Relativierung in diesem Sinne bedeutet nicht, dass Weltsichten verlassen werden, sondern zunächst, dass andere Weltsichten zugelassen werden. In einem zweiten Schritt ist dann die *Veränderung* der eigenen Deutungsmuster möglich. Lesen wir dazu noch einmal Humboldt:

> „Die Erlernung einer fremden Sprache sollte daher die Gewinnung eines neuen Standpunktes in der bisherigen Weltsicht sein, da jede das Gewebe der Begriffe und der Vorstellungsweise eines Teils der Menschheit enthält. Da man aber in eine fremde Sprache immer mehr oder weniger seine eigene Welt, ja seine eigene Sprachansicht hinüberträgt, so wird dieser Erfolg nie rein und vollständig empfunden." (Humboldt 1827-1829, 225)

Die Begegnung mit anderen Selbst- und Weltsichten, die im Sinne einer Dezentrierung bildend sein kann, findet nach Humboldt nicht nur durch den Bezug auf fremde Kulturen statt, sondern auch innerhalb der eigenen Kultur. Neben regionalen und sozialen Differenzen (Schichten, Milieus) ist es auch die Begegnung mit anderen Menschen gleicher Kultur, die solche Effekte zeitigen können, denn in gewisser Weise, so Humboldt, besitze jeder Mensch seine eigene Sprache und Kultur (ebd. S. 227ff.).

Die Flexibilisierung gewinnt der Mensch nach Humboldt also dadurch, dass er sich (über Sprachen) andere Kulturen, Sinn- und Bedeutungshorizonte erschließt und auf diese Weise in die Lage versetzt wird, sich selbst auf Distanz zu seinen eigenen kulturell vermittelten Wertorientierungen zu bringen.

2.1.2 Das Konzept der Allgemeinbildung nach Wolfgang Klafki

Auch wenn die Bildungstheorie Humboldts viele heute noch wertvolle Gedanken enthält, so versteht es sich, dass jede Theorie zu einem guten Stück die Denkweisen, die soziokulturellen und auch politischen Bedingungen ihrer Zeit widerspiegelt. Andere Zeiten erfordern andere Bildungskonzepte, wobei die Orientierung an Klassikern wie Humboldt, vor allem die Neuinterpretation, das Aufdecken neuer Aspekte und Perspektiven, immer wichtige Impulse für die Verortung in der Gegenwart darstellen. Wolfgang Klafkis Bildungskonzept knüpft in diesem Sinne an die großen bildungstheoretischen Positionen der Deutschen Klassik (also Immanuel Kant, Georg Wilhelm Friedrich Hegel, Wilhelm von Humboldt, um nur einige zu nennen) an. Er sieht die entscheidende Aufgabe darin, „die Denkansätze jener großen Epoche der Geschichte des pädagogisch-philosophisch-politischen Denkens produktiv-kritisch aufzunehmen und sie auf die historisch zweifellos tiefgreifend veränderten Verhältnisse unserer Gegenwart und auf Entwicklungsmöglichkeiten in die Zukunft hinein zu durchdenken" (Klafki 1985, 16). Klafki nennt drei zentrale Fähigkeiten, die Bildung ausmachen würden:

• Die „Fähigkeit zur Selbstbestimmung über die eigenen, persönlichen Lebensbeziehungen und Sinndeutungen zwischenmenschlicher, beruflicher, ethischer, religiöser Art" (ebd. S. 17),

• „Mitbestimmungsfähigkeit, insofern jeder Anspruch, Möglichkeit und Verantwortung für die Gestaltung unserer gemeinsamen gesellschaftlichen und politischen Verhältnisse hat" (ebd.), sowie

• „Solidaritätsfähigkeit, insofern der eigene Anspruch auf Selbst- und Mitbestimmung nur gerechtfertigt werden kann, wenn er nicht nur mit der Anerkennung, sondern mit dem Einsatz für diejenigen verbunden ist, denen sich solche Selbst- und Mitbestimmungsmöglichkeiten auf Grund gesellschaftlicher Verhältnisse, Unterprivilegierung, politischer Einschränkungen oder Unterdrückungen vorenthalten oder begrenzt werden" (ebd.).

Auf der Basis dieser *strukturellen* Merkmale – wie bei Humboldt geht es auch bei Klafki nicht etwa um bestimmte als „bildsam" betrachtete Lerninhalte – entwickelt Klafki dann sein Allgemeinbildungskonzept. Es ist durch drei Merkmale gekennzeichnet:

1. Das Allgemeine der Bildung bedeute zunächst den Anspruch aller Menschen auf Bildung. Es komme darauf an, konsequent gesellschaftliche Chancengleichheit für alle sozialen Schichten zu realisieren.

2. Allgemeine Bildung bedeute zweitens soviel wie Ganzheit, Allseitigkeit und Vielseitigkeit der menschlichen Entwicklung. Damit wird das klassische Motiv von Bildung aufgenommen, wie es seit der Aufklärung immer wieder formuliert worden ist. Es geht dabei um kognitive und emotionale Komponenten, um Fragen der Persönlichkeitsentwicklung und um politisch-moralische Kompetenzen.

3. „Allgemein" bedeute drittens die Beschäftigung mit dem, was allgemein für Menschen gelte, insofern sie soziale Wesen sind. Diese Beschäftigung geschehe exemplarisch mit gesellschaftlichen Schlüsselproblemen. Bildung bedeutet nach Klafki mithin, ein differenziertes gesellschaftliches Problembewusstsein zu erlangen, das – wenn es gelingt – zu einer Flexibilisierung des Selbst- und Weltbezuges führt.

Wir können für unsere Gegenwart viele solcher Schlüsselprobleme identifizieren: dazu gehören politische Problemlagen, Friedensfragen, das Armutsgefälle, ökologische Probleme oder auch die Frage nach den positiven oder negativen Effekten der Globalisierung. Einen weiteren großen Bereich bilden Chancen und Gefahren technologischer Entwicklungen wie etwa Nano- und Gentechnologie. Schließlich ist die Signatur gegenwärtiger Gesellschaftsentwicklung ganz wesentlich durch die rasante Einführung neuen Informations- und Kommunikationstechnologien geprägt.

Die Frage nach dem Ort des Menschen innerhalb des Gesamtgefüges gegenwärtiger soziotechnischer Systeme stellt sich immer dringender. Der Überschuss der medialen und technischen Wahlmöglichkeiten stellt den Einzelnen vor neue Handlungs- und Entscheidungsprobleme, die er nur dann adäquat lösen kann, wenn er über die Flexibilität verfügt, sich auch in Zeiten der Umbrüche Orientierung zu verschaffen. Das Lernen und die Erziehung, die wir der nachfolgenden Generation auferlegen, ist in einem bildungstheoretischen Reflexionsrahmen gerade dadurch gekennzeichnet, jene Flexibilität aufzubauen, die heute und morgen benötigt wird, um die Komplexitätsschübe und gesellschaftlichen Transformationen im Zeitalter der Informationsgesellschaft verantwortlich gestalten zu können.

Medien stellen hierzu ein wichtiges Orientierungsmittel dar, denn die meisten orientierungsrelevanten Informationen über unsere Welt erfahren wir durch Printmedien, Fernsehen und Internet. Insofern sind Bildungsprozesse in der Moderne – im Sinne des Allgemeinbildungskonzepts Klafkis – auf Medien angewiesen. Es geht dabei aber nicht nur um die Orientierung in der Welt *mittels* der medialen Informationen. Vielmehr stellt die *Orientierung in medialen Sphären selbst* heute eine wichtige Aufgabe dar. Selbst- und Weltbezüge sind also prinzipiell medial vermittelt.

2.2 Die Grundlogik von Bildung

Wir haben in den vorangegangenen Abschnitten die Bedeutung des erziehungswissenschaftlichen Bildungsbegriffs zunächst in Abgrenzung zur *Ausbildung* einerseits und zur kanonorientierten, also an bestimmte *Inhalte* gekoppelten Bildung andererseits entwickelt. Anhand der Bildungstheorien Wilhelm von Humboldts und Wolfgang Klafkis haben haben wir feststellen können, dass ein modernes Bildungsverständnis nicht von bestimmten Bildungsinhalten ausgeht, sondern dass es vielmehr *struktural Aspekte von Bildung* (Flexibilisierung, Dezentrierung etc.) beschreibt. Wir haben schließlich den Wandel des Bildungskonzepts vor dem Hintergrund der *Krisenerfahrungen* der Moderne verfolgt und dabei festgestellt, dass diese die Transformation tradierter Wert- und Weltorientierungen bedingen. Orientierungskrisen erzeugen Unsicherheiten, schaffen aber auch Freiräume für neue Orientierungsprozesse. Wir wollen im Folgenden betrachten, welche

Bedeutung diesen Freiräumen in bildungstheoretischer Hinsicht zukommt. Nachdem wir uns oben einen historischen Rückblick erlaubt haben, wenden wir uns im Folgenden der gegenwärtigen gesellschaftlichen Lage zu.

Soziale Tradierungen halten für Individuen Muster bereit, mittels derer sie Welt- und Selbstsichten entwickeln können. Solche Muster können aus Wertesystemen oder Weltanschauungen resultieren; sie können sich auch auf bestimmte Rollenvorbilder beziehen, etc. Wichtig ist dabei, dass in traditionsbestimmten Zusammenhängen die Muster der Selbst- und Weltverhältnisse *zwischen* den Individuen, also intersubjektiv, relativ stabil sind. Je klarer und eindeutiger dabei die Orientierungen sind, desto höher ist der Grad der Bestimmtheit der möglichen Lebensentwürfe. Verlieren soziale Tradierungen jedoch ihre Verbindlichkeit, dann tritt das auf, was wir *Kontingenz* und *Leben mit höheren Unbestimmtheiten* nennen. *Kontingenz* heißt in diesem Zusammenhang, dass die Zufälle, die einem Individuum im Leben begegnen, nicht mehr durch umgreifende Orientierungsmuster mit Sinn versehen werden können.[1] In dem Maße, wie Menschen selbst Entscheidungen treffen, die in dieser Form aus der Tradition nicht ableitbar sind, steigt die Kontingenz. Diese These ist von dem Soziologen Anthony Giddens ausgearbeitet worden (Giddens 1996).

2.2.1 Krisentypen der Moderne

Wie wir bereits demonstriert haben, ist genau diese Erosion tradierter Sinnbezüge die Grundsignatur der Moderne. Wir können im Anschluss an Wilhelm Heitmeyer (vgl. Heitmeyer 1997) drei Krisentypen der Moderne voneinander unterscheiden:

a) *Strukturkrisen* sind Krisen auf gesamtgesellschaftlicher Ebene. Hierzu gehören Transformationsprozesse wie etwa der Übergang von einer Agrar- zur Industriegesellschaft oder von der Industrie- zur Dienstleistungsgesellschaft. Es gehören auch Globalisierungsphänomene dazu, wie die, über die wir täglich in den Nachrichten informiert werden, dass nämlich auf der einen Seite v.a. international agierende Unternehmen („Gobal Players") Riesengewinne machen (Aktienkurse steigen), dieser Trend sich aber auf der anderen Seite nicht in neuen Arbeitsplätzen niederschlägt bzw. sogar noch dazu führt, dass Arbeitsplätze – gesamtwirtschaftlich gesehen – abgebaut werden. *Jobless growth* führt zu einer steigenden volkswirtschaftlichen Dynamik auf der einen und zu neuer Armut auf der anderen Seite. Eine Gesellschaft, die die Folgen

---

1 Beispielsweise bieten religiöse Weltsichten für viele Krisenerfahrungen bestimmte Erklärungsmuster an. Ein Schicksalsschlag kann dann etwa als Glaubensprüfung oder als Bestrafung für Sünden interpretiert werden; wer etwa einen Angehörigen verliert, steht nicht vor dem nackten Faktum des Todes, sondern er kann dem Tod als Erlösung vom irdischen Dasein oder als Zeichen dafür, dass Gott den Verstorbenen zu sich geholt hat, einen Sinn verleihen.

des eigenen Strukturwandels nicht in den Griff bekommt, hat langfristig ein Problem.

Der Strukturwandel als gesellschaftliches Transformationsphänomen stellt den übergeordneten Rahmen für Lernprozesse dar. Wir wissen, dass Lernprozesse gerade angesichts gesellschaftlicher Transformationen von Desorientierungen, Anomien und Verwerfungen begleitet werden. Wenn stabile gesellschaftliche Rahmenbedingungen fehlen, wenn Menschen nicht genau wissen, wie die Verhältnisse sich morgen entwickeln werden, wenn sich aufgrund *anomischer* Tendenzen – also einem Zustand der Verunsicherung und des Bedeutungsverlusts kollektiver Orientierungen – Gerechtigkeitslücken öffnen, wird es immer schwieriger zu vermitteln, dass sich Lernen lohnt, dass es sich also beispielsweise lohnt, einen Schulabschluss zu erwerben.

b) Unter *Regulationskrisen* versteht man die Ebene der Pluralisierung von Werten und Normen. Gesellschaftliche Integration verläuft über gemeinsam geteilte Werte- und Normensysteme. Wenn diese Wertesysteme sich aber vervielfältigen, erhöht sich auch die *Kontingenzerfahrung*, das heißt: Wenn jeder seine eigenen Werte und Normen hat, nimmt die Verbindlichkeit innerhalb einer Gemeinschaft ab, denn etwas, was für einen Menschen einen hohen Wert darstellt, muss für einen anderen Menschen noch lange nicht ebenso hoch in der Prioritätenskala rangieren.

c) Unter *Kohäsionskrisen* verstehen wir jene Phänomene, die soziale Anerkennung, Zugehörigkeit und Bildung umfassen. „Analog zur Pluralisierung von Werten und Normen zeigen sich die Sonnenseiten der Individualisierung in der Selbstgestaltung von Lebenswegen und -konzepten, während die Schattenseiten sich u. a. in Vereinzelung und Vereinsamung dokumentieren können." (Heitmeyer 1997, 636).

Durch Krisenerfahrungen erweisen sich Orientierungssysteme plötzlich als zeitlich begrenzt – und damit als prinzipiell unsicher. Hat man einmal die Erfahrung der Fragilität sicher geglaubter Orientierungen gemacht, so ist fortan *jede* Weltorientierung grundsätzlich vom gleichen Schicksal bedroht. Dadurch werden die Orientierungssysteme partikularisiert – einige Teile funktionieren vielleicht noch, andere sind wertlos geworden – und pluralisiert – es gibt nicht mehr die eine „richtige" Weltsicht. Die Einheitlichkeit und Geschlossenheit von Sinnhorizonten wird brüchig. Wenn sich das Prinzip der Pluralität auf jeder Ebene hochkomplexer Gesellschaften durchsetzt – von sozialen Institutionen bis in die Gemeinschaften, Familien und privaten Beziehungen hinein, dann wird es auch zur Grunderfahrung des Menschen und bestimmt ihn bis tief ins Innere hinein.

Die Pluralitätsoption greift durch auf Lebensweisen, Handlungsformen, Denkmuster und Wissenschaftsrichtungen. Längst ist deutlich geworden, dass sich die Moderne durch Diskontinuitäten hinsichtlich soziologischer, ökonomischer, politischer und kultureller Diskurse auszeichnet. Wie das Leben zu leben ist, wie man seinen Lebenslauf und seine Biographie zu gestalten hat, wird immer mehr den Standards sozialer Kodifizierung entzogen und immer mehr in die Handlungs- und Entscheidungsfreiheit des Einzelnen gelegt. Dieser kann sein Tun immer weniger mit Verweis auf tradierte Handlungsmuster rechtfertigen. Er wird in dem Sinne verantwortlich, als er auf Befragung, warum er etwas so entschieden hat und nicht anders, die Antwort selbst geben muss. Denn mit fortschreitender Individualisierung verliert der Rückzug auf konventionelle Antworten an Selbstverständlichkeit. In der Zusammenschau kann man folgern, dass aus *Sinn* etwas wird, das immer weniger durch gängige Muster übernommen werden kann, das im Gegenteil immer mehr vom Einzelnen erzeugt werden muss. Er kann diesen Sinn nur herstellen, wenn es ihm gelingt, zu sich in eine reflexive Beziehung zu treten und dabei zugleich die verschiedenen Perspektiven seiner Umwelt in Betracht zu ziehen, wobei sich sein eigener Standpunkt, seine eigene Weltsicht relativiert. Dies geht auf der subjektiven Seite mit der Einsicht einher, dass es in komplexen Gesellschaften keine Eindeutigkeiten mehr gibt. Die Kontingenz der Umwelt wird dem Einzelnen als Unübersichtlichkeit bewusst, das heißt, sie erscheint als *unauflösbare Komplexität*. Vieles bleibt unabschätzbar und unbestimmt. Unter bildungstheoretischer Perspektive kommt es darauf an, mit dieser Unbestimmtheit umgehen zu können.

2.2.2 Tentativität und Unbestimmtheit

Wenn man mit der Erfahrung von Unbekanntem konfrontiert ist – also z.B. in der Konfrontation mit anderen Weltsichten – so gibt es grundsätzlich zwei Möglichkeiten, damit umzugehen. Die erste besteht darin, das Unbekannte unter die eigenen Schemata zu *subsumieren*. Das Andere wird dabei dem Eigenen gleichgemacht, es wird an die eigenen Wahrnehmungs- und Weltordnungsmuster assimiliert; das Neue reduziert sich dabei auf das Bekannte.[2] Die zweite Möglichkeit ist etwas komplexerer Natur. Denn wie ist eine Erfahrung des Unbekannten möglich, wenn nicht mittels des eigenen Repertoires an Wahrnehmungsmustern? Betrachten wir dies anhand der Problematik des Fremdverstehens etwas genauer. Ein klassischer Text über das Verstehen – Friedrich Schleiermachers Ausführungen

---

2 Wir alle kennen dafür viele Beispiele aus kolonialistischen Vorzeiten, die eine eminente Verkennung anderer Kulturen darstellen. Noch in Astrid Lindgrens Kinderbuchklassiker „Pipi Langstrumpf", um ein harmloses Beispiel zu nennen, ist in diesem Gestus vom Vater der Protagonistin die Rede, einem ehemaligen Seefahrer, der dann zum „Negerkönig" geworden ist. Die fremde Kultur wird dabei Gegenstand einer exotistischen, sie verniedlichenden und marginalisierenden Sichtweise. Wer in unserer transkulturellen Gesellschaft – es leben zur Zeit in Deutschland mehr als 100.000 Afrodeutsche und weitaus mehr Zuwanderer verschiedenster Hautfarben – seinem Kind heute dieses Buch vorliest, kommt unwillkürlich in Erklärungszwänge. Die Unterkomplexität derartiger Sichtweisen erscheint aus der Sicht heutiger Erfahrungswelten kaum zu korrigieren – und nur schwer zu rechtfertigen.

über den Begriff der Hermeneutik (Schleiermacher 1838) – verbindet die Problematik des Verstehens mit der des Fremden: Am Fremden müsse immer etwas Vertrautes auffindbar sein, ansonsten sei Verstehen nicht möglich, weil es keinen Anknüpfungspunkt geben könne. Nach unserer Ansicht gerät man damit in einen Selbstwiderspruch: Denn wenn das Fremde in diesem Sinne verstanden worden ist, ist es ja bereits nicht mehr das Fremde, sondern der Verstehensprozess hat es uns zum Vertrauten gemacht. Unsere heute schnell formulierte Parole, dass es darauf ankomme, das *Fremde* zu *verstehen*, es in seiner Eigenheit und Dignität jedoch zu gewahren, es gerade *nicht* zu unserem Vertrauten zu machen, ist mit dem Schleiermacherschen Denkmodell also nicht realisierbar. Denn das Fremde als Fremdes bestehen zu lassen bedeutet für Schleiermacher den Verzicht darauf, es überhaupt zu verstehen.

Unter den oben skizzierten zeitdiagnostischen Bedingungen müssen wir mithin nach einem *anderen* Modus des Selbst- und Weltverstehens suchen, der mit Unbestimmtheit *als* solcher zurechtkommt. Die Struktur oder Logik des Selbst- und Weltverstehens muss dazu umgekehrt gedacht werden. Wenn im subsumptionslogischen Denken das Fremde unter bekannte Regeln und Schemata untergeordnet wird, *dann bildet das Allgemeine, bildet die Regel die Grundlage und den Ausgangspunkt.* Diese bleibt unverändert; alles Neue kann dann nur unter bestehende Regeln eingeordnet werden. Wenn es nicht passt, wird es sozusagen „passend gemacht".

Diese Struktur umzukehren würde bedeuten, das Neue, den Einzelfall, zur Grundlage zu machen und die passenden Regeln und Kategorien davon ausgehend erst zu *suchen*. In diesem Suchprozess wird mal das eine, mal das andere Verstehensmodell ausprobiert, bis man eines findet, mit dem man vorerst einigermaßen zurechtkommt – die *Relativität und Vorläufigkeit der eigenen Weltsicht* ist in diesem Modell von Anfang an enthalten. Wir bezeichnen diese Art des suchenden, immer unter dem Vorbehalt des „Als-ob" agierenden Selbst- und Weltverhältnisses als *Tentativität*. Wir finden oder erfinden dabei Regeln, die für uns etwas zunächst unverständliches Neues zu etwas Verstehbarem machen. Die Regeln oder Schemata der Weltaufordnung sind dabei das, was verändert wird.

Ein Beispiel hierfür: In den meisten traditionalen Gesellschaften stellt die Geschlechterdifferenz eines der primären sozialen Ordnungsmerkmale dar. Wenn ein soziales System in seiner Organisation auf dieser bipolaren Struktur aufgebaut ist, benötigt es entsprechend *Eindeutigkeit* hinsichtlich der geschlechtlichen Identität seiner Mitglieder. Wie reagiert es, wie reagieren die Individuen im Sinne einer solchen *symbolischen Ordnung* der Geschlechter, wenn diese Eindeutigkeit nicht herstellbar ist? Im subsumptionslogischen Schema ist die Geschlechterdifferenz unhintergehbar, sie ist absolut gesetzt. Ein Individuum, das hier nicht hineinpasst – etwa im Fall der biologischen Zweigeschlechtlichkeit, der wesentlich häufiger vorkommt, als dies allgemein bekannt ist, muss dann – etwa operativ – korrigiert werden. Das Schema dominiert, der Einzelfall wird ihm untergeordnet. Verliert das Schema der rigiden Differenzierung von Männlichkeit und Weiblichkeit an allgemeiner Verbindlichkeit – hört es also auf, als Norm wirksam zu sein – so entsteht ein Freiraum, ein Raum der Unbestimmtheit. Die betroffenen Individuen wie auch ihre soziale Umwelt müssen mit diesem Raum umgehen; sie müssen neue Schemata suchen und ausprobieren, die den Phänomenen angemessen sind.

Eine Vielzahl solcher Suchbewegungen lässt sich im 20. Jahrhundert ausmachen. Ihren prominentesten Ausdruck fand diese kulturell zumindest in der europäischen Geschichte wohl beispiellose Revision einer gesellschaftlichen Leitkategorie in Sigmund Freuds These der grundsätzlichen psychischen Bisexualität beider (biologischer) Geschlechter. Zu dieser Zeit existierte bereits seit einigen Jahrzehnten ein Diskurs über Homosexualität, der diese zwar i.d.R. als psychopathologische Devianz behandelte, immerhin aber eine neue Kategorie hervorbrachte: Als „Urninge" wurden nun biologisch männliche Individuen mit weiblicher Psyche bezeichnet, und es wurde in den Folgejahren darüber gestritten, ob diese als normal anzuerkennen seien. Im späten 20. Jahrhundert sind insbesondere aus dem Kontext feministischer Theoriebildung weitere Dekonstruktionen der Geschlechterdifferenz erfolgt. Die Unterscheidung von biologischem Geschlecht (engl. *sex*) und sozialen Geschlecht (*gender*) entkoppelte die sexuelle Orientierung von der biologischen Geschlechtszugehörigkeit von Personen. Judith Butler, eine der anerkanntesten Gender-Theoretikerinnen, bemühte sich darum, auch das vermeintlich biologische Geschlecht als soziales Konstrukt, als Ergebnis gesellschaftlicher Handlungsweisen und Diskurse sichtbar zu machen (Butler 1991). Verschiedene neue Kategorien der Selbstbezeichnung – *queer*, *drag* – entwickelten sich aus den entsprechenden Subkulturen heraus, die aber für den Einzelnen nur noch als Deutungsangebote und nicht etwa als neues Rollenschema mit fester Identität betrachtet werden können. Wer man selbst oder der andere hinsichtlich der sexuellen Identität ist, ist heute weitaus uneindeutiger als zuvor.

Wir sehen an diesem alltagsweltlich konkreten Beispiel, wie eine Pluralisierung von Sinnhorizonten Komplexität und Unbestimmtheitsfelder schafft. Eine tentative Erfahrungsstruktur hält den Raum dieser Unbestimmtheit offen. Sie nivelliert nicht Differenzen, sondern lässt sie bestehen, um durch ihre Aufrechterhaltung zu einer kategorialen Transformation zu gelangen. Der durchgehende Gedanke, den wir hier verfolgen, ist der, dass Bildung nicht (länger) als Überführung von Unbestimmtheit in Bestimmtheit gedacht werden kann. Daraus folgt natürlich nicht, dass auf die Herstellung von Bestimmtheit verzichtet werden soll. Auf den Aufbau eines notwendigen Fakten- und Orientierungswissens, das Bestimmtheit erzeugt, will und darf niemand verzichten. Gerade in unübersichtlichen Gesellschaftsstrukturen würde man dann einen Orientierungsverlust erleiden, der gerade in das Gegenteil mündet, nämlich in die Suche nach einfachen

Orientierungsschemata, wie sie von verschiedensten ideologischen und weltanschaulichen Gruppen angeboten werden. Nur: mit dem Faktenwissen allein ist es nicht getan. Es kommt darauf an, dass die Herstellung von Bestimmtheit *Unbestimmtheitsbereiche ermöglichen* und damit auch eröffnen muss. Anders gesagt: Unbestimmtheiten müssen einen Ort, besser mehrere Orte in unserem Denken erhalten; dann – und nur dann – wird eine tentative, experimentelle, umspielende, erprobende, innovative, Kategorien erfindende, kreative Erfahrungsverarbeitung möglich. Diese Orte, die eigentlich Leerstellen – Grenzen unserer Selbst- und Weltdeutungsschemata – sind, sind die Heimat von Subjektivität.

Zusammenfassend kann man formulieren: Bildung lebt vom Spiel mit den Unbestimmtheiten. Sie eröffnet den Zugang zu *Heterodoxien*, Vieldeutigkeiten und *Polymorphien*.[3] Wird Bildung einseitig als Positivierung von Bestimmtheit, also z.B. als Überbetonung von Faktenwissen angelegt, so werden die Zonen der Unbestimmtheit eliminiert – und damit wird Bildung ausgehöhlt und blockiert. In diesem Sinne sprachen wir zu Beginn dieses Kapitels davon, dass der materiale, kanonorientierte Bildungsbegriff heute als unzureichend betrachtet werden muss.

2.2.3 Bildung vs. Lernen: ein lerntheoretischer Exkurs

Wir haben im letzten Abschnitt eine Vielzahl wichtiger Elemente eines modernen Verständnisses von Bildung erläutert. Im Zentrum stand dabei der Gedanke, dass der Verlust eindeutiger Werte- und Normsysteme eine Pluralisierung von Selbst- und Weltsichten hervorbringt, welche Unbestimmtheitsräume erzeugt, die der einzelne nur durch reflexive und tentative Erfahrungsmodi produktiv verarbeiten kann. Wie zu sehen war, geht dies mit einer Umkehrung des Verhältnisses von Regel und Einzelfall einher: nicht wird der Einzelfall unter eine unveränderliche Regel gezwängt, sondern vielmehr geht es darum, neue Regeln und Schemata für neue, unbekannte Phänomene zu suchen. Es versteht sich, dass man dabei nach kurzer Zeit auf eine Vielzahl möglicher Orientierungssysteme stößt, die nun als Orientierungsoptionen – als mögliche Kandidaten zur Erklärung eines Sachverhalts – zur Verfügung stehen. Genau diese Pluralisierung von Orientierungsschemata haben wir als Strukturmerkmal von Bildung bestimmt. Wir können es in diesem Kapitel wagen, hier einen Schritt weiter zu gehen und unser Bildungsverständnis durch eine *formale* Betrachtung zu untermauern. In diesem Zuge werden wir eine scharfe begriffliche Trennung von *Lernen* einerseits und *Bildung* andererseits erreichen.

Zu Beginn dieses Kapitels haben wir *Bildung* auch von seiner öffentlichen Lesart im Sinne von *Ausbildung* abgegrenzt, weil Ausbildung auf Lern- und nicht auf Bildungsprozesse abzielt. Nachdem bisher deutlich wurde, inwiefern sich eine ma-

---

3 Gr. heteron = anders, verschieden; doxa = Meinung; poly = viele; morphê = Gestalt.

teriale Bildungstheorie von einer formalen unterscheidet, wird nach der Lektüre des folgenden Abschnitts u.a. genauer deutlich werden, warum die Gleichsetzung von Bildung mit Ausbildung aus bildungstheoretischer Perspektive nicht akzeptabel ist.

Wie im letzten Abschnitt zu sehen war, zielen Bildungsprozesse auf die Herstellung von Unbestimmtheit ab, benötigen dazu aber ein hohes Maß an Bestimmtheit (Orientierungswissen). Wir wollen im Folgenden den Unterschied zwischen Lern- und Bildungsprozessen rekonstruieren, um zu verdeutlichen, dass und wie Flexibilitätssteigerung über Lern- zu Bildungsprozessen, also vom Bestimmten (Erlernten, Gewussten) zum Unbestimmten (zum flexiblen Umgang mit dem Erlernten), führt. Wir werden hierzu auf das klassische Lernmodell von Gregory Bateson rekurrieren. Bateson hat in seiner lerntheoretisch zentralen Arbeit mit dem Titel „Die logischen Kategorien von Lernen und Kommunikation" (Bateson 1964) vier in ihrer Komplexität aufeinander aufbauende Lernebenen beschrieben. Wir interessieren uns hier nicht im Detail für den Aspekt, dass Bateson diese Lernebenen in Anlehnung an die mengenlogischen Theoreme der philosophischen Logiker Bertrand Russel und Alfred North Whitehead entwickelt hat – wir wollen aber im Auge behalten, dass die jeweils niedrigere Ebene des Lernens als Teilmenge in den höheren, komplexeren Ebenen enthalten ist (vgl. zur genaueren Diskussion: Marotzki 1990). Bateson kennzeichnet diese Lernebenen als „Lernen 0", „Lernen 1", „Lernen 2" und „Lernen 3". Wir übernehmen diese Zählung nicht und unterscheiden stattdessen „Lernen I" und „Lernen II" von „Bildung I" und „Bildung II".

„Lernen I" ist die einfachste Variante. Sie besteht in einer Kopplung eines Reizes an eine Reaktion. „Ich ‚lerne' von der Werkssirene, dass es zwölf Uhr ist" (Bateson 1964, 368). Reiz und Reaktion sind starr gekoppelt, d.h. auf einen bestimmten Reiz folgt genau eine Reaktion und keine andere. Diese Reaktion ist nicht der Berichtigung durch Versuch und Irrtum unterworfen: Es gibt keine alternativen Reaktionen auf den Reiz.

Das Lernen der „Ebene II" ist bereits wesentlich komplexer. Es handelt sich hier um die Lernebene, die in klassischen Lerntheorien erfasst und beschrieben worden ist. „Lernen II" besteht darin, dass die Reaktionen auf Reize nicht starr gekoppelt sind, sondern dass *Kontexte* beachtet werden. Ein Reiz kann in *diesem* Kontext eine andere Bedeutung haben als in *jenem*.

Beziehen wir das zunächst auf das Beispiel der Werkssirene: Die Werkssirene ertöne plötzlich am Nachmittag, bei untergehender Sonne, zum zweiten Mal. Wer nur zum „Lernen I" befähigt ist, würde nun starr davon ausgehen müssen, dass es Mittag ist. „Lernen II" besteht nun darin, den anderen Kontext zu erkennen und dem Reiz in diesem Kontext eine andere Reaktion (oder Bedeutung) zuzuweisen, etwa: „Die Werkssirene ist defekt (denn die Sonne geht unter, es kann nicht zwölf Uhr sein", oder: „Die Werkssirene wird als Warnsignal verwendet, Gefahr droht", etc. Vielleicht wird dieselbe Sirene aber auch neuerdings verwendet, um (regelmäßig) den Schichtwechsel um fünf Uhr zu signalisieren. „Lernen II" besteht dann darin, diesen Unterschied zu realisieren und in zwei unterschiedlichen Kontexten mit zwei verschiedenen Reaktionen auf *denselben* Reiz zu antworten, etwa: „Ertönt die Werkssirene zum ersten Mal, so ist es zwölf Uhr; ertönt sie zum zweiten Mal, so ist Schichtwechsel".

Die besondere Leistung beim „Lernen II" besteht also darin, Kontextmarkierungen zu erkennen und einzuordnen (zu klassifizieren). Ein Kind etwa lernt schnell, dass das, was im Kontext des Freundeskreis Zuspruch findet, nicht unbedingt auch im Kontext Familie oder im Kontext Schule Lob bedeuten muss. Es beherrscht die Sortierung von Kontexten und damit von Rahmungen in der Regel mühelos und weiß, welche Rahmungen für bestimmte Situationen angemessen sind und welche nicht.

Betrachten wir, bevor wir fortfahren, den Unterschied von Lernen I und Lernen II noch einmal unter dem Aspekt von Bestimmtheit und Unbestimmtheit: Lernen I steht für vollkommene Bestimmtheit (starre Reaktion; die Bedeutung eines Reizes ist zu hundert Prozent festgelegt). Lernen II führt eine gewisse Unbestimmtheit ein: Der Reiz ist *an sich* unbestimmt, seine Bedeutung erschließt sich erst aus den *Kontexten* oder Rahmungen. Was hier nun aber bestimmt ist, sind die Ordnungen der Kontexte und Rahmungen selbst. Schule ist Schule, Familie ist Familie, Freunde sind Freunde, Arbeit ist Arbeit, etc.: Dies sind die kognitiven *Muster* oder *Schemata*, die der Kontexterkennung zugrunde liegen. Die Rahmungen selber werden auf der Ebene des Lernens II zwar angeeignet; jedoch nicht verändert. Wenn wir im Rahmen von Sozialisationsprozessen in soziale Kontexte „hineinwachsen", sind sie für uns das Selbstverständliche; wir haben zunächst keine Distanz zu ihnen. Sie sind die Grundfesten der kindlichen Weltaufordnung, und wenn ein solcher Rahmen sich als brüchig erweist – etwa im Fall von Scheidungsfamilien mit jungen Kindern, so kann das eine ernste Orientierungskrise auslösen – und zwar genau deshalb, weil eine Neudefinition und Umorientierung auf der Ebene der Rahmungen auf dieser Lernstufe nicht erfolgen kann.

Während also Lernen II gegenüber Lernen I eine *Flexibilisierung der Reizreaktionen* mittels Rahmungen darstellt, stellt die nächsthöhere Lernebene eine *Flexibilisierung dieser Rahmungen selbst* dar. Solche Lernprozesse, die sich auf die Veränderung von Ordnungsschemata und Erfahrungsmustern beziehen, nennen wir *Bildungsprozesse*. Bildungsprozesse verändern somit die Art und Weise oder das Repertoire an Konstruktionsmöglichkeiten von Welt- und auch von Selbstverhältnissen. Auch hier gibt es wieder zwei unterschiedlich komplexe Stufen: Wir unterscheiden die beiden höchsten Lernebenen Batesons als „Bildung I" und „Bildung II".

Bei der Bildung I geht es also um die Konstruktionsprinzipien der Weltaufordnung.[4] Solche Prinzipien können weder wahr noch falsch sein. Es ist nicht möglich, sie unmittelbar an der Wirklichkeit zu überprüfen:

> „Es ist wie bei einem Bild, das man in einem Tintenklecks sieht; ihm kommt weder Richtigkeit noch Unrichtigkeit zu. Es ist nur eine Weise, den Tintenklecks zu sehen." (Bateson 1964, 388)

Wenn ich meine kontextspezifischen Verhaltensmuster ändern will, habe ich aufgrund der *Gewohnheiten* einen gewissen Widerstand zu überwinden – und zwar deshalb, weil die alten Muster ja nicht unbedingt falsch waren, weil sie möglicherweise lange Zeit ein brauchbares Instrumentarium darstellten, die Welt zu verstehen. Gewohnheiten sind Präferenzen der Wahl innerhalb einer Menge von Alternativen – wir machen oder sehen etwas eben so *und nicht* anders, auch wenn wir das vielleicht könnten. Gewohnheiten sind insofern verhaltensstabilisierende Annahmen, die, wenn sie einmal etabliert sind, zunehmend unbewusst werden und dadurch ein rigides Steuerungspotenzial entfalten. Sie beinhalten ein Trägheitsmoment, sind sozusagen, wie Bateson sich ausdrückt, „hart programmiert".

Bildungsprozesse I sind daher schwer zu initiieren. Denn einerseits sind unsere Welterfahrungsmuster selbstbestätigend – so lange, bis sie uns in eine ernsthafte kognitive Dissonanz oder soziale Konfliktlage bringen. Zweitens werden sie überwiegend in der frühen Kindheit erworben, wie Bateson – hierin Sigmund Freud folgend – annimmt. Es ist oftmals das tägliche Brot von Erziehern, Lehrern, Eltern und Therapeuten, solche Prozesse bei Heranwachsenden und/oder Erwachsenen zu ermöglichen. Indem sich der Mensch zur Welt grundsätzlich anders verhalten und die Prinzipien der eigenen Verhaltensmuster durchschauen kann, kann er sich auch zu sich selbst anders verhalten, d.h.: Indem der Mensch sich die Welt auf andere Weise zugänglich macht, findet er auch einen anderen Zugang zu sich selbst. Welt- und Selbstbezug bilden in diesem Sinne die Grundlogik von Bildungsprozessen.

Während Bildung I verschiedene Arten des Weltbezugs zugänglich macht, geht es auf der nächsten Stufe um die Steigerung und Differenzierung des *Selbstbezugs*. Dies ist noch einmal um eine Stufe komplexer. Denn aus der Erfahrung, die man in Bildungsprozessen I macht – allgemein und vereinfacht gesprochen die Erfahrung, dass man die Welt auch ganz anders sehen kann – kann man schließlich auf sich selbst schließen, und zwar auf sich selbst *als* jemand, der immer und grundsätzlich die Welt so oder so ordnet. Das heißt: Wir sehen nicht nur die Welt in dieser *oder*

---

4 Der Begriff Weltaufordnung mag etwas zu technisch klingen. Gemeint ist damit das, was im weitesten Sinne als Selbst- und Weltbild bezeichnet wird: Menschen haben kulturelle Schemata entwickelt, die es erlauben, Erfahrungen zu sortieren und zu bewerten, die ihnen aber zugleich die Mittel an die Hand geben, zu sagen, wer sie sind und wie sie die Welt sehen.

in jener Weise, sondern wir erkennen, dass *wir* selbst „die Welt" durch unsere Wahrnehmungsweisen *konstruieren*. Wie kommt es zu diesem Rückschluss auf uns selbst? – Dies lässt sich nicht pauschal angeben, doch eine Möglichkeit liegt in der Erfahrung unauflösbarer Paradoxien. Die Pluralisierung von Erfahrungsmustern, die in der Bildung I geschieht, bringt ja auch *einander ausschließende* Perspektiven hervor: Verschiedene Weltsichten sind längst nicht alle untereinander kompatibel. Gerade hierin lag ja die Leistung der *Dezentrierung* des eigenen Weltbildes, die mit der Bildung I einhergeht. – Man muss bereits Bildungsprozesse durchlaufen haben, um überhaupt in der Lage zu sein, solche Divergenzen zu erfahren, für sie sensibel zu sein. Wie aber gehen wir damit um, wenn wir kein eindeutiges oder bevorzugtes Deutungsschema für Probleme finden, sondern einsehen, dass verschiedene Perspektiven zu verschiedenen Sichtweisen führen, die möglicherweise gleichermaßen legitim sind?

Wenn wir uns divergente Erfahrungsmuster angeeignet haben, werden wir früher oder später die Erfahrung von *Paradoxien* machen. Die verschiedenen Weisen, ein Problem zu sehen, sind dann nicht miteinander vermittelbar, wie z.B. bei komplexen handlungsbezogenen (ethischen oder auch politischen) Problemlagen. Wenn wir unsere verschiedenen Möglichkeiten, die Welt zu ordnen, nicht mehr auf einen Nenner bringen können, dann wird uns *jede* mögliche Weltreferenz, über die wir verfügen – und sei sie noch so komplex –, in radikaler Weise als etwas *Relatives* bewusst. Wir werden dann *auf uns zurückgeworfen*, auf die *Begrenztheit* unserer Konstruktionsmöglichkeiten. Im Scheitern von Lösungsmöglichkeiten angesichts radikal erfahrener Paradoxien liegt also ein besonderes Bildungspotenzial: Denn auch im Falle eines solchen (emphatisch ausgedrückt) „Weltverlustes" müssen wir irgendwie agieren, weitermachen. Wir beginnen dann (möglicherweise, aber nicht zwingend), den „Urheber" dieser Erfahrungsschemata – uns selbst – zu beobachten. Wir versuchen dann quasi, uns als Beobachter in den Blick zu bekommen, uns beim Beobachten der Welt zu beobachten. Wir werden zu Selbstbeobachtern. Dies ist gemeint, wenn wir von der Steigerung des Selbstbezugs im Kontext von Bildung II sprechen. Das geht natürlich nur in sehr begrenztem Maße. Denn wir können nicht *gleichzeitig* die Welt *und* uns als Beobachter von Welt betrachten; wir müssen uns jeweils für eines, für Selbstreferenz *oder* Weltreferenz entscheiden. Also bekommen wir immer etwas *nicht* in den Blick. Was wir aber daraus *ex negativo* erfahren können, ist eine Tatsache, die wir in der Alltagserfahrung nicht machen können: Wir erfahren nicht nur (wie in der Bildung I) die Begrenztheit dieses oder jenes Erfahrungsschemas, sondern wir erfahren zusätzlich, dass wir diese Begrenztheit grundsätzlich nicht „in den Griff bekommen" können, weil sie unserer Weise, die Welt zu erfahren, eingeschrieben ist.

Welchen Schluss müssen wir daraus ziehen? Wenn wir berücksichtigen, dass jedes Erfahrungsschema begrenzt ist – das heißt, es zeigt uns etwas, blendet aber andere Aspekte und Perspektiven aus –, dann müssen wir aus diesem kleinen Experiment den Schluss ziehen, dass wir *nicht* kontrollieren können, *was* wir jeweils aus unserer Weltsicht ausblenden: wir sehen nicht, was wir jeweils *nicht* sehen, wenn wir etwas betrachten, und dies liegt in der Struktur unserer Art und Weise, die Welt zu erfahren. In dieser *negativen Einsicht* liegt ein hohes Potenzial der Flexibilisierung. Wenn wir mit jedem Erfahrungsschema, das wir verwenden, etwas ausblenden, aber nicht wissen können, *was* wir dabei ausblenden, so wird es zur Notwendigkeit, im Idealfall zu einer neuen Gewohnheit, andere Erfahrungsweisen nicht nur anzuerkennen und zuzulassen, sondern *alle* Erfahrungsmodi bewusst und spielerisch als eine Weise der Selbst- und Weltaufordnung unter anderen möglichen zu sehen und auch aktiv zu nutzen. Das oben eingeführte Moment der *Tentativität* von Erfahrungsweisen wird dann zum Programm, zu einer positiven Aufgabe, die nicht nur eine „Notlösung" angesichts gesellschaftlicher Orientierungsverluste darstellt, sondern die sich aus der Struktur bzw. prinzipiellen Begrenztheit von Erfahrungsweisen *selbst* ergibt.

Während es auf der Ebene Bildung I darum ging, neue Gewohnheiten zu bilden, d. h. von einer Gewohnheit A bewusst zu einer neuen Gewohnheit B überzugehen, geht es hier darum, überhaupt zu lernen, Gewohnheiten zu bilden, d. h. die Fähigkeit zu flexibilisieren, verschiedene Gewohnheiten übernehmen zu können. Durch Bildung II wird somit eine größere Flexibilität hinsichtlich der Gewohnheiten erworben, die durch den Prozess von Bildung I ausgebildet wurden. Durch Prozesse auf der Ebene von Bildung II wird Freiheit von den Gewohnheiten erreicht. Wir müssen jedoch zugleich darauf hinweisen, dass der somit als „Bildung II" umschriebene Prozess praktisch immer nur in Grenzen erreichbar ist. Sich aller Erfahrungsgewohnheiten und Weltsichten in dieser Weise zu entledigen, ist eine hochgradig komplexe und aufwändige Haltung. Es liegt auf der Hand, dass man nicht dauerhaft und ständig in dem (selbst-) kritischen Bewusstsein der Relativität aller Erfahrungsschemata durch den Alltag gehen kann. Der wesentliche Punkt ist aber, dass ein solcher Standpunkt, wenn ein Prozess im Sinne von Bildung II einmal erfolgt ist, immer wieder bezogen werden kann.

Bevor wir uns mit den medialen Dimension der Bildung eingehender beschäftigen, möchten wir im Folgenden noch einige gesellschaftliche Herausforderungen skizzieren, denen sich ein moderner Bildungsbegriff ausgesetzt sieht.

2.3 Bildung in der Wissensgesellschaft

Um jüngere Gesellschaftsentwicklungen zu beschreiben, ist seit Ende der 1990er Jahre der Begriff der Wissensgesellschaft populär geworden. Es ist zwar immer wieder festgestellt worden, dass im wissenschaftlichen Diskurs kein homogenes Konzept einer Wissensgesellschaft existiert (z. B. Stroß 2001, 89; Tänzler/ Knoblauch/Soeffner 2006), trotzdem scheint diese Beschreibung im öffentlichen und auch im bildungswissenschaftlichen Diskurs tauglich, um einige charakteristische Entwicklungszüge der gegenwärtigen Gesellschaft zu skizzieren (Müller/ Stravoravdis 2007; Kempter/Meusenberger 2005).

Schon immer wussten die Menschen, dass Wissen wichtig ist. Nicht umsonst gibt es das Sprichwort: „Wissen ist Macht". Aber wie ist es zu erklären, dass von aktuellen gesellschaftlichen Trends behauptet wird, sie würden zeigen, dass wir auf dem „Weg in eine Wissensgesellschaft" seien? Die These der „Dienstleistungsgesellschaft" konnte sich auf den Sachverhalt berufen, dass die Dienstleistungsarbeit auf Kosten der klassischen industriellen Güterproduktion immer mehr ansteigt: Mittlerweile arbeiten fast zwei Drittel aller Beschäftigten im Dienstleistungssektor (vgl. Deutscher Bundestag 2002, 260). Die eigentliche Legitimation für die Bezeichnung „Wissensgesellschaft" liegt darin, „daß wissenschaftliches Wissen auf fast allen Gebieten des Lebens eine einflußreichere Rolle spielt" (Stehr 1994, 16). Der Einfluss von Wissenschaft und Technik wird größer, reicht sozusagen bis in den kleinsten Winkel der Lebenswelt hinein. Dies betrifft gleichermaßen die Formen des Wissens wie auch die Formen des Wissenserwerbs bzw. der Wissensvermittlung in den klassischen institutionalisierten Lernfeldern, beispielsweise Schule, aber auch die außerschulische Jugendbildung in Jugendarbeit, Peergroups und Medien. Wissen gilt inzwischen als vierter – und zudem bedeutendster – Produktionsfaktor neben Arbeit, Kapital und Natur. In einigen volkswirtschaftlichen Bereichen wird davon ausgegangen, dass 70 bis 80 Prozent des wirtschaftlichen Wachstums auf neues oder verbessertes Wissen zurückgeführt werden könne (vgl. de Haan/Poltermann 2002). Das heißt, die Bedeutung des Wissens für eine Volkswirtschaft wie auch für den Einzelnen hat zugenommen. „Die Erzeugung und Verteilung von Wissen werden künftig eine vorrangige Bedeutung in der Wertschöpfung und im gesellschaftlichen Bewusstsein einnehmen. Die Zukunft gehört der Wissensverarbeitung, den hochqualifizierten Tätigkeiten" (Deutscher Bundestag 2002, 260). Das schlägt sich dann auch in der Verteilung der Beschäftigten nieder: Immer mehr Menschen sind in Berufen und Jobs tätig, in denen die Generierung, Aufbereitung, Präsentation und Zirkulation von Wissen im Vordergrund steht, so dass Hellmut Willke von einem neuen Typ des Arbeiters spricht, nämlich vom Wissensarbeiter (Willke 1999).

Innerhalb der Erziehungswissenschaft ist zunächst einmal darauf zu verweisen, dass es eine längere Auseinandersetzung und Selbstvergewisserung über die Frage gibt, was pädagogisches Wissen ist (vgl. König/Zedler 1989; Oelkers/ Tenorth 1993). Daran anschließend ist die Doppelfrage, ob die Zeitdiagnose der Wissensgesellschaft zutreffend sei und was daraus folge, durchaus kontrovers diskutiert worden (allgemein: Höhne 2003; für die Sozialpädagogik: Homfeldt/ Schulze-Krüdener 2000; für die Erwachsenenbildung: Nolda 2001).

Mag sein, dass die Bezeichnung des Wissensarbeiters etwas überzeichnet ist, sie weist aber doch in eine Richtung, deren Vorzeichen nicht zu ignorieren sind: Die heranwachsende Generation wächst in eine Gesellschaft hinein, in der Arbeit (im

Sinne von Erwerbsarbeit) überwiegend auf hohem Qualifikationsniveau zu haben sein wird. Dass dieses enorme Folgen für Fragen der sozialen Struktur einer Gesellschaft haben wird und jetzt schon hat, liegt auf der Hand. Dieses hohe Qualifikationsniveau muss, das sagt beispielsweise das Schlagwort des lebenslangen Lernens, ständig erhalten und erweitert werden. Insofern ist die Wissensgesellschaft auch eine Lerngesellschaft und deshalb ist auch deutlich, was diese Debatte um die Wissensgesellschaft mit Pädagogik und Erziehungswissenschaft zu tun hat: Das Bildungssystem steht vor der Aufgabe, Unterstützung und Hilfe zur Wissensbewältigung während des gesamten Lebenslaufs zu gewähren. In der Erziehungswissenschaft geht es ja darum, die nachfolgende Generation durch Prozesse der Erziehung, des Lernens und der Bildung in diese Gesellschaft einzuführen. Ob und wie das gelingt, davon sind die Lebenschancen dieser nachfolgenden Generation elementar abhängig.

Wissen ist nicht identisch mit Information, und das hat – erziehungswissenschaftlich gesehen – weit reichende Konsequenzen: Die Rede von der Informationsgesellschaft stellte auf der Grundlage der Beobachtung des rapiden Informationsanstiegs infolge der Verbreitung neuer Informationstechnologien die Problematik der Datenverarbeitung und des Datentransfers in den Vordergrund. Es wurde nach der Infrastruktur für effektive Informationsverbreitung, nach der Produktion und Verarbeitung von Information und nach der Bedeutung von (neuen) Zeichensystemen für die Formation von Gesellschaften gefragt. Demgegenüber bezieht sich der Begriff der Wissensgesellschaft wesentlich stärker die Entwicklungspotenziale und biographischen Prozesse des einzelnen Menschen:

„Im Unterschied zu diesem Begriff [der Informationsgesellschaft; B.J./W.M.], der die gesellschaftliche und systemische Seite betont, ist das Konzept der Wissensgesellschaft stark auf das Individuum ausgerichtet, auf seine Rolle, Funktion, sein Potenzial und seine Bedeutung für die wissensbasierte Gesellschaft. Mit dem Begriff „Wissensgesellschaft" wird kenntlich gemacht, daß Informationen die Informationen von jemandem sind und daß diese Informationen eine Bedeutung haben" (de Haan/Poltermann 2002: 8).

Aus Informationen wird Wissen dann, wenn sie von Menschen aufgenommen, in Zusammenhänge (Kontexte) eingeordnet, bewertet und auf zu lösende Probleme bezogen werden. Wissen ist sozusagen situierte Information, die auf soziale Handlungen im weitesten Sinne bezogen wird. So setzt einer der Initiatoren der Debatte um die Wissensgesellschaft, nämlich Nico Stehr, Wissen mit Handlungsfähigkeit gleich (vgl. Stehr 1994, 208). Soziale Handlungen sind eingebettet in eine soziale Gemeinschaft, in eine Kultur bzw. eine Gesellschaft. Insofern kann mit Stehr auch gesagt werden, dass der Wissensprozess in der „Teilnahme an den kulturellen Ressourcen der Gesellschaft" (ebd., 205) besteht. Die Fähigkeit zur Teilhabe (Methexis) und zur aktiven Teilnahme (Partizipation) an der jeweiligen Kultur setzt soziales Handeln voraus, und damit auch die Fähigkeit, sich zu orientieren. Gernot Böhme ist Recht zu geben, wenn er sagt, dass der Begriff der Wissensgesellschaft als Epochenbegriff zwar nicht tauge, jedoch wichtige aktuelle Tendenzen beschreibe und gegenüber dem Begriff der Informationsgesellschaft den subjektiven Faktor ernst nehme (Böhme 2002). Gerade von diesem subjektiven Faktor hängt die Erzeugung von Wissen aus Informationen ab. Dabei spielt die orientierende Reflexion eine zentrale Rolle.

Jürgen Mittelstrass (1982; 1989; 2001) hat seit den 1970er Jahren immer wieder den Sachverhalt reflektiert, dass in modernen Gesellschaften der Abstand zwischen Verfügungswissen (Faktenwissen) und Orientierungswissen gewachsen ist. Moderne Gesellschaften seien stark in der Akkumulation von Verfügungswissen und schwach in der Ausbildung von Orientierungswissen, so Mittelstrass. Was technisch möglich und moralisch nötig sei, lasse sich immer weniger miteinander vereinbaren. Für Erziehungswissenschaft und Pädagogik ist deshalb die Klärung des Verhältnisses von Verfügungs- und Orientierungswissen in hochkomplexen Gesellschaften u. E. zu einer zentralen Aufgabe geworden.

Insbesondere ist es das Gebiet der *Bildungstheorie*, das sich mit der Frage nach dem orientierenden Wert von Wissen beschäftigt. Denn die Frage, ob Wissen eine orientierende Funktion hat, ist identisch mit der Frage, ob es eine bildende Funktion hat. Orientierungswissen kann jedoch nicht durch eine Steigerung des Verfügungswissens erreicht werden: „Je reicher wir an Information und Wissen sind, desto ärmer scheinen wir an Orientierungskompetenz zu werden. Für diese Kompetenz stand einmal der Begriff der Bildung" (Mittelstrass 2002: 154).

Vor diesem Hintergrund wird deutlich, dass die Folgen der sich anbahnenden Wissensgesellschaft gleichsam in den letzten Schichten der Lebenswelt der Menschen spürbar werden, denn sie beziehen sich auf die Art und Weise des Lernens und der Orientierungsleistungen: Menschen müssen angesichts der medial vermittelten Informationsvielfalt (*information overload*) Wissen für sich aufbauen, um handeln und um sich in einer komplexer werdenden Welt orientieren zu können. Es ist in der Debatte um die Wissensgesellschaft unter dem Stichwort neuer Subjektivierungsformen immer wieder darauf hingewiesen worden, dass eine elementare Folge darin besteht, dass immer mehr Verantwortung auf die einzelnen Menschen abgewälzt wird, die immer mehr verantwortlich für das eigene Lernen und für die eigene Qualifikation werden (vgl. Höhne 2003, 62ff.).

Dadurch, dass in dieser Debatte die Aufmerksamkeit immer stärker auf den Einzelnen gelenkt wird, indem seine reflektierenden Formen der Wissensverarbeitung und -erzeugung in den Blick genommen werden (reflexive Orientierungsoptionen), wird deutlich, dass die zentralen Herausforderungen der Wissensgesellschaft Bildungsprobleme in genau dem Sinne darstellen, wie wir oben den Bildungsbegriff diskutiert haben.

Damit haben wir die Grundelemente einer strukturalen Bildungstheorie rekonstruiert (vgl. ausführlicher: Marotzki 1990). Wir können nun einen Schritt weitergehen und den konstitutiven medialen Aspekt in unsere Überlegungen einbeziehen. Zu diesem Zweck werden wir zunächst eine Dimensionierung dessen entwickeln, was wir als „Medienbildung" bezeichnen.

2.4 Dimensionen Strukturaler Medienbildung

Wer von Medienbildung spricht, geht davon aus, dass Medien für Bildungs-, Subjektivierungs- und Orientierungsprozesse in zweifacher Weise relevant sind. Sie stellen *einerseits* ein lebensweltliches Phänomen dar, das für eine große Zahl von Menschen ausgesprochen vielfältig, aber durchaus nicht unproblematisch ist. Die lebensweltliche Begegnung und Auseinandersetzung mit Medien und Medientechnologien erfordert, wie insbesondere das Beispiel der Neuen Medien aufzeigt, bereits Fähigkeiten und Einstellungen wie Bereitschaft zu tentativer Erkundung des (noch) Unbekannten, Begegnung mit (z.B. kulturellem) Anderem und Fremdem, Interesse am Erwerb neuer Interaktionsweisen und -muster, etc. Seien es generationsbedingte Berührungsängste (Marotzki/Nohl 2004), kulturelle Hürden wie Migrationshintergründe (Theunert 2007), formale Bildungshürden (Kompetenzzentrum Informelle Bildung 2007) oder andere Ursachen: die Indikatoren verweisen darauf, dass die Wissenkluft in der Gesellschaft sich zunehmend in manifeste Partizipationshürden verwandelt – insbesondere dort, wo Partizipation zunehmend in medialen Räumen stattfindet (Zillien 2006; Zwiefka 2007). Auch wenn heute nicht mehr von einer Digitalen Spaltung im Sinne eines *access divide* gesprochen werden kann (vgl. etwa Medienpädagogischer Forschungsverbund Südwest 2007), so besteht doch das Problem einer „*voice inequality*" (Iske/Klein/Kutscher 2005) mehr denn je.

Andererseits bieten Medien dort, wo sie sich einen nicht mehr wegzudenkenden Platz in den Lebenswelten der Menschen erobert haben, neue Anlässe und neue Räume für Bildungserfahrungen und -prozesse im oben genannten Sinn. Wo Individuen einen Zugang zu diesen Erfahrungsräumen haben, haben sie prinzipiell auch Teil an den (Bildungs-) Optionen und Chancen, die diese Räume bieten. Evident ist dies für das Internet, das unzählige neue Möglichkeiten, sich auf verschiedensten Ebenen zu artikulieren und zu partizipieren, hervorgebracht hat. Doch beschränken sich diese Bildungspotenziale durchaus nicht auf die interaktiven neuen Informationstechnologien. Komplexe mediale Formate wie etwa der Film beinhalten ebenfalls ein hohes reflexives Potenzial, indem sie etwa Fremdheitserfahrungen inszenieren, nachvollziehbar und -reflektierbar machen, indem sie Biographisierungsweisen thematisieren, ethische Paradoxa verhandeln, usw.

2.4.1 Vier Dimensionen lebensweltlicher Orientierung

Reflexive Orientierungsoptionen entfalten ihre Relevanz in unterschiedlichen lebensweltlichen Bereichen. Bereits thematisiert wurde die Dimension des *Wissens*. Doch in Anlehnung die vier berühmten Fragen, die Immanuel Kant (1724-1804) in seiner *Logik* formulierte – „*Was kann ich wissen? Was soll ich tun? Was darf ich hoffen?* und *Was ist der Mensch?*" (Kant 1800, 448) – lassen sich insgesamt vier grundlegende Orientierungsdimensionen unterscheiden:

1. Der Wissensbezug als Rahmung und kritische Reflexion auf Bedingungen und Grenzen des Wissens;
2. der Handlungsbezug als Frage nach ethischen und moralischen Grundsätzen des eigenen Handelns, insbesondere nach dem Verlust tradierter Begründungsmuster;
3. der Transzendenz- und Grenzbezug als Verhältnis zu dem, was von der Rationalität nicht erfasst werden kann; sowie schließlich
4. die Frage nach dem Menschen (Biographiebezug) als Reflexion auf das Subjekt und Frage nach der eigenen Identität und ihren biographischen Bedingungen.

Die Unterscheidung dieser vier Dimensionen kann allgemein für die Analyse von Bildungsprozessen fruchtbar gemacht werden. Sie wird in den nachfolgenden Kapiteln als leitende Heuristik für die Analyse von Bildungspotenzialen in verschiedenen medialen Bereichen dienen, weshalb wir sie an dieser Stelle ausführlicher diskutieren möchten.

Was kann ich wissen? (Wissensbezug)
Die erste Frage bezieht sich bei Kant auf eine Abschätzung der Quellen des menschlichen Wissens (Metaphysik). Die Fragen, woher das Wissen kommt und wie verlässlich es ist, ob man im Vertrauen auf die Seriosität der Quellen davon Gebrauch machen kann und wer eigentlich für die Richtigkeit einsteht, sind in einer Gesellschaft, die sich auf dem Weg in eine Wissensgesellschaft befindet, zentral. In jedem Lernprozess muss die Frage, was wichtig und was nicht so wichtig ist, beantwortet werden; das war schon immer so. Aber gerade angesichts der Informationsflut, die durch das Internet über uns hereinbricht, scheint ein Informations- und Wissensmanagement sowie ein kritisches Sichverhalten zu den Informationsquellen als Metakompetenz überlebensnotwendig zu werden.
Zu einer logisch-intellektuellen Ordnungsleistung gehört neben der Fähigkeit der Wahrnehmung und der Erinnerung hauptsächlich die Fähigkeit des analytischen, rationalen, begrifflich orientierten Denkens. Der Umgang mit großen Wissensbeständen und Informationsmengen ist nur möglich bei einer klaren und konsistenten Problemorientierung. Es ist üblich, das Verfügungswissen in Faktenwissen und prozedurales Wissen aufzuteilen. Faktenwissen vermittelt Einsicht in die Beschaffenheit von Dingen und Sachverhalten. Es ist unbestritten

und gilt für alle spezialisierten Lebensbereiche, dass ein Grundwissen mit der entsprechenden Begrifflichkeit für den jeweiligen Bereich vorhanden sein muss. Nur wenn Dinge und Sachverhalte beim Namen genannt werden können, können sie auch unterschieden werden. Das gilt natürlich auch für das Internet, das schneller in die Haushalte gekommen ist als das Fernsehen in den fünfziger Jahren. Welches aber das notwendige Wissen ist, um Einsicht in die mit dem Internet verbundenen „Dinge" zu erhalten, darüber lässt sich natürlich streiten, trotzdem haben sich bestimmte Basics herausgebildet, die hier nicht dargelegt werden sollen (vgl. Marotzki 2000). Das prozedurale Wissen und Können orientiert sich am Erfolg des eigenen Gestaltens und Handelns. Es ist ein Spezifikum vieler Sachverhalte, und das trifft in hohem Maße auch für neue Informationstechnologien zu, dass die Einsicht in die Faktizität der Dinge noch nicht dazu führt, dass gehandelt werden kann. Es kommt darauf an, einiges auch selbst gemacht zu haben, um den Gestaltungsaspekt des Umgangs mit neuen Medien auch realisieren zu können.

Wie oben erwähnt, stellt das Verfügungswissen eine notwendige, aber noch keine hinreichende Bedingung von Medienbildung dar. Das bloße Informiertsein und „Bescheidwissen, wie es geht", muss überführt werden in eine kritische Reflexion. Natürlich ist Reflexion immer auch Bestandteil der ersten beiden Ebenen. Trotzdem ist kritische Reflexion in besonderer Weise gefordert, wenn es um die Risikostrukturen und kulturellen Implikationen moderner Technologien geht und wenn die Frage nach den möglichen Folgen thematisiert wird. Das entscheidende Argument, weshalb der bildungstheoretische Grundsatz beispielsweise der informationellen Selbstbestimmung überwiegend bei neuen Informationstechnologien Sinn macht, ist der Sachverhalt, dass der Nutzer nicht nur Informationen auswählt und aufnimmt, sondern er gibt auch Informationen von sich preis, und dies oftmals, ohne dass er es weiß. Wenn aber Informationen, die über den Nutzer im Umlauf sind, nicht mehr von ihm selbst kontrolliert werden können, wenn der einzelne also nicht mehr bestimmen kann, was er von sich preisgibt und was nicht, ist ein fundamentaler Grundsatz des allgemeinen Persönlichkeitsrechts verletzt. Diese Gefahr gibt es bei konventionellen Medien nur begrenzt, bei den neuen Medien jedoch hochgradig. Nur wenn diese Risikolagen einbezogen werden, können sich Menschen in ein reflexives Verhältnis zu sich und zur Welt setzen. Unter dieser Perspektive ist der bildungstheoretische Grundsatz der informationellen Selbstbestimmung ein Kernbestandteil neuzeitlicher Bildung (vgl. Marotzki 2000; Sandbothe/Marotzki 2000). Hinzu kommt, dass sich der Begriff des Nutzers im Kontext der Debatte um das sogenannte „Web 2.0" ändert (s.u. Kapitel 5.1.3). Der klassische Nutzer wird immer mehr zum „Produser", zum Gestalter eines universellen Wissensnetzwerkes (vgl. das Projekt „Wikipedia"). Damit verliert er seine passive Konsumentenrolle und wird aktiver Teilnehmer an einem Netzwerk der Wissensproduktion. Das ändert aber nichts daran, dass seine Tätigkeit als Wissensarbeiter in dem dargelegten reflexiven Modus betrieben werden muss. Das ist letztlich die zentrale Herausforderung der Wissensgesellschaft: Die Reflexivität steigt, auch und vor allem im Umgang mit Wissen.

Die erste Dimension von Medienbildung nimmt also die klassische Frage Immanuel Kants „Was kann ich wissen?" auf. Sie zielt auf die Reflexion der Genesis und Geltung von Information und Wissen, letztlich also auf eine Reflexion – so wollen wir verkürzt sagen – von Wissenslagerungen. Mit dem Begriff der Wissenslagerung bezeichnen wir das Arrangement verschiedener Wissensbestände, die, bezogen auf ein Problem, zusammengeführt werden und medial präsent sind. Sie können beispielsweise in einem bestimmten audio-visuellen Format, also in Form eines Films, präsentiert werden.

Was soll ich tun? (Handlungsbezug)

Die zweite Frage bezieht sich bei Immanuel Kant auf eine Abschätzung des Umfangs des möglichen und nützlichen Gebrauchs des Wissens (Moral). Da Wissen und Handeln nicht identisch sind, entsteht das Problem, ob der Mensch auch alles machen soll, was er machen kann. Die Frage zielt somit auf das Verhältnis von generellen zu konkreten für mich angemessenen Handlungsoptionen. Die Realisierung konkreter Handlungsoptionen zieht innerhalb bestimmter Kontexte Folgen und ggf. auch Nebenfolgen nach sich, die intendiert sein können oder nicht, für die der Handelnde jedoch verantwortlich gemacht werden kann.

Die Geschichte des allgemeinen Bildungsbegriffs zeigt eine große Variationsbreite von Bedeutungen. Hier ist nicht der Ort, diese vielschichtige Traditionslinie nachzuzeichnen (vgl. Dohmen 1964; Rauhut/Schaarschmidt 1965; Ballauf 1989; Hansmann/Marotzki 1989). Verallgemeinernd kann man jedoch sagen, dass Bildung eine Haltung des Menschen zu sich, zu anderen und zur Natur bezeichnet, die grundsätzlich *Verantwortung* beinhaltet. Erich Weniger beispielsweise erklärt Verantwortungsbereitschaft geradezu zum entscheidenden Kriterium für Bildung, wenn er sagt: „Bildung ist der Zustand, in dem man Verantwortung übernehmen kann" (Weniger 1952, 138). Auch Wolfgang Klafki hat 1962 in seiner berühmten dritten Studie *Engagement und Reflexionen im Bildungsprozeß* (in: Klafki 1975) das Problem der Verantwortung in Bezug auf den Bildungsprozess erörtert. Er fragt nach pädagogischen Bedingungen für eine Erziehung zur Verantwortungsbereitschaft in der Gegenwart. Klafki kommt zu dem Resultat, dass die Schule Erziehung zur Verantwortung ernstnehmen und aus einem relativ geschlossenen Schonraum herauskommen und sich gesellschaftlicher Wirklichkeit öffnen müsse. Sie müsse Engagement und Reflexion integrieren.

Wenn also im Hinblick auf die Frage „Was soll ich tun?" Verantwortungsbereitschaft in das Zentrum der Aufmerksamkeit gerät, dann ist damit auch das Verhältnis des Einzelnen zu anderen bzw. zur Gemeinschaft berührt, denn verantwortlich bin ich in der Regel einem anderen, wenn man von dem Spezialfall, dass man sich selbst gegenüber Verantwortung trägt und tragen kann, absieht. Ähnlich wie bei der Bearbeitung der ersten Frage, kann es auch hier nicht um eine Entscheidung gehen, welche Verantwortung und wieviel und wem gegenüber Menschen eingehen sollten, sondern es geht auch hier um eine Beschreibung, wie Menschen mehr oder minder verantwortungsvolle Bindungen mit anderen oder einer Gemeinschaft eingehen, wie sie die Relationen von Nähe und Distanz, von Verpflichtung und Freiheit balancieren. Es geht hier also beispielsweise nicht um die Beurteilung von Weltanschauungen, sondern darum, zu explorieren, welche handelnde Kraft sie entfalten bzw. nicht entfalten.

Diese zweite Dimension von Medienbildung zielt also auf die Reflexion von Handlungsoptionen im Kontext gemeinschaftlicher und gesellschaftlicher Kontexte. Orientierung mündet letztlich auch im Handeln. Insofern ist ein Reflexionspotenzial, das sich auf Handlungsoptionen erstreckt, für Bildung unerlässlich, wie in der bildungstheoretischen Tradition immer wieder betont wurde, beispielsweise von Heydorn: „Bildung des Bewußtseins, die den Menschen zum wissenden Handeln im verwundbaren Gewebe seiner Bedingung befähigt, gewinnt eine Bedeutung wie nie zuvor" (Heydorn 1980, 294).

Was darf ich hoffen? (Grenzbezug)

Die dritte Frage bezieht sich bei Kant auf eine Abschätzung der Grenzen der Vernunft (Religion). Diese Frage zielt traditionell, indem sie die Grenzen von Rationalität und damit auch Wissenschaft thematisiert, auf die Frage von letzten Gewissheiten. Grenzen, das erörterte bereits Georg Friedrich Wilhelm Hegel (1770-1831) in seiner Seinslogik (Hegel 1833), grenzen ein und – indem sie dies tun – auch aus. Das, was eingegrenzt wird, enthält in sich bereits den Bezug zu dem eigenen Gegenteil: Rationalität verweist auf Irrationalität, Vernunft auf Unvernunft, das Eigene auf das Fremde. Die Reflexion auf solche Grenzen bildet eine weitere Grundstruktur von Bildungsprozessen. Vielleicht kann man sagen: Bildung enthält in sich als Selbst- und Weltorientierung einen Bezug zur Transzendenz, der beispielsweise in Form von Religionen, Mythen oder magischen Gehalten zur Geltung kommen kann, aber auch durch andere Formen. Sei es, dass wir – wie Max Frisch in dem Roman *Stiller* – vom Geheimnis des Menschen sprechen, auf das jeder ein Anrecht hat, eine Region gleichsam, die zu betreten für andere verboten ist, oder dass wir – um Auschwitz zu verstehen – den Anderen und das Fremde als radikal Anderes neu denken müssen, wie es Emmanuel Levinas vorgeschlagen hat (Levinas 1995); sei es, dass wir uns eingestehen müssen, dass die Grenze, wo Leben beginnt, nicht wissenschaftlich bestimmbar ist. Das Umgehen mit solchen Grenzen ist traditionell eine Grundstruktur von Bildung. Die Reflexion auf solche Grenzen ist Bildungsarbeit. Es geht hier um sensible Beschreibungen, wie Menschen mit Grenzerfahrungen und Grenzziehungen umgehen, wie flexibel oder restriktiv solche Grenzen gezogen werden, ob sie Grenzen als Herausforderungen erleben oder eher als unüberwindbare Schranken, ob sie

sie akzeptieren oder ablehnen. Die Expansion von Komplexität einerseits und die Endlichkeit der Mittel, sie zu begreifen, andererseits zwingt zu einer Anerkennung von Grenzen. Im Zuge der Entwicklung der Moderne erleben wir eine wissenschaftlich-technisch induzierte Komplexitätssteigerung. Im Zusammenhang von Genforschung und den sich abzeichnenden Möglichkeiten der Nanotechnologie und der Robotik werden elementare Grenzen, wie die zwischen Leben und Tod oder die zwischen Körper und Geist, erneut Gegenstand der Reflexion. Das gilt auch für die Grenzziehung zwischen Mensch und Technik. Metaphorisch gesprochen kann gesagt werden, dass immer mehr Technik in den Menschen einwandert. Von der Implantation eines Herzschrittmachers zur Implantation eines Mikrochips ist es nicht weit, so dass die erste und zweite Natur des Menschen immer mehr von der dritten durchdrungen wird, wie es in dem Bild des Cyborg, den Clynes und Kline bereits 1960 das erste Mal verwenden, zum Ausdruck gebracht wird (vgl. Clynes/ Kline 1960).

Die eigentliche metaphorische Qualität erhielt der Begriff des Cyborg jedoch erst durch die Veröffentlichung des „Manifestes für Cyborgs" durch Donna Haraway (Haraway 1985; dt. Haraway 1995). Digitale, soziale, physikalische und biologische Welten verschränken sich immer mehr, so dass der digitale Raum zum gleichrangigen Konstituens für Subjektivität avanciert. Die Metapher des Cyborgs fokussiert die Grenzen zwischen dem, was spezifisch menschlich und dem, was spezifisch technisch ist: „For us [...] machines can be prosthetic devices, intimate components, friendly selves" (ebd., 97). Dass diese Grenze immer weniger klar ist, dass sie immer fragiler wird, das meint die Parole von Donna Haraway: „We are all Cyborgs". Kommunikationstechnologie und Biologie beeinflussen unseren Körper in konstitutiver Weise, sie verweisen auf fundamentale Transformationen der Subjektkonstitution. Folgt man Haraway, werden wir uns künftig als Cyborgs in komplexen Kommunikations- und Datenwelten des Internet bewegen. Wir sind aus dieser Perspektive also auf dem Weg, unsere menschliche Identität zu verändern, indem grundlegende Differenzen gleichsam neu durchdekliniert werden. Haraway exemplifiziert diese These an den vier Differenzen zwischen Körper und Seele, zwischen Mensch und Tier, zwischen Organismus und Maschine und zwischen Materie und Geist. Für Haraway ist es diese permanente Grenzerfahrung, die das Wesen des modernen Menschen als Cyborg ausmacht. Leben wird zur permanenten Grenzerfahrung: „an intimate experience of boundaries, their construction and deconstruction" (ebd., 100). Die Reflexion auf Grenzen, Grenzüberschreitungen und Grenzerfahrungen stellt also in einer Welt, in der neue Medien einen entscheidenden Anteil am Komplexitätszuwachs moderner Gesellschaften haben, ein zentrales Merkmal von Medienbildung dar.

Was ist der Mensch? (Biographiebezug)

Diese letzte Frage bezieht sich bei Kant auf die Abschätzung der anthropologischen Gegebenheitsweise des Menschen (Anthropologie). Alle drei bisher bearbeiteten Fragen laufen nach Kant auf diese vierte hinaus: „Im Grunde könnte man [...] alles dieses zur Anthropologie rechnen, weil sich die drei ersten Fragen auf die letzte beziehen" (Kant 1800, 448). Diese letzte zentrale Frage richtet sich somit einerseits auf das grundlegende Verständnis, das wir vom Menschen haben, auf das grundlegende Verständnis von Menschsein überhaupt, andererseits aber auch auf biographieanalytischer Ebene auf die jeweilige Identität des Einzelnen, die über biographische Arbeit immer wieder hergestellt werden muss.

Wir vollziehen, folgt man den Überlegungen Wilhelm Diltheys, eine wertende Ordnungsleistung. Menschen, Dinge und Informationen sind uns in unterschiedlichem Maße bedeutsam; wir entwickeln zwangsläufig eine gewisse nach Werten abgestufte Bedeutungszuschreibung aus dem Kontext unseres Lebenszusammenhanges. Das bedeutet: Wir stellen eine bewertende Rangordnung für uns her, die darüber Auskunft gibt, was für uns wichtig und bedeutsam und was nicht so wichtig und bedeutsam ist. Die Ordnungsleistung, die hier vollzogen wird, ist also eine Strukturierung nach subjektiven Relevanzen, die zu einer Werthierarchie führt und dem Einzelnen eine Orientierung ermöglicht. Sinn wird für Wilhelm Dilthey mit Hilfe des Mechanismus der Zusammenhangsbildung hervorgebracht. Die Zusammenhangsbildung ist eine Gesamtordnungsleistung, durch die Beziehungen zwischen Teilen und einem Ganzen beständig hergestellt und in neuen biographischen Situationen überprüft bzw. modifiziert werden. Diese Form der bedeutungsordnenden, sinnherstellenden Leistung des Subjektes wird *Biographisierung* genannt. Eine sinnstiftende Biographisierung gelingt nur dann, wenn es gelingt, Zusammenhänge herzustellen, die es erlauben, Informationen, Ereignisse und Erlebnisse in sie einzuordnen und Beziehungen untereinander wie auch zur Gesamtheit herzustellen. Auf diese Weise arbeiten wir ständig daran, Informationen in konsistente Wissenszusammenhänge zu überführen; und zwar Wissenszusammenhänge über uns selbst wie auch über die Welt. Die Hauptarbeit des Lebens besteht für Wilhelm Dilthey darin, dass jeder Mensch für sich erkundet, was für ihn wertvoll ist, welches für sein Leben die maßgeblichen Lebenswerte darstellen. Diesen Such- und Erprobungsprozess nennt Dilthey *Lebenserfahrung* (vgl. Dilthey 1907, 74). Bewerten heißt Bedeutung verleihen und auf diese Weise Zusammenhänge herstellen, die auf eine bestimmte Haltung und Auffassung, die der einzelne sich selbst wie auch der Welt gegenüber einnimmt (Selbst- und Weltreferenz), verweisen. Die Frage, um welche subjektiven Relevanzen es sich jeweils handelt, ist eine empirische Frage; eine Zentralfrage beispielsweise der bildungstheoretisch orientierten erziehungswissenschaftlichen Biographieforschung. Diese Frage kann nicht normativ, sondern nur normativ enthaltsam in einem deskriptiven Zugang entschieden werden.

Der fachinterne Diskurs über Bildung wurde in den 1990er Jahren bezeichnenderweise sehr stark durch die Modernisierungsdebatte in den Sozialwissenschaften geprägt. Dabei spielten die Ausführungen zur sogenannten reflexiven Moderne (vgl. Giddens 1996) eine besondere Rolle. Die Grundannahmen dieser Debatte besagen, dass die „Freisetzung" des Menschen aus Traditionen und sozialen Einbettungen zu einer erhöhten Reflexivität geführt hat. Das bedeutet, dass Reflexion für den einzelnen Menschen dann an Bedeutung gewinnt, wenn vertraute soziale Kontexte immer weniger zur Verfügung stehen, wenn die Geschwindigkeit der sozialen und biographischen Veränderungen immer größer wird.

Es wird somit angesichts der Fortschritte in den Bereichen der Gen- und der Informationstechnologie als den entscheidenden Motoren für Modernisierungsprozesse eine neue Qualität in den Bildungsprozessen gesehen, mit denen sich Menschen, und vor allem die heranwachsende Generation auseinanderzusetzen haben. Diese neue Qualität besteht darin, dass alle elementaren Lebensentscheidungen reflexiv an die Biographie rückgebunden werden und durch soziale Kontexte und Gemeinschaften nur noch bedingt aufgefangen und getragen werden.

Steigerung von Reflexivität und Biographizität sind also zwei Kernmerkmale von Bildung in der Wissensgesellschaft. Ein drittes Merkmal wird in einer Flexibilitätssteigerung gesehen. Damit ist gemeint, dass Menschen nicht mehr nur auf eine Selbst- und Welthaltung festgelegt sind, sondern ihre Teilidentitäten relativ unabhängig voneinander agieren können. Im Sinne Wilhelm Diltheys wird der moderne Mensch dadurch gleichsam zum Weltenwanderer. Diese Eigenschaft wird in einer Gesellschaft hoch geschätzt, die sich sowohl nach außen (Globalisierung) als auch nach innen (Multikulturalismus) mit anderen, oftmals fremden Kulturen auseinandersetzen muss. Die Reflexion auf solche Biographisierungsprozesse, wie sie durch verschiedene Medien induziert werden, wie sie in und mittels Medien vollzogen werden, bilden die vierte Dimension einer modernen Medienbildung. Wissens-, Handlungs-, Grenz- und Biographiebezug stellen somit die vier Dimensionen dar, die es uns erlauben, Orientierungspotenziale verschiedener Medien zu analysieren.[5]

Ein letzter Baustein fehlt uns noch, bevor wir solche Analysen an ausgewählten Beispielen visueller, audiovisueller und interaktiver Medien vorführen wollen.

---

5 Mediale Artikulationen weisen in der Regel mehrere dieser Bezugsdimensionen zugleich auf. Aus analytischen und didaktischen Gründen haben wir in den nachfolgenden Kapiteln versucht, möglichst klare Akzentuierungen vorzunehmen.

2.4.2 Mediale Artikulationen und der Aufbau von Orientierungswissen

Der Erwerb von Orientierungswissen beinhaltet eine soziale Komponente, die nicht übersehen werden darf. Fragen wie die genannten – nach Ethik und Moral, nach Geltungsbedingungen von Wissen, nach ästhetischen und religiösen Grundsätzen usw. – stehen immer auch in einem gesellschaftlich-diskursiven Kontext. In ihrer Offenheit und Unabgeschlossenheit müssen sie immer wieder im sozialen Raum neu ausgehandelt werden. Dies gilt umso mehr für komplexe und heterogene moderne Gesellschaften, in denen tradierte Orientierungsmuster nur noch geringe Bindungskraft entfalten. Bildungsprozesse können vor diesem Hintergrund nicht mehr nur als eine individuelle Angelegenheit betrachtet werden. Vielmehr müssen sie in diesem Zusammenhang als Teilhabeprozesse an deliberativen Öffentlichkeiten verstanden werden (vgl. Klafki 1985): Erworbene Einstellungen zur Welt und zum Selbst existieren nicht im sozialen Vakuum; Bildungsprozesse sind grundsätzlich mit Anerkennungsproblematiken verknüpft (Stojanov 2006). Bildung ist insofern auch eine Frage der (Möglichkeiten und Bedingungen) gesellschaftlicher *Partizipation*. Die aktive Teilnahme an gesellschaftlichen Diskursen und Auseinandersetzungsprozessen bedingt eine Fähigkeit zu *Artikulationen* des eigenen Selbst, die in verschiedenen sozialen Arenen inszeniert oder aufgeführt werden, sowie die Fähigkeit, Artikulationen anderer verstehend anzuerkennen.

Magnus Schlette und Matthias Jung haben in ihrem Sammelband „Anthropologie der Artikulation. Begriffliche Grundlagen und transdisziplinäre Perspektiven" (Schlette/Jung 2005) aus anthropologischer Perspektive das Konzept eines umfassenden Artikulationsbegriffs entwickelt. Der anthropologische Begriff der Artikulation bei Jung hat den subjektiven Bezugspunkt menschlicher Selbst- und Weltverhältnisse vor Augen. Dabei wird ein Verständnis von Artikulation als multimediales Ausdruckskontinuum zugrunde gelegt: „Wer sich artikuliert, deutet seine qualitative Erfahrung, indem er sie [...] zur Sprache, zum Bild, zur Musik oder wozu auch immer bringt" (Jung 2005, 126). In diesem expressiven Kontinuum grenzen die Autoren drei (bezogen auf den Grad von Reflexivität stufenförmige) „Zonen" voneinander ab:

* Die präreflexive Zone bezeichnet eine Bandbreite an Ausdrucksverhalten, etwa Gefühlsausdrücke, die spontan-leiblich sind (kreatürliche Freude im Lachen und im Lächeln des Kleinkindes). Am Beispiel des ironischen Lächelns verweist Jung darauf, dass solche somatischen Ausdrucksweisen durchaus auch im Zusammenhang eines stärkeren Grades von Reflexivität zu finden sind.
* Die reflexive/narrative Zone ist auf alle (medialen) Ausdrucksformen qualitativer Erfahrung und Erleben bezogen, also auch beispielsweise auf Bilder. Dadurch, dass das Erlebte in Form verschiedener Symbolmedien (piktorale, musikalische, sprachliche usw.) artikuliert werde, würden sie von ihrer Bindung an ein Hier und Jetzt gelöst und würden dadurch den Sinn von Erlebtem intersubjektiv zur

Geltung bringen (können). „Es ist daher anthropologisch fundamental, den Ehrentitel des Reflexiven allen in diesem Sinn artikulatorischen Medien und nicht etwa nur der Sprache zuzuerkennen" (Jung 2005, 133).

• Die dritte Stufe (Zone) bezeichnet metareflexive/argumentative Artikulations-formen. Hier ist die Sonderposition von (begrifflicher) Sprache situiert. Jung meint damit, dass die reflexiven nicht-sprachlichen und sprachlichen Bedeutungsbestimmungen in meta-reflexive (sprachliche) Vollzüge eingebettet sind (ohne dass nicht-sprachliche Bedeutungsbestimmungen durch Sprache substituierbar sind).

Menschliche Artikulationen beziehen sich auf alle drei Ebenen. In diskursiven Äußerungen werden Erfahrungen artikuliert, die vor dem Hintergrund von Lebensinteressen und Handlungsproblemen gemacht wurden, entweder im meta-reflexiven (argumentativ) oder aber reflexiven (erzählend, beschreibend usw.) Modus. Der Diskurs wird als (multimediale) Artikulation von Erfahrungsräumen thematisierbar. Die Betonung multimedialer Artikulation des Menschen erlaubt es, gerade den in den Neuen (Kommunikations-) Medien vorfindlichen Kommunikationsweisen einen systematischen und nicht substituierbaren Stellenwert einzuräumen.

Mit dem Begriff der Artikulation sind zwei wichtige Aspekte verknüpft: Einerseits geht der individuelle Prozess der Artikulation wie beschrieben mit einer Formgebung einher, die ein reflexives Potenzial enthält, insofern die Äußerung von Erfahrungen zugleich eine Entäußerung impliziert, und damit ein Moment der Distanzierung beinhaltet. Artikulationsprozesse beinhalten somit ein hohes Bildungspotenzial. Zum anderen weisen die Artikulationen selbst einen – mehr oder weniger ausgeprägten – reflexiven Gehalt auf. Ihre Aufführung in sozialen Räumen und Arenen provoziert eine Reaktion des sozialen Umfelds. In der Begegnung mit artikulativen Äußerungen liegt – insbesondere im Fall elaborierter, kulturell bzw. subkulturell komplexer Beiträge – selbst ein Bildungspotenzial. In diesem Sinn werden unsere folgenden Betrachtungen von der These geleitet, dass der Aufbau von Orientierungswissen in komplexen, medial dominierten Gesellschaften wesentlich über mediale Artikulationen verläuft.

Maßgebend für den Gedanken der Medienbildung ist mithin der Umstand, dass erstens Artikulationen von Medialität nicht zu trennen sind, und dass zweitens mediale Räume zunehmend Orte sozialer Begegnung darstellen, dass also mediale soziale Arenen in den Neuen Medien eine immer größere Bedeutung für Bildungs- und Subjektivierungsprozesse einnehmen. Aus Sicht der Medienbildung gilt es mithin, die reflexiven Potenziale von medialen Räumen einerseits und medialen Artikulationsformen andererseits im Hinblick auf die genannten Orientierungsleistungen und -dimensionen analytisch zu erkennen und ihren Bildungswert einzuschätzen. Dabei geht es weniger um die Inhalte der jeweiligen Medien, sondern um ihre strukturalen Aspekte. Die Analyse der medialen Formbestimmtheiten mündet im Sinne der oben vorgebrachten Bildungstheorie in eine *Analyse der strukturalen Bedingungen von Reflexivierungsprozessen.*

Liegt die soziale und kulturelle Wirkung von Medien vor allem in ihren Formeigenschaften, so hebt die Betrachtung von Medienphänomenen aus der Perspektive der Medienbildung dementsprechend darauf ab, Bildungsgehalte und implizite Bildungschancen von Medien über die strukturanalytische Thematisierung von Medienprodukten und medialen sozialen Arenen zu erschließen. Wir werden dies in den folgenden Kapiteln anhand unterschiedlicher audiovisueller, visueller und multimedialer Medienphänomene erläutern. Wir beginnen dabei mit dem Medium Film – einerseits aus didaktischen Gründen (die involvierten Narrationen lassen Orientierungspotenziale besonders gut sichtbar werden), andererseits aber deshalb, weil das in Kapitel 3 vorgestellte Modell der Bildanalyse u.a. auf die neoformalistische Filmanalyse verweist und insofern deren Thematisierung voraussetzt.

3 Audiovisuelle Artikulationsformen

3.1 Ein strukturaler Blick auf das Medium Film

In Anschluss an die bekannten Thesen von Marshall McLuhan kann gesagt werden, dass Medien die Grundkoordinaten für die Sinneswahrnehmung verändern und damit die Konstruktionen von Wirklichkeit und der kulturellen Ordnung. Diese These lenkt die Aufmerksamkeit auf die Formbeschaffenheit der Medien: „Gesellschaften sind immer stärker von der Beschaffenheit der Medien, über die die Menschen miteinander kommunizieren, geformt worden, als vom Inhalt der Kommunikation" (McLuhan 1967, 176). Die Frage medienspezifischer Raum-Zeit-Relationen steht auch im Zentrum des Gesamtwerkes von Harold Adams Innis (vgl. etwa Innis 1997). Seine Studien stehen für eine „universalgeschichtlich konzipierte Untersuchung der Einflüsse und Effekte von Kommunikationsmedien auf die Formen sozialer Organisation" (Barck 1997, 3). Sein analytischer Fokus war auf die „Grammatik der Medien" (ebd., 10) gerichtet. Damit ist das medienspezifische Rearrangement von Grundkoordinaten der Orientierung des Menschen gemeint. So geht Innis davon aus, dass neue Medien nicht nur die Inhalte, die Menschen kommunizieren, und die Ziele, die sie damit zu erreichen suchen, transformieren, vielmehr auch die Kommunikationsformen selbst grundlegend wandeln.

Es geht also nicht (nur) um Inhalte, sondern ganz wesentlich um die *Form* des Mediums. In sie ist eine sozialisatorische Wirkmächtigkeit eingeschrieben. Moderne Medienarchitekturen, also das Ensemble der Medien, das uns alltäglich umgibt, ermöglichen jeweils spezifische Erfahrungen und verfügen über spezifische Bildungsmöglichkeiten. Obwohl Innis letztlich kulturkonservativ argumentiert, ist sein grundlegender Gedanke für uns interessant: „Jedes einzelne Kommunikationsmittel spielt eine bedeutende Rolle bei der Verteilung von Wissen in Zeit und Raum" (Innis 1949, 95). Deren Verhältnis zueinander ist konfigurales Kennzeichen bestehender kultureller Ordnung. Wenn man diese Überlegungen für die empirische Medienanalyse ernst nimmt, folgt daraus das Konzept einer Formal- oder Strukturanalyse. Das Konzept einer *strukturalen Medienbildung* lenkt somit die Aufmerksamkeit auf die Formelemente der Medien und fragt danach, wie durch sie Reflexion ermöglicht werden kann. Reflexionsoptionen sind also in die Formstrukturen der Medien eingeschrieben. Diese Position des *Neoformalismus* (oder von uns auch verkürzt als *struktureller Ansatz* bezeichnet) knüpft an eine alte, aber in ihrem Gehalt nicht veraltete Debatte in der Literaturwissenschaft an, nämlich an den Russischen Formalismus (vgl. Erlich 1955). Es handelt sich um eine von ca. 1915 bis 1930 in St. Petersburg und Moskau vorangetriebene Debatte. Zu den bekanntesten Vertretern gehörten Roman Jakobson, Victor Sklovskij, Boris Eichenbaum u.a. Die Grundannahme ist die, dass Poetizität sich nicht so sehr über den Inhalt der Sprache erfassen lasse, sondern dass der Sprache selbst eine Kraft inne wohne, die in Form verschiedener Intensitätsgrade zum Ausdruck komme. Erlich gibt in seiner Monographie über den Russischen Formalismus einen sehr guten Überblick über die Entstehungsgeschichte und die Hauptpositionen. Er legt dar, dass diese grundlegende Idee bereits im russischen Futurismus zu finden sei und zitiert Krucenych mit den Worten: „Das echt Neue in der Literatur hängt nicht vom Inhalt ab [...] Die alte Welt in neuem Licht gesehen, kann ein sehr interessantes Zusammenspiel ergeben [...] Die neue Form bringt auch einen neuen Inhalt hervor [...] Die Form bestimmt den Inhalt" (Krucenych cit. Erlich 1955, 49).[1] Folgt man diesem Primat der Form vor dem Inhalt, dann ist klar, dass Analysen künstlerischer Objektivationen (also auch audiovisuelle Artikulationen) zu aller erst Formalanalysen sein müssen. Innerhalb dieser Debatte sind diese grundlegenden Prinzipien auch anhand audiovisueller Objektivationen, also am Beispiel des Films, diskutiert worden (vgl. beispielsweise Tynjanov 1927; überblicksartig: Beilenhoff 1974).

In der internationalen filmtheoretischen Diskussion der letzten Jahre ist es insbesondere die Position von David Bordwell und Kristin Thomson (Bordwell/Thompson 2008), die sich explizit in diese Tradition einordnen. Im Vordergrund ihres Modells der Filminterpretation steht das Interesse an den formalen Baustrukturen eines Films. David Bordwell hat sich in seinem 1985 erschienenem Buch „Narration in the Fiction Film" mit den grundlegenden Möglichkeiten und Mustern beschäftigt, mit audiovisuellen Mitteln Geschichten zu erzählen (Bordwell 1985). Die Narrationsstrukturen sind in modernen Kinofilmen, wie beispielsweise „Memento" (2000 von Christopher Nolan) oder in den Filmen von David Lynch (Lost Highway [1998] oder Mulholland Drive [2001]), sehr komplex. Im Modell von Bordwell und Thompson stellt die systematische Unterscheidung von *plot* und *story* einen zentralen Aspekt dar. „Plot" bezieht sich – vereinfacht gesagt – auf das reine, sichtbare und hörbare Filmgeschehen selbst; die „Story" ist hingegen das, was sich im Rezipienten herstellt. Die filmische Narration – und auch seine Bedeutungsebenen als Ergebnis von mehr oder weniger abstrahierenden und reflektierenden Interpretationsprozessen – liegt also gewissermaßen nicht im Film selbst, sondern in der Rekonstruktion seiner „Story" *auf der Basis* seiner formalen Elemente: „As the viewer watches the film, he or she picks up cues, recalls information, anticipates what will follow, and generally participates in the creation of the film's form ... We create the story in our minds on the basis of the cues in the plot" (Bordwell/Thompson 2008, 69/71).

---

1 Die (mediale) Form müsse sich von der Bedeutung emanzipieren (Revolte gegen die Bedeutung). Das Kunstwerk wird primär als ein Gemachtes gesehen; damit rückt ein gewisser handwerklicher Charakter in den Vordergrund.

Beispielsweise geht aus dem Plot eines in New York handelnden Films nicht unbedingt explizit hervor, dass die Handlung in New York spielt. Aufgrund bestimmter gezeigter Stadtmerkmale kann dies der Zuschauer aber in seiner Story-Konstruktion erschließen. Oder der Film zeigt, wie in *Vanilla Sky* (Cameron Crowe 2001), Handlungsabläufe und wir müssen in unserer Rekonstruktion entscheiden, ob die gezeigten Passagen Wirklichkeit, Traum, Phantasie oder Abläufe im Cyberspace sind. Wie man sich entscheidet, ist eine Frage der Story-Konstruktion, die aufgrund von „cues", die der Plot bietet, erfolgt. *Cues* sind gleichsam Hinweise im Film, aus denen wir uns mosaikartig einen *Reim* auf das Ganze machen, d.h. versuchen, eine in sich konsistente Story zu konstruieren. Die Cues können nur dem Film selbst entnommen werden, und insofern sind die *filmsprachlichen* Elemente von entscheidender Bedeutung. Hierzu zählen etwa folgende Aspekte:

• Mise-en-Scene
  – Setting (z.B. Location)
  – Staging (Inszenierung, z.B. „Acting" der Schauspieler,)
  – Licht, Kostüme, Makeup, etc.
• Kinematographie
  – Fotografie (Bildkomposition, Perspektiven, Einstellungsgrößen, Farbe etc.)
  – Framing (Kamerabewegung und Erzählhaltung der Kamera, Seitenverhältnisse des Films, Vignetten, spezielle Effekte wie z.B. Split- Screen-Techniken)
• Montage (Schnitt)
  – auf der Makroebene: Herstellung von Narrationsstrukturen z.B. durch Rückblenden, alternierende Ebenenwechsel etc.
  – auf der Mikroebene: Szenenaufbau durch Schnittfolgen („continuity editing"), Schuss-Gegenschuss-Verfahren bei Dialogen, Auslassungen, Blenden, weiche und harte Schnitte etc.)
• Ton und Musik (Musik im Filmgeschehen, Musik im Off, Soundeffekte etc.).

Die folgende Filminterpretation soll exemplarisch zeigen, wie das Interesse an der Form der Narration und an den filmsprachlichen Mitteln die Analyse leitet.

3.2 Beispiel einer strukturalen Filmanalyse: Atom Egoyan: Ararat (2002)

Im Folgenden soll gezeigt werden, wie durch in dem Film „Ararat" (2002) durch den Einsatz formaler Mittel Involvment bearbeitet und eine Reflexionskultur hergestellt werden kann. Wir wählen einen Film aus dem Genre der sogenannten „Völkermordfilme". Filme wie „Schindlers Liste" (Stephen Spielberg 1993) oder „Der Pianist" (Roman Polanski 2002), um nur zwei aktuelle Beispiele zu nennen, thematisieren den Holocaust. Filme, wie etwa „The Killing Fields – Schreiendes Land" (Roland Joffé 1984), thematisieren die Ereignisse in Kambodscha unmittelbar vor und nach dem Fall Pnom Penhs und der Machtübernahme durch die Roten Khmer. „Hotel Ruanda" (Terry George 2004) thematisiert den Völkermord der Hutu am Stamm der Tutsi. Diese Beispiele mögen reichen. Ihnen ist gemeinsam, dass sie Vergangenheit thematisieren, indem sie bewusst die Macht der Bilder und der Audiovisualität aufbieten, um den Zuschauer mitzureißen und ihn betroffen zu machen (hohes Involvement). Die Vergangenheit wird also gleichsam nahe gebracht; der Zuschauer wird emotional hineingezogen, dadurch in eine Betroffenheitsposition (hohes Involvment) gebracht, aber eben nicht in eine Reflexionsposition. Das ließe sich in einer detaillierten Filmanalyse zeigen. Uns interessieren aber Filme, die den Betrachter versuchen in eine Reflexionsposition bringen und wählen dafür den Film „Ararat" (2002) von Atom Egoyan, der den Völkermord an dem armenischen Volk in den Jahren 1915 bis 1920 thematisiert.

Atom Egoyan, 1960 geboren, ist selbst Sohn eines Flüchtlingspaares aus Armenien. Er ist nicht in seiner Heimat, sondern in Kairo geboren und in Kanada aufgewachsen. Er zählt heute zu den bekanntesten Autorenfilmern Kanadas. In vielen seiner bisherigen Filme spielt das Thema der Erinnerung und des Gedächtnisses eine zentrale Rolle[2]. In seinem Film Ararat bearbeitet er mit filmischen Mitteln die Frage, wie ein so grauenvolles Ereignis wie der Völkermord am armenischen Volk, den die Türkei in den Jahren 1915 bis 1920 verübt hat und bei dem über 1,5 Millionen Armenier getötet worden sind, überhaupt medial thematisiert werden kann. Soll man in „Hollywoodmanier" eine individuelle Geschichte erzählen? Soll man eher dokumentarisch vorgehen? Soll man Zeitzeugen befragen?

Die Türkei erkennt bis heute das Massaker an den Armeniern nicht als Völkermord an, und sie hat bis zum Jahr 2005 erfolgreich verhindert, dass Historikerkommissionen sich an die Aufarbeitung dieser Geschichte machen. Der Deutsche Bundestag hat im Jahr 2005, zum 90. Jahrestag des Genocids, darüber eine Debatte geführt. Die Drucksache 15/4933 trägt den Titel „Gedenken anlässlich des 90. Jahrestages des Auftakts zu Vertreibungen und Massakern an den Armeniern am 24. April 1915 – Deutschland muss zur Versöhnung zwischen Türken und Armeniern beitragen". Lewey (2005) hat versucht, die Frage, ob es sich bei den Ereignissen in den Jahren 1915 bis 1920 in Armenien um einen Genozid handelt oder um eine mehr oder minder berechtigte „Umsiedlung", differenziert zu untersuchen und findet durchaus auch Aspekte, die dazu Anlass geben, die Genozidthese zu differenzieren (vgl. Jäckel 2006). Es überwiegt aber – jedenfalls in den Europäischen Staaten – die Interpretation, dass es sich um einen Völkermord gehandelt hat (vgl. Kämmerer 2006, Altwegg 2006). Wie man sich auch in der Interpretation dieser historischen Ereignisse orientieren mag, klar und unbestritten ist, dass es sich für die armenische Bevölkerung um traumatische Erlebnisse und

---

2 Felicia, mein Engel, 1999; Das süße Jenseits, 1997; Exotica, 1994; Calendar, 1992/93; Der Schätzer, 1991; Traumrollen, 1989; Familienbilder, 1987; Die nächsten Angehörigen, 1984.

Erinnerungen handelt. Egoyans Interesse geht in die Richtung, zu erproben, wie diese Ereignisse medial zu thematisieren sind, so dass eine „Aufarbeitung" dieser Vergangenheit auf der Basis einer elaborierten Reflexionskultur möglich wird.

3.2.1 Die Narrationsstruktur

Die erste formale Eigenschaft des Films Ararat von Atom Egoyan finden wir in seiner Kompositionsstruktur. Sie ist extrem geschachtelt, so dass wir ein System der ständigen inhaltlichen Relativierungen, Verweisungen, Anspielungen und Brechungen vorfinden. Die Narrationsstruktur zeichnet sich dadurch aus, dass sich die Handlung auf fünf verschiedene Ebenen verteilt.

Ebene 1: Zollbeamter – Sohn
Der Film beginnt in einer der ersten Szenen mit dem letzten Arbeitstag eines kanadischen Zollbeamten. Dieser hat einen Sohn (Philip), der von seiner Frau getrennt lebt. Dessen Sohn Tony lebt bei Philip. Philip selbst lebt in einer gleichgeschlechtlichen Partnerschaft mit Ali, der Muslim ist. Diese Familienkonstellation ist für den Zollbeamten schwer zu akzeptieren und es kommt zu einer Auseinandersetzung, in der Philip – im Auto sitzend – seinen Vater vor eine Alternative stellt: „Entweder bemühst Du Dich, Deine Einstellung zu ändern oder Du bist in unserer Wohnung nicht mehr willkommen" (13:38ff.). In einer Überblendung werden wir an den Arbeitsplatz des Zollbeamten am Flugplatz geführt. Die Handlungen, die hier stattfinden, bilden die zweite Ebene des Films. Die skizzierte erste Ebene thematisiert den Rahmen der Biographisierungsprozesses des Zollbeamtens. Angestoßen durch die geschilderten familiären Konstellationen, die ihm Schwierigkeiten bereiten, versucht er generell zu verstehen, wie es zu solchen Schwierigkeiten kommen kann, was Menschen generell umtreibt, was sie generell zu Handlungen motiviert. Raffi, den er am Flughafen als Fluggast kontrolliert, erzählt beispielsweise, dass er ohne Wissen seiner Mutter in die Türkei geflogen sei, um sich dort auf die Suche nach seinen Wurzeln zu machen. Der folgende Dialog zeigt die offensichtliche Bezugnahme, die der Zollbeamte zwischen dem Sachverhalt, den Raffi schildert, und seiner eigenen biographischen Situation vornimmt.

R.: Eine Woche später flog ich in die Türkei.
Z.: Weiß sie, dass Sie die Insel besuchten?
R.: Wer?
Z.: Ihre Mutter.
R.: Nein, das weiß sie nicht
Z.: Haben Sie mit ihr gesprochen?
R.: Nein. (5 Sek. Pause; Kameraschwenk auf den Zollbeamten; Großaufnahme)
Z.: Man verliert leicht den Kontakt
   (10 Sek. Pause. Zollbeamter steht auf und geht um seinen Schreibtisch herum zum Fenster).
   (01:24:11ff.)

Am Schluss des Films werden wir wieder zurückgeführt zu der Szene, in der der Zollbeamte mit Philip im Auto sitzt (1:40-1:42). Wir erfahren, dass der Zollbeamte alles, was wir zwischenzeitlich im Film erfahren haben, seinem Sohn erzählt. Raffi, den wir eben bereits erwähnt haben, ist ein Junger Mann armenischer Herkunft, der auf dem Rückflug aus der Türkei von dem Zollbeamten am Flughafen beim Drogenschmuggel ertappt wird. Raffi erzählt dem Zollbeamten seine Geschichte und der Zollbeamte lässt ihn laufen. Philip kann dies nicht verstehen und macht seinem Vater Vorwürfe. Schauen wir uns diesen Schlussdialog an, denn er zeigt uns, wie die ganze komplexe Geschichte, die uns der Film präsentiert, in einen Biographisierungsprozess gleichsam als Rahmenhandlung eingebettet ist.

Ph.:   Du hast ihn gehen lassen?
Z.:   Ich habe ihm vertraut.
Ph.:   Er hat Dich die ganze Zeit angelogen, seine Geschichte verändert
Z.:   Je mehr er redete, desto näher kam er der Wahrheit, bis er sie schließlich sagte.
    Ich konnte ihn nicht für seine Ehrlichkeit bestrafen.
Ph.:   Aber er hat Drogen geschmuggelt.
Z.:   Er dachte nicht, dass es Drogen waren.
Ph.:   Woher weißt Du das?
Z.:   Er glaubte nicht, dass er so etwas je tun könnte.
Ph.:   Vater, was ist nur über Dich gekommen?
Z.:   Du, Philip. Ich dachte an Dich.
    (01:40:50ff.)

Der Zollbeamte, der den Konflikt mit seinem Sohn verstehen will, leistet Erinnerungsarbeit, indem er einen Jungen, nämlich Raffi, der ihn an seinen Sohn erinnert, verstehen will. Er will verstehen, was Menschen umtreibt, um sich auf diese Weise eine (kleine) Chance zu erarbeiten, das Verhältnis zu seinem Sohn zu normalisieren. In gewisser Weise ist es auch Erinnerungsarbeit, die hier vorliegt, aber gleichsam eine „Erinnerungsarbeit im Spiegel". Es sind zwar vollständig andere Biographien, in die der Zollbeamte hier „eintaucht", aber sie dienen nur als Folie, um die condition humaine besser verstehen zu können, um dadurch auch das Verhältnis zu seinem Sohn bearbeiten zu können. Es ist im Freudschen Sinne Trauerarbeit, die vom Zollbeamten geleistet wird, denn er läuft Gefahr, ein geliebtes „Objekt", nämlich seinen Sohn, zu verlieren.

Ebene 2: Raffi am Flughafen

Wie eben bereits angedeutet, werden wir im Anschluss an die Familienszene an den Arbeitsplatz des Zollbeamten am Flughafen geführt. Es ist sein letzter Arbeitstag. Wir sehen Raffi mit seinem Gepäckwagen sich dem Ausgang nähern. Raffi kommt aus der Türkei zurück nach Kanada. Er hat in der Türkei angeblich Filmaufnahmen gemacht für einen Film, der in Kanada gedreht werde. Der Zollbeamte erhält von einem Mitarbeiter einen Hinweis, vermutlich aufgrund Notizen in einer Personalakte, aus der er wohl in Form einer Routineabfrage Informationen bekommen hat. Raffies Vater gilt offiziell als Terrorist, weil er in den neunziger Jahren einen türkischen Diplomaten ermorden wollte und dabei selbst ums Leben kam. Weiterhin erhält der Zollbeamte Informationen, dass Raffies Stiefschwester Celia wegen Drogenhandel und Scheckkartenbetrug inhaftiert ist. Der Zollbeamte hält Raffi fest, weil er vermutet, dass dieser in den mitgeführten Filmrollen Rauschgift schmuggelt. Die Schachteln, in denen sich angeblich Filmrollen befinden, können jedoch nicht geöffnet werden, weil dadurch die Filme vernichtet würden. Der Film, in den die von Raffi in der Türkei gemachten Aufnahmen integriert werden sollen, wurde jedoch vor einem Jahr in Toronto gedreht und kürzlich abgeschlossen; insofern erscheint es dem Zollbeamten unplausibel, dass Raffi jetzt noch in der Türkei für diesen Film, der eigentlich fertig ist, Aufnahmen macht. Der Zollbeamte erfragt Details und interessiert sich offensichtlich immer mehr für den „Fall". Er fragt, worum es in dem Film gehe. Raffi erzählt von dem Völkermord der Türken an den Armeniern und wie dieser im Film dargestellt werden soll. Der eigentliche Grund, weshalb Raffi in die Türkei reiste, war jedoch, dass er auf Spurensuche gehen wollte. Er wollte gleichsam seinen Wurzeln nachspüren und hält diese in Form eines Videotagebuchs fest, das er dem Zollbeamten vorführen muss. Es beginnt folgendermaßen:

> „Hier bin ich, Mama, Ani; in einer Traumwelt. Hier wären wir alle drei beisammen: Papa, Du und ich. Ich denke an all die Geschichten, die ich über diesen Ort gehört habe; die ruhmreiche Hauptstadt unseres Königreichs; uralte Geschichte, wie die Geschichte von Papa, der ein Freiheitskämpfer war und wohl dafür kämpfte, das hier zurückzuerobern. Als er starb, ist auch in mir drin etwas gestorben. Welche Gefühle sollten diese Ruinen in mir wachrufen? Glaube ich, sie seien im Laufe der Zeit verfallen oder sie seien vorsätzlich zerstört worden? Beweisen sie das Geschehene? Soll ich Wut empfinden? Werde ich je die Wut empfinden, die er empfand, als er versuchte, jenen Mann zu töten. Warum war er bereit, uns dafür aufzugeben? Was ist sein Vermächtnis an mich? Warum kann ich aus seinem Tod keinen Trost schöpfen? Wenn ich das sehe, wird mir bewusst, wie viel wir verloren haben; nicht nur das Land und die Menschenleben, sondern jegliche Möglichkeit, die Erinnerung zu bewahren. Nichts beweist, dass hier je etwas geschehen ist." (01:03:48ff.)

Aufgrund eines Netzes von Implausibilitäten wächst in dem Zollbeamten die Gewissheit, dass sich in den Filmrollendosen Rauschgift befindet, das Raffi nach Kanada schmuggeln soll, ohne dass er dies weiß. Er lässt Raffi trotzdem laufen. Der Zollbeamte öffnet eine Filmdose und findet tatsächlich Heroin. So kann Ani, Raffis Mutter, Raffi vom Flughafen abholen.

Ebene 3: Filmdrehen

Im Toronto der Gegenwart will der armenischstämmige Regisseur Edward Saroyan einen Film über den Genozid an den Armeniern im Jahre 1915 drehen, auch deshalb, weil seine Mutter damals ums Leben gekommen ist. Wir skizzieren zum besseren Verständnis kurz den historischen Kontext dieser Ereignisse.

Nach dem Scheitern der türkischen Offensive gegen Russland im Januar 1915 machte die Staatsführung des Osmanischen Reichs die Armenier für die militärischen Probleme in Ostanatolien verantwortlich und beschloss deren Deportation, von vielen als Beschluss zur Vernichtung der Armenier interpretiert. Die armenischen Soldaten der türkischen Armeen wurden entwaffnet, in Arbeitstruppen zusammengefasst und schließlich fast alle ermordet. Am 24. und 25. April 1915 wurden über 200 armenische politische, wirtschaftliche und kulturelle Führer, die sich in Konstantinopel aufhielten, verhaftet, deportiert und später ermordet. Bis Juli des Jahres wurden die Armenier in ihren Siedlungsgebieten an sieben Orten konzentriert. Sie wurden entweder gleich dort von türkischen Polizisten und Soldaten oder kurdischen Hilfstruppen ermordet oder auf Befehl von Innenminister Talaat ab dem 27. Mai 1915 auf Todesmärsche durch die Wüste nach Aleppo geschickt, bei denen – je nach Schätzung – etwa 800.000 bis 1.500.000 Armenier ums Leben kamen. Hunderttausende Armenier, die den Genozid überlebten, mussten emigrieren. Diese Todesmärsche werden in dem Film, den Soroyan dreht, immer wieder thematisiert. Er lokalisiert den Ort der Handlung in Van, einem ostanatolischen Städtchen, in dem die Übergriffe besonders stark waren, in der aber auch Widerstand organisiert wurde. Die Verteidiger der Stadt Van halten bis zur „Befreiung" durch russische Truppen am 19.5.1915 gegen die zum Zwecke der Deportation angreifenden osmanischen Truppen durch. „Sie waren Helden" sagt Raffi an einer Stelle des Films.

Soweit die kurze Skizze des historischen Hintergrundes, auf den sich der Film, den Soroyan zu drehen beabsichtigt, bezieht. Er stützt sich dabei auf die Autobiografie des amerikanischen Arztes Clarence Ussher (vgl. Ussher 1917), der zur Zeit des Massakers in Van stationiert war, und auf die Erinnerungen seiner Mutter. Durch Ani, Raffis Mutter, deren Vorträge er hört, kommt er auf die Idee, die Geschichte Arshile Gorkys, eines arminischen Künstlers, in seinem Film zu verarbeiten. Ani, selbst armenischer Abstammung, eignet sich als Beraterin, weil sie an einer Hochschule Professorin für Kunstgeschichte ist und sich auf den armenischen Maler Arshile Gorky spezialisiert hat. Über sie erhält Raffi eine kleine Beschäftigung beim Drehen des Films. Ali, der Lebensgefährte von Philip, der Sohn des Zollbeamten, erhält in dem Film die Rolle des türkischen Effendi Jevdet Bey. Immer wieder wird in dem Film „Ararat" gezeigt, wie Soroyan seinen Film dreht. Mehrfach wird zwischen dem Film und dem Inhalt des Films von Soroyan hin und her geschwenkt.

Ebene 4: Der Film Edward Soroyans

Mit Hilfe des Films, den Edward Soroyan dreht, wird die Ebene des Völkermordes selbst thematisiert. Aus ihm werden verschiedene thematische Stränge ausschnitthaft gezeigt.

(a) Zum einen ist es Arshile Gorky im Atelier. Arshile Gorky (1904-1948) ist ein realer armenischer Künstler, der 1904 in der Provinz Van in Armenien geboren wurde und 1948 starb. Er hieß mit richtigem Namen Vostanik Adoyan. 1915 kam seine Mutter auf einem Marsch Deportierter ums Leben. Er selbst überlebte und emigrierte 1920 in die Vereinigten Staaten von Amerika. Dort nahm er den Namen Arshile Gorky an und begann ein neues Leben. 1924 begann er in New York Kunst zu studieren. In den 30er und 40er Jahren kam er in Kontakt mit den Surrealisten, insbesondere freundete er sich mit Andre Breton an. 1941 heiratete er Agnes Magruder und hatte zwei Töchter (Maro (1943) und Nastasha (1945). Das für den Film „Ararat" bedeutsame Bild „Der Künstler und seine Mutter" stammt aus dem Jahre 1926. Es ist im Film der zentrale Biographisierungsanlass für Arshile Gorky. Viele Szenen zeigen, wie er an dem Bild arbeitet und wie er mit seinen Gedanken in die Vergangenheit schweift, um sich immer wieder Facetten seiner Biographie in Erinnerung zu rufen. Die Bedeutung Gorkys innerhalb des Films wird allein schon dadurch unterstrichen, dass er selbst, sein Atelier und das Bild „Der Künstler und seine Mutter" aus dem Jahre 1926 den Hintergrund der Exposition des Films bilden.

In der Haupthandlung des Films, den Soroyan dreht, soll der kleine Junge Gorky einen Brief Clarence Usshers durch die feindlichen Linien schmuggeln und die Amerikaner darüber informieren, dass in Van amerikanische Staatsbürger in Gefahr sind. Er wird aber mit dem Sohn eines Photographen gefasst. Dieser wird gefoltert und später getötet. Arshile Gorky wird zu Ussher zurückgeschickt mit einem Dokument, in dem Ussher erklären soll, dass er und damit die amerikanische Enklave auf türkischen Schutz verzichtet. Unterschreibt er nicht, werde der Kommandant türkische Truppen in die Enklave einmarschieren lassen. Das hätte gleichsam die Funktion eines trojanischen Pferdes. Welche Option dieser Zwickmühle auch gewählt wird, in jedem Fall scheint Van verloren. Diese Handlungsebene, die im Jahr 1915 angesiedelt ist, wird in Soroyans Film kontrastiert mit einer späteren Zeit, in der Gorky erwachsen ist und als Maler in seinem Atelier an dem Bild „Der Künstler und seine Mutter" arbeitet. Erinnerungen tragen ihn immer wieder zurück zu der Haupthandlung des Films im Jahre 1915.

(b) Ein damit verknüpfter Handlungsstrang des Films von Soroyan sind die Todesmärsche und die Gräuel, die damit verbunden waren: Erniedrigungen, Erschiessungen, Vergewaltigungen, Folter und Tod.

Diese vier Ebenen des Films bilden die Narrationsstruktur. Zwischen ihnen wird hin- und her geschnitten, so dass eine kunstvolle, äußerst komplexe Gesamtkomposition entsteht. Dabei gibt es einige formale Spezifika, die wir im Folgenden diskutieren möchten.

3.2.2 Reflexionsoptionen durch Modalisierungen

Medien haben allein schon aufgrund ihrer „entgegenständlichenden Funktion", wie es Tynjanov (1927) formuliert, eine distanzierende Funktion. Wir wissen, dass ein Bild eben nicht die Wirklichkeit ist. Da es aber darauf verweist, spüren wir gleichsam die Kraft der Wirklichkeit, die uns in ihren Bann zieht (Involvement). Je größer das Involvement ist, desto geringer ist die Kraft der Reflexion, das wusste schon Berthold Brecht in seiner Theorie des Epischen Theaters und versuchte über den sogenannten V-Effekt (Verfremdungseffekt) das Involvement herabzusetzen, um der Reflexion der Zuschauer Raum zu geben. Schauen wir uns einige filmische Mittel zur Erzeugung von Reflexionsräumen an.

Es gibt verschiedene formale Möglichkeiten, das Involvement zu reduzieren. Eine klassische Möglichkeit möchten wir als „Modalisierung" diskutieren. Mit diesem Begriff wird traditionellerweise der Wechsel des Wirklichkeitsmodus bezeichnet, also z.B. sprachlich der Wechsel von der Tatsachen- in die Möglichkeitsform (Indikativ vs. Konjunktion). Modalisierungen liegen aber auch vor, wenn wir von der Wirklichkeitsebene in die Spielebene oder in die Traumebene wechseln. Modalisierungen bezeichnen also den Wandel von Wirklichkeitsverhältnissen (vgl. Marotzki 1990, 128ff.). Im Film ist eine Modalisierung immer mit einem Rahmenwechsel verknüpft, aber nicht jeder Rahmenwechsel hat eine modalisierende Funktion. Schauen wir uns einen solchen einfachen Rahmenwechsel ohne modalisierende Funktion an.

Unter einem Rahmenwechsel ohne modalisierende Funktion verstehen wir, dass sich in einer neuen Szene, dadurch dass sich der Kontext des Dargestellten ändert, auch der Sinn der Szene ändert. Wie sehen beispielsweise, wie Charly Chaplin in dem Film „Moderne Zeiten" (1936) durch die Straßen schleicht. An ihm fährt ein Lastwagen vorbei, der Langholz geladen hat. An dem Balken, der am weitesten nach hinten herausragt, ist eine Warnflagge befestigt, die abfällt. Charly läuft, hebt sie auf und schwenkt sie über dem Kopf hin und her, um dem Fahrer zu signalisieren, dass er die Fahne verloren hat (Rahmung 1). Wir sehen dann, wie um die Ecke ein Demonstrationszug von Arbeitern kommt, die auch Fahnen schwenken. Charly läuft mit seiner schwenkenden Fahne vor ihnen her, ohne es anscheinend zu bemerken (Rahmung 2). Durch diesen Kontextwechsel erhält die Szene eine andere Bedeutung. Wir sehen Charly Chaplin vor der Demonstrationsgruppe, eine Fahne schwingend, marschieren. Dadurch entsteht der Eindruck, er sei der Anführer dieser Demonstration. Diesen Eindruck gewinnen auch die herbei reitenden Polizisten, die ihn verhaften. Durch diesen klassischen Rahmenwechsel ändert sich also der Sinn der Szene vollständig, nicht aber die Wirklichkeitsebene, denn der Film zeigt die beiden Szenen in einem identischen Raum-Zeit-Gefüge. Ein Rahmenwechsel mit modalisierender Funktion liegt vor, wenn durch den Rahmenwechsel deutlich wird, dass wir uns jetzt auf einer anderen Wirklichkeitsebene befinden, oder dass das, was wir eben gesehen haben, nicht Wirklichkeit war, wie wir angenommen haben, sondern beispielsweise ein Traum oder ein Film. Im Film Ararat werden Modalisierungen als filmtechnische Mittel der Thematisierung von grauenhaften Erlebnissen verwendet, um dem Zuschauer die Chance zu geben, sich zu entziehen und Distanz aufzubauen. Wir möchten drei Modalisierungsarten, die wir in diesem Film finden, diskutieren.

(1) Einfache, nachträgliche Modalisierung
Wir sehen den kleinen Gorky mit Sevan, einem anderen Kind (Sohn des Photographen), vor den Toren der Stadt Van (00:42:00ff.), wie sie durch die feindlichen Linien durchgedrungen sind, um einen Brief an die Amerikaner zu überbringen. Sie werden gefasst und verhört. Die Verhörszene wird unvermittelt brutal eingeleitet, indem der Effendi Sevan am Fuß hält und zu einem Soldaten sagt: „Denk dran, es direkt in die Ferse zu nageln, nicht in die Fußsohle. Dort sind keine Knochen und es würde abfallen". Es wird nicht klar, was mit „es" gemeint ist, doch dadurch wird das Schockierende dieser Szene wohl nur noch gesteigert. Sevan wird unter lautem Geschrei abgeführt. Wir sehen das Dienstzimmer, in der Zentralperspektive einen Holztisch, auf dem einige Gegenstände verteilt sind, rechts sitzend Effendi Jevdet Bey in herrschender Pose und links vom Tisch sitzend, in sich zusammen gesunken, mit hängendem Kopf den jungen Gorki. Während des folgenden Monologs hören wir das Geschrei von Sevan im Hintergrund, der offensichtlich gefoltert wird. Jevdet Bey hält das Schreiben in der Hand, das der junge Gorki überbringen sollte:

> „Ein Hilfegesuch an die Christen. Fühlt sich euer Missionar so sehr bedroht? Wir haben Euch Griechen und Armeniern Macht und Freiheit gegeben. Ihr solltet dankbar sein! (laut gesprochen, mit der Hand auf den Tisch schlagend)" (5 Sek. Pause). Er hält ein Photo hoch: „Ist das deine Mutter?" (Der Junge nickt) „Sie gab dir dieses Photo als Andenken an sie. Sieh es dir an. Diese Frau hat dich dazu erzogen, dich uns überlegen zu fühlen. Sie hat dich gelehrt, dass Türken rachsüchtig und dumm sind, dass wir blutrünstig sind. Nun werde ich dich etwas lehren. Das, was mit deinem Volk geschehen wird, ist eure eigne Schuld. So sehr ihr auch über euren Propheten Jesus Christus sprecht, tief in eurem Herzen glaubt ihr an nichts, außer an Handel und Geld. Meine Straßen sind überfüllt mit euren Märkten und Geldleihern. Eure Habgier hat Korruption und Verderben über uns gebracht. Nun geratet ihr selbst ins Verderben." (00:44:08ff.)

Die Szene ist beklemmend, auch deshalb, weil der Effendi die Worte flüsternd zwischen den Zähnen hervor presst. Dann schwenkt die Kamera. Während Jevdet Bey zur Seite greift und ein Stück Papier Sevan herüberreicht, das allerdings auf den Boden fällt, sehen wir auf Grund des Kameraschwenks das Set. Wir sehen, wie der Regisseur Soroyan und seine Mitarbeiter gebannt und offensichtlich betroffen diese Szene verfolgen. Diese neue Rahmung verändert den Sinngehalt der Szene, weil sie ihn anders rahmt. Konnte sich vorher Involvement aufbauen, weil sich der Zuschauer des Films von Egoyan in diese Erniedrigungsmechanismen hineingezogen fühlt, so wird er jetzt zur Distanzierung genötigt, weil er durch diese andere Rahmung die unabweisbare Information bekommt, dass es sich in dem Film von Egoyan um eine Szene in einem Film (von Soroyan) gehandelt hat. Diese nachträgliche Modalisierung hat also distanzierenden Charakter, weil sie den Strom des Involvement gleichsam verfremdet, durchaus in dem Sinne wie Viktor Sklovskij (1916) es verstanden hat, wenn er schreibt: „die Kunst ist ein Mittel, das Machen einer Sache zu erleben" (Sklovskij 1916, 15). Der „Automatismus der Wahrnehmung" soll gleichsam unterbrochen werden.

(2) Ebenenwechsel und Modalisierung

Modalisierungen können filmtechnisch gesehen, natürlich auch mit normalen Ebenenwechseln kombiniert werden. Die Kombination verstärkt die distanzierende Kraft. Exemplarisch rekonstruieren wir eine Szenenkombination, die sich durch mehrfachen Ebenenwechsel und abschließender Modalisierung auszeichnet. Auf diese Weise wird der Zuschauer „sanft geführt", wenn das bei solchen Themen überhaupt möglich ist. Am Flughafen liest Raffi dem Zollbeamten aus dem Buch von Clarence D. Ussher „An American Physician in Turkey" (1917) vor, wie eine deutsche Frau ihm erzählt, was sie gesehen hat:

> „Auf einem Aschefeld, wo armenisches Leben starb, war eine deutsche Frau. Sie versuchte die Tränen zurückzuhalten, als sie mir die Greultaten beschrieb, die sie gesehen hatte. ‚Ich muss erzählen, was ich sah, damit alle erfahren, was Menschen einander antun'." (01:19:30ff.)

Während Raffi dieses vorliest, schwenkt und zoomt die Kamera auf das Buch. Dann erfolgt der erste Ebenenwechsel: Wir sehen Ussher und die deutsche Frau, die ihm von Greultaten erzählt. Es wird zurück auf Raffi geschnitten, dann auf den Zollbeamten (beides Großaufnahmen) und wieder auf die Ebene Usshers. Von dort erfolgt ein weiterer Ebenenwechsel (dritte Ebene), nämlich auf die des eigentlichen Geschehens, von dem berichtet wird. Hier wird der Zuschauer zunächst noch einmal auf Distanz gehalten, indem er die Frau sieht, die hinter einem Mauervorsprung versteckt auf das Geschehen blickt, das am linken Bildrand langsam zu sehen ist, bis es nach vier Sekunden den ganzen Bildschirm einnimmt: Nackte Frauen werden mit Cherosin überschüttet und angezündet. Nach 10 Sekunden wird zurück auf die Ebene der Erzählerin geschnitten, nochmals auf die Ebene des Grauens, aber schon mit Raffis Stimme, der aus dem Buch vorliest. Dann erfolgt die Modalisierung: Wir sehen Soroyan mit Raffi und ein paar anderen Mitarbeitern, wie sie in das Set starren. Dann wird wieder zurück auf Raffi geschnitten, wie er dem Zollbeamten vorliest, der sichtlich ergriffen ist. Hier werden gleichsam alle Register gezogen (mehrfacher Ebenenwechsel und Modalisierung), um das Grauen zu thematisieren. Der Ebenenwechsel federt durch seine Perspektivierungen ab, kündigt Rahmungen an, lediglich die Modalisierung kommt unverhofft und situiert das Gesehene in den Rahmen eines Films.

(3) Antizipative Modalisierungen

Modalisierungen können aber nicht nur nachher erfolgen, d.h. das Gesehene nachträglich anders rahmen. Bei besonders grauenvollen Ereignissen, kann auch vorher eine andere Rahmung mit modalisierender Wirkung annonciert werden. In dem Film Ararat gibt es dafür ein markantes Beispiel. Celia, Raffis Stiefschwester, hat versucht, in der Kunsthalle das Bild „Der Künstler und seine Mutter" mit einem Taschenmesser zu zerstören. Ani, Raffis Mutter, ist darüber sehr aufgebracht, weil dieses Bild für sie einen besonders hohen Symbolcharakter hat: „Dieses Bild ist für uns ein Hort der Geschichte, ein heiliger Kodex, der erklärt, wer wir sind, wie und warum wir hierher gekommen sind" (1:17:34). Sie stürmt emotional erregt in das Gebäude, in dem gerade eine Szene gefilmt wird. Es ist eine Szene, in der Ussher in einem provisorischen Lazarett operiert. Ani durchquert respektlos das Set, um den Regisseur zu sprechen. Die Szene ist dadurch verpatzt. Ussher spricht daraufhin Ani an:

> „Was soll das denn, verdammt nochmal! Wir sind von den Türken umzingelt. Unsere Vorräte sind praktisch aufgebraucht und die meisten werden sterben. Die Menschen brauchen ein Wunder. Dieses Kind ist am Verbluten. Wenn ich es erretten kann, gibt uns das vielleicht die Kraft weiterzumachen." (01:18:16ff.)

Die Kamera fährt jetzt auf das Geschehen, so dass das Set ausgeblendet wird. Formal gesehen, gibt es also keine Hinweise darauf, dass wir uns in einem Film (genauer: im Film innerhalb eines Films) befinden. Ussher fährt fort, während die Kamera immer näher an ihn heranzoomt:

> „Das ist sein Bruder. Seine schwangere Schwester wurde vor seinen Augen vergewaltigt, bevor sie ihr den Bauch aufschlitzten, um ihr ungeborenes Kind zu erstechen. Seinem Vater haben sie die Augen ausgestochen und in den Mund gestopft. Seiner Mutter haben sie die Brüste abgetrennt, dann haben sie sie verbluten lassen. – Wer zum Teufel sind Sie?" (01:18:39ff.)

Wir sehen Ani entsetzt und stumm und nach Worten ringend. Ob antizipative Modalisierungen das Grauen, das hier geschildert wird, gleichsam im Rahmen halten können, ob sie es für den Zuschauer in der Form mildern können, dass eine Haltung über die rein emotionale Ebene hinaus eingenommen werden kann, ist sicherlich diskutierenswert, auf jeden Fall wird es im Film versucht.

3.2.3 Reflexionsoptionen durch Diskursivität

Die Auseinandersetzung mit der Vergangenheit kann auch deren „Bestand an Möglichkeiten" (Ricoeur 2004a, 60) zur Geltung bringen. „Man könnte […] sagen, dass die Vergangenheit, die nicht mehr ist, aber gewesen ist, gerade aus dem Grunde seiner Abwesenheit das Sagen der Erzählung fordert" (Ricoeur 2004a, 60). Durcharbeiten bedeutet also: die Geschichten neu und anders zu erzählen. Die gewesene Vergangenheit wird somit „zu einer Forderung nach einem Sagen" (Ricoeur 2004a, 60), das nicht einmalig ist, sondern das immer wieder das Geschehene neu zur Sprache bringen muss. Wir können, sagt Ricoeur, nicht die Fakten verändern, wohl aber deren Bedeutung. Eben deshalb soll man lernen, „anders zu erzählen und die Erzählung der anderen miteinzubeziehen" (Ricoeur 2004b, 65). Es geht um den Austausch von Erinnerungen und um den Austausch von (historischen) Erzählungen. Indem Geschichten anders erzählt werden, wird die Fähigkeit, sich auf die Zukunft zu entwerfen, entwickelt. Mit der Fixierung auf die Vergangenheit gehe ein „Wiederkäuen verlorener Ehren und erlittener Demütigungen" (Ricoeur 2004a, 66) einher. Es geht also darum, narrative Konfigurationen zu flexibilisieren und auch konkurrierende Lesarten einzubinden. Da verschiedene Lesarten miteinander konkurrieren, entsteht ein diskursiver Raum, den wir auch in dem Film Ararat finden. Er ermöglicht den „Streit um die Vergangenheit". Schauen wir uns einige Dimensionen der Diskursivität an, die Reflexionsoptionen eröffnen.

(1) Umdeuten

Die Möglichkeit, anders zu erzählen, führt manchmal auch zu Umdeutungen. Soroyan erklärt Ani die Kulissen für den Film. Er beteuert, er habe sie naturgetreu nachgebaut: „Alles, was Sie hier sehen, gründet auf den Erzählungen meiner Mutter" (0:31:06). Sie schreiten durch die Kulissen eines Hauses und treten auf den Balkon. Man sieht von Ferne den Berg Ararat. Ani stutzt.

S.: Was ist?

A: Von Van aus kann man den Ararat unmöglich sehen.

S.: Das stimmt, aber ich hielt es für wichtig, dass man ihn sieht.

A.: Aber es ist nicht wahr

S.: Im Geiste ist es wahr.

Daraufhin wendet sich Sayoran zu Rouben, dem Assistenten:

S.: Ani ist etwas verwirrt wegen des Berges, des Ararat. Sie hat zu Recht bemerkt, dass man ihn von Van aus nicht sieht.

R.: Wir dachten, etwas Spielraum liege drin, bei diesem geschichtsträchtigen Symbol.

A.: Sie könnten das also rechtfertigen?

R.: Klar, dichterische Freiheit

(00:31:15ff.)

(2) Diskursivität: Kampf um Erinnerungen

Jede der Hauptpersonen im Film kämpft sozusagen ihren eigenen Kampf um die Erinnerungen.

Diskurse über den Genozid

Raffi muß dem Zollbeamten klar machen, dass es genau so war, wie er es ihm berichtet hat:

Z.: Was machen wir jetzt? Ich kann niemanden erreichen. Ich kann nicht bestätigen, dass auch nur ein Wort wahr ist von dem, was Sie mir erzählt haben.

R.:   Alles hat sich genauso zugetragen, wie ich es ihnen erzählt habe.
(1:26:20ff.)

Der Wahrheitsanspruch, den Raffi erhebt, bezieht sich zunächst natürlich auf seine biographische Erzählung. Er kann dem Zollbeamten nur versichern, dass es so war, wie er es erzählt hat. Er bezieht sich darüber hinaus aber auch auf die Ereignisse, die 1915 bis 1920 stattgefunden haben. Raffi ist fest davon überzeugt, dass man diese Ereignisse nur als Genozid thematisieren kann. Zur Erhärtung seiner Sichtweise zitiert er Berichte aus dem bereits erwähnten Buch von Clarence D. Usher („An American Physician in Turkey", 1917).

Raffi ist aber auch explizit damit konfrontiert, dass andere Zweifel daran haben, ob der Völkermord wirklich stattgefunden habe. Ali ist Türke und spielt seine Rolle im Soroyans Film „aus Überzeugung". Er hat recherchiert und hat gewisse Zweifel, ob es angemessen ist, von Genozid zu sprechen. Eines Tages sucht Ali nach dem Drehen einer Szene das Gespräch mit dem Regisseur Soroyan.

A.:   Darf ich Sie etwas fragen? Haben Sie mich nur genommen, weil ich zur Hälfte Türke bin?

S.:   Nein, weil ich dachte, Sie wären perfekt für diese Rolle.

A.:   Aber dass ich Türke bin, schadet nichts?

S.:   Nein, schaden tat es nicht.

A.:   Sie haben mich nie gefragt, wie ich über die Geschichte denke.

S.:   Was gibt es da zu denken?

A.:   Ob ich daran glaube . an den Völkermord.

S.:   Nun, ich weiß nicht, ob das so wichtig ist.

A.:   Ich will Sie ja nicht aufhalten. Es ist nur . Wenn ich eine Rolle spiele, dann muss es von hier kommen (zeigt auf seinen Bauch), nicht von hier (zeigt auf seinen Kopf). Ich habe nämlich ein paar Nachforschungen angestellt und ich glaube, die Türken hatten Grund zur Sorge, die Armenier könnten ihre Sicherheit bedrohen. Ihre Ostgrenze war von Rußland bedroht und sie glaubten, die Armenier würden sie verraten. Es herrschte Krieg. Da ist es üblich, dass ganze Völker verschoben werden, deshalb. (Soroyan unterbricht ihn an dieser Stelle abrupt)

S.:   Noch einmal: Vielen Dank für Ihre gute Arbeit. (Raffi hat das Gespräch mitgehört und stellt Soroyan zur Rede:)

R.:   Stört es Sie nicht, dass er die Geschichte missversteht?" […] (Er antwortet ausweichend, doch am Schluss verbirgt er nicht länger seine Trauer:)

S.:   Junger Mann, wissen Sie, was es ist, das immer noch so viel Schmerz verursacht? Nicht die Menschen, die wir verloren haben. Auch nicht das Land. Es ist das Wissen, dass man uns so sehr hassen konnte. Wer sind diese Menschen, die uns so sehr hassen konnten? Wie können Sie diesen Hass noch immer leugnen und uns so ihren Hass, diesen Hass noch stärker spüren lassen? (00:52:32ff.)

Raffi fährt Ali in einem Auto nach Hause. Im Hausflur kommt es zu einem bezeichnenden Dialog. Raffi fragt ausdrücklich nochmal nach, ob Ali das mit der Leugnung des Völkermordes Ernst gemeint hat. Der verweist auf seine eigenen

Sozialisationserfahrungen. Letztlich plädiert Ali dafür, die Geschichte auf sich beruhen zu lassen:

R.: Hast Du das vorhin ernst gemeint, dass du nicht daran glaubst?

A.: An den Völkermord?

R.: Ja.

A.: Willst Du mich jetzt erschießen oder was? Ich habe nie etwas von diesen Geschichten gehört, als ich klein war. Für diese Rolle habe ich etwas recherchiert. Ich weiß, dass es Deportationen gab. Zahlreiche Menschen sind gestorben. Armenier und Türken. Es war der 1. Weltkrieg.

R.: Aber die Türken standen nicht im Krieg mit den Armeniern, genauso wenig, wie Deutschland mit den Juden im Krieg stand. Sie waren Staatsbürger und erwarteten, von ihrer Regierung geschützt zu werden. Die Szene von heute gründete auf der Erzählung eines Augenzeugen. Deine Figur, Jevdet Bey, war nur deshalb in Van stationiert, weil die gesamte armenische Bevölkerung dort ausgemerzt werden sollte. Es gibt Telegramme und Kommuniques.

A.: Ich streite nicht ab, dass etwas geschehen ist.

R.: Etwas?

A. Hör zu, ich bin hier geboren. Und du auch, nicht wahr?

R.: Ja.

A. Das ist hier ein neues Land. Lassen wir also die verdammte Geschichte und machen wir weiter. Niemand will dein Haus zerstören. Niemand will deine Familie vernichten. Darum gehen wir lieber rein, öffnen die Flasche und feiern.

R. Weißt du, was Hitler seinen Kommandeuren sagte, um sie von seinem Plan zu überzeugen? „Wer redet heute noch über die Vernichtung der Armenier?"

A. Niemand tat es. Niemand tut es.

(00:59:46ff.)

Diskurse über die abwesenden Väter

Die Väter von Raffi und Celia sind beide tot, im Film also abwesend: Raffis Vater, Anis erster Mann, starb in den neunziger Jahren bei einem Attentat auf einen türkischen Diplomaten, Cilias Vater, Anis zweiter Mann, nahm sich das Leben. Celia möchte das Buch, das Ani gerade abgeschlossen hat, lesen, weil sie sich dadurch Aufschlüsse über die näheren Umstände erhofft, unter denen ihr Vater gestorben ist. Dieser habe ihre Mutter verlassen, habe alles aufgegeben, um zu Ani zu gehen. Als diese ihm eröffnet habe, dass sie eine Affäre habe, habe er das nicht verkraften können und Selbstmord begangen. Beide, Raffi und Celia, ringen in dem Film Ararat um Sichtweisen auf ihre Väter. Obwohl die Väter also nicht präsent sind, dominieren sie die Suche und das Engagement von Raffi und Celia.

Ani wird immer wieder von Celia auch öffentlich attackiert hinsichtlich der Konsistenz ihrer Gorky-Darstellung. Celia wirft ihr vor, dass sie Erfahrungen mit ihrem Mann in ihr Geschichtsbild hineinmischt („Verwechseln Sie Gorky nicht mit ihrem verstorbenen Mann, ihrem ersten verstorbenen Mann? Mit dem, der von der Polizei erschossen wurde, dem Terroristen?" [19:15ff.]). Celia moniert, dass Anis erster Mann, Raffis Vater, von Ani und von Raffi als Held stilisiert und glorifiziert werde, während ihr eigener Vater, Anis zweiter Mann sich aus Liebeskummer umgebracht habe. Da sie Ani eine Mitschuld an diesem Selbtmord zuweist, kann sie mit dieser unterschiedlichen Bedeutungszuweisung nicht leben. Das wird in einem Dialog zwischen Celia und Raffi sehr deutlich. Sie bringt immer wieder zu der von Ani und Raffi favorisierten Lesart des *Helden* die des *Terroristen* ins Spiel:

R.: Er war kein Terrorist.

C.: Das hab ich nie gesagt.

R.: Du hast gesagt, er war ein Terrorist.

C.: Ja? Man könnte es schon so nennen. Immerhin wollte er einen Diplomaten umbringen.

R.: Er war ein Freiheitskämpfer. Das ist nicht dasselbe.

C.: Natürlich nicht. Es war ein echt cooler Abgang. Besser als der meines Vaters, der bloß von einer Klippe sprang.

R.: Sprang?

C.: Er hat sich umgebracht.

(00:29:35ff.)

Celia hat das Gefühl der Ungleichbehandlung beider Väter, und sie kämpft dafür, dass beide auf gleicher Stufe in der Erinnerung gehalten werden. Das wird deutlich in einer Aussage Anis im Gespräch mit Raffi: „Sie hat kein Recht, die beiden Männer gleichzustellen. Dein Vater ist für etwas gestorben, woran er glaubte" (0:35:20ff.).

3.2.4 Zusammenfassung

Auf drei formale Elemente bzw. Dimensionen der Konstruktion des Films von Atom Egoyan haben wir uns konzentriert: Ebenenverschachtelungen, Modalisierungen und Diskursivität. Atom Egoyan will in seinem Film „Ararat" das Grauen thematisieren, er will es aber auch gleichzeitig in einen Diskurs einbinden, weil er nur dadurch den Zuschauer in eine Reflexionsposition bringen kann. Deshalb unterläuft er immer wieder mittels der gezeigten Modalisierungen die Kraft der Bilder. Deshalb arrangiert er Visualität kreativ mit Diskursivität, wobei Visualität durch die Vielzahl der Medien, die im Film Erinnerungen auslösen, repräsentiert wird: Embleme, Fotografien, Bilder, Bücher, Filme. Das geschickte Arrangement von Erinnerungsarbeit zwischen (Audio-)Visualität und Diskursivität kann anhand der einzelnen Figuren nochmals zusammengefasst werden: *Ani* setzt sich wissenschaftlich mit ihrer Tradition auseinander. Ihre Art der Erinnerungsarbeit und Identitätssuche besteht darin, dass sie durch Wissenschaft ihre eignen Wurzeln aufarbeitet. In dem Schlüsselbild „Der Künstler und seine Mutter" sieht sie ihre Herkunft und ihre Identität in verdichteter Form zum Ausdruck gebracht. Das Muster der Erinnerungsarbeit wird in den Medien der Sprache, der Bücher und der Bilder entwickelt. Die visuelle Inkarnation ihrer (auch kollektiven) Identität wird immer wieder Objekt der diskursiven Herausforderung durch Celia.

Celia versucht zu verstehen, warum ihr Vater sich das Leben genommen hat. Das Muster der Erinnerungsarbeit wird im Medium der Sprache entwickelt, und zwar genauer in der diskursiven, agonalen Ausprägung von Sprache. Ihr Eifer führt sie auch dazu, die visuelle Identitätsinkarnation Anis, das Bild „Der Dichter und seine Mutter", zerstören zu wollen.

Raffi sucht den Ursprung seiner Identität. „Dein Vater ist für etwas gestorben, woran er glaubte." sagt seine Mutter zu ihm. Darauf antwortet er: „Ich möchte zu gerne verstehen, was das war" (00:35:20ff.). Raffi ist armenischer Abstammung, aber in Kanada geboren, kennt Armenien also nicht selbst. Er fährt in das Land seiner Eltern und führt dort Videotagebuch. Er spürt seinen Wurzeln nach. Er findet seinen Ursprung visuell verdichtet in einem Emblem auf der Insel Aghtamar: Als kleines Kind hat Gorkys Mutter dem Kind diese Reliefs bei ihren Ausflügen in Kirchenmauern auf der Insel gezeigt: „Hier ist sie Mama, Madonna mit Kind auf der Insel Aghtamar. Dort, wo alles begann." Von hier aus sieht er Verbindungen zu dem Photo „Der Dichter und seine Mutter", das wiederum Grundlage für das in den 20er Jahren entstandene Bild gleichen Namens ist. „Das ist der Ursprung. Von der Erinnerung an diesen Ort, über die Fotografie, den Entwurf zum Gemälde". (01:43:07ff.) Die Erinnerungsarbeit wird von Raffi in den Medien der Sprache (auch in ihrer diskursiven Ausprägung), des Films (auch in Form eines Videotagebuchs) und der Bilder vollzogen. *Edward Soroyan* vollzieht Erinnerungsarbeit, indem er einen Film dreht, wahrscheinlich einen solchen, wie wir ihn von „Killing Fields", „Hotel Ruanda", „Der Pianist" oder „Schindlers Liste" kennen; also einen Film, der die Macht der Bilder nutzt, um den Zuschauer „hineinzuziehen" und ihn emotional betroffen zu machen. In seiner Erinnerungsarbeit nutzt er verschiedene mediale Formen: Film, Granatäpfelkerne (also Erinnerungsgegenstände), Bücher, Zeitzeugendokumente. Eine wichtige, bisher zu wenig gewürdigte Funktion kommt dem Maler *Arshile Gorky* zu. Soroyan entscheidet sich, ihm in seinem Film eine zentrale Rolle zukommen zu lassen, nachdem er Anis Vorträge über den Maler gehört hat. Zunächst einige grundlegende Informationen über den real lebenden Maler Arshile Gorky: Er wurde als Vostanik Adoyan 1904 in der Provinz Van in Armenien geboren. 1915 kam seine Mutter auf einem der bereits erwähnten Todesmärsche ums Leben. Er selbst überlebte und emigrierte 1920 in die vereinigten Staaten von Amerika. Dort nahm er den Namen Arshile Gorky an und begann 1924 in New York Kunst zu studieren. In den 30er und 40er Jahren kam er in Kontakt mit den Surrealisten, insbesondere freundete er sich mit Andre Breton an. 1941 heiratete er Agnes Magruder und hatte zwei Töchter (Maro (1943) und Nastasha (1945). Er starb 1948. Das für uns bedeutsame Bild „Der Künstler und seine Mutter" stammt aus dem Jahre 1926. In dem Film von Edward Soroyan erscheint Gorky auf zwei Ebenen: Einmal sehen wir ihn in den zwanziger Jahren in seinem Atelier, an dem erwähnten Bild arbeitend, dann sehen wir ihn in Form von Rückblenden mit seiner Mutter in der Situation, in der das

Photo gemacht wurde und in Situationen, in denen er als kleines Kind mit dem Sohn des Photographen durch die feindlichen Linien einen Brief an die Amerikaner schmuggeln sollte und dabei, wie bereits oben beschreiben, gefasst wurde. Gorkys Art, Erinnerung zu leisten, erfolgt medial dadurch, dass er immer wieder an dem später berühmt gewordene Gemälde arbeitet und es verändert. Als Vorlage dient ihm ein entsprechendes Photo aus dem Jahre 1912. Es gibt verschiedene Versionen dieses Gemäldes. Die Filmeinblendung lautet an einer Stelle „Arshile Gorkys Atelier, New York 1934" (00:16:32)

Aus Platzgründen wollen wir uns auf diese kursorische Skizze beschränken. In allen Fällen erfolgt die Erinnerungsarbeit in einem Verhältnis von (Audio)Visualität und Diskursivität. Der Film von Atom Egoyan bietet auf diese Weise dem Zuschauer eine mediale komplexe Erinnerungsarchitektur, so dass er eine orientierende Haltung zu dem Film einnehmen kann. Der Film leistet deshalb aus unserer Sicht einen Beitrag zum Aufbau einer deliberativen Reflexionskultur.

Abschließend sei die Frage aufgeworfen, ob uns der Film einen gelungenen Aufarbeitungsprozess zeigt. Ricoeur sagt zum Thema der gelungenen Aufarbeitung: „die ungetilgte Schuld akzeptieren; akzeptieren, daß man ein zahlungsunfähiger Schuldner ist und bleibt, dass es Verlust gibt; an der Schuld selbst Trauerarbeit leisten, zugeben, dass das eskapistische Vergessen und die endlose Verfolgung der Schuldigen ihren Grund in derselben Problematik haben; eine feine Linie zwischen Amnesie und unendlicher Schuld ziehen" (Ricoeur 2004a, 155). Mindestens für Raffi gilt dies nicht. Im Film findet er seine Wurzeln, findet er den „Geist seines Vaters" und damit seinen Frieden[3]. Inwiefern dieses Ende des Films im Ricoeurschen Sinne als gelungen bezeichnet werden kann, steht nicht im Zentrum unserer hier vorgetragenen Überlegungen. Mit dieser Filmanalyse sollte vielmehr im Sinne einer strukturalen Medienbildung die Aufmerksamkeit darauf gelegt werden, dass Reflexionsoptionen (auch) durch die Form des Mediums erzeugt werden. Hier liegt auch die konstituierende Kraft der Medien. In diesem Sinne sagt beispielsweise Sybille Krämer:

> „Medien übertragen nicht einfach Botschaften, sondern entfalten eine Wirkkraft, welche die Modalitäten unseres Denkens, Wahrnehmens, Erinnerns und Kommunizierens prägt [...]. ‚Medialität' drückt aus, dass unser Weltverhältnis und damit all unsere Aktivitäten mit welterschliessender [...] Funktion geprägt sind von den Unterscheidungsmöglichkeiten, die Medien eröffnen, und den Beschränkungen, die sie dabei auferlegen" (Krämer 1998a, 14f.).

Nachdem wir an diesem Beispiel, der Filmanalyse von „Ararat", demonstriert haben, was wir unter einer strukturalen Filmanalyse verstehen, wollen wir bezogen auf audiovisuelle Formate (Filme) zeigen, wie deren Bildungsdimensionen

---

3 Hier setzt die Kritik an dem Film an. Es wird ihm vorgeworfen, letztlich doch im klassischen Hollywoodmuster zu enden, indem alles harmonisch aufgelöst wird. Es wird nicht gezeigt, dass Aufarbeitung mit der Vergangenheit nicht immer Versöhnung darstellt, sondern Versöhnung häufig auch Leben mit Differenzen darstellt. Schade, dass der Film sich letztlich dem Hollywoodmuster gebeugt hat.

bestimmt werden können. Die vier Reflexionspotenziale, nämlich Reflexion auf Wissenslagerungen (Wissensbezug), auf Handlungsoptionen (Handlungsbezug), auf Grenzen bzw. Grenzüberschreitungen (Grenzbezug) und auf die eigene Identität (Biographiebezug), sollen nun genauer für audiovisuelle Bildungsformate, also für den Film, diskutiert werden.

Filme können hinsichtlich ihres Bildungswertes beurteilt werden, indem sie unter den vier verschiedenen Dimensionen (Wissens-, Handlungs-, Grenz- und Biographiebezug) betrachtet werden (können). Sie können also orientierende Reflexionspotenziale in dem o.g. Sinne enthalten und dadurch bildungsmäßig wertvoll sein. Im Folgenden illustrieren wir diese vier Dimensionen, indem wir jeweils ein oder mehrere filmgeschichtliche Beispiele und ein oder mehrere aktuelle Filmbeispiele anführen und diskutieren. Dabei werden wir uns auf die Ebene der Narration beschränken; die formalen visuellen Aspekte der Filme sind dabei implizit in der Rekonstruktion der Narrationsstruktur und der Symbolgehalte berücksichtigt.

3.3 Bildungsdimension Wissensbezug

Hinsichtlich der Reflexion auf Wissenslagerungen wird man beispielsweise Dokumentarfilme heranziehen können, denn ihre Aufgabe ist es sicherlich, Wissen über bestimmte Gebiete audiovisuell darzubieten. Im Gegensatz zum Spielfilm beansprucht der Dokumentarfilm, Aussagen über Aspekte der Wirklichkeit zu machen, also Wissen über diese zu präsentieren. Das Verhältnis von Inszenierung und Dokumentation wurde bereits bei dem ersten Meilenstein des Dokumentarfilms kontrovers diskutiert, nämlich anhand des Films „Nanook of the North" von Robert J. Flaherty (1922). Flaherty beschreibt darin die Lebenswelt des Eskimos Nanook und hat nachweislich einige Szenen durch Nanook „spielen" lassen. Beispielsweise hat er ihn gebeten, extra für die Filmaufnahmen ein Iglu zu bauen. Die Diskussion um den Dokumentarfilm ist bis heute durch die zentrale Frage nach dem Verhältnis von Dokumentation und Inszenierung gekennzeichnet (vgl. Hattendorf 1999; Beyerle 1997; Schändlinger 1998). Ob man sich die Wochenschau-Tradition vom Anfang des 20. Jahrhunderts bis zum Aufkommen des Fernsehens anschaut oder die Tradition des Direct Cinema und Cinéma Vérité nach dem zweiten Weltkrieg oder schließlich heutige dokumentarische Formate, wie beispielsweise das von Michael Moores vertretene, wie es in den Filmen „Bowling for Columbine" (2002) oder „Fahrenheit 9/11" zum Ausdruck kommt, immer wird man dieses spannungsreiche Verhältnis von „Abbildung" und „Nachspielen" finden. Trotzdem ist damit immer der aufklärerische Anspruch verbunden, dass wir über Sachverhalte informiert werden sollen, und häufig ist damit auch die pädagogisch engagierte Absicht verbunden, dass für eine bestimmte Sichtweise der Dinge in engagierter Form geworben werden soll.

Das ist auch in Morgan Spurlocks Dokumentarfilm „Super Size Me" (USA 2003) so. Der Filmemacher Morgan Spurlock ernährt sich 30 Tage lang ausschließlich mit Fast Food von der Hamburger-Kette McDonalds. Sein Film beschreibt den Verlauf dieses Selbstversuchs chronologisch von den medizinischen Voruntersuchungen bis zum Ablauf der 30 Tage. Mit einem frechen Soundtrack unterlegt, präsentiert der Dokumentarfilm zahlreiche statistische Informationen: Zahl der Übergewichtigen in Amerika, Tote infolge von Übergewicht. Klage gegen Lebensmittelketten, weil die Nahrungsmittel verkauft hätten, die gesundheitsschädlich seien. Statistiken über Anzahl der Mc Donalds Filialen weltweit, über die Anzahl der Kunden etc. werden immer wieder in die Chronologie des Ablaufs eingebunden. Weiterhin werden Interviews mit Kunden, SchülerInnen, Ernährungswissenschaftlern und Lobbyisten der Nahrungsmittelindustrie hineingeschnitten. Die abschließende medizinische Untersuchung ergibt, dass er insgesamt 11 kg an Körpergewicht zugenommen hat und dass sich alle Gesundheitswerte verschlechtert haben. Dieses Arrangement von Statistiken, Interviews und narrativ präsentierten Selbsterfahrungen stellt eine Wissenslagerung dar, die bezogen werden kann auf die Frage: Was ist gute bzw. schlechte Ernährung? Informationen verschiedener Formate (Statistik, Interview, Narration) bilden ein Ensemble, das der Reflexion zugänglich gemacht wird: Eine Reflexion auf Wissenslagerungen wird möglich. Aber auch klassische Spielfilme inszenieren Wissen, indem es in Narrationen eingebaut oder visuell artikuliert wird. In sozialkritischer Perspektive vermitteln sie uns beispielsweise Einblicke in Milieus. In dem Film „Die Vergessenen", den Luis Buñuel als seinen ersten Spielfilm 1950 drehte, deklariert er diese Haltung gleich zu Beginn des Films. Eine Stimme aus dem Off leitet den Film mit folgenden Worten ein:

> „In allen Großstädten der Welt, in New York, Paris oder London, verstecken sich hinter den Prachtbauten der Banken und Versicherungskonzerne Elendsviertel, in denen Kinder und Jugendliche ohne Liebe in Hunger und Schmutz zu Außenseitern der Gesellschaft heranwachsen. Übersehen vom Einzelnen, der dem Reichtum nachjagt, von den Ämtern zum Gegenstand sozialkritischer Untersuchungen gemacht, gehen sie einen hoffnungslosen Weg. Nur für die Zukunft kann man hoffen, dass diesen jungen Menschen ein Lebensrecht zugestanden wird. Mexiko, die große moderne Weltstadt, bildet in allem keine Ausnahme. Deshalb ist dieser Film, der konsequent die Realitäten dieses Lebens wiedergibt, nicht optimistisch. Er will die Gutwilligen und Einsichtigen darauf hinweisen, mit der Lösung eines weltweiten Problems nicht länger zu zögern." (00:01:30- 00:02:20)

Wie wir wissen, recherchierte Buñuel persönlich in den Slums von Mexiko-City, um seinem Film eine realistische und authentische Grundkontur zu geben. Die dokumentarische Qualität besteht darin, einen tiefen Einblick in die Armut der Slums von Mexiko City zu gewähren. Kinderbanden kämpfen um das Überleben genauso wie die Erwachsenen. Die Grenze zwischen Moralität und Immoralität, zwischen Legalität und Illegalität wird immer wieder überschritten. Der Kampf um Anerkennung, Liebe und Zuneigung stößt auf Verbitterung und Verzweiflung. Wie gut dieser Einblick gelingt, ist daran zu ermessen, dass die öffentliche Entrüstung bei der Uraufführung in Mexiko groß war. Wahrscheinlich hat die Konfrontation mit der Realität und dem Elend die Menschen zu stark gekränkt. Die Öffentlichkeit, Gewerkschaften, politische Parteien und Kirchen verlangten die Ausweisung Buñuels aus Mexiko. Vielleicht liegt es an der Botschaft des Films: Armut und Elend machen die Menschen nicht gut und milde. Vielmehr werden sie als böse und gemein dargestellt. Als der Film 1951 in Cannes den Hauptpreis als Regisseur erhielt, legten sich die Wogen etwas.

Im Zentrum des Films stehen zwei Jugendliche: Jaibo ist aus dem Gefängnis geflohen und wird schnell Chef einer Jugendbande. Er ist skrupellos und ohne jedes Mitleid. Blinde Bettler werden ausgeraubt, Beinamputierte werden überfallen, um Zigaretten und Geld zu erbeuten. Pedro ist im Grunde ein gutherziger Junge, der jedoch als chancenlos dargestellt wird und aufgrund der Milieustrukturen immer wieder „abrutscht". Am Beispiel Pedros veranschaulicht Buñuel, wie der Versuch anständig zu bleiben, an den sozialen Verhältnissen scheitern muss. Sein Betteln um Liebe bei der Mutter wird hart abgewiesen, weil die Mutter selbst verhärtet und ohne emotionale Kraft dargestellt wird. Sie hat Predro mit 14 Jahren bekommen. Unklar bleibt, wer der Vater ist. So ist Pedro als ungewolltes und ungeliebtes Kind auch zu Hause chancenlos. Die Mutter arbeitet als Wäscherin, um ihre drei Kinder irgendwie durchzubringen. Die soziale Tristesse wird durch das Ende des Films extrem kondensiert und inszeniert. Predro will sich aus der Abhängigkeit von Jaibo befreien. Eine Schlägerei mit ihm geht für Jaibo nicht gut aus, weil Pedro ein Messer, das er am Boden findet, zur Bedrohung von Jaibo verwendet. Später läuft ihm Pedro sozusagen in die Arme, als Pedro in einer Scheune übernachten will, in der sich schon Jaibo befindet. In einem Handgemenge tötet Jaibo ihn. Die Besitzer wachen von dem Lärm auf und finden den toten Pedro. Aus Angst vor der Polizei beschließen sie, die Leiche verschwinden zu lassen: „Wir werden ihn auf den Esel laden und irgendwo wegwerfen" (1:14:23) Jaibo wird auf der Flucht erschossen. Die letzte Szene des Films zeigt, wie Pedros Leiche in einem Sack auf einem Esel aus der Stadt geschafft und einen Abhang hinuntergeworfen wird, auf dem sich Müll befindet.

Dieses Genre, Milieuwissen über Narrationen zu präsentieren, ist bis heute sehr erfolgreich. Filme wie „Amores Perros" (Alejandro González Iñárritu 2000), „City of God" (Kʻatia Lund; Fernando Meirelles 2002) oder „Gangs of New York" (Martin Scorsese 2002) zeigen das sehr eindringlich. Werden Filme also unter dieser Perspektive der spezifischen Wissenslagerung betrachtet, werden sie hinsichtlich des Bildungswertes beurteilt.

3.4 Bildungsdimension Handlungsbezug

Hinsichtlich der Reflexion auf Handlungsoptionen sind Filme dann bildungsmäßig wertvoll, wenn sie schwierige menschliche Entscheidungssituationen in
ihrer Komplexität zur Geltung bringen. Filme, die das Problem der Sterbehilfe
thematisieren, liefern dafür Beispiele (z.b. Clint Eastwood: Million Dollar Baby
[2004]). Aber auch Filme, die die Problematik der Todesstrafe thematisieren (z.b.
Krzysztof Kieslowski: Ein kurzer Film über das Töten [1988] oder auch Tim Robbins: Dead Man Walking [1995]) könnten exemplarisch angeführt werden. Dem
Zuschauer wird die Komplexität und teilweise auch Verstricktheit von Entscheidungssituationen vor Augen geführt, so dass sich die Frage „Wie würde ich mich
in einer solchen Situation entscheiden?" unausweichlich stellt.

Der *Gangsterfilm der 30er Jahre* bietet ein historisch interessantes Beispiel für ein
Genre, das die Funktion hat, die Zuschauer davon zu überzeugen, dass Kriminalität keine Handlungsoption darstellt und dass sie selbst gegen Kriminalität
etwas tun müssen. Fast alle Klassiker dieses Genres[4] haben die reale Karriere von
Al Capone (1899 – 1947) vor Augen und verfolgen den Zweck, zu zeigen, dass
ein Nachahmen dieser beispiellosen Kriminellenkarriere keine Handlungsoption
darstellen sollte. Howard Hawks Film „Scarface" (1932) beginnt mit einem für
diese Intention einschlägigen Vorspann:

> „This picture is an indictment of gang rule in America and of the callous indifference of the
> government to this constantly increasing menace to our safety and our liberty. Every incident
> in this picture is the reproduction of an actual occurrence, and the purpose of this picture is
> to demand of the government: ‚What are you going to do about it?' The government is your
> government. What are YOU going to do about it?"

Al Capone (1899-1947) ist das Urbild des Gangsterbosses, ein Symbol für die
organisierte Kriminalität schlechthin. Capone kontrollierte die Chicagoer Unter-
welt in den 1920er Jahren und machte seine Geschäfte vor allem in den Bereichen
illegales Glücksspiel, Prostitution und während der Prohibitionszeit im illegalen
Alkoholhandel, gab sich nach außen aber stets als seriöser Geschäftsmann.
Der Film „Scarface" erzählt die Lebensgeschichte von Al Capone, von seinem
Aufstieg und seinem Fall. Aus ärmlichen Verhältnissen stammend, arbeitet sich
der Protagonist zielstrebig bis an die Spitze eines mächtigen Verbrechersyndikats
empor. Im Jahr 1932 beherrscht die Mafia die Stadt Chicago. Durch die finanzi-
ellen Gewinne mit dem illegalen Handel von Alkohol sind die Mafiabosse in der
Lage, sich die teuersten Kleidungsstücke zu kaufen und große Feste zu veranstal-
ten. So beginnt der Film mit dem Ende einer Party des Mafiabosses Louis Castillo.
Dieser wird von seinem eigenen Leibwächter Tony „Scarface" Camonte erschos-

---

4 Beispielsweise: LeRoy, Mervyn: Der kleine Cäsar (1930); Wellman, William A.: Der öffentliche
   Feind (1931); Hawks, Howard: Scarface (1932).

sen. Durch dieses Attentat droht der Stadt nun ein Bandenkrieg. „Scarface" steht in der Maffiaorganisation schnell an zweiter Stelle und erhält den Auftrag, die „South Side" von Chicago für die Organisation zu erobern, sich aber nicht in die Geschäfte des Konkurrenten O'Haras einzumischen, denn das Territorium ist unter den Banden aufgeteilt. Er „beseitigt" die Rivalen und weitere Konkurrenten und steht schließlich an der Spitze des Mafia Imperiums. Schließlich wird er doch von der Polizei gestellt und erschossen.

Das Leitmotiv des Film „The world is yours" ist in Form einer Neonreklame auch in der Schlussszene des Films zu sehen, als der Held von der Polizei erschossen auf der Straße liegt. Scarface/Al Capone ist der Prototyp des Tatmenschen und des Individualisten, der seinen persönlichen und moralischen Code gegen die Regeln einer korrupten Gesellschaft durchsetzt. Innerhalb des Milieus hätte er keine Chancen gehabt, er nimmt sich deshalb, was er braucht: „The world is yours".

Das Reflexionspotenzials dieses Films wie auch anderer Gangsterfilme liegt gerade in dieser moralischen Ebene der Beziehung zwischen individuellen Handlungsoptionen und den Regeln, Ansprüchen und Rechten der Gemeinschaft. Der Film bietet deshalb ein Potenzial der Reflexion auf gesellschaftlich vermittelte Handlungsoptionen.

Eine vollständig andere Art von Handlungsoptionen bietet beispielsweise der kanadisch/spanische Film „Mein Leben ohne mich" (2003) von Isabel Coixet: Nachdem Ann in ihrem Wohnwagen zusammenbricht und ohnmächtig von ihrer Mutter gefunden wird, erfolgt im Krankenhaus per Ultraschall die Diagnose „Krebs im Endstadium". Der Arzt gibt ihr noch zwei bis drei Monate zu leben. Äußerlich scheint Ann die Diagnose zuerst ziemlich gefasst aufzunehmen. Dass sie dennoch schockiert ist, zeigt ihr Weg beim Verlassen der Klinik. Sie nimmt ihre Umgebung nicht mehr richtig wahr und verfällt in eine Art Trancezustand. Ann erzählt niemandem von der Diagnose. Sie möchte die Zeit, die ihr noch bleibt, auskosten. Zur Erfüllung ihrer Wünsche und zur Vorbereitung ihrer Lieben auf das Leben ohne sie, stellt sie eine Liste mit zehn Dingen auf, die sie in ihrem verbleibenden Leben noch erledigen möchte:

1. Den Töchtern mehrmals am Tag sagen, dass sie sie lieb hat.
2. Für ihren Mann Don eine neue Frau finden, welche die Mädchen mögen.
3. Den Mädchen bis zu ihrem 18. Lebensjahr jedes Jahr zum Geburtstag Glückwünsche auf Band aufnehmen.
4. Am Whalebay Beach zusammen ein großes Picknick machen.
5. So viel rauchen und trinken, wie sie möchte.
6. Sagen, was sie denkt.
7. Mit anderen Männern schlafen, um zu sehen, wie das ist.
8. Jemanden dazu bringen, sich in sie zu verlieben.
9. Den Vater im Gefängnis besuchen.
10. Falsche Fingernägel besorgen und „irgendwas" mit den Haaren machen.

Diese Liste arbeitet Ann ab, indem sie zunächst Audiotapes für ihre Töchter aufnimmt. Sie spricht Geburtstagsglückwünsche auf Band auf, um ihnen beim Erwachsenwerden zu helfen. sie lernt in einem Waschsalon einen attraktiven Mann, namens Lee, kennen, der ihr sofort sympathisch ist und mit dem sie eine Affäre beginnt. Lee spielt Ann in seinem Auto Musik vor, die fröhlich und lebensbejahend ist. In einem weiterem Voice-Over-Monolog am nächsten Tag in einem Supermarkt, klingen Anns Gedanken positiver. Sie möchte nun auch die kleineren Dinge im Leben genießen. Sie sucht den Arzt, der ihr die Diagnose übermittelte, auf, mit der Bitte um Aufbewahrung der Audiotapes für ihre Kinder. Dr. Thompson sagt dies zu, obwohl er nicht damit einverstanden ist, dass Ann keine Medikamente und keine Therapie gegen die Schmerzen möchte. Eine neue Nachbarin, die ebenfalls Ann heißt, weckt Anns Interesse. Sie erweist sich als potenzielle Nachfolgerin, da ihre Töchter, Patsy und Penny, sie sehr mögen. Ann bemüht sich, ihre Nachbarin noch mehr, auch außerhalb des Babysittings, in ihre Familie mit einzubeziehen. Während Ann, die Nachbarin, immer öfter babysittet, trifft sich Ann immer wieder mit Lee und intensiviert die Beziehung zu ihm, obwohl er merkt, dass sich Ann ihm nicht richtig öffnet. Auf einem gemeinsamen Nachhauseweg nach Dienstschluss fragt Ann ihre Mutter nach ihrem Vater aus. Sie möchte wissen, ob ein Besuch im Gefängnis ihrerseits für sie in Ordnung wäre. Sie entscheidet sich nun doch dafür, ihre Fingernägel im Friseursalon machen zu lassen, wo sie sich beraten lies. Die Verabschiedung im Salon zeigt, dass Ann mehr und mehr mit dem Leben abschließt. Ann besucht ihren Vater im Gefängnis und spricht mit ihm über belanglose Dinge. Anns Gesundheitszustand verschlechtert sich immer weiter. Sie nimmt nun auch Audiotapes für Don und ihre Mutter auf. Darauf erklärt sie ihnen, warum sie nicht sagen konnte, dass sie bald sterben werde. Sie wünscht sich, dass ihre Mutter einen neuen Mann kennen lernt. Der Film endet mit Anns Tod.

Die Protagonistin dieses Films ist mit einer endlichen Lebenszeit konfrontiert. Sie nutzt die verbleibende Spanne, um das Leben ihrer Familie für die Zeit nach ihrem Tod zu ordnen, das Verhältnis zu ihren eigenen Eltern ins Reine zu bringen und sich noch einmal zu verlieben. Der Film zeigt die Komplexität der Situation von Ann und thematisiert Handlungsoptionen, um die verbleibende Zeit zu nutzen.

Die gleiche Ausgangssituation finden wir auch in dem Film „Die Zeit, die bleibt" (2005) von François Ozon, nur werden hier andere Handlungsoptionen entwickelt. Bei einem Fotoshooting verliert der Fotograf Romain das Bewusstsein. Seinem Arzt sagt er, dass er vermutet, HIV positiv zu sein, da einige Krankheitsanzeichen dafür sprechen. Doch es ist kein Aids. Bei Romain wird Krebs im Endstadium diagnostiziert. Ein Tumor hat bereits mehrere Organe befallen. Sein Arzt rät zu einer Chemotherapie, doch Romain möchte keine Bestrahlung. Die Heilungschancen von unter fünf Prozent sind ihm zu gering und da er weiß, wie ein Patient unter einer Chemotherapie leiden kann, ist es ihm die Behandlung nicht wert. Dass es ihm nicht gut geht, fällt auch seiner Vorgesetzten auf. Sie empfiehlt ihm Urlaub und möchte mit dem nächsten Fotoshoot in Japan jemand anderes beauftragen. Aber Romain weist sie zurück und möchte den Auftrag annehmen. Er überlegt sich, wie er seinen Eltern und Geschwistern von der Krankheit erzählen und was er ihnen zum Abschied sagen könnte. Er fährt zu den Eltern, doch die alten Spannungen treten wieder hervor. Beim Abendessen beschweren sich Romains Eltern und Sophie, seine Schwester, dass er noch nie seine Familie fotografiert habe. Sie glauben, dass sie nicht gut genug für ein Foto von Romain seien. Dieser fühlt sich dadurch provoziert und beleidigt Sophie aufs Äußerste. Das Abendessen platzt und Romain bittet seinen Vater ihn nach Hause zu fahren. Auf dem Heimweg im Auto erzählt Romain seinem Vater, dass es mit seinem Freund Sasha nicht gut laufe und die Beziehung kurz vor dem Ende stehe. Beim Abschied fragt er, warum seine Eltern trotz der Affären seines Vaters noch zusammen seien. Er streicht seinem Vater über die Wange und spürt, dass dieser Angst vor ihm hat. Zu Hause angekommen, verärgert ihn das Videospielen seines Freundes. Eine grundsätzliche Auseinandersetzung führt dazu, dass beide sich trennen. Romain entscheidet sich, seine Großmutter Laura zu besuchen und ihr von seiner Krankheit zu erzählen Er sagt ihr, dass sie die Einzige sei, die davon wisse. Laura möchte, dass er der gesamten Familie von der Diagnose berichtet. Romain verneint dies, weil ihm der Mut fehle. Sie sei die Einzige, weil sie wie er sei: Sie werde auch bald sterben. Romain ist grundsätzlich verunsichert; er weiß nicht, was er machen soll. Am nächsten Morgen verabschiedet er sich von seiner Großmutter. Die nächsten Tage vergehen und Romain weint viel, muss sich übergeben, wird hysterisch und ist einfach nur noch verzweifelt. Er sucht seinen Arzt erneut auf und erzählt ihm seine Träume und Phantasien. Ein Brief von Sophie, in dem sie um Versöhnung bittet, veranlasst ihn, mit ihr zu telefonieren. Er sagt ihr, dass er auch eine Versöhnung möchte, aber ihm im Moment die Kraft fehlt, um sich mit ihr zu treffen. Auf der Rückfahrt von der Großmutter hatte ihn in einer Raststätte eine Kellnerin angesprochen. Sie könne von ihrem Mann kein Kind bekommen und suche jemanden als „Erzeuger". Er hatte zunächst abgelehnt, doch ein paar Tage später sucht er sie wieder auf und sagt, dass er bereit sei. Nachdem er mit ihr geschlafen hat, rasiert er sich die Kopfhaare ab. Später sucht er mit dem Paar einen Notar auf, um sein Testament aufnehmen zu lassen. Romain wünscht eine Feuerbestattung und die alleinige Erbschaft erhält das noch ungeborene Kind. Auch hier endet der Film mit dem Tod des Protagonisten.

Beide Filme gehen von der gleichen existentiellen Ausgangssituation, der unabweisbaren endlichen Lebenszeit, aus. Sie entwickeln die Szenarien der Handlungsoptionen jedoch vollständig verschieden. Vor allem bringen sie die Problematik der Schwierigkeit, sich entscheiden zu müssen, was jetzt wichtig ist und was nicht, was jetzt getan werden soll (kann) und was nicht, vollständig unterschiedlich zur

Geltung. Die Reflexion auf solche komplexen Entscheidungssituationen und das Bedenken von Folgen und Nebenfolgen von Handlungen macht eine entscheidende Bildungsdimension von Filmen aus.

3.5 Bildungsdimension Grenzbezug

Hinsichtlich der Reflexion auf Grenzen und Grenzüberschreitungen sind Filme dann bildungsmäßig wertvoll, wenn sie schwierige menschliche Grenzprobleme in ihrer Komplexität zur Geltung bringen, so dass das Bild dessen, was Menschsein bedeutet thematisiert wird.

Die *Grenze wissenschaftlich-technischer Rationalität* wird beispielsweise in dem Film „Dekalog 1" von Krzysztof Kieslowski (1989) thematisiert: Der Vater, ein Sprachwissenschaftler, berechnet mit Hilfe eines Computers die Stärke des Eises auf jenem See, auf dem der Sohn seine neuen Schlittschuhe ausprobieren wollte. Doch das Eis erweist sich als nicht tragfähig: der Junge ertrinkt. Die wissenschaftlich-technische Verfügbarkeit über das Leben misslingt; die Bedingungen des Lebens sind nicht als mathematische Variablen abzubilden, so dass man mit ihnen rechnen kann oder gar Entscheidungen aus dieser Berechnung ableiten kann. Noch deutlicher wird dieses im „Dekalog 2" (1989). Eine schwangere Frau versucht vom Chefarzt einer Klinik zu erfahren, ob ihr an Krebs erkrankter Mann sterben wird. Falls das der Fall sein sollte, will sie das Kind, das sie von ihrem Geliebten erwartet, zur Welt bringen. Wenn ihr Mann dagegen überleben sollte, ist sie zur Abtreibung entschlossen. In dieser Weise unter Druck gesetzt, prognostiziert der Arzt, dass ihr Mann mit Sicherheit sterben werde. Doch dieser überlebt gegen alle medizinische Vernunft, die Frau wird das Kind bekommen. Das Leben entzieht sich einer naturwissenschaftlich-technischen Verfügbarkeit.

In dem Film „Sprich mit ihr" (2002) von Pedro Almodóvar – um ein aktuelleres Beispiel zu geben – wird die *Grenze zwischen Leben und Tod* am Beispiel einer Koma-Patientin subtil verhandelt. Es ist die Geschichte einer Freundschaft zwischen zwei Männern, die zufällig entstanden ist. Beide Männer lieben Frauen, die scheinbar tot sind, weil sie im Wachkoma liegen. Beningo pflegt seit vier Jahren die durch einen Autounfall im Koma liegende Balletttänzerin Alicia. Tag und Nacht ist er an ihrer Seite und hat sich in sie verliebt. Er widmet ihr seine ganze Aufmerksamkeit und Freizeit. Marcos Freundin, die Stierkämpferin Lydia, liegt ebenfalls in demselben Krankenhaus. Bei ihrem letzten Kampf in der Arena hat ein Stier sie so verletzt, dass sie jetzt auch im Wachkoma liegt. Beningo versucht Marco zu helfen, mit dieser Situation zurecht zu kommen und rät ihm, mit Lydia zu sprechen. Beide Männer freunden sich an. Der Wendepunkt tritt ein, als Marco erfährt, dass Lydia bereits einen Monat vor dem Unfall wieder mit ihrem Exfreund, der als Stierkämpfer unter dem Namen „El Niño" bekannt ist, zusammenkam. Marco verlässt darauf Madrid, um in andere Länder zu reisen und über diese zu schreiben. Aus der Zeitung erfährt er, dass Lydia im Krankenhaus gestorben ist. Marco erkundigt sich per Telefon im Krankenhaus nach Lydia und erfährt, dass Beningo im Gefängnis sitzt, weil er, die im Koma liegende Alicia, geschwängert hat. Marco kehrt zurück nach Madrid und besucht Beningo im Gefängnis. Er kümmert sich darum, dass Beningo einen anständigen Anwalt bekommt und übernimmt seine Wohnung. Marco findet heraus, dass Alicia durch die Totgeburt ihres Sohnes aus dem Koma erwacht ist, lebt und das Krankenhaus bereits verlassen hat. Beningo, der glaubt, dass Alicia immer noch im Koma liegt, bringt sich im Gefängnis selbst um. Die Verschlungenheit der Handlungen und die Komposition des Films, vor allem auch die filmsprachliche Ebene, thematisieren die Grenze von Leben und Tod in variationsreicher Weise. Der Film bietet reichhaltige Potenziale, um diese Grenze und mögliche Grenzüberschreitungen zu reflektieren.

Wiederum andere Filme thematisieren die *Grenze zwischen Normalität und Wahnsinn* (z.B. „Einer flog über das Kuckucksnest" [1975] von Milos Forman; „A beautiful Mind" von Ron Howard [2001]; „Spider" von David Cronenberg [2002]). In dem Film das „Das Weiße Rauschen" (2001) von Hans Weingartner geht es um Lukas, der aufgrund seiner Krankheit und Anpassungsproblemen in der Gesellschaft im Verlauf der Geschichte immer wieder von psychotischen Phasen eingeholt wird. Er fährt zu Beginn des Films mit der Bahn nach Köln zu seiner Schwester Kati, die in einer Wohngemeinschaft wohnt. Nachdem Lukas sich sein Zimmer eingerichtet und den Mitbewohner Jochen begrüßt hat, fahren die drei „Freunde" in die Stadt und ziehen durch die Kneipen. Seine Bemühungen, sich an der Kölner Universität zu immatrikulieren, scheitern. Weitere Ereignisse verweisen darauf, dass mit Lukas „etwas nicht stimmt". So versucht er beispielsweise an der Kinokasse Karten für den Film „Taxi Driver" zu kaufen, wird von der Kassiererin jedoch darauf hingewiesen, dass der Film gar nicht im Programm aufgeführt ist. Vollkommen verwirrt und sich seines eigenen „Fehlers" nicht bewusst, rastet Lukas aus und beschimpft die Kassiererin. Am nächsten Tag nehmen Lukas, Kati und Jochen im Park psychoaktive Pilze zu sich. Während seine Freunde den Trip sichtlich genießen, hat Lukas mit paranoiden Gedanken zu kämpfen. Im Auto, auf dem Weg nach Hause, hört Lukas Stimmen. In Wahnvorstellungen verwickelt, hört er scheinbar, wie Kati und Jochen sich über ihn lustig machen und ihn beschimpfen. Die Stimmen verschwinden genauso abrupt, wie sie gekommen sind, und alles scheint wieder in Ordnung zu sein. Als Lukas jedoch am nächsten Tag erwacht und erneut halluziniert, wird klar, dass etwas nicht stimmt. Verunsichert über die Herkunft der Stimmen, versucht er sie vergeblich zu lokalisieren. Die Stimmung innerhalb der Wohngemeinschaft wird zunehmend angespannter. Lukas kann nicht mehr klar denken, ist aggressiv, verunsichert und einsam. Er sieht keinen anderen Ausweg mehr als den Tod und stürzt sich im Affekt, wie es ihm die Stimmen befehlen, aus dem Fenster seines Zimmers. Scheinbar unverletzt findet er sich in einer Psychiatrie wieder. Kati ist zu Besuch, um die Hintergründe für den Vorfall in Erfahrung zu bringen. Der leitende Arzt stellt aufgrund seiner Untersuchung die Diagnose „paranoide Schizophrenie" und klärt Kati über den Krankheitsverlauf sowie über Behandlungsmöglichkeiten auf.

Kati besucht Ihren Großvater und erfährt dort mehr über die Vergangenheit ihrer Mutter, vor allem dass diese nicht an einer Krankheit gestorben ist, sondern sich erhängt hat und ebenfalls an einer psychischen Erkrankung litt. Die Ursachen für Lukas' Schizophrenie sind also auch genetischer Natur. Nach einer Phase des Aufenthaltes in der Psychiatrie hilft Kati ihm, sich wieder in die Gesellschaft zu integrieren und einen Job zu finden. Am gleichen Tag bekommt Lukas noch eine Zusage für eine Stelle in einer Werkstatt für Schaufensterpuppen. Da er eigenmächtig die Tabletten absetzt, kehren am nächsten Tag die alten Symptome wieder und Lukas hört wieder Stimmen und begeht einen zweiten Suizidversuch, indem er sich von einer Brücke in den Rhein stürzt. Er treibt hilflos im Wasser und wird von zwei jungen Männern herausgezogen und von den beiden in ihrem Wohnmobil mit nach Spanien genommen. Dort am Treffpunkt der Aussteiger angekommen, schlagen diese ihr Lager auf und Lukas fühlt sich in dieser neuen Gemeinschaft aufgenommen und akzeptiert bis nach einiger Zeit wieder die Stimmen auftreten. Er bleibt am Ende auch in einer eigentlich toleranten Lebensgemeinschaft allein und als Außenseiter zurück. Am Ende des Films sitzt Lukas am Meer und philosophiert über sich und sein Handeln. Der Film „Das weiße Rauschen" bietet Anlass, die Grenzen der Normalität zu reflektieren und die Frage zu erörtern, was sich jenseits dieser Grenze befindet: Krankheit? Außenseitertum? Leiden?

Weitere Grenzen, die in Filmen thematisiert werden, wären beispielsweise *Grenzen zwischen menschlicher Natur und Technik* (z.B. „Matrix" von Larry und Andy Wachowski [1999]); *Grenzen zwischen menschlicher Natur und künstlich erzeugten Lebewesen* (z.B. „Frankenstein" von James Whale [1931]). In all diesen Fällen liegt der besondere Bildungswert in der Thematisierung von Grenzen. Reflexionen dieser Art bestimmen das So-Sein im Horizont eines möglichen Anders-Seins.

3.6 Bildungsdimension Biographiebezug

Hinsichtlich der Reflexion auf die eigene Identität, auf Biographisierungsprozesse, sind Filme dann bildungsmäßig wertvoll, wenn sie komplizierte und komplexe menschliche Sinnbildungs- und damit Identitätsbildungsprozesse zum Thema haben. Der Film „Wilde Erdbeeren" von Ingmar Bergman (1957) thematisiert Biographisierungsprozesse des 78jährigen Medizinprofessors Isak Borg. Der Film beginnt mit einem Traum, durch den er mit seinem Tod konfrontiert wird. Mit dem Auto fährt er dann zusammen mit seiner Schwiegertochter in die schwedische Stadt Lund, wo er eine Auszeichnung als Doktor Jubilaris entgegennehmen soll. Auf der Autofahrt kommt es zu einer ersten Auseinandersetzung mit seiner

Schwiegertochter. Sie zeichnet das Bild eines egoistischen, gefühlskalten alten einsamen Mannes: „Du bist ein bedauernswerter Egoist; du bist rücksichtslos . Wir wissen, was du für einer bist, du bist ein Steinklotz". Die Stationen der Reise werden in Träumen, Visionen und Erinnerungsbildern zu Stationen seines gelebten Lebens. Sie halten auf der Fahrt nach Lund beispielsweise an dem Haus, in dem er als Kind und Jugendlicher die Sommer verbracht hat. Während seine Schwiegertochter an diesem warmen Sommertag im See schwimmen geht, verliert er sich in Erinnerungen, die in Form von Rückblenden gezeigt werden. Weitere eingeblendete Träume konfrontieren ihn wieder mit dem Bild eines gefühlskalten, egozentrischen, einsamen Menschen. Dieses Bild wird kontrastiert mit dem Bild, das der Tankstellenwart zeichnet. Er besteht darauf, kein Geld für das Benzin haben zu wollen, weil Borg als praktischer Arzt in dieser Gegend den Leuten in einer Weise geholfen habe, die nicht mit Geld aufzuwiegen sei. Wir erfahren weiter, dass Borgs Ehe eher zerrüttet gewesen und dass sein Sohn Ewald darunter sehr gelitten haben muss. All dieses heterogenen Aspekte versucht Borg in einem Prozess der Selbstverständigung, der Zusammenhangsbildung zu einem Muster des gelebten Lebens zu integrieren.

Es handelt sich bei dem Leben des Medizinprofessors Borg eher um eine traditionelle, konventionelle Biographie, so dass gesellschaftlich induzierte Prozesse der Kontingenz und Emergenz nur in Ansätzen sichtbar werden. Anders sieht es aus, wenn wir ein zweites Beispiel aus den letzten Jahren wählen, nämlich den Film „Big Fish" von Tim Burton (2003). In diesem Film wird eine Vater-Sohn-Geschichte liebevoll in Szene gesetzt. Der Sohn will sich mit seinem Vater auf dessen Sterbebett aussöhnen, und versucht herauszufinden, wer dieser wirklich war. Doch der Vater wartet, wie bereits in seinem ganzen Leben, mit unglaublichen Geschichten auf, die in ihrer Gesamtheit die Geschichte seines Lebens und damit seiner Identität sein sollen. Der Film zeigt, dass es nicht mehr gelingt, ein Leben in die eine konsistente Geschichte zu bringen. Vielmehr handelt es sich um Versionen, Fragmente, die in immer neuen Konstellationen zur Geltung gebracht werden, ähnlich wie es Nelson Goodman in seinem Buch „Weisen der Welterzeugung" beschrieben hat (Goodman 1990).

Beide Filme bieten ein hohes Reflexionspotenzial, um Fragen der Identität, der Art und Weise, wie Menschen zu sich selbst finden können, wie sie versuchen, Sinn in ihr Leben zu bringen, in vollständig unterschiedlicher Weise zu thematisieren. Die Suchbewegungen des Einzelnen sind gesellschaftlich vermittelt und sind so unterschiedlich, wie Menschen eben sein können. Reflexivität, Biographizität und Flexibilisierung des Selbst- und Weltbezüge haben in beiden Filmen vollständig unterschiedliche Gestalten. Das ist plausibel, denn zwischen ihnen liegt auch ein Zeitraum von 46 Jahren.

3.7 Vertiefung: Audiovisuelle „Erinnerungsbilder"

Das Medium Film ist mit dem Thema Biographie- und Erinnerungsarbeit eng verbunden. Deutlich wird dieser Zusammenhang im gegenwärtigen Diskurs um den Begriff des „kollektiven Gedächtnisses": Filme haben die Fähigkeit, kollektive Erinnerungen aufzubewahren, sie zu präsentieren oder auch zu inszenieren; sie schreiben sich ein in öffentliche Diskurse, sie formen das kulturelle (Assmann 1997, kollektive (Halbwachs 1938) und soziale (Welzer 2001) Gedächtnis. Auf ihrer narrativen Ebene weisen Filme aber noch einen direkteren Zusammenhang mit Erinnerungsarbeit auf, nämlich bezogen auf die Thematisierung und Problematisierung des individuellen Gedächtnisses im Film selbst. Hierbei geht es also weniger um den Film in seiner Eigenschaft als Erinnerungsmedium, sondern um die bildhaft-szenische Aufführung von Erinnerung im Medium Film.

Versteht man das Phänomen Film als spezifische Kommunikationsform, die zumindest implizit immer auch auf die kulturellen Thematiken und sozialen Problemlagen ihrer Zeit bezogen ist, so wird erkennbar, dass die Inszenierung und Problematisierung von Erinnerung im Film wie ein Spiegel den gesellschaftlichen Wandel von Identitätsverständnissen, von Individualisierungs- und Biographisierungsprozessen zu reflektieren vermag. Filme reagieren aber nicht nur auf diese Prozesse, sondern sie wirken auf sie zurück, indem sie ihren Rezipienten mögliche Modelle und Schemata von Erinnerungsarbeit anbieten – sie thematisieren ihre existentielle Notwendigkeit, führen aber bspw. auch Varianten des Scheiterns und des Umgangs damit auf. In unserer Sichtung von ca. 50 Spielfilmen, die einen impliziten oder expliziten Bezug zur Erinnerungsthematik aufwiesen, haben wir vielfältige Inszenierungsformen von Erinnerungsproblematiken vorgefunden, die teilweise durchaus auch im Mainstream-Bereich größerer Produktionen sowohl auf kompositorischer als auch auf inhaltlicher Ebene ein hohes implizites Reflexionspotenzial aufweisen. Unter biographie- und bildungstheoretischen Gesichtspunkten sind diese Thematisierungsformate aus unserer Sicht daher von besonderer Bedeutung, weil sie als kulturelle Konstruktionen von Erinnerung und Erinnerungsarbeit sowohl Muster als auch Reflexions- und Distanzierungspotenziale für individuelle Erinnerungspraxen bieten.

3.7.1 Mediale Inszenierungen von Erinnerung

Ein Blick in die Geistes- und Mediengeschichte zeigt, dass die Thematisierung von Erinnerung immer schon – also nicht erst im Medium Film – einen in diesem Sinne performativen Charakter innehatte. Inszenierungen von Erinnerung sind nicht erst Merkmal einer reflexiven Moderne; sie entfalteten ihre Wirkungen kulturgeschichtlich bereits sehr früh. Als kulturelle Narrationen stehen Erinnerungsinszenierungen im Film mithin in einer historischen Kontinuität. Die

Simonides-Legende etwa ist eines der frühesten Beispiele für die Inszenierung von Erinnerung. Diese in Ciceros „De oratore" dokumentierte Erzählung, nach welcher der Dichter Simonides (ca. 557 – 468 v. Chr.) die Leichen in einem eingestürzten Haus anhand der von ihm erinnerten Sitzordnung identifizieren und dadurch deren Bestattung durch ihre Verwandten ermöglichen konnte, führt ein bestimmtes mnemotechnisches Verfahren szenisch auf. Es ist sozusagen eine prototypische Demonstration der Strukturmerkmale einer bestimmten, in der Antike verbreiteten Erinnerungstechnik, die in der Verknüpfung von Orten innerhalb eines imaginierten Raumes und Namen oder Wörtern besteht. Ein wichtiger Aspekt daran ist, dass die Geschichte diese techné nicht nur als ein Verfahren anschaulich vorstellt, sondern ihr zugleich eine ethische Dimension verleiht, indem sie ihr die Kraft zuschreibt, das Vergessen der Toten verhindern bzw. den unterbrochenen mythisch-rituellen Zyklus des Einzugs der Toten in den Hades wieder herstellen zu können. Durch die mythische Narration erhalten die Mnemotechnik und das mit ihr verbundene Erinnerungskonzept, noch ganz jenseits von Subjektivierungsprozessen, eine normative Kraft. Sie definiert Erinnerung in ganz bestimmter Weise (nämlich als Memoria) und macht sie als Technik verfügbar (Mnemotechnik, ars memoriae). Zusätzlich wird dem Erinnern ein Verständnis von Vergessen gegenübergestellt, das deutlich negativ konnotiert ist, und das den Gebrauch der Gedächtniskunst auf diese Weise zur Forderung erhebt.

Dieses frühe Beispiel mag als Beleg dafür ausreichen, dass mediale – in diesem Fall mythische bzw. literarische – Inszenierungen von Erinnerung bzw. Erinnerungsarbeit Muster für Erinnerungspraxen in die Welt setzen und diesen zugleich eine normative Kraft verleihen können (andere einschlägige Beispiele dafür wären etwa Platons Anamnesis-Konzept und Augustinus' Verinnerlichung und Biographisierung von Erinnerung). Es ist wichtig zu sehen, dass solche Mythen und Schriften nicht eine isolierte narrative oder literarische Funktion innehaben. Sie stehen vielmehr zu den kulturellen Praxen ihrer Zeit in Bezug (zur Gedächtniskunst der Sänger, zur vernunftgeleiteten Lebensregeln antiken Diätetik, zur Wendung auf das Individuum im frühen Christentum etc.) und stellen einflussreiche Reflexionsfiguren bereit, die wiederum als Modelle für individuelle Handlungs- und Erinnerungspraxen fungieren. Dabei konstruieren sie das Feld der Erinnerung und der Erinnerungsarbeit jeweils auf verschiedene Weise – als ars memoriae, als Anamnesis, als nach Innen gewandte Selbstreflexion, als recollection (Assmann 1999, 89ff.) etc. – und implizieren damit auch, wie man aus heutiger Sicht sagen kann, unterschiedliche Subjektivierungs- und Bildungsmodelle.

3.7.2 Erinnerungsarbeit als Verfertigung von Vergangenheit

Bei aller Unterschiedlichkeit weisen die erwähnten kulturellen Narrationen Berührungspunkte auf, die auch die heutigen Inszenierungen von Erinnerung noch charakterisieren: Das Vergessen wird sehr häufig als ein unter ethischen Aspekten problematischer Vorgang dargestellt, gegen dessen schädliche Folgen die Arbeit des Erinnerns aufgewandt werden müsse. Was muss man erinnern, was darf man vergessen? Ein Blick die die Kulturgeschichte des Vergessens (vgl. Weinrich 2000) lehrt, dass neben den Diskursen des Erinnerns immer auch jene des Vergessenes existierten, wenn diese auch eher Abseits des Mainstreams geführt wurden. In der Neuzeit sind es Autoren wie Montaigne, Nietzsche und Freud, bei denen sich eine „Rehabilitierung des Vergessens als produktive Kraft" (Krämer 2000) finden lässt. Die Produktivität des Vergessens umfasst dabei verschiedene Aspekte. Zunächst ist das Vergessen eine konstitutive Bedingung für das Erinnern: „Indem ich in einem bestimmten Augenblick an X, bzw. mich selbst daran erinnere, kann ich nicht gleichzeitig Y mit Aufmerksamkeit bedenken" (Hahn 2000, 33). Wer alles immer erinnerte, kann letztendlich nichts mehr ausblenden: die totale Erinnerung käme einem Weltverlust gleich, wie Renate Lachmann anhand Luis Borges' surrealer Erzählung „Das unerbittliche Gedächtnis" aufzeigt, deren Protagonist des Vergessens unfähig ist (Lachmann 1993). Sybille Krämer (2000, 257ff.) führt zwei weitere wichtige Funktionen des Vergessens auf: Mit Nietzsches Kritik der Historie wird das Vergessen als eine Kraft sichtbar, die den Bann der Historie im Sinne einer Orientierung auf eine offene, gestaltbare Zukunft zu brechen vermag. Ein solches geschichtskritisches Vergessen ist keine Leugnung der Vergangenheit, sondern es stellt den historischen Blick in den Dienst der Gegenwart und der Zukunft. Die Freudsche Psychoanalyse schließlich macht das Vergessen als eine heilende Kraft erkennbar, die dem Verdrängten als dem, was nicht erinnert, aber auch nicht vergessen werden kann, dem „Un-Vergessenen" also (Krämer 2000, 259), gegenübersteht: Vergessen wird aus dieser Sicht als etwas sichtbar, das durch Erinnerungsarbeit (nur) überwunden werden muss: Vergessen-Können ist auch Ergebnis von Erinnerungsarbeit.

Damit wird das Verhältnis von Erinnern und Vergessen als zweiseitiger Prozess sichtbar. Man muss vergessen, um erinnern zu können, und (sich) erinnern, um vergessen zu können – diese ineinander verschränkte Form bildet gleichsam die operative Matrix von Erinnerungsprozessen. Der Hinweis auf die Produktivität des Vergessens sollte dabei nicht etwa als „post-modernistische" Empfehlung missverstanden werden, das Erinnern nunmehr zu vergessen, weil das Vergessen ohnehin der Grund des Erinnerns und Erinnerung folglich ein individueller Konstruktionsakt sei. Erinnern und Vergessen müssen vielmehr in ihrer Verwobenheit als integrale Momente des Phänomens Erinnerung verstanden werden: Im Erinnern ist das Vergessen, im Vergessen das Erinnern aufgehoben. Wird die

Bewegung auf der Seite des Vergessens oder der des Erinnerns stillgestellt, beginnt eine Pathogenese, die entweder den Weg einer Geschichtsblindheit oder den einer regressiven Fixierung auf Vergangenes nimmt.

Es gibt, wie daraus bereits ersichtlich wird, verschiedene Qualitäten des Erinnerns und des Vergessens. Paul Ricoeur hat in seinen späten Arbeiten die Frage nach einer „Kultur des gerechten Gedächtnisses" entfaltet (Ricoeur 2004 und 2004a). Ricoeur geht dabei von der Frage aus, wie sich überhaupt ein Verhältnis zur „Vergangenheit" denken lässt – denn Vergangenheit zeichnet sich ja ontologisch betrachtet gerade dadurch aus, dass sie nicht mehr existiert. Wir erreichen das Vergangene immer nur als Bestandteil einer (unserer jeweiligen) Gegenwart. Worauf bezieht man sich also, wozu setzt man sich ins Verhältnis, wenn man mit Vergangenem umgeht? Ricoeurs Antwort lautet, dass Vergangenheit nicht einfach „immer schon" vorhanden ist, sondern dass sie in einem bestimmten Sinn immer erst hergestellt werden muss. Erinnerungsarbeit ist der Schlüssel dazu.

Erinnerungsarbeit ist in diesem Sinne als ein Prozess zu betrachten, der Vergangenheit zugleich herstellt und sich an ihr abarbeitet. Dieser Vorgang des Aufsuchens, Selektierens, (Um-) Deutens, des sich Auslieferns an die prinzipielle Unberechenbarkeit dessen, was uns in der Rückwendung an vergangenen Ereignissen widerfahren mag, geschieht nicht grundlos. Erinnerungsarbeit ist Bestandteil einer Gegenwart, die gewissermaßen „ein Problem mit der Zukunft" hat. In der Rückwendung auf Vergangenes wird der Fluss der alltäglichen Handlungen und Verrichtungen unterbrochen: Wer an oder mit Erinnerung arbeitet, tauscht für eine bestimmte Zeitdauer (Moratorium) das Zukünftige (Pläne, Entwürfe) für das Vergangene ein. Das Vergangene wird dabei selbst zum Zukünftigen, nämlich zu dem, was als Erinnerung sich – unkontrollierbarer Weise – einstellen wird. Das Vergangene wird in diesem Sinne „vor-gestellt", wird damit aber zugleich auch disponibel. Erinnerungsarbeit stellt die Sicherheit einer bekannten und identitätsstiftenden Lebensgeschichte grundsätzlich in Frage (Zirfas/Jörissen 2007).

Erinnerungsarbeit kann insofern als Strategie aufgefasst werden, ein Verhältnis zur eigenen Zukunft, zur zukünftigen Handlungsfähigkeit zu erlangen, wiederzuerlangen oder zu verändern. Jeder Vergangenheitsbezug tritt, wie Ricoeur betont, immer in einem bestimmten (zukunftsgerichteten) Erwartungshorizont auf. Erst im Licht einer gegenwärtigen Situation oder eines gegenwärtigen Problems erhält das Vergangene seinen jeweils spezifischen Sinn. Ricoeur hebt in diesem Zusammenhang vor allem auf eine aktive Herstellung einer zeitlichen Distanz ab, die in der Anerkennung der Vergangenheit als verstrichener, „gerade inmitten ihrer Vergegenwärtigung" (Ricoeur 2004a, 95), liegt. Erst das Bewusstsein einer zeitlichen Distanz verleihe einer Erinnerung einen vollendeten Vergangenheitscharakter – und gerade in dieser Erkenntnismöglichkeit sieht Ricoeur das spezifische Potenzial des Erinnerungsprozesses. Solange eine solche Loslösung nicht erfolgt, das ist die dahinter liegende Annahme, bleiben Erinnerungen ein zumindest latenter Teil der Gegenwart, als eine Form der Vergangenheit, die nicht vergehen will, die „wie ein Gespenst" (Ricoeur 2004a, 114) ohne Distanz in der Gegenwart spukt. Um überhaupt in ein Verhältnis zu einer Vergangenheit zu treten, muss man sie also zuvor als solche anerkennen. Die Idee einer anerkannten Vergangenheit zielt auf die „Eroberung einer zeitlichen Distanz" als zentrale Aufgabe von Erinnerungsarbeit. Unter Bezug auf Freuds Aufsätze Erinnern, Wiederholen und Durcharbeiten sowie Trauer und Melancholie (Freud 1914, Freud 1917) bestimmt Ricoeur Erinnerungsarbeit im Kern als Trauerarbeit. Denn man kann Vergangenes als solches nur begreifen, wenn man zugleich versteht, dass es unwiederholbar, also unwiederbringlich verloren ist. Trauerarbeit ist die emotional „teuer erkaufte Befreiung" von einer an der Gegenwart haftenden Vergangenheit, die dadurch zur „vergangenen Vergangenheit" werden kann. „Die Trauerarbeit", so Ricoeur, „ist der Preis der Erinnerungsarbeit, und die Erinnerungsarbeit ist der Gewinn der Trauerarbeit" (Ricoeur 2004a, 106).

Wenn Vergangenheit nur um den Preis solcher Erinnerungsarbeit überhaupt zu haben ist, so ist sie mit einer grundlegenden ethischen Problematik behaftet. Denn auch wenn das Gedächtnis selbst grundsätzlich als „treu" zu betrachten ist – wenn man irrt, so Ricoeur, dann gerade deswegen, „weil man auf die Wahrheit abgezielt hat, auf die Genauigkeit, die Treue" (ebd., 97) –, ermöglicht der notwendig selektive Charakter der Erinnerung zugleich ihre Instrumentalisierung im Rahmen der Erinnerungsarbeit, also ihren Missbrauch. Für Ricoeur wird somit die Frage nach einer „Kultur eines gerechten Gedächtnisses" zentral (ebd., 113) – nach einer ethischen Fundierung des unvermeidlichen Vergessens, welches jeder Erinnerung innewohnt und mit jeder Erinnerungsarbeit mitproduziert wird.

3.7.3 Erinnerungsarbeit im Film

Das in diesem Sinne spannungsvolle Verhältnis von Erinnern und Vergessen und die komplexe Problematik einer Ethik des Vergessens sind zwei immer wieder aufgegriffene Motive des Films. Die Bandbreite der Thematisierungsformen individueller Erinnerungsproblematiken im Film ist dermaßen groß, dass wir sie hier nur exemplarisch behandeln können. Eine ganze Reihe von Filmen etwa befasst sich als Science Fiction im weitesten Sinne mit Erinnerungstechnologien und ihrem (zumeist manipulativen) Einsatz[5]. Die Dominanz der medialen oder technologischen Momente in diesen Filmen stellt die dort inszenierte Erinnerungsarbeit stark in einen technikanthropologischen Kontext (insofern es um neuroelektronische Interfaces, also um Cyborg-Technologien geht). Ein weiterer, weit verbreiteter

---

5 Paul Verhoeven: „Total Recall" (1990) ist einer der bekanntesten Filme dieser Gruppe; weitere Vertreter: Robert Longo: „Vernetzt – Johnny Mnemonic" (1995); John Woo: „Paycheck" (2003); Vincenzo Natali: „Cypher" (2002), Jonathan Demme: „Der Manchurian Kandidat" (2004), Cameron Crowe: „Vanilla Sky" (2001).

Typ von Filmen ist zwar biographisch strukturiert, inszeniert dabei jedoch nicht das Drama der Erinnerungsarbeit und lässt Fragen nach Biographisierungsmustern, Selektionen, Verdrängungen etc. untangiert[6]. In unserem Zusammenhang sind hingegen vor allem solche Filme von Interesse, welche die Erinnerungsarbeit selbst zur Aufführung bringen. Wir möchten im Folgenden drei Gruppen solcher Filme exemplarisch herausstellen.

Zu einer ersten, verbreiteten Gruppe lassen sich solche Filme zählen, deren – regelmäßig männlicher – Held einer (sei es durch Unfall, sei es durch Manipulation) hervorgerufenen Amnesie ausgesetzt ist. Von „Spellbound" (Alfred Hitchcock 1945) bis zur „Bourne Identity" (Doug Liman 2001) durchleben die Protagonisten das Abenteuer der Selbstfindung. Erinnerungsarbeit, inszeniert als veräußerlichte Reise, dient hier der (Wieder-) Herstellung einer Identität, sei das vorgefundene Selbst auch ein unter moralischen Aspekten eher verwerfliches. Deutlich weniger heroisch markiert ist eine zweite Gruppe von Filmen, in denen Erinnerungsarbeit als schmerzhafter, innerer Prozess aufgezeigt wird. „Dead Man Walking" (Tim Robbins 1995) etwa ist ein atmosphärisch zuhöchst beklemmender Film über einen Hinrichtungskandidaten in einem US-amerikanischen Gefängnis, der in seinen letzten Wochen von einer Nonne seelsorgerisch begleitet wird. Dieser in seiner intensiven Wirkung gegen die Praxis der Todesstrafe plädierende Film wird angetrieben von dem Kampf des Protagonisten gegen die Erinnerung an die Mordtat, in die er verwickelt war, und seine stets auch vor sich selbst geleugnete Mitschuld daran. Im Todeskampf des Hinrichtungskandidaten werden wir Zeugen der sich nun einstellenden Erinnerungsbilder – am Ende der Erinnerungsarbeit steht nicht das grandiose Helden-Selbst, sondern vielmehr die Selbstauflösung. Analog, wenn auch im Rahmen einer gänzlich anders gelagerten Story, verbindet der Film „Jacob's Ladder" (Adrian Lyne 1990) Erinnerungsarbeit mit der Fähigkeit, das Vergangene loslassen zu können. Hier ist es ein amerikanischer Soldat, der bei einem Einsatz in Vietnam tödlich verwundet wird. Die Filmhandlung spielt fast ausschließlich in der Imagination des Sterbenden, der in seinen letzten Minuten ein ganzes (alternatives) Leben entwirft, welches zeitlich nach Kriegsende stattfindet. Doch die Deckerinnerungen erweisen sich als brüchig; die Erinnerung an seinen im realen Leben vor Kriegsbeginn verstorbenen Sohn bahnt sich einen Weg durch das imaginär konstruierte Leben. Die Erinnerungsarbeit führt (neben anderen Handlungselementen, die hier unerwähnt bleiben müssen) zur Einsicht in den stattfindenden Sterbeprozess. Wir sehen schließlich den Verstorbenen auf dem Operationstisch eines Feldlazaretts; erst an dieser Stelle offenbart sich dem Zuschauer die eigentliche Handlungsstruktur des Films.

Wie die hier skizzierten Beispiele andeuten, wird Erinnerungsarbeit jeweils in einen sehr anderen Rahmen gestellt. Der erste Typ inszeniert Erinnerungsarbeit als

---

6 Vgl. etwa Filme wie Woody Allens „Radio Days" (1987), Robert Zemeckis „Forrest Gump" (1993); Neil Jordan „Interview mit einem Vampir" (1994); Sam Mendes: „American Beauty" (1999).

eine Art „biographische Action" im Dienste der Selbstfindung. Die Selektivität der Erinnerungsarbeit bleibt dabei im Dienste der Inszenierung von Heldentum in aller Regel unreflektiert; Erinnerungsarbeit wird somit zum Versprechen der Möglichkeit von Selbstfindung und Identität. Die zweite Gruppe von Filmen inszeniert Erinnerungsarbeit dezidiert als schmerzhaften und langsamen Prozess der schrittweisen Verfertigung von Vergangenheit im Ricoeurschen Sinn. Besonders in Dead Man Walking wird das Vergangene in seinem doppelten Bezug zur Gegenwart und zur Existenz des todgeweihten Protagonisten als „Gewesenheit" (Ricoeur 2004a, 137) sichtbar. Die Bilder des sterbenden Hinrichtungskandidaten und des Mordopfers in seiner sich einstellenden Erinnerung wechseln einander in einer Parallelmontage ab; der vergangene Tod des Opfers und der gegenwärtige Tod des Täters werden als ein existentieller Zusammenhang sichtbar. Diese existentielle Ebene erscheint insbesondere im grellen Kontrast zur mechanisierten und entmenschlichten Tötungsmaschinerie der Justizvollzugsanstalt. Die Erinnerungsarbeit wird somit buchstäblich (und in zweifacher Hinsicht) zur letzten Möglichkeit, zum Ausweg.

Das Thema einer Ethik des Erinnerns und Vergessens bildet das Zentrum einer dritten Gruppe von Filmen. Die beiden oben charakterisierten Gruppen verhandeln Fragen der Erinnerung zum Teil durchaus auch unter ethischen Aspekten. Sie stehen dabei jedoch generell auf dem Standpunkt, dass Erinnern gut und Vergessen nicht gut ist. In diesem Sinne könnte man vielleicht sagen, dass es sich um „moderne" Filme handelt – sie operieren auf der Basis eines intakten und verbindlichen (jedenfalls vorausgesetzten) erinnerungsethischen Bezugssystems. Genau dieser Standpunkt wird von einigen Filmen thematisiert und in Frage gestellt.

Die Thematik der Erinnerungsethik kann auch sehr gut an den Filmen von Andrej Tarkowskis erörtert werden. In „Solaris" (1972) etwa werden biographische Erinnerungsbilder von Personen zu lebenden, menschenähnlichen Wesen materialisiert, die auf einer Raumstation erscheinen, welche den Planeten Solaris, der scheinbar eine Art intelligenter Lebensform ist, beforscht. Durch diesen Kniff vermag der Film die Frage des Umgangs mit Erinnerungen sehr konkret und in großer atmosphärischer Dichte zu dramatisieren. Besondere Beachtung soll jedoch der autobiographisch inspirierte Film „Der Spiegel" (1975) von uns erfahren.

Andrej Tarkowskij: Der Spiegel (1975)

Der Film „Der Spiegel" (1975) ist Anderej Tarkowskijs vierter großer Film. Sein erster Film, „Iwans Kindheit" (1962) erzählt die Geschichte eines zwölfjährigen Waisenjungen, der im Zweiten Weltkrieg Kundschafter der Rotarmisten an der Ukrainefront wird und dabei den Tod findet. „Andrej Rubljow" (1969) schildert den Lebensweg des legendären gleichnamigen Ikonenmalers (etwa 1360 – 1430) in acht Kapiteln. „Solaris" (1972) ist eine filmische Interpretation des Science-Fiction-Romans von Stanislaw Lem. Sein vierter Film, „Der Spiegel", ist in hohem

Maße autobiographisch angelegt. Er stellt – bildungstheoretisch gesehen – den Prozess einer multimedialen und multimodalen Artikulation im Medium Film dar. Bereits 1964 äußerte Tarkowskij in einem Aufsatz die Idee zu einem Film, der die Gedanken, Erinnerungen und Träume, die innere Welt des Helden sichtbar werden lässt, ohne dass der Held, wie es in konventionellen narrativen Spielfilmen üblich ist, auftritt. Im selben Aufsatz spricht er von Kindheitserinnerungen, die im Film die Grundlage einer künstlerischen Rekonstruktion bilden könnten, jedoch nur unter der Bedingung, dass dabei nicht die spezifische emotionale Atmosphäre der Erinnerung verloren gehe. Wie erwähnt, ist der Film bis in die kleinsten Verästelungen hinein autobiographisch: Tarkowski wurde am 4. April 1932 in Jure'vec in der Nähe von Moskau geboren, zwei Jahre später seine Schwester. Der Vater war Schriftsteller; er verließ die Familie 1937, so dass Andreij mit seiner Schwester allein mit der Mutter aufwuchs. Bekannte der Familie beschreiben den Weggang des Vaters und seine ständige Abwesenheit in der frühen Kindheit seines Sohnes als das Haupttrauma des jungen Andrej. Das ganze Leben der Mutter ist nun auf das Wohl der Kinder ausgerichtet. Weder wird sie ein zweites Mal heiraten, noch mit einem Mann zusammenleben. 1954 beginnt Andrej sein Studium an der Filmhochschule in Moskau. 1960 macht er sein Regisseur-Diplom. Bereits sein erster Film „Iwans Kindheit" wurde bei den Internationalen Filmfestspielen von Venedig 1962 mit dem Goldenen Löwen ausgezeichnet. In der Folge hatte er große Schwierigkeiten mit der sowjetischen Zensur, weil seine Filme als subjektivistisch verschrien waren. In diesen Jahren haben Mutter und Sohn sich immer mehr entfremdet (vgl. Tarkowskij 1998). Während der Krankheit der Mutter pflegt seine Schwester sie. Er selbst besucht seine Mutter kaum. Dennoch oder gerade weil die schwierigen Beziehungen zur Mutter bis zu ihrem Ende unausgesprochen blieben, ist der Tod der Mutter im Jahre 1979 für Tarkowskij ein äußerst schwerer Verlust, wie aus einem Tagebucheintrag vom 8. Oktober 1979 ersichtlich wird (vgl. Tarkowskij 1989). Das Gefühl, sein Leben ändern zu müssen wird nicht erst durch den Tod der Mutter ausgelöst. Das ganze Tagebuch ist seit Beginn der 70er Jahre von einem Grundton zunehmenden Selbstzweifels, Frustration und Enttäuschung gekennzeichnet. Das Gefühl, dass sein Leben in eine Sackgasse geraten sei, intensivierte sich jedoch durch den Tod der Mutter.

Der Film „Der Spiegel" wurde vier Jahre vor dem Tod der Mutter veröffentlicht. Tarkowskij bearbeitet das Verhältnis zu seinen Eltern in diesem Film auf verschiedenen Artikulationsebenen. Es ist der Verlust des Vaters, der in seiner Kindheit permanent abwesend ist; es ist der Verlust des Elternhauses und in gewisser Weise – durch die Entfremdung von der Mutter – auch der Verlust der Mutter. Der Tod ratifiziert gleichsam nur diesen schon vorher eingetretenen Verlust. Diese kurzen Andeutungen mögen den Zusammenhang der Biographie Tarkowskijs mit dem Film „Der Spiegel" illustrieren. Im Folgenden wenden wir uns nun dem Film selbst zu.

Die Rahmenhandlung

„Der Spiegel" gilt als der Film von Tarkowskij, der am schwersten zugänglich ist. Das liegt sicherlich daran, dass die Narrationsstruktur sich als ein Gebilde aus Assoziationen und Erinnerungsfragmenten darstellt. Trotzdem lässt sich das Knäuel aus audiovisuellen Artikulationen etwas entwirren. Erst zum Schluss des Films erfahren wir, dass der Erzähler, der im Film nie gezeigt wird, krank im Bett liegt und seinen Erinnerungen nachhängt (1:34:40 – 1:36:30). Eine der Wände des Zimmers hängt voll mit Spiegeln unterschiedlichster Formen und Größen. Ein Arzt und zwei Frauen unterhalten sich über die Krankheit des Erzählers. Eine der Frauen wundert sich darüber, dass „eine Angina solche Folgen" haben kann. Der Arzt gibt zu bedenken, dass der Zustand des Erzählers eher etwas mit seinem Gewissen und seiner Erinnerung zu tun habe: „Das ist das Gewissen, das Gedächtnis." Und eine Frau, die am Bett sitzt, fragt: „Was hat das damit zu tun? Meinen Sie, er trägt irgendeine Schuld". Daraufhin sagt eine zweite Frau: „Nein, nein, aber er ist der Ansicht". Der Protagonist des Films, der (scheinbar) krank im Bett liegt, sagt, dass sie ihn in Ruhe lassen solle. Die Kamera präsentiert nun das erste Mal den Erzähler (im Bett liegend), allerdings spart sie dabei das Gesicht aus und bewegt sich langsam über seinen Oberkörper von der Schulter bis zur Hand, die neben einem Vogel liegt. Der Erzähler wiederholt nochmals, dass sie ihn in Ruhe lassen sollen und dass er letzten Endes einfach nur glücklich sein wollte. Daraufhin fragt ihn die Frau, was denn aus seiner Mutter werden solle, wenn er nicht wieder aufsteht. Mit ruhiger Stimme erwidert er, dass schon alles gut gehen werde. Dann nimmt er den Vogel in die Hand, der neben ihm liegt und wirft ihn schließlich mit einem Seufzer in die Luft.

Der Film stellt gleichsam die Erinnerungen und Träume des Erzählers dar. Sie erzählen die Geschichte zweier Generationen, die Aleksejs, so heißt der kleine Junge im Film, der wahrscheinlich für Andrej Tarkowskij steht, und die seiner Eltern innerhalb eines weitreichenden Kontextes der russischen Geschichte und der Weltgeschichte. Der Erzähler hat sich zurückgezogen, die Hast und Eile des Alltags hinter sich gelassen und er ist froh, nicht von banalen Dingen sprechen zu müssen. Er überdenkt sein Leben, seine Vergangenheit und gibt sich seinen Erinnerungen hin. Was und die Art und Weise, wie er erinnert, offenbart, dass er eine biographische Krise durchlebt. In seinen Erinnerungen, die „Der Spiegel" zeigt, klingt permanent das Motiv der Wiederholung, des Illusorischen des Lebens wider. Die Gegenwart scheint fortwährend die Vergangenheit zu wiederholen. Die Schicksale, ja sogar das Äußere der Personen wiederholen sich. Der Erzähler schaut entfremdet und unbeteiligt auf sein Leben, als ob es unwillentlich an ihm vorüberzieht. Die Erinnerungen des Erzählers, denen der Zuschauer ja gewissermaßen hinterheilt, vermitteln durch die ständigen Wiederholungen ein Gefühl der Apathie, Abgestumpftheit, Starre, Trägheit und Sinnlosigkeit. Eben dieses Gefühl macht die biographische Krise des Erzählers aus (die der Zuschauer mit ihm zusammen durchlebt). Er quält sich durch seine Erinnerungen, seine Vergangenheit, sein Leben und sieht sich mit unausweichlichen Seinsfragen konfrontiert. Dennoch bemüht er sich angestrengt, seiner Vergangenheit, seinem Leben einen Sinn zu geben, die Erinnerungsfragmente zu einer Einheit zusammenzufügen. Die biographische Krise des Erzählers erweist sich, wie das Finale des Films zeigt, letztendlich als Chance, als Chance der Hast und Eile des Alltags zu entfliehen, nachzudenken, eine neue und veränderte Einstellung zu seiner Vergangenheit und zu seinem Leben zu erlangen. Diese Deutung wird gestützt durch eine Äußerung Tarkovskijs zum Thema „geistige Krise" in seinem Buch „Die versiegelte Zeit":

> „Für mich ist eine ‚geistige Krise' immer ein Zeichen von Gesundheit. Denn meiner Meinung nach bedeutet sie einen Versuch, zu sich selbst zu finden, einen neuen Glauben zu erlangen. In den Zustand einer geistigen Krise gerät jeder, der sich geistigen Problemen stellt. Und wie sollte das auch anders sein? Schließlich dürstet die Seele nach Harmonie, während das Leben voller Disharmonien ist. In diesem Widerspruch liegt das Stimulans für Bewegung, zugleich aber auch die Quelle unseres Schmerzes und unserer Hoffnung." (Tarkowskij 2000, 199)

Der abwesende/anwesende Vater

Obwohl Tarkowskij während der Planungen des Films betonte, einen Film ausschließlich über seine Mutter machen zu wollen, ist „Zerkalo (Der Spiegel)" gleichermaßen ein Film über seinen Vater. Während Tarkowskijs Mutter in „Zerkalo" immer wieder auftritt, also anwesend ist, liest der Vater seine Gedichte im Off. Er ist überwiegend abwesend. Im wesentlichen wirkt er durch seine Gedichte, so wie zu vermuten ist, dass der Vater in der Jugend Andrej Tarkovkijs weniger durch seine Anwesenheit, als durch sein künstlerisches Schaffen auf den Sohn wirkte. Schauen wir uns eine dafür bezeichnende Szene zu Beginn des Films (0:05:30 – 0:14:00) an.

Wir sehen eine Landschaft und eine Frau, die ihre seidig glänzenden blonden Haare zu einem Knoten hochgesteckt hat. Alles in diesen auf den Vorspann folgenden Einstellungen ist in goldenes Sonnenlicht der Abenddämmerung getaucht, was dieser Szene eine nostalgische Stimmung und Sehnsucht nach der Vergangenheit verleiht. Einen Schatten auf diese Idylle werfen jedoch die Worte des Erzählers über die Abwesenheit des Vaters und das Warten auf ihn, das mit der Frage verbunden ist, ob er jemals zurückkehren wird. Zu den Worten des Erzählers nähert sich aus der Ferne ein Mann in schwarzer Kleidung, der sich jedoch entgegen der im Zuschauer geweckten Erwartung nicht als der Vater, sondern als Unbekannter entpuppt, der sich lediglich bei der Frau nach dem Weg erkundigt. Während das Rezitieren des Gedichts im Off fortgesetzt wird, sieht man noch einmal den kleinen Jungen und das kleine Mädchen erst außerhalb, dann innerhalb eines dunklen, doch gemütlichen Hauses. Die Kamera fängt immer wieder die Mutter ein und zeichnet sie als einsame und verletzte Person. Im Gedicht zelebrieren die Liebenden derweil ihr Treffen und die Frau führt das lyrische Ich in ihr „Reich auf der anderen Seite des Spiegels".

Der ganze Film ist mit Spiegeln, sich spiegelnden Flächen, Spiegelungen aller Art überfrachtet, die die Welt, Dinge und menschlichen Beziehungen verdoppeln, verzerren, brechen und in einem neuen, veränderten und verfremdeten Licht erscheinen lassen. Doch für jeden, der in den Spiegel schaut, hält er etwas anderes bereit. Der Blick in das verheißungsvolle „Reich auf der anderen Seite des Spiegels" endete für die Mutter in offensichtlicher Einsamkeit, Verletzung und Traurigkeit. Das Gedicht erhält durch das Schicksal der Mutter eine bittere Note und seine oben aufgezeigte Thematik verschiebt sich in Richtung der Thematik von Sehnsucht und Trauer über die verlorene Liebe. Doch die Bilder des Gedichts und des Films kontrastieren nicht nur, sondern das poetische Bild wird auch manchmal durch das filmische Bild visualisiert. So schwenkt die Kamera an Marija vorbei zum offenen Fenster und zeigt „einfache Dinge", wie Regen, einen Holztisch, auf dem ein Glas mit Wasser, ein altes Bügeleisen und eine Decke liegen, die sich durch den langsamen Rhythmus der Kamerafahrt „verwandeln". Diese Einstellung stellt eine Visualisierung einer Zeile aus dem Gedicht dar, die im selben Augenblick im Off zu hören ist.

So wie im Gedicht die Liebe die Alltagsgegenstände verwandelt, erscheinen im Film, Vasen, Krüge, Schüsseln, Tische, Vorhänge, Regen usw. im Spiegel der Kindheitserinnerungen in geheimnisvoller, verfremdeter, eben verwandelter Form. Die letzten Zeilen des Gedichts, die vor dem Hintergrund des Gesichts der weinenden Mutter in Großaufnahme zu vernehmen sind, machen noch einmal den Vergangenheitscharakter der „Ersten Begegnungen" deutlich. Die Trauerarbeit erfolgt auf der Ebene der Konfiguration durch das Arrangieren verschiedener Ebenen. In der eben beschriebenen Szene ist es die Konfiguration von Gedicht und Bild, von visueller und akustischer Erinnerung, die die Artikulationsleistung erbringt.

Der Vater wird in dem Film drei Mal nur kurz gezeigt, zwei Mal in Traumsequenzen und einmal als Kriegsheimkehrer. Im Traum kann der Vater als die Mutter liebend vorgestellt werden. Aber auch hier gibt es Boten der Erosion der Beziehung. Ein dafür beispielhafter Traum in der ersten Hälfte des Films (0:16:10 – 0:18:40) zeigt den kleinen Jungen Aleksej, im Bett liegend. Er richtet sich auf und sagt leise „Papa". Der Junge steht auf und geht zur offenen Tür, die ins Nachbarzimmer führt, und blickt hinein. Darauf folgt eine Einstellung, die einen Mann mit nacktem Oberkörper zeigt, der liebevoll Wasser aus einem Topf über die Haare der Mutter gießt, die sich über eine Schüssel gebeugt hat. Der Zuschauer wird den Mann aufgrund der vorhergehenden Episoden und des Ausrufs des Kindes, als den Vater des Jungen und Ehemann der Mutter identifizieren, was durch eine spätere Episode bestätigt wird. Die Mutter hebt langsam den Kopf aus der Schüssel und lässt die schulterlangen Haare, die ihr nach vorne über das Gesicht hängen, abtropfen. Putz fällt von der stuckverzierten Decke. Dann schaut die junge Marija in den Spiegel und ihr blickt das eigene Antlitz als alte Frau entgegen. Sie begegnet ihrem zukünftigen Selbst. Auf die Einstellung mit der jungen Mutter, über deren

Schultern ein Tuch hängt, folgt eine Einstellung mit einer alten Frau, die sich im Spiegel betrachtet und über deren Schultern ebenfalls ein Tuch hängt. Der Film liefert dem Zuschauer erst später die Information, die ihn entschlüsseln lässt, dass es sich bei der alten Frau, um die Mutter in fortgeschrittenem Alter (ca. 40 Jahre später) handelt.

Die zweite Traumsequenz (1:29:00 – 1:30:00) ist eingebettet in eine Erinnerung an Kriegszeiten. Marija und Aleksej befinden sich auf dem Lande bei Moskau. Wir sehen ein von Wald- und Wiesenlandschaft umgebenes Bauernhaus. Der junge Aleksej und seine Mutter gehen auf das Bauernhaus zu. Im Eingang des Hauses steht eine Frau, bei der sich Marija vorstellt und erzählt, dass sie eigentlich aus Moskau stammen, letzten Herbst aber evakuiert worden seien. Dadurch wird nochmals expliziert, dass die Episode während des Krieges spielt. Die unsympathisch wirkende Frau begegnet den beiden kühl, bittet sie aber dennoch, nachdem sie eine ganze Weile vor der Tür im Regen gestanden haben, in ihr Haus. Das Interieur des Hauses lässt auf einen gewissen Wohlstand der Besitzerin, der Frau eines Arztes, schließen und steht in starkem Kontrast zu der bescheidenen Kleidung von Marija und dem barfüßigen Aleksej. Marija möchte ihren Schmuck bei der Frau verkaufen, um für sich und ihre Kinder etwas zu essen kaufen zu können. Doch sie will das ‚Geschäft' nicht vor Aleksej abwickeln und geht daher mit der Frau in ein Nachbarzimmer. Aleksej bleibt alleine im Zimmer zurück und betrachtet sich lange im Spiegel. Die Frauen kehren zurück und Nadezda Petrovna hat nun Türkisohrringe an und betrachtet sich ständig im Spiegel. Sie führt die Mutter und Aleksej in ein Zimmer, in dessen Mitte ein großes Kinderbett, mit strahlend weißer Bettwäsche steht, in dem ein kleines wohlgenährtes Kind, der Sohn Nadezda Petrovnas, in weißem Nachthemd liegt. Weiße Gardinen und lange Vorhänge vor den Fenstern und ein gedämpftes, goldgelbes Licht geben ein beinahe märchenhaftes Bild von Behaglichkeit, Überfluss und Wohlstand. Die Frau, die ihr Kind verhätschelt, steht in Kontrast zu Marija, die ihrem Sohn kaum Zuneigung zukommen lässt, Aleksej nun aber dennoch schützend mit der Hand über den Kopf fährt, da sie in diesem Moment wohl fühlt, dass sie ihrem Sohn diese Zuwendung nicht bieten kann. Dann greift sich Marija an den Hals, als ob sie sich übergeben müsste und verlässt umgehend das Zimmer. Nadezda Petrovna folgt ihr und Marija sagt, dass sie sich nicht wohl fühle. Die Frau vermutet, dass Marija vom Weg erschöpft ist, und bietet an, Essen zu machen und einen Hahn zu schlachten. Marija lehnt ab und sagt, dass sie kürzlich bevor sie sich auf den Weg gemacht haben, gegessen hätten, was eine offensichtliche Lüge ist. Nadezda Petrovna bittet Marija dennoch die Schlachtung zu übernehmen, da sie schwanger sei. Doch Marija zögert, da sie das noch nie gemacht hat und sich augenscheinlich davor ekelt. Nadezda Petrovna schlägt daher vor, dass Alesa die Schlachtung übernimmt. Um ihren Sohn davor zu bewahren, schlachtet Marija jedoch schließlich selbst den Hahn. In dieser Szene gibt sich der Charakter der Mutter Aleksejs deutlich zu erkennen. Auch wenn sie unnahbar wirkt und dem Sohn nicht viel Zuneigung schenkt, ihn im ganzen Film nicht einmal umarmt, küsst oder ihm zärtliche Worte sagt, so ist sie dennoch besorgt um ihn und hält ihre schützende Hand über ihn. Eine Großaufnahme zeigt Marijas Gesicht nach der Schlachtung, das nun einen erschöpften Ausdruck angenommen hat und auf dem sich gleichzeitig ein fast spöttisches Lächeln abzeichnet. Darauf folgt die hier interessierende, surreal anmutende Szene in Schwarzweiß (1:29:00 – 1:30:00). Sie wird mit einer Großaufnahme des Gesichts des Vaters eingeleitet. Er dreht sich um und streichelt die Hand Marijas, die über einem Bett schwebt, und spricht zu ihr, woraus sich folgender Dialog entwickelt: „Schon gut. beruhige Dich, es ist nichts. alles wird gut." „Schade, dass ich Dich nur sehe, wenn es mir sehr schlecht geht. Hörst Du mich?" „Ja" „Jetzt schwebe ich." „Was hast Du Marija, ist Dir nicht gut?" „Wundre Dich nicht. Es ist so einfach. Ich liebe Dich." Die nächste Sequenz zeigt, wie Marija und Aleksej fluchtartig das Haus der Arztfrau verlassen, ohne etwas gegessen zu haben und ohne dass Marija Geld für ihre Ohrringe bekommen hätte.

Beiden Traumsequenzen ist gemeinsam, dass die Eltern einander liebend imaginiert werden. Der Vater hilft, beschützt und stützt die Mutter. Das ist in der letzten Szene nicht so. Der Vater kehrt wahrscheinlich auf Urlaub von der Front Heim (1:03:00 – 1:05:30). Es dominiert eine beklemmende Atmosphäre. Nachdem dem Zuschauer ein kurzer Blick auf den Vater in Uniform gewährt wurde, zeigt die folgende Einstellung Aleksej und seine Schwester Marina im Wald. Sie streiten sich über ein Leonardo da Vinci-Buch, das Aleksej nach den Worten Marinas gestohlen hat. Plötzlich ist die Stimme des Vaters im Off zu hören, wie er zweimal hintereinander nach Marina ruft. Daraufhin rennen beide Kinder los. Aleksej ist zunächst schneller als Marina, doch er stolpert und Marina läuft an ihm vorbei. Dann stehen Marina und Aleksej weinend beim Vater, der die Arme um sie gelegt hat. Der Vater hat Tränen in den Augen und versucht seine Emotionen zu beherrschen. Marija reagiert mit einer Mischung von gefasster Freude und Trauer auf den unerwarteten Besuch des Vaters. Die reservierte Begrüßung zwischen dem Vater und der Mutter lässt auf eine angespannte Beziehung zwischen beiden schließen. Die Tatsache, dass der Vater bei seiner Ankunft nur nach seiner Tochter gerufen hat, deutet ebenso auf ein schwieriges Verhältnis zu seinem Sohn hin, auch wenn Aleksej seinen Vater erkennbar vermisst hat.

Diese drei Filmstellen korrelieren in hohem Maße mit jenen Passagen, in denen der Vater im abwesenden Modus anwesend ist, z.B. in Form seiner Gedichte. Die Sehnsucht nach dem Vater, das unstillbare Begehren, erfährt im Film auf diese Weise eine eindrucksvolle audiovisuelle Artikulation.

Die anwesende/abwesende Mutter

Die Mutter Aleksejs Marija scheint in dem Film die Hauptperson zu sein. Um sie kreisen die Hauptassoziationen des im Bett liegenden Haupterzählers. In einem Telefonat mit der Mutter (0:19:00 – 0:21:18) fragt er sie nach Details seiner Biographie („In welchem Jahr ist Vater von uns fortgegangen?"). Es klingt aber auch an, dass der Protagonist eine schwierige Beziehung zu ihr hat: „Hör mal Mama, warum streiten wir uns dauernd?" Schließlich klingt auch das Hauptmotiv in diesem Zusammenhang an, nämlich sein Schuldgefühl gegenüber seiner Mutter: „Verzeih mir, wenn ich Schuld bin."

In der Eingangsszene des Films wird die Mutter, wie oben bereits beschrieben, im Modus des Wartens dargestellt. Es gibt eine Reihe von Homologien, die kurz zum besseren Verständnis erwähnt werden müssen. Die Mutter hat sich von dem Vater getrennt (zerrüttete Ehe). Der Vater hat ein entfremdetes Verhältnis zu seinem Sohn Aleksej, wie bereits oben schon erwähnt. Alexej selbst hat als erwachsener Mann Natal'ja geheiratet und sich später von ihr ebenfalls getrennt. Alexejs Frau. Natal'ja, sieht seiner eigenen Mutter zum Verwechseln ähnlich. Sie wird in dem Film durch die gleiche Schaupielerin, nämlich durch Margarita Terechova, dargestellt. Eine Dialogsequenz zeigt diese Problemlage:

> „Ich hab immer gesagt, Du siehst meiner Mutter ähnlich." „Offenbar haben wir uns deshalb auch getrennt. Ich stelle mit Entsetzen fest, dass Ignat Dir zunehmend ähnlicher wird." „Ja, und warum mit Entsetzen?" „Du weißt Aleksej, dass wir nie menschlich miteinander reden konnten." „Selbst wenn ich mich einfach nur an meine Kindheit erinnere und an Mutter, hat Mutter. Sie hatte immer Dein Gesicht. Ach ja, übrigens, jetzt weiß ich es, warum ihr beide gleichermaßen zu bedauern seid, Du und sie." Warum zu bedauern? [...] Du kannst mit niemandem normal leben" „Durchaus möglich" „Sei nicht beleidigt. Du lebst immer in der Überzeugung, es würde allein die Tatsache Deiner Existenz genügen, dass alle in Deiner Nähe glücklich sind. Du stellst nur Forderungen." „Das kommt wahrscheinlich daher, dass mich nur Frauen erzogen haben. Ich meine, wenn Du nicht willst, dass Ignat genau so wird wie ich, heirate möglichst schnell." „Und wen?" „Wen? Das weiß ich doch nicht oder gib Ignat mir" (3 Sek. Pause) „Warum ist zwischen Dir und Deiner Mutter immer noch kein Friede? Du bist doch Schuld." „Ich? Schuld? Woran? Etwa, dass Sie sich eingeredet hat, dass sie besser weiß als ich, wie ich leben soll? Oder dass letztlich nur sie mich glücklich machen kann?" „Dich glücklich?" „Weil jedenfalls, was Mutter und mich anbetrifft, das empfinde ich stärker als eine Außenstehende wie Du." „Was sagst Du? Was empfindest Du stärker?" „Dass wir uns voneinander entfernen und dass ich nichts dagegen tun kann" (0:33:00 – 0:35:15).

In psychoanalytischer Perspektive ist deutlich, dass eine klare Übertragung vorliegt: die Probleme, die der Erzähler mit seiner Mutter hat, sind auf die Beziehung mit seiner eigenen Frau übertragen worden. Seine Mutter hat ihm, bedingt durch die Trennung von ihrem Mann und durch die Kriegsumstände nicht die Zuwendung zukommen lassen können, die er sich gewünscht hätte. Diese schwierigen Umstände und die schwierigen Beziehungskonstellationen mit seiner Mutter hat er nicht aufarbeiten können, so dass einer Übertragung gleichsam Tür und Tor geöffnet sind und er – nun in anderer Beziehungsposition – das gleiche Schicksal erleidet. Seine Erinnerungen und seine Reflexionen kreisen immer wieder um diesen Punkt und regen immer wieder zu neuen Artikulationen an, die teilweise eine äußerst dichte metaphorische Qualität annehmen. Es gibt einen weiteren Traum (1:12:44 – 1:17:03), der für den Protagonisten sehr wichtig ist und den er immer wieder träumt: Dieser wird stets durch eine Schwarzweiß-Einstellung von Büschen und Sträuchern, die sich leicht im Wind bewegen und vor einem dunklen, dichten Wald stehen, eingeleitet. Der erste Teil des eigentlichen Traumes wird dann in Farbe präsentiert. Während die Kamera uns in das sonnendurchflutete Haus der Kindheit Aleksejs führt, kommentiert der Erzähler aus dem Off, dass ihm ständig ein und derselbe Traum vom Haus seines Großvaters erscheint, in dem er vor 40 Jahren geboren wurde. Gerade als die Kamera Aleksejs junge Mutter in den Blick nimmt und ihr durch das Haus folgt, bedauert der Erzähler, dass ihn immer irgendetwas störe, wenn er in das Haus eintreten will. Darauf gibt der Erzähler seiner Sehnsucht nach diesem Traum Ausdruck, in dem er sich noch einmal als Kind sehen und sich glücklich fühlen kann, weil „noch alles möglich ist". Schließlich gehen die farbigen Traumbilder in schwarzweiße über. Der junge Aleksej läuft vor dem Haus entlang, er steigt die Treppe zum Eingang des Hauses hinan, will hineingehen, doch die Tür bleibt verschlossen. Er dreht sich um und geht weg. Wenige Augenblicke später öffnet sich dann die Tür wie von selbst und Marija kommt zum Vorschein. Sie hockt und legt die auf dem Boden verstreuten Kartoffeln in ein Gefäß. Im zweiten Teil des Traums ist nichts mehr von der Nostalgie der farbigen Traumsequenz zu spüren. Sie weicht einem Gefühl der Trauer, Einsamkeit und Ausgeschlossenheit. die verschlossene Tür, hinter der seine Mutter unerreichbar für ihn ihren Hausarbeiten nachgeht, trennt Mutter und Kind. Die Mutter muss gehört haben, dass Aleksej in das Haus und damit zu ihr wollte. Sie öffnet ihm aber nicht. Die Stimmung dieser Szene ist bleiern und metaphorisiert das Mutter-Sohn-Verhältnis sehr stark.

Erinnerungskompositionen und Zeitverschiebungen

In die Erinnerungen des Erzählers gehen nicht nur Träume ein, sondern auch Erinnerungen anderer Menschen, die er vermutlich über Erzählungen kennen gelernt hat. Der Biographisierungsprozess folgt also auch Erzählungen und Erinnerungen anderer Menschen und integriert sie in den eigenen. Eine spanische Familie wohnt in der Nachbarschaft. Die Frau wird immer wieder durch Erinnerungen an die Flucht aus Spanien überwältigt. Ihre Erinnerungen der Flucht im Krieg werden durch dokumentarische Wochenschaubilder in den Film integriert: Vor dem Hintergrund emotional aufreibender Flamencomusik folgen Wochenschaubilder von weinenden spanischen Kindern, die sich von ihren Eltern verabschieden müssen, um vor den Auswirkungen des Krieges zu fliehen. Das Hupen eines Dampfers steht am Ende der Szene und verdeutlicht sowohl die lange Reise, die den Kindern nun bevorsteht, als auch die nostalgischen Sehnsüchte der Spanier nach ihrer alten, jedoch bereits fremden Heimat. Das Schicksal der Spanier, das sich in dieser Sequenz offenbart und die Geschichte zerbrochener Familien erzählt, spiegelt sich im persönlichen Schicksal Aleksejs und wird in seinen Biographisierungsprozess als Medienarchitekturen integriert. Auch an anderen Stellen finden wir Erinnerungen durch verschiedene Medien artikuliert: durch Bücher (Leonardo da Vinci Buch, Texte von Rousseau und Puschkin), szenische Erinnerungen, Musik, Bilder, Dokumentarfilmsequenzen, Wochenschauen etc.

Zusammenfassend kann man sagen, dass der „Spiegel" für die Erkenntnis des komplexen Lebens steht. Der Spiegel produziert und erfindet, so die zentrale These von Sagert, Vergangenheit durch Zeitverschiebungen (Sagert 2004). Und in der Tat finden wir für diese filmische Technik der Zeitverschiebung bzw. der Zeitverschränkung auch zentrale Szenen. Im Anschluss an die oben beschriebene Traumsequenz (0:16:10 – 0:18:40) schaut die junge Marija in den Spiegel, und ihr blickt das eigene Antlitz als alte Frau entgegen. Sie begegnet ihrem zukünftigen Selbst. Immer wieder spielt Tarkowskij mit solchen Verschiebungen. Besonders deutlich wird dies am Schluss des Films (1:36:00 – 1:42:00). Die Kamera fängt noch einmal das Bauernhaus ein und schwenkt dann auf die junge Mutter und den Vater des Erzählers, die im Gras liegen. Der Vater fragt die junge Mutter, ob sie lieber ein Mädchen oder ein Junge wolle. Sie antwortet nicht, lächelt stattdessen, seufzt und schaut in die Ferne. Nach einem Schnitt zeigt die Kamera nun die alte Mutter und den kleinen Aleksej und fährt dann über das übrig gebliebene Fundament eines Bauernhauses und die Reste eines alten Brunnens. Die alte Mutter führt Marina an der Hand und Aleksej folgt ihnen. Die nächste Einstellung zeigt die junge Marija, wie Tränen ihr Gesicht herunter laufen und sie sich umdreht, als ob sie die Kinder und sich selbst als alte Frau in der Ferne sieht. Nach einem Schnitt sieht man die alte Frau und die Kinder zügig über ein Feld laufen. Die alte Mutter schaut sich um. In weiter Entfernung inmitten des Feldes steht die junge Mutter und schaut den Kindern und ihrem zukünftigen Selbst hinterher. Als die Choralmusik endet, die die ganze Sequenz begleitet hat, fängt die Kamera Aleksej ein, der die Hände wie ein Trichter vor den Mund gelegt hat, laut aufjodelt und dann der alten Mutter und Marina hinterher eilt. Die Kamera löst sich von ihnen, fährt hinter Bäume zurück und beobachtet, wie sie über das Feld gehen und sich in der Ferne verlieren.

Die geschichtliche Logik biographischer Arbeit

Wie der kursorische Durchgang durch den Film gezeigt hat, gibt es verschiedene Verlusterfahrungen, die der Erzähler versucht erinnernd zu bearbeiten. Erinnerung wird hier als Bild ins Werk gesetzt, genauer: als Film. Nach Ricoeur wird im Erinnern die Vergangenheit auf Distanz gebracht. Er spricht deshalb auch davon, dass es in der Erinnerungsarbeit um die Eroberung der zeitlichen Distanz gehe.

Gelinge es nicht, Vergangenheit in diesem Sinne zu distanzieren, beeinträchtige sie das Vermögen, Zukunft zu entwerfen. Freud würde davon sprechen, dass agiert (also wiederholt) und dadurch die Lebenskraft des Menschen eingeschränkt werde, weil ein Teil der Energie für das Agieren benötigt werde und insofern nicht anderweitig zur Verfügung stehe. Die Vergangenheit werde zur Last für die Gegenwart und Zukunft. Ricoeur thematisiert diese Sachverhalt mit den Kategorien Schuld und Verzeihung: „Die Schuld ist die Last, welche die Vergangenheit der Zukunft aufbürdet. Das Verzeihen möchte diese Last leichter machen" (Ricoeur 2004b, 56).

Wie Aussagen und Tagebucheinträge von Andrej Tarkowskij zeigen, ist ihm das Opfer der Mutter, das sie gebracht hat, indem sie sich für die beiden Kinder mit all ihren Kräften eingesetzt hat, allzu bewusst, was zu lebenslangen Schuldgefühlen ihr gegenüber führt. Ein sehr distanziertes Verhältnis zu ihr als Erwachsener, in dem er spürt, dass er ihr kaum etwas zurückgeben kann, nähren sein Schuldgefühl noch zusätzlich. Aus diesem Grund benennt Tarkowskij das Thema der Schuld auch als eines der Hauptthemen im autobiographischsten seiner Filme: „Im Spiegel wollte ich nicht von mir selbst erzählen, sondern vielmehr von den Gefühlen, die ich mir nahe stehenden Menschen gegenüber empfinde, von meinen Beziehungen zu ihnen, meinem ewigen Mitgefühl für sie, aber auch von meinem Versagen und meinem Gefühl unaufhebbarer Schuld ihnen gegenüber" (Tarkowskij 2000, 143).

Die Schuld bindet einerseits die Vergangenheit an die Zukunft, stellt andererseits aber auch einen „Bestand an Möglichkeiten" (Ricoeur 2004b, 60) dar, der zur Geltung gebracht werden kann: „Man könnte […] sagen, daß die Vergangenheit, die nicht mehr ist, aber gewesen ist, gerade aus dem Grunde ihrer Abwesenheit das Sagen der Erzählung fordert" (Ricoeur 2004b, 60). Durcharbeiten bedeutet also: die Geschichten neu und anders zu erzählen. Die gewesene Vergangenheit wird somit „zu einer Forderung nach einem Sagen" (ebd.) „Die Schuld verpflichtet. Der Anspruch, den die Gewesenheit der verstrichenen Vergangenheit stellt, richtet sich an die Zukunft eines Diskurses. Und das Unerschöpfliche verlangt, es wieder und wieder zu sagen, zu schreiben, wieder und wieder das Schreiben der Geschichte in Angriff zu nehmen" (Ricoeur 2004b, 61).

Die Bearbeitung der Schuld, das Verzeihen, eröffnet die Aussicht auf eine Erlösung von der Schuld; indem sie eine Verwandlung des Sinns der Ereignisse bewirkt. Wir können, sagt Ricoeur, nicht die Fakten verändern, wohl aber deren Bedeutung. Eben deshalb soll man lernen, „anders zu erzählen und die Erzählung der anderen miteinzubeziehen" (Ricoeur 2004b, 65). Es geht um den Austausch von Erinnerungen und um den Austausch von (historischen) Erzählungen. Indem Geschichten anders erzählt werden, wird die Fähigkeit, sich auf die Zukunft zu entwerfen, entwickelt. In diesem Sinne wird der historische Determinismus durchbrochen, „indem man in der Rückschau Kontingenz in die Geschichte einführt" (Ricoeur 2004b, 63). In Bezug auf Raymond Aron, der die „retrospektive Fatalitätsillusion" bekämpft habe, definiert Ricoeur: „Unter Kontingenz verstehen wir hier sowohl die Möglichkeit, das Ereignis anders aufzufassen, als auch die Unmöglichkeit, das Ereignis aus dem Gesamtzusammenhang der vorherigen Situation abzuleiten" (Ricoeur 2004b, 63).

Erzeugt Tarkowskij also so etwas, was Ricoeur retrospektive Fatalitätsillusion nennt? Der Film „Der Spiegel" fügt zunächst einmal vorhandene Erinnerungsfragmente zu einem Ganzen, das ist die entscheidende Leistung. Die Reflexion, dass es auch anders hätte sein können, wird nicht thematisch. Grundsätzlich geht es aber Tarkowskij schon um die „Refiguration des Vergangenen durch die Erzählung" (Ricoeur 2004b, 35). Dabei fließen für ihn die Ordnung des Symbolischen und die des Imaginären ineinander. Erinnerung und Vorstellungswelt lassen sich nicht immer trennen: „Es ist nicht einfach, auseinanderzuhalten, was man selbst erlebt hat, was erfunden, und was man in Büchern gelesen hat" (Tarkowskij 1993, 71). Er konstatiert einen Unterschied zwischen der eigenen Vorstellung des Geburtshauses und der unmittelbaren Wahrnehmung dieses Hauses nach einer langen Zwischenzeit und bemerkt, dass gewöhnlich die Konfrontation mit der konkreten Quelle der Erinnerungen deren Charakter zerstöre (vgl. Tarkowskij 2000, 33). Nach einem Besuch der Stadt Jureʻvec, mit der Tarkovskij viele Kindheitserlebnisse verband, notierte er in sein Tagebuch am 8. Dezember 1973 folgendes:

> „Wir hätten nicht nach Jurjeʻwec fahren sollen. Es hätte in meiner Erinnerung ein wunderbares, glückliches Land, das Land meiner Kindheit bleiben sollen. Ich habe ganz richtig in meinem Drehbuch zu dem Film [„Der Spiegel", W.M./B.J.] den ich jetzt gerade mache, geschrieben, daß man nicht zu den Orten seiner Kindheit zurückkehren soll. Welche Leere empfinde ich in meiner Seele, wie traurig ist mir zumute. Und so habe ich noch eine Illusion verloren, vielleicht die wichtigste, um in meiner Seele Ruhe und Frieden zu bewahren. Unser Haus auf dem Dorf habe ich ja schon in meinem Film begraben." (Tarkowskij 1989, 122)

Biographische Arbeit als Bildungsprozess

Was ist das Ergebnis unserer Ausführungen? Ist es Tarkowskij bzw. Alexej gelungen, durch die Bearbeitung seiner Biographie zu erreichen, dass die Vergangenheit nicht mehr die Gegenwart verfolgt, so dass Zukunftsentwürfe nicht behindert werden? Eine Form des auf Distanzbringens ist die Akzeptanz. Ricoeur sagt dazu (vgl. auch oben S. 59): „die ungetilgte Schuld akzeptieren; akzeptieren, daß man ein zahlungsunfähiger Schuldner ist und bleibt, daß es Verlust gibt; an der Schuld selbst Trauerarbeit leisten, zugeben, daß das eskapistische Vergessen und die endlose Verfolgung der Schuldigen ihren Grund in derselben Problematik haben; eine feine Linie zwischen Amnesie und unendlicher Schuld ziehen" (Ricoeur 2004b, 155).

Einen guten Hinweis darauf, ob die in die Erinnerungsarbeit eingelagerte Trauerarbeit gewirkt hat, gibt der Prolog zum Film, den wir bisher noch nicht erwähnt haben. Der Prolog des Films, eine Fernsehdokumentation, in der gezeigt wird, wie eine Logopädin einen Stotterer durch Hypnose heilt, hat keine narrative Bedeutung für den Film, denn weder der Stotterer noch die Logopädin werden im Film noch einmal erscheinen. Der kleine Aleksej schaltet den Fernseher ein und sieht dort eine Logopädin in einer therapeutischen Sitzung mit einem Stotterer. Der Stotterer nennt seinen Namen und antwortet auf die Fragen der Therapeutin. Sie fordert ihn auf, seine Aufmerksamkeit auf verschiedene Haltungen und Gesten zu konzentrieren. In diesem hypnotischen Prozess sagt die Therapeutin: „Wenn ich jetzt diese Spannung löse, wirst Du sprechen, und zwar laut und deutlich, frei und offen, ohne Dich vor der Stimme Deiner Sprache zu fürchten. Wenn Du jetzt sprichst, dann wirst Du Dein ganzes Leben lang laut und deutlich sprechen. Und jetzt laut und deutlich: ‚Ich kann sprechen'." Der junge Mann kommt dieser Aufforderung nach und spricht ohne jegliche Stimmstörung: „Ich kann sprechen". Tarkowskij hat sich immer vehement geweigert, der Forderung nachzukommen, den Prolog aus dem Film herauszunehmen. In einem Brief an den Vorsitzenden hat er auf die Bedeutung des Prologs für den Film aufmerksam gemacht:

> „Was die Anmerkungen zum Prolog des Films […] angeht, so kann ich sie auch bei noch so ernsthafter Überlegung nicht akzeptieren, denn mit der Herausnahme dieser Szenen würde die künstlerische Gestalt des Films zerstört. Der Prolog bildet in seiner Art den Schlüssel zum Film und bereitet den Zuschauer von Anfang an auf den künstlerischen Gedanken des Films und die Stilistik des Films vor. Ohne den Prolog ist der Film schlicht unverständlich. Er stimmt den Zuschauer auf die dramaturgische Besonderheit dieses Werks ein, in dem sich die Handlung eher nach der assoziativen Gesetzmäßigkeit der Musik und Lyrik entwickelt als nach dem landläufigen Kanon der ‚Kinobelletristik'. Gar nicht davon zu reden, daß diese Episode auch an sich auf sehr bedeutende Weise symbolisch befrachtet ist. Sie gibt die Mühsal wieder, die der Held und Erzähler auf sich nimmt, weil er gedrängt ist, von sehr persönlichen und schwierigen Dingen zu erzählen, und zugleich aber auch das Gefühl der inneren Befreiung, der strahlenden Klarheit und Hinwendung zum Leben und zu den Menschen, das er im Finale erreicht" (Tarkowskij 1993, 317).

Am Dialog fällt die Häufung der Wörter „sich konzentrieren" und „sich anstrengen", „sich Mühe geben" auf. Hier wird jemand gezeigt, der durch ungeheure innere Anstrengung, Mühe und Konzentration, mit seiner ganzen Kraft und seinem ganzen Willen versucht, eine „Krankheit", die offenbar psychischen Ursprungs ist, zu besiegen. Um die Krankheit zu überwinden, muss er seine Angst vor seiner Stimme und vor seiner Rede überwinden, er muss also seine Gehemmtheit und Angst bezwingen, Vertrauen in sich selbst entwickeln, zu sich selbst finden, um ein für allemal „laut und deutlich, frei und unbeschwert" zu sprechen, zu denken und zu handeln. Am Ende schafft es der Stotterer tatsächlich, sein Stottern zu überwinden. Die fragmentarische, holprige und disharmonische Rede hat sich nun in eine flüssige, gleichmäßige und harmonisch fließende Rede verwandelt.

Die im Prolog gezeigte Heilung des Stotterers lässt den Film optimistisch und hoffnungsvoll beginnen und deutet die Möglichkeit an, durch Konzentration, innere Anstrengung und Mühe sich Entwicklungsräume zu erarbeiten, indem eine neue und eine veränderte Einstellung zu seiner Vergangenheit und zu seinem Leben zu erlangen. Diese Veränderung von Selbst- und Weltreferenzen ist der Kern einer Bildungstheorie, die für uns zu großen Teilen biographietheoretisch verzahnt ist.

Im diskutierten Film wird der Bildungsprozess initiiert durch verschiedene Entfremdungsprozesse und durch das Gefühl der Belastung der Gegenwart durch die (biographische) Vergangenheit. Grundfiguren des Selbst- und Weltverhältnisses werden verändert, weil die Schuld anerkannt und Zukunftshorizonte frei werden. Die Erinnerungen können eingeordnet werden, sie haben sich zu einer Ordnung arrangiert, so dass sich ein Zusammenhang ergeben hat, der die eigene Biographie darstellt. Erinnern ist also aus dieser Sicht eine Arbeit an der kategorialen Struktur der Selbst- und Weltentwürfe. Wenn Fremdheit Nichtzugehörigkeit zu einem „Wir" bedeutet (vgl. Kokemohr 2007), dann ist es im vorliegenden Fall die Nichtzugehörigkeit zu (s)einer Familie, die Abweisung durch den Vater und die Notwendigkeit zu akzeptieren, dass er sich von seiner Mutter entfremdet hat und dass er ihr nichts zurückgeben kann. Die Spannung zwischen Entfremdung (Entfernung) und dem Wunsch, ihr etwas zurückgeben zu können, sich erkenntlich zeigen, was eigentlich auf Zuneigung hinausläuft, muss ausgehalten werden. Sie ist als spezifischer Fremdheitsstil Teil seiner Identität. Das Agens dieses Bildungsprozesses ist Leiden in der beschriebenen Art. Deren Artikulation führt zu einem Bildungsprozess, dessen Resultat das Akzeptieren des Nichtveränderbaren ist. Mit einer bloßen Fixierung auf die Vergangenheit gehe jedoch ein „Wiederkäuen verlorener Ehren und erlittener Demütigungen" (Ricoeur 2004b, 66) einher. Das Akzeptieren des Nichtveränderbaren enthält dagegen die Möglichkeit der Flexibilisierung narrativer Horizonte: spezifische Fremdheitsstile werden Teil der eigenen Identität und damit erhält Zukunft wieder eine Chance. Oder in den Worten Ricoeurs:

> „Das Paradox ist dieses: Die Vergangenheit, so sagt man, kann nicht mehr geändert werden; in diesem Sinn scheint sie bestimmt zu sein. Im Gegensatz dazu wird die Zukunft für unsicher, offen und in diesem Sinne für unbestimmt gehalten. Das Paradox ist offenkundig. Wenn Tatsachen auch wirklich unauslöschlich sind, wenn man auch weder das Geschehene ungeschehen manchen noch bewirken kann, daß das, was sich zutrug, sich nicht zugetragen hat, so steht anderseits der Sinn dessen, was sich zutrug, nicht ein für alle Mal fest; abgesehen davon, daß Ereignisse der Vergangenheit anders interpretiert werden können, kann die moralische Last, die mit dem Verhältnis der Schuld zur Vergangenheit zusammenhängt, schwerer oder leichter werden – je nachdem, ob der Vorwurf des Schuldigen in das schmerzliche Gefühl des Unwiderruflichen bannt oder ob das Verzeihen die Aussicht auf eine Erlösung eröffnet, was einer Verwandlung des Ereignisses selbst gleichkommt. Dieses Phänomen der Umdeutung auf der moralischen Ebene ebenso wie auf der des bloßen Erzählens läßt sich als ein Fall der Rückwirkung der Zukunftsorientierung auf die Auffassung des Vergangenen verstehen" (Ricoeur 2004b, 125f.).

Christopher Nolan: Memento (2000)

Als gegenwärtiges Beispiel für erinnerungsethische Aspekte möchten wir den Film „Memento" (2000) von Christopher Nolan diskutieren. Ein besonderes Merkmal von „Memento" ist seine formale Umsetzung einer bestimmten Erinnerungsproblematik. Der Film wird in Fragmenten dargeboten: schwarz-weiß gedrehte Sequenzen, in denen der Protagonist einem Unbekanntem am Telefon seine Lebensgeschichte erzählt, wechseln sich mit farbigen Sequenzen ab, die untereinander zunächst keine zeitliche Ordnung erkennen lassen. Der zeitliche Bezug der scharz-weißen Sequenzen zu den in Farbe gedrehten Szenen bleibt lange unklar. In der Analyse schlüsselt sich die irritierende Struktur wie folgt auf: Die farbigen Sequenzen erzählen eine Geschichte in zeitlich verkehrter Reihenfolge: die unmittelbare Vergangenheit jeder Situation ist daher unbekannt und wird erst in der nächsten farbigen Sequenz dargeboten. Die Geschichte baut sich rückwärts auf. In der Struktur des Films ist die jüngste Vergangenheit immer schon „vergessen". Sie spiegelt den besonderen Zustand ihres Protagonisten wieder, der nach einer Kopfverletzung unter einem Verlust des Kurzzeitgedächtnisses leidet. Die Geschichte dieses Verlusts schildert der Protagonist wiederum in den schwarz-weiß gehaltenen Sequenzen, die alternierend (und in chronologisch korrekter Reihenfolge) zwischen den farbigen Szenen eingefügt wurden.

Die (rekonstruierte) Story des Films ist folgende: Ein Ehepaar wird in seinem Haus Opfer der Gewalt von zwei Einbrechern; die Frau wird vergewaltigt und ermordet, während ihr Mann, der Versicherungsagent Leonard Shelby, mit Kopfverletzungen überlebt. Infolge der Verletzungen wird sein Kurzzeitgedächtnis beschädigt; er kann sich maximal an die Geschehnisse der jeweils letzten 15 Minuten erinnern. Die Erinnerungen an sein gesamtes früheres Leben inklusive des Überfalls sind erhalten geblieben. Mittels eines durchdachten Systems aus Notizen, Polaroid-Fotografien und Tätowierungen erschafft sich Leonard ein mediales Ersatz-Gedächtnis. Sein einziger Lebensinhalt ist die Suche nach den Mördern – mit dem Ziel, den Tod seiner Frau zu rächen.

Leonard wird von John „Teddy" Gammell, einem in Drogengeschäfte verstrickten angeblichen Polizisten, manipuliert, indem dieser seinen Zustand ausnutzt und ihn durch falsche Spuren dazu bringt, konkurrierende Drogendealer (für Leonard die Mörder seiner Frau) umzubringen. Auf der Suche nach dem Mörder seiner Frau – einem gewissen John oder James G. – ermordet Leonard auf diese Weise mehrere unschuldige Personen. Er durchschaut schließlich die Situation. Teddy versucht ihm daraufhin einzureden, dass seine angeblichen Erinnerungen bloße Täuschungen seien, und dass er folglich in einer vollkommen irrealen Welt lebe. Nachdem er Teddys unlautere Absichten durchschaut hat, manipuliert Leonard nun seinerseits seine eigenen Aufzeichnungen. Er instrumentalisiert bewusst seine Amnesie und fingiert eine Indizienkette, die seinen Verdacht auf den Polizisten Teddy lenken wird, den er schließlich, im Vertrauen auf sein mediales Ersatzgedächtnis, als vermeintlichen Mörder seiner Frau umbringen wird. Leonard kann durch die Gedächtnisstörung keine zeitliche Distanz zu seiner letzten und traumatischen Erinnerung aufbauen – er ist stets maximal 15 Minuten von der Tat, die zum Urerlebnis und Gründungsmythos seines neuen Lebens wird, entfernt. Erinnerungsarbeit ist, wie wir mit Ricoeur hervorgehoben haben, Trauerarbeit. Trauerarbeit ist ein Prozess, der Zeit in Anspruch nimmt, der also eine eigene Geschichtlichkeit aufweist, innerhalb der Veränderungen stattfinden können. Memento ist so konstruiert, dass dem Protagonisten buchstäblich keine Zeit für eine Trauerarbeit zur Verfügung steht. Es kann Leonard nicht gelingen, aus dem Ereignis des Überfalls ein vergangenes zu machen – er ist in der Chronologie seines verletzten Gedächtnisses stets maximal eine Viertelstunde von diesem Ereignis entfernt. Der Film spielt also mit dem Unterschied einer Vergangenheit, die zwar insofern entfernt ist, als sie wiedererinnert wird, aber nicht in eine solche Distanz geraten kann, dass sie einen vollendeten Vergangenheitscharakter erhielte. Sie illustriert das Verhaftetsein an eine übermächtig-traumatische Vergangenheit und demonstriert damit ex negativo die Notwendigkeit von Trauerarbeit. Die pathologisch „verewigte" Gegenwart, in der Leonard lebt, beginnt stets aufs Neue auf dem Boden einer Vergangenheit, die sich nicht von ihr ablösen lässt, und die insofern das bestimmende und einzige Motiv und Ziel seiner Existenz bleibt. Im Film Memento wird das traumatische Erlebnis der Gewalttat als ein „unvordenkliches Ereignis" inszeniert: es ist jenseitig, insofern es einem uneinholbaren „Vor-Leben" (des Protagonisten) angehört und zugleich sein neues Leben nicht nur begründet, sondern geradezu determiniert. Es bleibt andererseits aufgrund der mangelnden Distanzierungsmöglichkeit vollkommen unverfügbar: Ein Vergessen ist – paradoxerweise – dem Gedächtnisgestörten nicht möglich.

„Memento" weist sehr vielfältige Bezüge auf – so etwa die Frage des Verhältnisses von Erinnerung und externalisierten Gedächtnismedien, des Einschreibens von Erinnerung in den Körper (Leonard tätowiert die wichtigsten Informationen auf seinem Körper), der Manipulierbarkeit von Erinnerung. An dieser Stelle möchten wir uns jedoch auf die beiden im Film verhandelten Aspekte a) des Misslingens einer „Verfertigung von Vergangenheit" im Sinne Ricoeurs und (sich daraus entwickelnd) b) einer Ethik des Vergessens beschränken. Leonard erscheint in seiner Unfähigkeit, der Trauerarbeit zu leisten, als entsubjektivierter Sklave seiner Erinnerung (an den Überfall), aus der allein er eine Zukunft zu entwerfen vermag. Seine Handlungsziele sind starr und rigide. Genau diese Starrheit lässt ihn für andere zum Objekt der Manipulation werden – Leonard ist hochgradig berechenbar. Leonards eigene, bewusste Manipulation seiner Aufzeichnungen stellt einen Umschlagspunkt dar – die instrumentelle Verfügung über die eigene Gedächtnisstörung ist eine Selbstinstrumentalisierung, die unter ethischen Aspekten kaum tolerabel wäre. Doch zugleich ist dies der Punkt, an dem Leonard für die anderen unberechenbar wird, weil er von seinem Ziel, die wahren Mörder seiner Frau zu töten, bewusst abweicht und statt daher bewusst eine geeignete Figur auswählt, die ihm aufgrund seiner selbstmanipulierten Indizienkette als glaubwürdige Zielfigur erscheinen kann. Leonard arbeitet – und das ist ein sehr außergewöhnlicher Aspekt dieses Films – aktiv mit der Untreue seines gestörten Gedächtnisses. Was unter traditionellen Maßstäben nur als Selbstbetrug verstanden werden kann und unter erinnerungsethischen Aspekten als unhaltbar erscheinen muss, wird im Film zum einzigen Punkt der Erlangung von Subjektivität und Selbstbestimmung. Memento ist ein hervorragendes Beispiel dafür, dass in Filmen nicht nur alltägliche Probleme und Handlungsmuster zu Aufführung und audiovisuellen „Verarbeitung" gelangen, sondern dass hier neue Aspekte, neue Probleme und Muster inszeniert und durchgespielt werden. In seiner Konstruktivität stellt der Film gleichsam ein groß angelegtes mediales Experiment (Gedankenexperiment wäre zu kurz gegriffen) dar, eine mediale Form der Thematisierung von Reflexion von Erinnerung, die weit über das Mitteilen einer spannenden „Story" hinausgeht.

Erinnerung und biographische Arbeit
Das Thema „Erinnerungsbilder im Film" führt uns also in eine komplexe Welt audio-visueller Formate, die auf verschiedene Weise mit Vergangenheit umgehen. Allen gemeinsam ist die Suche nach der verlorenen Zeit, um an den berühmten Romantitel von Marcel Proust anzuspielen. Dass Erinnerung auch Macht über uns ausüben kann (vgl. Marotzki 2007) oder genauer müsste man sagen, dass das Erinnerte über uns Macht ausüben kann, ist klar. Erinnerung, wenn sie über uns kommt, kann uns gleichsam überfluten. Die Bearbeitung des Erinnerten ist ein reflexiver Akt. Durch Reflexion gelingt es uns, das Erinnerte in einen Bedeutungs- und Sinnzusammenhang zu stellen. Insofern ist Erinnerungsarbeit immer zugleich Biographiearbeit. Die drei idealtypisch herausgearbeiteten Funktionszusammenhänge von Erinnerungsarbeit im Film, nämlich Erinnerungsarbeit (1) im Dienste der Selbstfindung, (2) als schmerzhafter Prozess der Verfertigung von Vergangenheit und (3) als Problem einer Ethik des Erinnerns und Vergessens, sind aus dieser Perspektive auch Formen biographischer Arbeit. Insofern stellen sie einen kleinen Beitrag zu einer Morphologie biographischer Arbeit dar. Dass dies am Beispiel des Films geschah, ist nicht zufällig, denn Erinnerungsarbeit ist eine audio-visuelle im eigentlichen Sinne: Über Sprache und Bilder versuchen wir Linien in unsere Vergangenheit zu legen und auf diese Weise die Haltung einer reflektierten Distanz aufzubauen. Die Formen, in denen dies geschieht, variieren sowohl historisch als auch kulturell. Biographische Arbeit als eine spezifische kulturelle Form der Erinnerungspraxis ist wesentlich über Medien initiiert und vermittelt. Medien vermitteln aber nicht bloß solche Formen; sie verhalten sich – nicht immer, aber potentiell – reflexiv zu diesen.

Der Film als eines der komplexesten Medien der (Selbst-) Beobachtung von Kultur führt diese Formen, wie wir zeigen wollten, spielerisch auf, verhandelt sie neu und erzeugt auch neue Perspektiven auf Erinnerung und Erinnerungspraxen. Er leistet dies wie gesehen weniger durch direkte inhaltliche Thematisierung, sondern vielmehr durch seine formalen, filmsprachlichen Mittel. Reflexive Gehalte in Medienprodukten liegen insofern *zugleich* in der Struktur des Mediums wie auch in den Bedeutungen, die aufgrund dieser formalen Eigenschaften erzeugt werden können. Die Bildungspotenziale von Medien sind in diesem Spannungsverhältnis zu suchen. Es geht uns in der bildungswissenschaftlichen Auseinandersetzung mit dem Medium Film nicht nur um Aufbau von Medienkompetenz, sondern um die Veränderungspotenziale von Wahrnehmungsmustern und Bearbeitungsweisen von Medien v.a. auch hinsichtlich des außermedialen Alltagslebens. Strukturale Medienbildung wäre in diesem Sinne die Fähigkeit, solche Reflexionspotenziale in Medien aufzuspüren und geltend zu machen. Wir haben dies in diesem Kapitel am Beispiel des Films aufgezeigt und werden uns im anschließenden Kapitel visuellen Artikulationsformen widmen.

4 Visuelle Artikulationsformen

4.1 Ein strukturaler Blick auf das Medium Bild

Der Zusammenhang von Bildlichkeit und Bildung ist erst seit wenigen Jahren verstärkt in den Blickpunkt bildungstheoretisch orientierter Diskussionen gerückt. Als Startpunkte der interdisziplinär geführten Debatten um Visualität und den Bildbegriff können u.a. W.J.T. Mitchells 1992 erschienener Band „Picture Theory" sowie im deutschsprachigen Raum der von dem Kunstwissenschaftler Gottfried Boehm zwei Jahre später publizierte Sammelband „Was ist ein Bild?" gelten.[1] Beide Bände verkünden eine Wende – Mitchel spricht vom „pictorial turn" (Mitchell 1992; 11), Boehm vom „iconic turn" (Boehm 1994a, 13) –, die sich gegen das in Philosophie und Sozialwissenschaften damals vorherrschende Textparadigma richtet. Beiden Autoren geht es letztlich – wenn auch aus sehr unterschiedlichen Perspektiven – um die zunehmende mediale Verbreitung von Bildern in verschiedenen medialen Formen sowie um die kulturelle Bedeutung und das kritisch-reflexive Potenzial, das Bilder in diesen Kontexten entfalten können.

Mitchells Ansatz versteht sich dabei als eine kritische Aufnahme der *Ikonologie* Erwin Panofskys. Es geht ihm um die Frage, wie Bilder als *Gegenstände* kultureller Praxen – in diesem Sinne verwendet Mitchel den Begriff „picture" im Gegensatz zum Bildinhalt, dem „image" – ihre Wirkungen entfalten. Seine „kritische Ikonologie" (ebd., 28) ist dabei im Kontext der angelsächsischen *Cultural Studies* zu verorten, also einer macht- und ideologiekritischen, sich politisch-emanzipatorisch definierenden Forschungshaltung (vgl. Hall 2000). Diese Art der Thematisierung von Bildlichkeit, der es vor allem um kulturelle visuelle Handlungspraxen, also den *Umgang mit* Bildern („pictures") geht, hat sich mittlerweile unter dem Stichwort „Visual Culture" etabliert (vgl. Mirzoeff 1998; Mirzoeff 1999; Sturken/Cartwright 2004). Sie konzentriert sich auf die *kulturelle Organisation von Visualität*, verstanden als komplexes Ensemble von Blicken, Sichtbarkeiten, Orten/Räumen, Medien, Körpern und kulturellen Praxen (vgl. etwa Mörtenböck/Mooshammer 2003).

---

1 Weitere zu erwähnende „Eckpfeiler" u.a. im erziehungswissenschaftlichen Kontext: „Bild – Bilder – Bildung" (hg. Schäfer/Wulf 1999); Gernot Böhmes „Theorie des Bildes" (Böhme 1999); Hans Beltings „Bildanthropologie" (Belting 2001); „Bilder-Denken – Bildlichkeit und Argumentation" (hg. Naumann/Pankow 2004); „Iconic Turn – die neue Macht der Bilder" (hg. Maar/Burda 2004); der ebenso interdisziplinär ausgerichtete Sammelband „Ikonologie des Performativen" (Wulf/Zirfas 2005); der Sammelband „Bildwissenschaft" (Sachs-Hombach 2005) sowie der Sammelband „Bildinterpretation und Bildverstehen" (Marotzki/Niesyto 2006).

In einer anderen Richtung entfaltet Gottfried Boehm seine Gedanken zum „iconic turn". Bezeichnenderweise steht auch für Boehm die Differenz zwischen dem Bild als materiellem „Ding" (also „picture" i.S. Mitchells) und dem Bild als etwas immateriell Sinnhaftem („image" i.S. Mitchells) im Zentrum seiner Überlegungen. Boehm kennzeichnet diesen Doppelcharakter des Bildes als *ikonische Differenz*: Das „stupende Phänomen, daß ein Stück mit Farbe beschmierter Fläche Zugang zu unerhörten sinnlichen und geistigen Einsichten eröffnen kann" (Boehm 1994b; 31), stelle einen „visuellen Grundkontrast" dar, „der zugleich Geburtsort jedes bildlichen Sinnes genannt werden kann" (ebd. 30). Für Boehm liegt der Wert, der kulturelle und reflexive Gehalt von Bildern darin, dass sie sozusagen „innerbildlich" ein Verhältnis zu ihrer ikonischen Differenz aufweisen können. „Ein starkes Bild lebt aus eben dieser doppelten Wahrheit: etwas zu zeigen, auch etwas vorzutäuschen und zugleich die Kriterien und Prämissen dieser Erfahrung zu demonstrieren" (ebd. 35). Boehm betrachtet daher die Bildpraxen der Massenmedien ausgesprochen kritisch, insofern ihre suggestiven Bilder auf „bildlichen Realitätsersatz" zielten, zu dessen Kriterien „seit jeher gehörte, die Grenzen der eigenen Bildlichkeit zu verschleiern" (ebd). Es geht ihm darum, den reflexiven Eigenwert von Bildern in Erinnerung zu rufen, der sich letztlich der innerbildlichen Distanz, dem „ontologischen" Doppelcharakter von Bildern verdanke.

Wir möchten diese bemerkenswerte Eigenschaft von Bildern im nächsten Abschnitt eingehender diskutieren, weil sie für die Entscheidung, welchem *Zugriff* Bilder aus bildungstheoretischer Perspektive der Vorzug zu geben ist, relevant ist. Zur Wahl stehen: 1) die Tendenz des „Visual Culture"-Diskurses, Bilder *primär* (aber natürlich nicht ausschließlich) als kulturelle Objekte und kulturelle Gebrauchsgegenstände zu thematisieren, oder 2) die aus dem Kontext der Kunstwissenschaft, theoriehistorisch letztlich aus der Kulturtheorie Ernst Cassirers (1874-1945) stammende Perspektive des *primären* (aber ebenfalls nicht ausschließlichen) Zugangs über die bildimmanenten kulturellen Gehalte. Wir werden im Folgenden einige Argumente dafür präsentieren, das Phänomen der Visualität zunächst unabhängig von der Frage der Medialität, der Materialität der Bilder sowie der kulturellen Bildpraxen in den Blick zu nehmen.

4.1.1 Bildobjekt, Bedeutung und Sinn

Die oben angesprochene „ontologische Doppelstruktur" des Bildes hat unterschiedliche Bezeichnungen erhalten. Bereits erwähnt haben wir (mit Boehm) die „ikonische Differenz" zwischen den „materiellen" und den „sinnhaften" Aspekten des Bildes. Die Charakterisierung des Bildträgers als „materiell" im Sinne von „rein physisch" ist jedoch nicht eben unproblematisch. Das „Material" etwa eines Gemäldes ist Farbe und Leinwand – doch bedeutet „Farbe" in diesem Fall wirklich nur „Mischung aus Pigment und Bindemittel" und „Leinwand" „gewebter Stoff", oder geht es nicht vielmehr um *Farblichkeit, Farbauftrag* und *Bildoberfläche?* Die Frage ist also, ob es um eine bloß physische und chemische Dimension oder nicht vielmehr um eine bereits mit Bedeutung aufgeladene symbolische Ebene geht. Bereits im Altgriechischen sind drei Ausdrücke für unser Wort „Bild" zu finden, die in Bezug auf diese Frage ausgesprochen hilfreich sind (vgl. Böhme 1999, 14):

1. *Pínax* (wörtlich: Brett) bezeichnet das Bild als materiall-physischen Gegenstand – das Holz, auf dem Farbpigmente aufgetragen wurden.

2. *Eidôlon* bedeutet wörtlich übersetzt „Bildchen": „Eidolon ist ein Bild in seiner Sichtbarkeit – und etwas nur in bezug auf diese". Das Bild nicht als Holz, Leinwand und Pigment, sondern als ein Gegenstand, der etwas visuell in Erscheinung bringt und dabei bestimmte Farben, Oberflächenstrukturen etc. aufweist. Dabei ist das physische Trägermaterial als solches uninteressant.

3. Der dritte Ausdruck lautet *eikôn. Eikôn* hängt mit dem Wort *eikos (ähnlich)* zusammen. „Es hebt also von vornherein darauf ab, daß es das einem anderen Ähnliche ist" (ebd.). – Gemeint ist damit wohlgemerkt der *Bildinhalt* (und nicht etwa die Ähnlichkeit etwa eines Ölgemäldes mit anderen Ölgemälden, Radierungen mit anderen Radierungen etc.).

Die Differenzierung von *pínax* und *eidôlon* ist, wenn man so will, eine Frage der Betrachtungsperspektive. Es ist leicht zu erkennen, dass das Verhältnis von *eidôlon* zu *eikôn* spannender zu betrachten ist als das Verhältnis der rein materiell-physischen Ebene (*pínax*) zu den beiden anderen. Die physisch-materielle Ebene ist an sich bedeutungsfrei, während der „Körper" des Bildes – so der Kunstwissenschaftler Hans Belting (Belting 2001, 14f.) – sich als seine mediale Seite auffassen lässt. Das Bild – der Bildinhalt oder auch das Bildobjekt – kann ohne seine mediale Seite nicht erscheinen, und doch wird es von dieser nicht determiniert. – Ansonsten würde etwa eine kunstwissenschaftliche Bildinterpretation anders ausfallen, je nachdem ob das besprochene Bild als Dia oder als digitales Computerbild vorläge.

Diese „rätselhafte Beziehung zwischen Bildträger und Bildobjekt" diskutiert Lambert Wiesing aus einer zeichentheoretischen Perspektive (Wiesing 2005, 52ff.). Es erscheint uns hilfreich, Wiesings Argumentation ein Stück weit aufzunehmen, wenn wir auch insgesamt nicht einen zeichentheoretischen Ansatz zur Bildanalyse präferieren. Wiesing unterscheidet, ähnlich wie bereits diskutiert, zwischen medialem Bildträger – im Anschluss an unsere Diskussion: Bildkörper, *picture, eidôlon* – einerseits und dem „Bildobjekt" (Bild i.S.v. *image* oder *eikôn*) andererseits. Der entscheidende Beitrag der zeichentheoretischen Perspektive liegt nun in der These, dass ein wesentlicher Unterschied zwischen beiden Bildaspekten darin liegt, dass der Bildträger im Gegensatz zum Bildobjekt nicht als Zeichen *verwendet* wird: Der „Bildträger wird verwendet, um ein Bildobjekt zu präsentieren" (ebd., 53).[2] Der mediale Bildträger sorgt also dafür, dass ein Bild *wahrnehmbar* wird, während auf dieser Ebene selbst noch keine Bedeutungszuschreibungen stattfinden.

Dass die Verwendungsweisen von Bildmedien die Bedeutungen der Bildobjekte dominieren können – im Sinne der These McLuhans, das Medium sei „die Message" –, steht dazu nicht im Gegensatz. Das Argument lautet vielmehr, dass sich auf der Ebene des Bildobjekts eine Bedeutung interpretativ auffinden lässt, in die *konstitutionslogisch* betrachtet medienanalytische, medienpragmatische und rezeptionsorientierte Aspekte als Kontext zunächst nicht zwingend einbezogen werden müssen. Dass es im Nachhinein sinnvoll erscheinen kann, die Betrachtungsebene von der innerbildlichen auf die bildmediale Perspektive zu wechseln, ist damit nicht ausgeschlossen. Um dies zu demonstrieren und zugleich aufzuzeigen, inwiefern Wiesings Erörterungen für unseren Kontext anschlussfähig sind, folgen wir seiner Argumentation noch einen Schritt weiter.

Wiesing lokalisiert also die Bedeutung des Bildes auf der innerbildlichen Ebene des „Bildobjekts". Er charakterisiert den *Sinn* des Bildes als „das Vorurteil, wie mittels des sichtbaren Bildobjektes ein Gegenstand identifiziert werden kann" (ebd., 62). Es geht dabei also um (soziale und kulturelle) Rahmungen, die es ermöglichen, den Objekten eines Bildes Bedeutungen zuzuschreiben. Als „Sinn" bezeichnet Wiesing dabei nicht diese Bedeutungen selbst (auch nicht ihre innerbildlichen Beziehungen), sondern die *Regel*, nach der die Decodierung des Bildinhaltes erfolgt. Der „Sinn" entscheidet also über mögliche Lesarten der Bildobjekte, und je nach Kontext kann beides sich ändern. Ob also eine Fotografie einen Schauspieler oder aber eine von diesem verkörperte Figur zeigt, hängt von Kontexten ab, die nicht unbedingt im Bild selbst liegen (so z.B. Bildunterschriften). Umgekehrt – und dies ist für unsere Argumentation entscheidend – erlaubt das Bildobjekt nicht beliebige Sinnkonstruktionen. Der Sinn, so Wiesing, „legt fest, *wie* ein Bildobjekt als Zeichen genutzt werden soll. Doch das Bildobjekt legt fest, *was* sein Sinn sein kann", denn die Verwendungsregel muss erlauben, das Bildobjekt auf etwas zu beziehen, also ihm eine Bedeutung zu verleihen (ebd. 67).

Der Fokus dieser Argumentation lässt sich im Hinblick auf bildkulturelle Handlungspraxen erweitern, denn es geht ja um das Verhältnis der sinnhaften Verwendung von Bildern zum „Bildobjekt" selbst. Folgt man Wiesings Gedankengang, so kann man nun sehen, dass die visuellen oder bildkulturellen Handlungspraxen das *Wie* der Verwendung von Bildern bestimmen können, dass jedoch das Bildobjekt selbst – also das Bild in seiner Bildlichkeit noch jenseits seiner medialen Kontexte – das Spektrum seiner möglichen Sinnzuschreibungen aus sich heraus strukturell festlegt.

---

2 Dies ist jedenfalls dann der Fall, wenn ein Bild als Bild betrachtet wird. In anderen Kontexten kann natürlich auch der Bildträger kommunikativ als Zeichen verwendet werden, wenn man z.B. über den Zustand eines alten Gemäldes spricht.

Für uns folgt daraus eine bildungstheoretische und eine methodisch-methodologische Konsequenz: 1) Bilder weisen aus sich heraus ein reflexives Potenzial auf; dieses Potenzial kann dann im sozialen und kulturellen Raum auf verschiedene Weise verwendet – oder nicht verwendet – werden. 2) Die bildungstheoretische Analyse visueller Objekte muss dementsprechend an den Bildobjekten selbst ansetzen. Der Sinn eines Bildes kann also im Ausgang von dem Bildobjekt rekonstruktiv erfasst werden, indem über den Weg der Identifikation möglicher Bedeutungen der Objekte eines Bildes die möglichen (kulturellen) Lesarten eines Bildes aufgefunden und ggf. miteinander kontrastiert werden. Der Anschluss an die Perspektive der Visuellen Kultur ergibt sich in einem *zweiten Schritt* dort, wo bestimmte soziale oder mediale Handlungspraxen, wie man mit Wiesing formulieren kann, über das *Wie* der Verwendung von Bildern bestimmen. An diese Frage lassen sich etwa subjekt- und machttheoretische Perspektiven anschließen, die aber gerade von einer soliden methodengeleiteten Analyse des „Bildobjekts" profitieren.

4.1.2 Fotografie aus bildungstheoretischer Perspektive

Dass Fotografien Selbst- und Weltbezüge transportieren und erzeugen können, ist angesichts der Masse dokumentarischer Bilder, denen wir täglich in den Medien begegnen, aber auch in fotografiehistorischer Perspektive (was etwa die Bedeutung fotografischer Techniken in wissenschaftlichen Kontexten betrifft) evident. Die Fotografie scheint ein ideales Medium des Dokumentarischen zu sein – jedenfalls taucht dieser Standpunkt von ihren Anfängen in der Mitte des 19. Jahrhunderts bis zu den 1980er Jahren immer auf. In einem der ersten Zeitungsberichte über die Daguerreotypie schreibt Eduard Kolloff (1811-1879), seinerzeit ein bedeutender Kunstkritiker in Paris:

> „Nach langem, sehnsüchtigen Harren . habe ich endlich Gelegenheit gehabt, Abbildungen des Daguererotyp [sic] zu sehen, und ich erstaunte nicht wenig über diese gleichsam vom Himmel gefallenen Abdrücke. Diese ganz einzigen Kopien zeichnen sich durch Nettigkeit, Bestimmtheit, Relief und unerhörte treue Wahrheit aus" (Schorn/Kolloff 1839).

Während die Fotografie als Medium der Kunst bis weit ins 20. Jahrhundert hinein kaum ernstgenommen wurde, basierte ihre Faszination im Wesentlichen auf dem Versprechen der Authentizität, die „der Stift der Natur", so Henry Fox Talbot (1860), versprach. Der *Piktorialismus*, jene frühe allegorische Stilrichtung der Fotografie, die sich vor allem an der Malerei orientierte, wurde entsprechend sehr schnell zugunsten der Entdeckung der eigenen Qualitäten der Fotografie aufgegeben. Bereits im Jahr 1900 plädierte der Schriftsteller und Fotograf Frederick H. Evans für eine „reine Fotografie": „Meine Abzüge sind alle von unretuschierten Negativen gemacht, und an den Abzügen wurden keine Manipulationen vorgenommen, vom Ausmerzen technischer Defekte [...] abgesehen" (Evans 1900, 231). Im gleichen Geist entstand einige Jahrzehnte später die einflussreiche Bewegung der „Straight

Photography" im Kontext der Gruppe „f64", zu der die heute bekanntesten der nordamerikanischen Kunstfotografen gehörten (so etwa Ansel Adams, Imogen Cunningham und Edward Weston). Der mit der „reinen Fotografie" verbundene Anspruch bestand im Kern in dem Authentizitätsgedanken, dass die Welt und das Licht unmittelbar, nur durch möglichst wenige fotografisch-technische Parameter beeinflusst den Weg aufs das Negativ fanden. Zugleich war das „Abbilden" von Wirklichkeit in Form der Alltagsfotografie längst zum Massenphänomen geworden; Fotografien von Familienausflügen, Interieurs und heimischen Alltagsszenen füllten zunehmend die privaten Fotoalben (Holland 2003). Als Reportagemedium hatte das Foto die Printmedien, vor allem die Boulevardpresse, bereits im Sturm erobert. Die Fotografie erhielt spätestens in der Zeit der „großen Depression" in den USA durch den Auftrag der Farm Security Administration, die Armut der Landbevölkerung fotografisch zu dokumentieren, den sozusagen offiziellen Status eines wertvollen Wissensmediums. All diese Bewegungen und Richtungen der Fotografie – und es wären noch einige andere aufzuzählen – verstehen Fotografie als Darstellung von Wirklichkeit (wobei freilich erhebliche Unterschiede darin bestehen, was jeweils als „Wirklichkeit" verstanden wird).

Spätestens seit den 1980er Jahren ist diese Vorstellung fotografischer Authentizität bekanntlich in eine anhaltende Krise geraten (heute, wo die digitale Bildmanipulation bereits direkt in den Consumer-Digitalkameras vorgenommen werden kann, erscheint die Idee der fraglosen Authentizität von Fotografie ohnehin kaum mehr nachvollziehbar). Die Einsicht, dass die Idee einer neutralen Fotografie letztlich eine Form apparativer Ideologie darstellt, mündete in eine Debatte über den dokumentarischen Anspruch der Fotografie, die durch die Einführung der digitalen Fotografie weiter verstärkt wurde.[3] Indes muss man sehen, dass zugleich auch die Vorstellungen darüber, was „Repräsentation" ist und wie sie zu denken ist, erheblichen Veränderungen unterlagen. Pragmatistische, relativistische und konstruktivistische Positionen haben zeitgleich mit der Krise der fotografischen Repräsentation auch eine „Krise der Repräsentation" im allgemeinen, also auch in Bezug auf sprachliches Wissen, registriert (vgl. etwa Rorty 1981; Goodman 1990; Schäfer/Wimmer 1999; Fischer 2000). Damit wären also beide Entwicklungslinien wiederum miteinander kongruent. Für unseren Zusammenhang folgt daraus, dass es sozusagen einen gemeinsamen erkenntnistheoretischen Boden gibt, der sich in gleichem Maße für alle Ebenen der Artikulation (also für verbal-argumentative ebenso wie für narrative und visuelle Artikulationsformen) verändert hat.

Die Krise der Repräsentation markiert mithin einen *Bruch*, der letztendlich durch einen Reflexivitätsschub gekennzeichnet ist. Denn je weniger sich eine im Modus der Bestimmtheit (s. Kap. 2.2.2) verfahrende Beziehung zur Welt (Objektivität, realistische Erkenntnismodelle) rechtfertigen lässt, desto mehr müssen selbstre-

---

3 Vgl. etwa Matz 1981, Mitchell 1992 und die Diskussionen um das „postfotografische Zeitalter" in Wolf 2002 und Wolf 2003.

flexive Rechtfertigungsstrategien eingeführt werden. Bevor wir dies an konkreten Beispielen explizieren, werden im folgenden Unterkapitel zunächst die notwendigen methodischen Grundlagen der strukturalen Bildanalyse vorgestellt.

4.1.3 Methode der bildungstheoretisch-strukturalen Bildinterpretation

Im Folgenden stellen wir ein Bildinterpretationsmodell vor, das im Wesentlichen auf dem von Erwin Panofsky entwickelten Modell beruht (Panofsky 1962). Der zentrale Aufsatz „Studien zur Ikonologie" erschien 1939 in Englisch und wurde erst mehr als zwanzig Jahre später ins Deutsche übersetzt. Für die erziehungs- und sozialwissenschaftliche Forschung ist dieser Ansatz mehrfach aufgearbeitet und weiterentwickelt worde. Stellvertretend nennen wir die Arbeiten von Ulrike Mietzner und Ulrike Pilarczyk (Mietzner/Pilarczyk 2003; Pilarczyk/Mietzner 2005) für den erziehungswissenschaftlichen und Bohnsack (Bohnsack 2003a; Bohnsack 2003b) für den sozialwissenschaften Bereich.

Wir haben uns bei der Weiterentwicklung des Modells von Panofsky ganz wesentlich von Filminterpretationsmodellen inspirieren lassen, insbesondere durch jenes, das von den amerikanischen Filmwissenschaftlern David Bordwell und Kristin Thompson in ihrem zentralen Werk „Film Art" (Bordwell/Thompson 2008, zuerst 1979) nun bereits in der achten Auflage vorliegt (s.o. Kap. 3.1 und 3.2). Sie vertreten den Ansatz des Neoformalismus, der seit Beginn der 1980er Jahre in der internationalen Filmforschung immer mehr an Einfluss gewonnen hat. Der Bezug auf Filminterpretationsmodelle im Kontext der Bildanalyse folgt dem Gedanken, dass das Medium Film komplexere Strukturen aufweist, die jene Strukturen beinhalten, durch welche Bilder charakterisiert sind. Aus unserer Perspektive sind damit zwei Vorteile verbunden: 1) Zum einen ermöglicht uns der Einbezug des neoformalistischen Ansatzes, die formalen Elemente von Bildern stärker und systematischer zu berücksichtigen. Bordwell und Thompson haben ihren Ansatz nicht zuletzt deshalb entwickelt, weil die in den 1970er Jahren vorherrschenden psychoanalytischen, feministischen und semiotischen Ansätze die formalen Merkmale des Films zu wenig beachtet haben. 2) Zum anderen erlaubt der Rückgriff auf Elemente der Filmanalyse, eine weitgehende Methodenkonsistenz im Rahmen des hier von uns vorgelegten Ansatzes der Medienbildung für den Bereich der visuellen und audiovisuellen Medien zu bewahren.

Wenden wir uns nun dem Modell zu. Es handelt sich um insgesamt vier Stufen der Bildauslegung: (1) Beschreibung der Objekte, (2) Ordnung der Objekte, (3) Inszenierung der Objekte und schließlich (4) die bildungstheoretische Analyse der Selbst- und Weltreferenzen.

1) Beschreibung der Objekte

Bei dem ersten Schritt einer Bildinterpretation handelt es sich um eine rein wiedererkennende Identifikation der unmittelbar sichtbaren Bildgegenstände (Objekte). Verschiedene Phänomene, Gegenstände, Personen oder Ereignisse, die auf dem Bild zu sehen sind, werden benannt. Bei Panofsky handelt es sich dabei um die „vorikonographische Beschreibung". An anderer Stelle spricht er auch von dem *primären* oder von dem *natürlichen Sujet.* Auf jeden Fall führt diese Aufzählung der „natürlichen Bedeutung der Phänomene" letztlich zu den „Motiven des Bildes": „Die Welt reiner Formen, die dergestalt als Träger primärer oder natürlicher Bedeutungen erkannt werden, mag die Welt der künstlerischen Motive heißen. Eine Aufzählung dieser Motive wäre eine vorikonographische Beschreibung des Kunstwerkes" (Panofsky 1962, 32). Panofsky geht davon aus, dass eine solche Benennung und Aufzählung auf der Basis der alltäglichen Vertrautheit mit Gegenständen, Handlungszusammenhängen und Ereignissen prinzipiell möglich ist (vgl. dazu Bätschmann 2001, 114). Fehlt diese Vertrautheit, erkennen wir Dinge, Figuren oder Ereignisse nicht, weil uns die entsprechenden Kenntnisse fehlen, können diese nachträglich erworben werden. Panofsky schreibt:

> „Im Fall einer vorikonographischen Beschreibung, die sich im Rahmen der Motivwelt hält, scheint die Angelegenheit recht einfach zu sein. Die Objekte und Ereignisse, deren Darstellung durch Linien, Farben und Volumen die Motivwelt bildet, lassen sich [...] auf der Grundlage unserer praktischen Erfahrung identifizieren. Jedermann kann die Gestalt und das Verhalten menschlicher Wesen, von Tieren und Pflanzen erkennen, und jedermann kann ein zorniges Gesicht von einem fröhlichen unterscheiden. Natürlich ist es möglich, dass in einem bestimmten Fall das Spektrum unserer persönlichen Erfahrung nicht umfassend genug ist, so etwa, wenn wir uns der Darstellung eines veralteten oder unvertrauten Werkzeugs oder der Darstellung einer Pflanze oder eines Tieres gegenübersehen, die uns nicht bekannt sind. In solchen Fällen müssen wir das Spektrum unserer praktischen Erfahrung dadurch erweitern, dass wir ein Buch oder einen Fachmann befragen; doch wir verlassen nicht den Bereich praktischer Erfahrung als solcher, die uns – selbstredend – sagt, welcher Fachmann zu befragen ist." (Panofksky 1962, 35)

Präziser müsste man also sagen, dass *Hypothesen* der Objektbenennung erzeugt werden, denn spätestens im Falle von Bildern aus anderen Kulturkreisen können wir nicht sicher sein, um welche Objekte es sich handelt; wir können deshalb nicht sicher sein, weil uns der entsprechende erfahrungsgeschichtliche Hintergrund nicht oder nur bedingt zur Verfügung steht.

Das immer wieder diskutierte methodologische Problem besteht in diesem Schritt darin, die konventionellen Bedeutungsgehalte des Dargestellten möglichst einzuklammern, also noch nicht mit der Bedeutungsebene der Objekte zu arbeiten, und nur auf der Basis unserer praktischen Erfahrung Bildmotive zu identifizieren und aufzuzählen. Klar ist dabei, dass bereits die Identifizierung und Benennung von Dingen oder die Beschreibung von Personen kulturell variante Bedeutungsgehalte beinhalten, so dass sich das Unternehmen, Bildmotive zu identifizieren, aber nicht die konventionellen, kulturell varianten Bedeutungsgehalte mitzutransportieren, als schwierig erweisen könnte. Als Ausweg bleibt nur die methodische Kontrolle. Wenn es prinzipiell nicht vermieden werden kann, mit der Benennung der Motive auch (kulturelle) Bedeutung zu transportieren, so kann wenigstens dafür gesorgt werden, dass diese Bedeutungen methodisch als kulturvariante gleichsam eingeklammert werden. Dieser Prozess funktioniert am besten in Interpretationsgruppen, weil hier eine hohe Sensibilität und intersubjektive Kontrolle der einzelnen Interpretationsleistungen gegeben ist.

In der Forschungsliteratur ist dieses methodologische Problem der Einklammerung von kulturellen Bedeutungsgehalten als Weg methodischer Kontrolle breit diskutiert worden. Klassisch sind diese Überlegungen schon in Edmund Husserls Schrift „Die Krisis der Europäischen Wissenschaften und die Transzendentale Phänomenologie" (Husserl 1954) vorgetragen worden. Er spricht dort von dem notwendigen Wechsel der natürlichen Einstellung, der dann vorzunehmen ist, wenn Lebenswelten[4] thematisch werden sollen, „eine Änderung, in der wir nicht mehr wie bisher als Menschen des natürlichen Daseins im ständigen Geltungsvollzug der vorgegebenen Welt leben, vielmehr uns dieses Vollzugs ständig enthalten" (ebd., 151). Die Lebenswelt als „Reich ursprünglicher Evidenzen" schließt in sich „alle von den Menschen für die Welt ihres gemeinsamen Lebens erworbenen Geltungsgrundlagen" (ebd., 136). Eine wissenschaftliche Analyse der Lebenswelt könne aber nur dann erfolgen, wenn diese Geltungsvollzüge eingeklammert und dadurch kontrolliert würden. Eine ähnliche sogenannte „Epoché", nämlich die sogenannte transzendentale Epoché, gilt dann auch für die quasi beruflichen Geltungsbezüge des Wissenschaftlers, nämlich für seine theoretischen Interessen. Auch die sind gleichsam einzuklammern, so dass die „Sache selbst" in Augenschein genommen werden kann. In dem 1939 erschienenen Werk *Erfahrung und Urteil* betont Husserl, dass sich die prädikativen Evidenzen auf die Evidenzen der Erfahrung gründen sollen. Es heißt dort an systematisch bedeutsamer Stelle: „Der Rückgang auf die Welt der Erfahrung ist ein Rückgang auf die ‚Lebenswelt', d.i. die Welt, in der wir immer schon leben, und die den Boden für alle Erkenntnisleistung abgibt und für alle wissenschaftliche Bestimmung" (Husserl 1939, 38).[5]

---

4 Die Lebenswelt ist „der ständige Geltungsboden, eine stets bereite Quelle von Selbstverständlichkeiten, die wir, ob als praktische Menschen oder als Wissenschaftler, ohne weiteres in Anspruch nehmen" (Husserl 1954, 124).

5 Ähnliche Überlegungen finden wir auch in wissenssoziologischer Tradition. Karl Mannheim unterscheidet drei Arten des Sinnes: objektiver Sinn, intendierter Ausdruckssinn und Dokumentsinn (Mannheim 1921) . Der objektive Sinn, der an dieser Stelle vergleichbar wäre, ist vollständig losgelöst vom subjektiven Erlebnisstrom (Innenweltbezug) des Akteurs. „So ist denn auch die Interpretation des objektiven Sinnes in der Kunst die eindeutigste und durch geistige und kulturelle Differenzen relativ am wenigsten beeinträchtigte" (Mannheim 1921, 114).

Diese kurzen Andeutungen sollten verdeutlichen, dass das thematisierte methodologische Problem der Einklammerung (kultureller) Bedeutungen bei der Bestimmung der Motive eines Bildes breit diskutiert ist und bei vielen Autoren Konsens darüber besteht, dass es durch methodische Kontrolle durchaus handhabbar gemacht werden kann.

2) Die Ordnung der Objekte

Panofsky nennt diesen Schritt die „ikonographische Analyse" oder das *sekundäre* bzw. das *konventionelle Sujet*. Zunächst einmal wird es erstens darum gehen, Bedeutungshypothesen zu erzeugen und zweitens auf diese Weise Sinnzusammenhänge zu konstruieren.

a) Bedeutungen

Bei diesem Schritt wird die konventionelle Bedeutung von Bildgegenständen entschlüsselt. Dinge und Ereignisse haben eine kulturell variante Bedeutung. Wenn ein Bekannter im Vorübergehen, den Hut zieht und sich leicht, uns zugewandt, verbeugt, wissen wir, dass diese Geste „grüßen" bedeutet. Dieses Beispiel verwendet Panofsky selbst. Um also die konventionelle Bedeutung zu entschlüsseln, ist ein Rückgriff auf kulturell variantes Wissen erforderlich, das auch durchaus subkulturellen und szenehaften Charakter haben kann (z.B. spezieller Gruß, der in der Science Fiction Serie Star Trek üblich ist). Bedeutungen werden kulturvariant identifiziert, ein Zusammenhang und eine Ordnung der Dinge und Personen wird auf diese Weise hergestellt. Auf diesem Wege wird das „ikonographische Thema des Bildes" bestimmt (z.B. „jüngstes Gericht", „Goldwägerin", „Studentenzimmer" etc.). Die ikonographischen Themen finden sich auch häufig als Bildunterschriften.

Mit der Bestimmung des ikonographischen Themas ist der Weg frei für komparative Analysen, also für einen Vergleich mit anderen Bildern des gleichen ikonographischen Themas. In der kunstwissenschaftlichen Analyse ist dieses ein wichtiger Arbeitsschritt, weil die ikonographische Tradition herangezogen wird (Welche Bilder zum Thema „Jüngstes Gericht" gibt es schon?). Die Katalogisierung solcher Themen hat dort eine lange Tradition: Von Cesare Ripas *Iconologia* (Rom 1603)[6] über Federico Picinellis Mundus Symbolicus in emblematum universitate (Mailand 1653), einer Sammlung von Symbolbeschreibungen, bis zum Iconclass, einer aktuellen Sammlung von Bildmotiven im Internet.[7] Eine komparative

---

6 Cesare Ripa beschreibt in alphabetischer Reihenfolge über 1.250 Personifikationen. Er geht dabei auch leicht in Bereiche des Normativen über, beschreibt also, wie die Personen dargestellt werden sollten. Bis weit in das 18. Jahrhundert war Ripas Buch ein anerkanntes Regelwerk für Künstler. Die erste Ausgabe erschien 1553; seit 1603 wurde sie illustriert publiziert.

7 http://www.iconclass.nl [18.6.2008]. „Iconclass is a subject specific international classification system for iconographic research and the documentation of images. It was developed by Henri van

Analyse in diesem Sinne scheint uns bei der Transformation in sozialwissenschaft-liche Forschungsbereiche in bestimmten Fällen sinnvoll zu sein. Mietzner und Pilarczyk analysieren beispielsweise themenorientiert große Fotobestände über mehrere Generationen (vgl. Pilarczyk/Mietzner 2000).

Die konventionelle Bedeutung der Bildgegenstände zu entschlüsseln, bedeutet, die eben im Husserl-Exkurs vorgenommene methodische Einklammerung der kulturspezifischen Gehalte aufzuheben. Dadurch werden diese Bedeutungsgehalte in methodisch kontrollierter Form eingeführt und damit der Reflexion zugäng-lich gemacht. Der entscheidende Punkt dieses Interpretationsschrittes besteht also darin, historische und kulturelle Wahrnehmungs- und Thematisierungsweisen der Reflexion zuzuführen.

Ergänzend soll angemerkt werden, dass dieser Stufe der Bildinterpretation gele-gentlich auch die explizite Intention des Künstlers, sofern sie bekannt ist, zu-gerechnet wird (vgl. van van Straten 1997, 28). Bei Karl Mannheim wäre dies der *Ausdruckssinn*. Der intendierte Ausdruckssinn ist relativ zu dem subjek-tiven Erlebnisstrom (Innenweltbezug) des Akteurs: „Und zwar ist uns beim Ausdruckssinn stets die Aufgabe gestellt, ihn als solchen und in derselben Weise zu erfassen, wie er von dem ihn ausdrückenden Subjekt gemeint, im bewußt-seinsmäßigen Daraufgerichtetsein intendiert war" (Mannheim 1921, 107).

Um die Einklammerung kulturspezifischer Gehalte aufzuheben, ist es auch not-wendig, das Bild zu situieren. Darunter verstehen wir, dass alle bekannten das Bild betreffenden Informationen dem Interpretationsprozess zur Verfügung gestellt werden: Entstehungsdatum und -ort des Bildes; im Falle eines Fotos: Wer hat das Bild zu welchem Zweck aufgenommen etc. Durch eine solche raum-zeitliche Situierung kann die kulturelle Rahmung herausgearbeitet werden.

b) Sinn

Die Frage, was die dargestellten Personen, Dinge oder Sachverhalte bedeuten, führt in der Regel zur Generierung eines Sinnzusammenhanges, der in vielen Fällen wiederum zu einer Narration führt, denn narrative Strukturen stellen die genuine Form der Konstitution von Sinn dar (vgl. Schapp 1953), wie aus der me-thodologischen Begründung des narrativen Interviews bekannt ist (vgl. Kallmeyer/ Schütze 1977). Menschen organisieren sich den Sinn in Form von Geschichten im Sinne von Story-Konstruktionen. Die Motive und das Thema des Bildes werden mit einer Geschichte (im weitesten Sinne) in Verbindung gebracht. Bei Panofsky sind dies häufig historische Quellen und Geschichten aus der Bibel, die er heranzieht. Beim Abendmahl ist es eben die entsprechende Geschichte aus der Bibel, die erzählt, wie Jesus mit seinen Jüngern zusammen sitzt und er prophezeit,

---

de Waal (1910-1972), Professor of Art History at the University of Leiden, and completed by his staff. Iconclass is a collection of ready-made definitions of objects, persons, events, situations and abstract ideas that can be the subject of an image".

dass ihn jemand aus diesem Kreise verraten werde[8]. Van Straten stellt dar, wie sich kunstgeschichtlich Ende des 13. Jahrhunderts eine starke epische Tendenz in der Wiedergabe von Geschichten durchgesetzt habe. Bis ins 19. Jahrhundert würden die religiösen Themen in der westlichen bildenden Kunst überwiegen. Danach würden sie mit dem Aufkommen der Moderne jedoch an Bedeutung verlieren (vgl. van Straten 1997, 95). Solche kodifizierten Narrationen hatten überwiegend die Bibel als Quelle oder die klassische Mythologie. Die Metamorphosen des Ovid (eine Sammlung von 250 Erzählungen), die Ilias, die Odyssee von Homer oder Die göttliche Komödie von Dante Alighieri sind Quellen solcher kodifizierter Geschichten.

In alltagskulturellen Kontexten finden wir jedoch häufig Bilder, zu denen es keine kodierten Narrationen gibt, schon gar nicht solche, die der Bibel entnommen sind, wie es bei Panofsky der Regelfall ist. Dann muss die Forschergruppe eine solche Narration systematisch erzeugen, die den Kriterien der Konsensualität und der Kohärenz entspricht. Dabei muss die Gruppe nicht zu einer einheitlichen Geschichte kommen. Verschiedene Lesarten können durchaus im Gruppendiskurs aufrechterhalten werden. Es können also im Sinne von Nelson Goodman auch *Narrationsversionen* generiert werden (vgl. Goodman 1990). Die generierten Narrationen bilden einen wesentlichen Bestandteil der Interpretationshypothese. Ein naheliegender Bezug kann an dieser Stelle zur Objektiven Hermeneutik wenigstens in einem Aspekt hergestellt werden, und zwar hinsichtlich der Erzeugung von Lesarten der vermuteten Sinnstruktur. Dabei gilt, wie Oevermann formuliert: „die extensive Sinnauslegung ist prinzipiell nie abgeschlossen, sie kann nur pragmatisch abgebrochen werden, wenn nach intensiver Bearbeitung des Materials neue Interpretationen sich nicht mehr einstellen. Daher ist für die Objektivität des Verfahrens die Bearbeitung durch mehrere Interpreten ein wichtiger methodischer Grundsatz" (Oevermann 1976, 391). Wir möchten die Parallele zur Objektiven Hermeneutik nur auf diesen Aspekt begrenzt sehen, denn es gibt natürlich signifikante Unterschiede, die sich auf das Prinzip der Sprachlichkeit (Textualität) und der Sequenzialität beziehen.

Entscheidend ist bei diesem Teilinterpretationsschritt die Annahme, dass das Bild selbst nur in wenigen Fällen eine eindeutige Sinnstruktur, also nur einen eindeutigen Sinnzusammenhang entfaltet. Es kommt gerade darauf an, die Vielfältigkeit zur Geltung zu bringen. Wir gehen davon aus, dass visuelles Material immer eine Vielzahl von Lesarten zulässt, aber – das zeigt die Interpretationspraxis – eben nicht beliebig viele. Nicht alle Lesarten halten der diskursiven Prüfung in einer Interpretationsgruppe stand.

---

8 Oder ein anderes Beispiel ist das Bildnis der Salome: „Ein Bild des venezianischen Malers Francesco Maffei aus dem 17. Jahrhundert, das eine hübsche junge Frau mit einem Schwert in ihrer Linken und einer Schale in der Rechten darstellt, auf der der Kopf eines Enthaupteten liegt [...], wurde als Bildnis der Salome mit dem Kopf Johannes' des Täufers veröffentlicht" (Panofsky 1962, 37).

Dieser Teilinterpretationsschritt „Entwicklung von Sinnzusammenhängen" hat viel Ähnlichkeit mit dem Übergang von der Plot-Ebene eines Films zur Story-Konstruktion (s.o. Kap. 3.1). Der Film im Allgemeinen hat dabei, weil ihm die zeitliche Dimension zur Verfügung steht, er also sozusagen systematisch mit Bildserien arbeitet, in der Gestaltung des Plot ganz andere Möglichkeiten zur Verfügung als dies in der Interpretation eines einzelnen Bildes der Fall ist. Überträgt man diese Unterscheidung von Plot und Story auf die von Erwin Panofsky für die Bildinterpretation ausgearbeitete Unterscheidungen, dann könnte die Plot-Ebene als vorikonographische Ebene und die Story-Ebene als ikonografische Ebene, also in unserer Begrifflichkeit die Ebene der Ordnung der Objekte und die Ebene der Sinnzusammenhänge, übertragen werden. Die Story des Bildes ergibt sich, indem kulturelle Bedeutungen und sinnhafte Zusammenhänge durch den Betrachter in einem Interpretationsprozess hergestellt werden.

Die Hypothesen und Lesarten über die Ordnung der Objekte und deren Sinnzusammenhänge (Narrationen) erzeugen die ersten Konturen einer Gesamt-interpretationsrichtung, die im nächsten Schritt über die Analyse formaler Elemente ausgearbeitet werden.

3) Die Inszenierung der Objekte (mise-en-scène)

Bei diesem Schritt machen wir weitere Anleihen bei dem Filminterpretationsmodell von Bordwell und Thompson, und zwar nehmen wir einige Analyseaspekte auf, die dort zur Analyse der mise-en-scene entwickelt worden sind: (a) setting: Landschaften, Räume, Hintergründe etc.; (b) Farbe und Licht; (c) Staging: Einstellungsgrößen, Perspektive und Komposition. Es handelt sich um Analysen, die im Sinne Max Imdahls den Anspruch erheben, das Bildhafte des Bildes zur Geltung zu bringen. Es ging Max Imdahl darum, den Bildsinn als einen inner-bildlich gestifteten zu deuten, alles nur außerbildlich Illustrierende auszuschal-ten und damit das Kunstwerk in seiner entschiedenen Autonomie zu begreifen. Seine berühmte Definition lautet: „Thema der Ikonik ist das Bild als eine solche Vermittlung von Sinn, die durch nichts anderes zu ersetzen ist" (Imdahl 1994, 300). Dass wir mit diesem Analyseschritt den Bezug zu Imdahl herstellen, bedeu-tet nicht, dass wir seiner grundlegenden Prämisse folgen, die er in dem Begriff des „sehenden Sehens" zum Ausdruck brachte. Damit meint er, kritisch gegen Panofsky gewendet, dass nichts außerhalb des Bildes herangezogen werden sollte, um das Bild zu verstehen. Wir sehen mit einer solchen methodologischen und erkenntnistheoretischen Prämisse grundlegende Probleme verknüpft. Insofern präferieren wir eher das von ihm kritisierte „wiedererkennende Sehen", das uns, begleitet von entsprechender methodischer Kontrolle, in sozialwissenschaft-licher Hinsicht geeigneter erscheint. Daraus folgt allerdings nicht, dass wir die Bedeutung von Formalanalysen herabsetzen, was schon daran gesehen werden kann, dass wir darin einen eigenständigen Analyseschritt sehen.

Gleichwohl bedeutet es, dass für uns diese Formalanalysen eine inhaltliche Funktion aufweisen. Wir folgen damit Panofsky und begeben uns – das ist uns schon klar – in ein umstrittenes Gebiet: Nach Panofsky müssen nämlich die rein formalen Darstellungselemente zu „Symbolen von etwas Dargestelltem umgedeutet" werden (Panofsky cit. Bätschmann 2001, 17). Die Kritik an diesem Primat des Sachverstehens geht in die Richtung, dass die Darstellung bloßes Mittel für die Sache sei. Auch wenn bildhafte Artikulationen Veränderungen des Sehens erzeugen sollen, erzeugen sie dadurch doch auch immer andere Weltsichten und damit andere Bedeutungs- und Sinnzusammenhänge. John Ruskin sprach von der „Wiederherstellung des Zustandes eines unschuldigen Auges" (Ruskin; cit. Bätschmann 2001, 26). Auch wenn bildhafte Artikulationen als die Negation der sprachlich geordneten Welt gesehen werden, erzeugen sie doch andere Bedeutungs- und Sinnzusammenhänge. Zusammenfassend gesagt: Aus unserer Sicht trägt der Vorwurf, man würde formale Strukturen, also das Bildhafte des Bildes, inhaltlich instrumentalisieren, nicht weit. Die Annahme, das Kunstwerk sei nur Dokument für etwas anderes, ist – bei Berücksichtigung der Analyse der mise-en-scene – aus sozialwissenschaftlicher Sicht denn auch keine Einschränkung.

4) Bildungstheoretisch orientierte Analyse der Selbst- und Welthaltung

Diese letzte Stufe der Interpretation arbeitet den gesellschaftlichen Gehalt des Bildes heraus. Panofsky nennt diese Stufe, bei ihm ist es die dritte, „ikonologische Interpretation", die Bestimmung des Gehaltes eines Phänomens. In der ikonologischen Analyse, gleichsam als Krönung des deutenden Verfahrens, geht es ihm um die Einbindung des beobachteten und entschlüsselten Phänomens in den geistesgeschichtlichen Zusammenhang, aus dem erst das Verständnis eines Epochencharakters resultiert. Diese ikonologische Analyse erschließt den Kardinalsinn eines Kunstwerkes, welches damit zu einer „symbolischen Form" seiner Zeit wird. Allgemeiner: Das Phänomen wird hier Ausdruck für eine Person, ein Milieu, eine Gesellschaft oder einer ganzen Zeit. Panofsky spricht auch von der *eigentlichen* Bedeutung des Phänomens. Sie „wird erfaßt, indem man jene zugrunde liegenden Prinzipien ermittelt, die die Grundeinstellung einer Nation, einer Epoche, einer Klasse, einer religiösen oder philosophischen Überzeugung enthüllen, modifiziert durch eine Persönlichkeit und verdichtet in einem einzigen Werk" (Panofsky 1962, 33).

Das Werk ist Ausdrucksform für eine kulturrelative, historisch bedingte Geisteshaltung. D.h. der Rezipient des Bildes weiß, welches das Wesen einer Epoche ist und nimmt dieses Wissen, um zu sagen, dass dieses Werk in dieser und jener Hinsicht typisch ist. Es liegt also eine Kombination zweier Wissenstypen vor: Das Wissen über das Werk und das zeitdiagnostische Wissen. In diesem Sinne sagt Panofsky: „Ikonologie ist mithin eine Interpretationsmethode, die aus der Synthese, nicht aus der Analyse hervorgeht" (Panofsky 1962, 34).

„Die ikonologische Interpretation schließlich erfordert mehr als nur eine Vertrautheit mit bestimmten Themen und Vorstellungen, wie sie durch literarische Quellen übermittelt wurden. Wenn wir die Grundprinzipien erfassen möchten, die sowohl der Wahl und der Darstellung von Motiven wie auch der Herstellung und Interpretation von Bildern, Anekdoten und Allegorien zugrunde liegen und die sogar den angewandten formalen Anordnungen und technischen Verfahren Bedeutung verleihen, können wir nicht darauf hoffen, einen einzelnen Text zu finden, der mit jenen Grundprinzipien so übereinstimmt, wie Johannes 13, 21ff. mit der Ikonographie des letzten Abendmahls übereinstimmt. Um diese Prinzipien zu erfassen, benötigen wir eine geistige Fähigkeit, die derjenigen eines Diagnostikers vergleichbar ist – eine Fähigkeit, die ich nicht besser beschreiben kann als durch den ziemlich in Mißkredit geratenen Ausdruck ‚synthetische Intuition‘ und die in einem begabten Laien besser entwickelt sein kann als in einem belesenen Gelehrten." (Panofsky 1962, 39)

Das Bild wird auf dieser Analyseebene zum Dokument einer Epoche, zur Manifestation des menschlichen Geistes, so würde es Hegel nennen, durch die die zugrunde liegenden Koordinaten der Selbst- und Weltreferenz zu entschlüsseln sind. Und genau an dieser Stelle wird der bildungstheoretische Bezug deutlich. Folgt man Wilhelm von Humboldt, dann bedeutet eine bildende Entwicklung des Menschen, dass er seine Kräfte in möglichst optimaler Weise entfaltet. Humboldt folgt in dieser Perspektive den klassischen Denkannahmen des Deutschen Idealismus, die im Kern darin bestehen, dass sich erstens eine solche Entwicklung in tätiger Auseinandersetzung mit der natürlichen, sozialen und gesellschaftlichen Umwelt vollzieht. Dieser sogenannte Subjekt-Objekt-Dualismus ist ein zentrales Denkmotiv, eine Wechselwirkung, wie Humboldt es nennt, zwischen Mensch und Welt.

„Der Mensch kann wohl vielleicht in einzelnen Fällen und Perioden seines Lebens, nie aber im Ganzen Stoff genug sammeln. Je mehr Stoff er in Form, je mehr Mannigfaltigkeit in Einheit verwandelt, desto reicher, lebendiger, kraftvoller, fruchtbarer ist er. Eine solche Mannigfaltigkeit aber gibt ihm der Einfluss vielfältiger Verhältnisse. Je mehr er sich demselben öffnet, desto mehr neue Seiten werden in ihm angespielt, desto reger muß seine innere Tätigkeit sein, dieselben einzeln auszubilden und zusammen zu einem Ganzen zu verbinden." (Humboldt 1796, 346)

Die zweite Denkannahme des Deutschen Idealismus besteht darin, dass der Mensch in der Art und Weise seiner tätigen Auseinandersetzung mit der Welt gleichsam Spuren hinterlässt. Es sind Manifestationen, die im weitesten Sinne das darstellen, was er schafft. In solchen Manifestationen drückt sich der menschliche Geist aus, es sind „verschiedene Offenbarwerdung(en-W.M) der menschlichen Geisteskraft" (Humboldt 1830-1835, 383).

Diese klassische Subjekt-Objekt-Dialektik liegt der grundlegenden Entwicklung des Menschen, bei Humboldt als Entwicklung des menschlichen Geistes bezeichnet, zugrunde: Indem der Mensch sich mit seiner natürlichen, sozialen und kulturellen Umwelt auseinandersetzt und auf Grund seiner wirkenden Gestaltung der Verhältnisse Spuren hinterlässt, setzt er sich zu sich selbst und zur Umwelt in ein reflektiertes Verhältnis.

Entscheidend ist für Humboldt, dass diese Entwicklung des menschlichen Geistes ganz wesentlich über Sprache erfolgt, denn Sprache ist eine auf einen bestimmten Zweck gerichtete Geistesarbeit (Humboldt 1796, 389; vgl. Kap. 2.1.1). Heute würden wir von der Ausgestaltung und der Entwicklung von Reflexionsmustern sprechen. Nur über die Sprache könne der Mensch ein (reflektiertes) Verhältnis zu sich und zur Welt entwickeln. Der Grad dieser Reflexivität ist in Humboldts Sicht also sehr stark an die Entwicklung der Sprache gebunden: „Der Mensch lebt mit den Gegenständen [...] so, wie die Sprache sie ihm zuführt" (Humboldt 1830-1835, 434).

Aus heutiger Sicht sind bei der Herausarbeitung des grundlegenden Strukturmusters des Bildungsbegriffs bei Humboldt nicht alle Implikationen zu übernehmen, insbesondere solche, die der Zeit des Deutschen Idealismus geschuldet sind. Im Kern gehört dazu der Fortschrittsoptimismus, also die Annahme des Fortschreitens der Weltgeschichte zum Besseren, so dass auf diese Weise eine Vervollkommnung des Menschengeschlechtes erreicht wird. Aber das grundlegende bildungstheoretische Reflexionsformat, nämlich die sprachlich organisierte Selbst- und Weltreferenz des Menschen, kann übernommen und weiter entwikkelt werden. Die Weiterentwicklung bezieht sich im wesentlichen darauf, dass bei einer bildungstheoretischen Betrachtungsweise auch bildhafte Artikulationen in das Zentrum der Aufmerksamkeit geraten können. Sie sind Manifestationen des menschlichen Geistes genau so wie sprachliche Artikulationen, so dass aus ihnen ebenfalls Selbst- und Weltreferenzen des Menschen erschlossen werden können. Eine bildungstheoretische Interpretation eines Bildes fragt also danach, wie sich aus der Sicht des Einzelnen Gesellschaftliches und Kulturelles im Sinne einer Zeitdiagnose in einem Bild artikuliert.

Der Kunsthistoriker van Straten plädiert für eine deutliche Unterscheidung zwischen *kunst*historischen und *kultur*historischen Analysen – man könnte auch von *kunst*wissenschaftlichen und *kultur*wissenschaftlichen Analysen sprechen. Konsequenterweise sagt er als Kunstwissenschaftler: „Ikonologische Sachfragen gehören eigentlich nicht zum Thema dieses Buches und werden im weiteren Verlauf nur noch am Rande erwähnt" (van van Straten 1997, 32). Das Überschreiten kunstwissenschaftlicher Analysen in Richtung kulturwissenschaftlicher Untersuchungen ist aber für Sozial- und Kulturwissenschaften, und dazu gehören auch Bildungs- und Erziehungswissenschaft, von zentraler Bedeutung. Das Verflochtensein mit der jeweiligen Zeit/Epoche und die Absicht, über diese etwas zu erfahren, ist für sozialwissenschaftliche Forschung unaufhebbar. Uns scheint, dass Karl Mannheims Begriff der Weltanschauung große Teile dessen beinhaltet[9], was wir unter bildungstheoretischer Perspektive aus-

---

9 „Die dokumentarische Methode hat die Eigenheit, dass sie im Unterschiede zu den beiden anderen Arten des Verstehens in einem jeden Zeitalter neu gemacht werden muss, und dass eine jede einzelne Deutung innerhalb ihres Bereiches eng verflochten ist mit jenem geistig historischen Standorte, von

geführt haben. Mannheim verfolgt die Absicht, „die methodologische Struktur und den logischen Ort des Weltanschauungsbegriffes innerhalb der historischen Kulturwissenschaften zu bestimmen" (Mannheim 1921, 91). Es geht ihm gerade darum, die Weltanschauung eines Zeitalters zu bestimmen, also jene grundlegenden Prinzipien, von denen Panofsky unter Bezug auf Mannheim spricht. Insofern stellt unser Methodenentwurf einen bescheidenen Versuch dar, etwas über die „Geworfenheit" des Menschen in sozio-strukturelle Gefüge von Gemeinschaften und Gesellschaften zu erfahren.

Fassen wir zusammen: Das vorgelegte Interpretationsmodell soll im Kontext Qualitativer Sozialforschung einen Weg weisen, visuelles Material (Bilder, Fotos etc.), sofern sie sich auf soziale Situationen beziehen, zu interpretieren. Die vier Stufen gehen von der Bestimmung der Bildmotive aus und verknüpfen diese mit einer strikten reflexiven Kontrolle der kulturellen Bedeutungsgehalte. Dadurch wird eine starke interkulturelle Sensibilität aufgebaut. Erst im zweiten Schritt erfolgt die kulturelle Situierung und die Entwicklung von Bedeutungs- und Sinnzusammenhängen. Die sich auf diese Weise ergebende Bildinterpretationshypothese wird im dritten Schritt über eine Formalanalyse des Bildes ausgearbeitet, so dass schließlich im vierten Schritt der bildungstheoretische Gehalt des Bildes (Selbst- und Weltreferenzen) ermittelt werden kann.

Wie schon für das vorangegangene Filmkapitel gilt auch für dieses Kapitel, dass die Trennung der vier Orientierungsdimensionen (Wissensbezug, Handlungsbezug, Grenzbezug und Biographiebezug) didaktischen Überlegungen folgt. Sie bedeutet nicht etwa, dass ein Bild *de facto* in jedem Fall nur für eine Orientierungsdimension relevant wäre. Wir werden in diesem Sinne im Folgenden verschiedene Fotografien diskutieren, die u.E. jeweils für je eine der vier Orientierungsdimensionen besonders aufschlussreich sind, und dabei jeweils ein im „Modus der Bestimmtheit" und ein im „Modus der Unbestimmtheit" verfahrendes Beispiel vorstellen. Dabei werden wir – zu Demonstrationszwecken – das erste Bild im Sinne der beschriebenen Methode sehr explizit und kleinschrittig interpretieren.

4.2 Bildungsdimension Wissensbezug

Im Anschluss an die oben (S. 92) angedeutete Diskussion um die „Krise der Repräsentation" stellt sich für uns *nicht* die Frage, ob der Wissensbezug in Fotografien authentisch oder im Sinne einer realistischen Abbildtheorie „wahr" ist. Vielmehr sind wir – im Sinne unserer bildungstheoretischen Unterscheidung von Verfügungs- und Orientierungswissen – daran interessiert, *welche Art* von Wissen auf *welche Weise* von Fotografien hervorgebracht werden kann, insbesondere: welche Orientierungspotenziale sie in der Wissensdimension entfalten können. Mit

dem aus man sich dem Geist verflossener Epochen nähert" (Mannheim 1921, 126).

Günter Abel können vier Modi des „Bildwissens" unterschieden werden:
1. Bilder als Auslöser für Prozesse der Wissensgenerierung und Handlung,
2. Bilder als Visualisierung und Veranschaulichung,
3. Bilder als Inkorporationen von Formen des Wissens, sowie
4. Bilder als konstitutive Bestandteile von Argumentationen und Beweisen.

In allen vier Hinsichten, so Abel, „können sie kognitive und orientierende Funktionen ausüben" (Abel 2005, 23). Unter bildungstheoretischen Aspekten ist dabei der erste Modus von besonderem Interesse, insbesondere unter der Fragestellung, welche Prozesse der Generierung von Orientierungswissen potentiell von Bildern ausgehen können. Rufen wir uns dazu die Merkmale von Bildungsprozessen (vgl. Kap. 2) in Erinnerung, so sehen wir, dass es einerseits darum gehen kann, in den verschiedenen lebensweltlichen Bezugsdimensionen Orientierungen zu erzeugen, andererseits aber auch darum, Flexibilisierungs- und Veränderungsprozesse auszulösen (also Wahrnehmungsmuster und Orientierungsschemata zu verändern), indem vorhandene Muster bewusst gemacht, negiert, relativiert etc. werden. Einerseits also können durch Bilder Sachverhalte sichtbar gemacht werden, die in dieser Weise oder Qualität vorher nicht bekannt waren – so etwa in der sozialdokumentarischen Fotografie. Andererseits kann das Foto aufgrund seiner prinzipiellen Unabgeschlossenheit (Interpretationsbedürftigkeit) Such- und Fragebewegungen beinhalten und beim Betrachter provozieren, die einem tentativen Erfahrungsmodus entsprechen.

In dieser Bezugsdimension geht es also allgemein um ein „kontextualisierendes Sichtbarmachen" von Sachverhalten. Dies kann darin bestehen, dass in einer Fotografie eine Ansicht oder eine Sichtweise artikuliert wird, indem mittels einer kompositorisch komplexen Art der bildlichen Präsentation Informationen in Zusammenhänge eingebettet und damit kontextualisiert werden, oder aber darin, dass vorhandene Wissensgehalte und Sichtweisen auf neue Weise gerahmt werden, so etwa durch De- und Rekontextualisierung, Ironie, Kritik, durch neue visuelle Perspektiven, durch neue temporale Perspektiven, etc.

4.2.1 Rudolf Holtappel: Eisenheim-Siedlung

Abb. 1: Rudolf Holtappel: Eisenheim-Siedlung, älteste Arbeitersiedlung des Ruhrgebiets, Oberhausen 1970 (Quelle: Schneider/Grebe 2004 2004, 140).

Objektbeschreibungen (Hypothesen der Objektbenennung)
Es ist unmittelbar erkennbar, dass wir es bei dieser Schwarzweiß-Fotografie mit einer Außenaufnahme zu tun haben, auf der Häuser, Wege, Menschen, Tiere und Fahrzeuge zu erkennen sind. Wir beschreiben zunächst die unbelebten Objekte, um uns anschließend den Personen zu widmen.
Zu sehen ist eine nicht geteerte und nicht gepflasterte Straße, die einen großen Teil der Bildfläche einnimmt und vom Bildvordergrund in den Bildhintergrund verläuft. Eine Reihe von vier quadratischen Steinplatten verläuft im vorderen Teil der Straße quer von links nach rechts, jeweils mit einem Zwischenraum, der etwas kürzer als die Kantenlänge der Steine (geschätzt etwa 30-40 cm) ist. Der Abstand zwischen den Platten liegt bei geschätzten 70-100 cm, entspricht mithin einer Schrittlänge. Die dritte Platte von links ist gebrochen. Die Reihe führt zu einem ebenfalls auf der Straße befindlichen Eisenrost, an den die steinerne Schwelle eines Backsteinhauses anschließt, die ihrerseits ein weiteres eingelassenes Eisenrost mit darüber gelegter Fußmatte aufweist. Dieses rechts im Bild befindliche, am Bildrand „angeschnittene" Haus ist weiterhin von der Straße durch einen ca.

1 m breiten Streifen getrennt, der aus Zement gefertigt sein könnte, teilweise aufgebrochen ist und an den Rändern (zur Straße hin) rechts der Schwelle von schmalen Abschluss-Steinen abgegrenzt wird; links der Schwelle jedoch eher als ein flacher Sockel erscheint, der nicht durch Schlusssteine begrenzt wird, sondern in einem abgeflachten Winkel zur Straße hin ausläuft, wobei eine unregelmäßige, ausgerissene Kante am Übergang zur Straße zu sehen ist.

Von dem Haus zur Rechten ist ein offener Eingang zu erkennen (eine Tür ist nicht sichtbar), der den Blick auf ein Stück gekachelter Wand im Innern freigibt; ferner zwei hohe Fenster im Erdgeschoss. Über diesem Ensemble sind kleine quadratische Fenster zu sehen, sowie die Abschlusskante einer Dachrinne. Es lässt sich daraus schließen, dass es sich um ein eingeschossiges Gebäude mit Dachstuhl handelt. Ein weißes Kabel verläuft vom Dachgeschoss kommend zum hinteren der beiden Fenster und von dort aus ins Innere des Hauses – es könnte sich etwa um ein „aufputz" verlegtes Antennenkabel handeln. Über dem Eingang befindet sich eine kugelförmige Außenbeleuchtung. Ein Besen lehnt links neben dem Eingang an der Hauswand – Bürste nach oben zeigend; ein kleiner weißer Eimer ist etwa in Kopfhöhe ebenfalls links neben dem Eingang an der Hauswand aufgehängt. Auf dem Sockel links der Schwelle befinden sich zwei einfache Gartenstühle; zwischen diesen eine Bank. Auf dem rechten Stuhl sitzt eine Person (Personenbeschreibungen erfolgen später). Hinter ihr steht auf dem Fenstersims eine etikettierte Weißglasflasche von der Form einer Mineralwasserflasche. An das Haus schließt, in Höhe der oberen Bildmitte eine niedrige Hecke (in offenbar sehr gepflegtem Zustand) an, die möglicherweise einen Garten von der Straße abgrenzt und zu einem weiteren Haus führt, dessen Bauart mit dem oben beschriebenen weitgehend identisch zu sein scheint. Zusätzlich erkennbar ist hier ein Giebeldach sowie eine auf diesem montierte Rundfunk-Antenne. Im gleichen Muster ist, nun schon deutlich im Bildhintergrund, eine weitere kurze Hecke und ein weiteres Haus zu erkennen; dahinter verdeckt ein Baum weitere Strukturen, die auf dem zur Interpretation vorliegenden Druck nicht mehr erkennbar sind (möglicherweise aber auf dem Originalabzug). Bei allen Gebäuden der linken Seite sind Bänke links und rechts neben dem Eingang erkennbar.

Die linke Seite weist ebenfalls Gebäude auf, doch sind diese von anderer Bauart. Zunächst ist im linken Bildvordergrund etwas im Ansatz zu erkennen, das eine Teppichstange sein könnte (ein Gerüst aus zwei vertikalen und einer horizontalen Metallstange, über die Teppiche gehängt und ausgeklopft werden können; solche Teppichstangen sind in vielen bis in die 1960er Jahre gebauten Siedlungen zu finden). Alternativ könnte es sich etwa auch um ein einfaches Fußballtor handeln, doch spricht die direkte Nähe zur Straße gegen diese Lesart. Eine anschließende Rasenfläche wird von drei Pfeilern begrenzt, davon die äußeren von stärkerem Umfang, der mittlere etwas dünner. Falls diese Pfeiler einen Maschendrahtzaun tragen, so ist dieser jedenfalls auf dem Druck nicht erkennbar. Es ist jedoch wahrscheinlich, dass sie zumindest in vergangener Zeit einem solchen Zweck gedient haben, da eine andere Funktion sich aus dem Bild nicht erschließen lässt. Es schließt ein Backsteingebäude an, das wesentlich kleiner als die Häuser auf der rechten Seite ist. Zur Straßenseite hin sind eine Art Stalltür erkennbar (eine einfache Holztür, die mit großen Eisenangeln auf der Hauswand befestigt ist und von außen auf derselben aufliegt) und ebensolche hölzernen Fensterläden. Man könnte vermuten, dass es sich bei diesem Gebäude um einen Stall oder ähnliches handelt, bzw. gehandelt haben könnte. Es befindet sich ein Stuhl vor diesem Gebäude, das, soweit erkennbar, nicht über eine befestigte Abgrenzung zur Straße verfügt, so dass der Stuhl praktisch auf der Straße steht. An die Rückseite dieses Gebäudes schließt eine niedrige Backsteinmauer an, die ein Karree umschließt, das flächenmäßig deutlich ist kleiner als die Grundfläche. Auch diese Umzäunung einer Fläche, die für einen Garten erheblich zu klein bemessen ist, könnte ein Hinweis auf die (ehemalige) Funktion dieser Gebäude sein. Im Hintergrund ist auf der linken Bildseite, oberhalb des beschriebenen Gebäudes, ein Baum sowie, weiter weg, ein weiteres Haus zu sehen. Auf der Höhe seines hinteren Endes, zur Straßenseite hin, befindet sich ein Strommast, dessen Leitungen zu weiteren Strommasten entlang des linken Straßenrandes führen. Wie bereits auf der rechten Seite, wiederholt sich auf der linken das beschriebene Bebauungsmuster (Rasenfläche – stallähnliches Gebäude) bis in den Bildhintergrund. Beide Straßenseiten laufen auf nur noch schwach erkennbare unregelmäßige Strukturen zu, die einen bewachsenen Hügel oder auch einen Park mit höheren Bäumen darstellen könnten.

Auf der Straße – mit dieser Beobachtung beenden wir die Beschreibung des Settings – sind zwei Personenkraftfahrzeuge zu sehen. Es handelt sich, soweit anhand der Form identifizierbar, bei dem vorderen Wagen wahrscheinlich um einen Ford Capri I mit seinem charakteristisch kantigem Design (Produktionsjahre: 1969-1973); der hintere, weit hinten auf der linken Straßenseite erkennbare Wagen lässt rundere Formen erkennen. Es kann nicht gesagt werden, ob die Wagen parken oder fahren. Bewegungsbedingte Verwischungen wären nicht erkennbar, da offenbar mit einer sehr kurzen Verschlusszeit gearbeitet wurde (erkennbar an dem im Sprung „eingefrorenen" Hund); allerdings müssten, falls das vordere Auto in Bewegung wäre, auf einer ungeteerten Straße zumindest kleine Staubwolken zu sehen sein (was nicht der Fall ist). Falls beide Wagen parken, und davon gehen wir im Folgenden aus, so ist erstens der große Abstand zum Straßenrand auffällig – der vordere Wagen befindet sich mit seiner linken Außenseite beinahe in der Mitte der Straße – und zweitens, dass der hintere Wagen auf Fahrtrichtung links parkt, so wie es etwa bei Einbahnstraßen üblich ist.

Zu den Personen und Tieren: Erwähnt wurde bereits die auf einem Stuhl sitzende Person. Es handelt sich dem Augenschein nach um eine mittelalte bis ältere, eher korpulente Frau. Sie ist, soweit erkennbar, mit einer Kittelschürze über einem dunklen (stehend wahrscheinlich knielangen) Rock, sowie mit Sandalen bekleidet. Ihr linker Unterarm liegt auf der Lehne des Stuhls auf; ihre beiden Hände liegen auf ihrem Schoß auf, und in ihrer linken Hand hält sie einen flachen, nicht identifizierbaren Gegenstand (es könnte sich um zwei flache kleine übereinanderliegende Bücher handeln; doch sind die Winkel der beiden erkennbaren übereinanderliegenden Rechtecke so genau aufeinander ausgerichtet, dass es sich eher um *einen*, uns unbekannten Gegenstand zu handeln scheint). Ihre Sitzhaltung ist zurückgelehnt (entsprechend dem Winkel der Rückenlehne des Gartenstuhls). Die Sitzfläche ist im Verhältnis zu ihrer Körpergröße anscheinend etwas zu hoch, so dass nur ihre Fußballen den Boden berühren, die Fersen hingegen in der Luft schweben (alternativ müsste man annehmen, dass sie die Fersen aktiv nach oben drückt, also Muskelspannung im Unterschenkel aufbaut, was der im Ganzen entspannten Sitzhaltung eher nicht entspricht). Ihr Kopf ist nach links gedreht und ein wenig nach unten geneigt. Ihr Blick richtet sich die Szene im Vordergrund.

Dort ist, vor dem dritten Pflasterstein (also im rechten unteren Bild-Quadranten) ein lachender oder lächelnder blondhaariger Junge von etwa 8-11 Jahren zu sehen. Er trägt dunkle Kleidung – Halbschuhe, dunkle Socken, die Hose könnte eine Jeanshose sein, sowie ein dunkles kurzärmliges Hemd mit Kragen und hellen Hemdknöpfen. Seine linke Hand steckt locker in der linken Hosentasche; sein rechter Arm hält (wahrscheinlich) einen nicht identifizierbaren Gegenstand in die Höhe (etwas über Kopfhöhe; es wäre auch möglich, dass er nichts in der Hand hält). Sein Blick ist auf den Kopf des Hundes gerichtet. Die Körperhaltung – der Junge steht auf seinem linken Fuß; der rechte Unterschenkel ist nach hintern angewinkelt, so dass der linke Fuß entweder in der Luft schwebt oder knapp den Boden berührt – lässt darauf schließen, dass die Haltung keine statische ist, sondern eine durch kurze Verschlusszeit der Kamera „eingefrorene" Bewegung darstellt. Dafür spricht auch der bereits erwähnte Hund – ein kurzbeiniger, kurzhaariger Hund; möglicherweise ein Dackel – der an dem Jungen hochspringt und offenbar versucht, den Gegenstand in der rechten Hand des Jungen zu erreichen. Auffällig ist der lange Schatten dieses Ensembles, der zum rechten unteren Bildrand verläuft und vollständig im Bild enthalten ist. Der Länge des Schattens ist zudem zu entnehmen, dass das Foto entweder vormittags oder nachmittags aufgenommen wurde (andere Varianten, etwa eine Mittagsaufnahme bei tiefstehender Wintersonne oder eine Aufnahme in einer Gegend nahe dem Polarkreis können wohl aufgrund der deutlich sommerlichen Kleidung der Personen ausgeschlossen werden).

Auf diese Szene ist der Blick eines weiteren, dunkelhaarigen Jungen ähnlichen Alters gerichtet. Er befindet sich auf der linken Hälfte der Straße etwa in Höhe der Teppichstange, vertikal ziemlich genau in der Bildmitte; horizontal etwa auf der linken Drittellinie des Fotos. Er trägt ein helles kurzärmliges Hemd, eine dunkle kurze Hose, dunkle Schuhe sowie dunkle Kniestrümpfe. Sein Körper ist halb zur sitzenden Frau, halb zum blonden Jungen hin gewendet; seine Körperhaltung macht einen statischen Eindruck: der rechte Arm liegt am Körper an; das linke Bein dient als „Standbein", das rechte ist leicht angewinkelt wie bei einem „Spielbein". Sollte es sich auch hier um eine eingefrorene Bewegung handeln, so wäre doch die Stellung der Füße zueinander untypisch, denn diese bilden beinahe einen rechten Winkel. Allenfalls könnte es sich mithin um eine eingefrorene Drehbewegung handeln, doch sprechen die aufrechte Körperhaltung und der locker anliegende rechte Arm eher dafür, dass der Junge stehend die Szene im Vordergrund beobachtet.

Als letztes Bildelement ist eine Person zu nennen, die sich auf der linken Straßenseite in Höhe des zweiten Gebäudes befindet. Körperform, -haltung und Kleidung lassen vermuten, dass es sich hierbei um eine ältere Frau handelt, die sich in einer Schrittbewegung in Richtung der Straßenmitte befindet.

Hypothesen und Lesarten über die Ordnung der Objekte
Bedeutungsebene: Das ikonographische Motiv des Bildes entspricht dem einer dörflichen Straßenszene. Man kann sehr eindeutig erkennen, dass der Junge im Vordergrund mit dem Hund *spielt*. Der zweite Junge beobachtet diese Szene. Seine Körperhaltung ist weder vollkommen statisch (auf beiden Beinen zugleich stehend) noch dynamisch. Er hinterlässt daher einen wartenden oder vielleicht auch unentschlossenen Eindruck. Zu dieser Annahme führt auch der Platz, an dem er steht – mitten auf einer Straße, relativ weit entfernt von möglichen Interaktionspartnern. Verschiedene Bildelemente lassen vermuten, dass es sich bei der sitzenden Frau um eine Hausfrau handelt, die eine Arbeitspause einlegt: der angelehnte Besen und der aufgehängte Eimer verweisen auf eine fortlaufende, lediglich unterbrochene Putztätigkeit. Die offene Tür könnte ebenfalls ein ein Hinweis darauf verstanden werden – möglicherweise wurden die Böden feucht gereinigt und trocknen jetzt im Luftzug der offenen Eingangstür. Für eine solche oder ähnliche Lesart spricht zudem, dass an den anderen Häusern keine Besen, Eimer oder ähnliche Gegenstände zu sehen sind, so dass davon ausgegangen werden kann, dass sie sich dort üblicherweise *nicht* befinden. Besen und Eimer wurden also hervorgeholt, aber noch nicht weggeräumt. Auch die auf dem Fenstersims abgestellte Mineralwasserflasche spricht für eine kurze Arbeitspause; jedenfalls handelt es sich nicht etwa um eine längere, mit Vorbereitungen verbundene Kaffeepause. Mit dem Ensemble dieser vier Figuren kündigt sich das Motiv der Zeitlichkeit, bzw. des Differenzpaares Arbeit vs. Freizeit (Ruhe, Spiel) an. Betrachtet man das Setting, also Straße, Gebäude, Fahrzeuge etc., so könnte man zunächst den Eindruck haben, dass es sich um die Fotografie eines sog. „Straßendorfes" handelt (dessen Häuser also entlang einer einzigen Straße aufgereiht sind). Jedoch sind am linken Bildrand weitere größere Häuser zu erkennen, so dass diese Variante ausgeschlossen werden kann. Obwohl die „Ställe" oder vielleicht auch Schuppen auf der linken Seite ebenfalls auf ein rurales Umfeld deuten

könnten, spricht doch die absolute Gleichförmigkeit der Gebäude entlang der Straße eher gegen eine solche Lesart. Zudem ist nirgendwo ein Hinweis auf landwirtschaftliche Nutzungsformen (Nutzgärten, Äcker, Großviehzucht etc.) zu sehen. Insofern die Gebäude auf der linken bzw. der rechten Seite der Straße von der Bauart her miteinander identisch sind und ihre Anordnung seriell ist, handelt es sich unverkennbar um eine *Siedlungsanlage* mit Wohn- und Nutzgebäuden, Gärten und Rasenflächen sowie weiteren typischen Einrichtungen (Teppichstange). Ob diese Anlage Teil eines Dorfes oder einer Stadt ist, ist letztlich nicht zu entscheiden – ein urbanes Umfeld, wie es für eine innerstädtische Siedlungsanlage typisch wäre, ist jedenfalls nicht erkennbar.

Ziehen wir also an dieser Stelle die Kontextinformation aus dem Titel der Fotografie hinzu. Zunächst kann aufgrund des dokumentarischen Charakters der Fotografie angekommen werden, dass der Titel des Bildes ebenfalls in dokumentarischer Absicht vergeben wurde, dass also die Benennung der „Eisenheim-Siedlung", des Ortes (Oberhausen) und der Zeit (1970) in der Absicht erfolgten, Aufschluss über die geosoziale Situierung zu geben. Es ist auch hier wichtig zu berücksichtigen, dass diese Kontextinformationen nicht einfach als „wahr" eingestuft werden können, sondern lediglich als Hinweise zu behandeln sind. So führte uns eine Recherche nach dem Bildautor Rudolf Holtappel zu einer Internetpräsenz mit weiteren Fotografien von Holtappel, darunter ein zweites, offenbar zur gleichen Zeit am gleichen Ort entstandenes Foto mit der Titelangabe „‚Siedlung Eisenheim', Oberhausen, 1961 (30/24 cm)".[10] Aufgrund des kantigen Designs des vorderen rechten Wagens kann eine solch frühe Datierung allerdings nur als sehr unwahrscheinlich erscheinen. Wir gehen also davon aus, dass das Bild auf den Beginn der 1970er Jahre datiert.

Es sind verschiedene Hinweise auf die soziale Situierung der Bewohner zu finden. Zunächst ist die ungepflasterte Straße, sowie das Fehlen von Bürgersteigen zu nennen. Die Häuser sind schlicht und schmucklos und insofern wenig repräsentativ. Leichte Anzeichen von Verfall sind zu bemerken (der zementierte Randstreifen rechts im Bild weist Risse auf; ebenso wie die dritte der quer über die Straße laufenden Steinplatte. Diese Platten, sowie die unterschiedliche Ausführung der Randstreifen und des „Sockels" links und rechts neben der Türschwelle (einmal mit Abschlusssteinen, einmal ohne) sind offenkundig nicht fachgerecht angefertigt, also möglicherweise selbst angefertigt und/oder sehr billig und ohne Beachtung ästhetischer Kriterien ausgeführt (ebenfalls dafür sprechend: das „aufputz" verlegte Antennenkabel). Die Gebäude auf der linken Seite hinterlassen das Rätsel, ob sie (ehemals) Ställe oder sonstige Nutzgebäude darstellten. Spuren von Kleinvieh sind jedenfalls nicht zu finden. Zwei Bildelemente sprechen dafür,

---

10 http://tinyurl.com/4eewpj [18.6.2008]. Dieses zweite Foto eröffnet die interessante Gelegenheit einer kontrastierenden Interpretation beider Werke, worauf wir in unserem Kontext allerdings verzichten müssen.

dass diese Gebäude weiterhin genutzt werden (erstens der vor dem ersten Stall/ Schuppen platzierte Stuhl; zweitens die Frau im Hintergrund, die gerade aus dem zweiten Stall/Schuppen zu kommen scheint). Insgesamt stehen 1) die Bauart der Gebäude und der Straße, 2) der Zustand derselben sowie 3) der fehlende Hinweis auf landwirtschaftliche Erwerbsformen mit der Kontextangabe „Arbeitersiedlung" aus dem Titel in hoher Übereinstimmung. Dass es sich hierbei laut Titel um die „älteste Arbeitersiedlung des Ruhrgebiets" handelt, könnte die sehr schlichte Bauart der Anlage erklären.

Bevor wir weitergehen und diese Klärung auf der Ebene der Objektbedeutungen zu einer Rekonstruktion der innerbildlichen Narration, also des Sinns, zusammenmenfügen, lassen sich noch einige Hinweise auf die Situation, die das Bild zeigt, auswerten. Zwar kennen wir nun den Ort und das vermutliche Jahr der Aufnahme, doch sind Jahreszeit, Tag und Tageszeit noch unbekannt. Insofern die Aufnahme in unseren Breiten entstanden ist, können wir auf unsere klimatischen Erfahrungen zurückgreifen. Die Kleidung der Personen (kürzerer Rock/ Sandalen, ärmellose Kittelschürze der Frau; kurzärmlige Hemden der beiden Jungen) sind ein deutlicher Hinweis auf wärmere Temperaturen, allerdings nicht auf Hitze (Kniestrümpfe des einen, lange Hose des anderen Jungen). Es könnte sich um eine Szene im Frühling, im Frühsommer oder auch Frühherbst handeln. Insofern weder Blüten noch welkes Laub zu sehen sind, erscheint der Frühling/ Frühsommer als wahrscheinlichste Variante. Ob das Bild an einem Werktag aufgenommen wurde, ist letztlich nicht zu entscheiden. Man kann allerdings vermuten, dass es sich nicht um einen Sonntag handelt. Erstens wäre der offenbar stattfindende größere Hausputz eine für einen Feiertag eher untypische Tätigkeit. Zweitens sind nur wenige Personen, und ausschließlich Frauen und Kinder, aber keine Männer auf dem Bild zu sehen. Die Arbeiter und ggf. auch Arbeiterinnen fehlen somit auf dem Bild (sofern die Arbeitersiedlung zu dieser Zeit noch für eine solche homogene Gruppe von Industriearbeitern genutzt wurde). Handelt es sich um einen Werktag, so wäre aufgrund des Sonnenstandes (Schatten) auf einen Nachmittag zu schließen, ansonsten aber auf die Schulferienzeit. In jedem Fall kommen wir auf die obige Feststellung zurück, dass die Szene mit dem Thema „Freizeit" konnotiert ist. – Wir bewegen uns mit diesen Spekulationen bereits in der Nähe möglicher Narrationsentwürfe des Bildes. Festzuhalten ist jedenfalls die relative Menschenleere im Bild. Nimmt man als Kontextinformation hinzunimmt, dass die Eisenheim-Siedlung zu ihren Hochzeiten in ca. 50 Häusern über 1000 Menschen beherbergte, so ist diese Leere insbesondere auffallend.

Sinnebene: Narrationsentwürfe können die Bedeutungen der Bildelemente aus verschiedenen Perspektiven oder Aspekten heraus zu einem Ganzen zusammenfügen. Beziehen wir die uns gegebenen Kontextinformation, also den Titel der Fotografie ein, so ergeben sich zwei sehr unterschiedliche Perspektiven. Das Bild selbst zeigt eine Reihe aufeinander bezogener, situierter sozialer *Handlungen* –

Spielen, Beobachten/Warten, Ausruhen/Pausieren. Der Bildtitel jedoch fokussiert ausschließlich auf das *architektonische Ensemble*. In Begriffen der Filmanalyse haben wir es einmal mit dem *acting*, das andere mal mit dem *setting* zu tun. Der Titel enthält zudem eine Historisierung der Siedlungsanlage. Er verortet sie innerhalb eines sozialgeschichtlichen „Megatrends" des 19. Jahrhunderts, also des Industrialisierungszeitalters. Die so entstehende Differenz zwischen den möglichen Narrationen ist nicht gering.

Eine auf die *Interaktionssituation* fokussierende Variante könnte wie folgt lauten: Das Bild zeigt einen typischen frühsommerlichen Nachmittag in einer Arbeitersiedlung. Es herrscht überwiegend Stille. Wir sehen eine Hausfrau, die in einer Arbeitspause ihrem etwa 10-jährigen Sohn beim ausgelassenen Spiel mit dem Hund zuschaut. Ein Nachbarsjunge schaut dabei zu. Die Fotografie hält einen Moment der *Freizeit* der drei Personen im Vordergrund fest.

Eine auf *Mileuaspekte* fokussierende Narration bietet sich gleichfalls an: Die Fotografie erzählt von einer typischen Situation im Arbeitermilieu der späten 1960er Jahre. Es verweist auf relativen Wohlstand (vorhandene Gärten, neues PKW-Modell, gutgekleidetes Kind im Vordergrund) bei einem insgesamt eher bescheidenen Lebensstandard (Zustand/Alter der Straße und der Häuser), auf eine intakte Sozialordnung (Hausfrau/Sohn), vorhandene soziale Beziehungen innerhalb der Siedlung (Nachbarsjunge/Spielkamerad; Stühle und Bänke vor den Häusern). Die Bewohner leben ein in seiner Bescheidenheit geordnetes Leben mit gewissen Freiräumen, die sich nicht zuletzt aus dem geringen „Strukturierungsgrad" der Siedlungsanlage, ihrer geringen Funktionalität im Vergleich zu den modernen Massenwohnanlagen der 1960er und 1970er Jahre, ergeben. Die ungeteerte, ungepflasterte Straße symbolisiert im Bild dieses Ineinandergreifen von ökonomischer Schlichtheit und relativer Freiheit: sie ist für starken Verkehr nicht geeignet und dient offenbar in gemischter Weise dem Straßenverkehr, aber auch dem Alltagsleben der Bewohner. Sie ist Spielraum und auch Teil des Lebensraumes. So sind beispielsweise die Privaträume, also Häuser kaum von der Straße abgegrenzt; die Straße wird „funktionsfern" benutzt (Eisenrost) und auch selbsttätig angepasst (Steinplatten). Das Bild erweckt durch seine ruhige, beinahe statische Atmosphäre den Eindruck einer Arbeiteridylle, eines intakten sozioökonomischen Milieus.[11]

Eine vom *Bildtitel* her naheliegende Narration betont eher den historischen Stellenwert der Siedlung, eröffnet also eine *diachrone* Perspektive: Die Fotografie zeigt nicht nur, dass die Eisenheim-Siedlung als die „älteste Arbeitersiedlung

---

11 Eine weitere Kontextinformation beziehen wir nicht in die Interpretation ein, erwähnen sie aber: Die Eisenheim Siedlung war in der Nachkriegszeit mehrfach vom Abriss bedroht. In den 1960er Jahren plante der Thyssen-Konzern, an dieser Stelle Hochhäuser zu bauen. Durch öffentlichen Druck und eine schließlich (1972) gegründete Bürgerinitiative gelang es, die Siedlung weitestgehend zu erhalten (vgl. Projektgruppe Eisenheim 1973). Sie steht heute unter Denkmalschutz, ist also anerkannter Bestandteil der öffentlichen Erinnerungskultur.

des Ruhrgebiets" immer noch ihrem ursprünglichen Zweck dient, indem sie Arbeiterfamilien einen schlichten, aber intakten sozialen Lebensraum bietet. Sie verweist zugleich auf den geschichtlichen Ort derselben, indem sie innerhalb eines veralteten architektonischen Ensembles Momente einer Modernisierung auf sozialer Ebene dokumentiert. Drei Aspekte lassen sich dabei (mindestens) hervorheben:

• *Erstens* die in ihrer Funktion unklaren Gebäude auf der linken Seite der Straße – aller Wahrscheinlichkeit handelt es sich hier um Stallungen für Kleinvieh und vielleicht auch um Geräteschuppen, in denen Werkzeuge und Material für die Pflege von Nutzgärten aufbewahrt werden konnten. Beide Funktionen sind zur Zeit der Aufnahme längst obsolet; die veränderte ökonomische Stellung und soziale Sicherung der Arbeiterfamilien macht den Eigenanbau und das Halten von Kleinvieh zur Subsistenzsicherung überflüssig. Der milde Kontrast zu den – ebenfalls aus einer fernen Vergangenheit stammenden, aber noch funktional verwendeten – Wohnhäusern auf der rechten Straßenseite erscheint wie eine Gegenüberstellung des bereits (funktional) Vergangenen zu einem noch-nicht funktional Vergangenen.

• Als *zweites* Element ist der PKW im Vordergrund zu erwähnen, der in der Modernität seines Designs (der Ford Capri I war ein ausgesprochen sportlicher, dabei aber preiswert gehaltener Wagen[12]) in großem Gegensatz zu den alten Backsteinhäusern, vor allem aber zu der unbefestigten Straße und den fehlenden Bürgersteigen steht. Der Eindruck der Modernität des vorderen Fahrzeugmodells wird noch einmal durch den Gegensatz zu dem älteren, rundlichen PWK im Bildhintergrund verstärkt. Insgesamt kann sich leicht die Assoziation einstellen, dass die Gebäude auf der linken Seite besser als Garagen zu nutzen wären, dass eine asphaltierte Straße nötig würde, die Häuser durch Bürgersteige von der Straße abzugrenzen wären, etc. – die Siedlungsanlage erhält durch diesen im Bild angedeuteten Kontrast geradezu etwas Museales.

• Als *drittes* Element schließlich könnte das gepflegt wirkende Äußere des Jungen im Vordergrund betrachtet werden. Während der dunkelhaarige Junge im Hintergrund mit der traditionellen und vielleicht milieutypischen Kinder-Sommerbekleidung eher einen alten Typ repräsentiert (funktionale, robuste, einfach Alltagskleidung vs. „Sonntagskleidung"), fällt der Junge im Vordergrund durch seine elegante Erscheinung auf, die durchaus auch in weniger privaten sozialen Kontexten als angemessene Kleidung erscheinen würde. Er trägt in der Freizeit lange Hosen, die beim Spielen leicht an den Knien verschlissen werden; zudem scheint es sich um Jeanshosen zu handeln, sie – zumal in den 1960er/1970er Jahren – als Zeichen für Innovation, jedenfalls als nicht traditionelles Kleidungsstück, gelten können. Auch hierin kündigen sich

---

12 Vgl. http://www.caprihome.de/ [18.6.2008]; gedankt sei den Mitgliedern von http://forum. oldtimer-info.de [18.6.2008] für ihre Hilfe.

Veränderungen an, zumal die moderne Kleidung des Jungen auch im Gegensatz zur Kittelschürze seiner (vermutlichen) Mutter steht, die – mit den Insignien des Besens und Eimers – als Hausfrau zudem tradierte Rollenmuster repräsentiert.

Der historisierende Titel der Fotografie lenkt den Blick also auf eine *innerbildliche Historizität* und eine mit dieser verbundene Thematisierung einer Modernisierungsdynamik, welche die Siedlung als architektonisches Ensemble (noch) nicht erfasst hat.

Die Inszenierung der Objekte (mise-en-scène)

Das *Setting* wurde bereits in den vorangegangenen Abschnitten weitestgehend beschrieben. Es handelt sich um eine siedlungsmäßige Ansammlung von Gebäuden in einer eher randstädtisch erscheinenden Lage. Da es sich um eine Schwarzweiß-Fotografie handelt, entfällt zwar die Analyse der Farbdimension; dafür aber lässt sich die *Tonalität* des Bildes diskutieren. Das Bild wurde in ausgeglichenen Kontrasten ausbelichtet. Es weist klar unterscheidbare Abstufungen von Grauwerten auf, die das gesamte Spektrum von Schwarz bis Reinweiß umfassen. Sowohl in den Schatten als auch in den Lichtern ist, mit Ausnahme vielleicht eines Lichtreflexes auf dem vorderen PKW, eine vollständige Durchzeichnung gegeben (soweit sich das anhand eines Druckes beurteilen lässt). Die Tonalität kann somit als neutral eingestuft werden; weder dramatisiert sie durch hohe Hell/Dunkel-Kontraste, noch nivelliert sie durch weiche Kontrastgebung. Dies verweist, insbesondere im Zusammenhang mit der Tatsache, dass das Foto vom Vordergrund bis in den Hintergrund scharf durchgezeichnet ist, auf seinen dokumentarischen Charakter, denn es wurde auf subjektive (partielle) Fokussierungen und Hervorhebungen verzichtet (interessant ist hier und für viele der folgenden Aspekte der Gegensatz zur in Fußnote 10 erwähnten zweiten Fotografie der Eisenheim-Siedlung; so ist beispielsweise das Gesicht des blonden Jungen dort im stimmungsvollen Gegenlicht abgeschattet, also nicht erkennbar).

Das Bild weist eine leicht nach links verschobene horizontale Symmetrie auf. Im Zusammenhang mit der einfachen Fluchtpunktperspektive der Straße, der Kameraposition ungefähr auf Kopfhöhe sowie dem nur leicht nach unten geneigten Kamerawinkel ergibt sich ein ruhiger, klarer Grundaufbau des Bildes. Flächenmäßig bestimmende Bildelemente sind die Straße im mittleren Grau, die Backsteinfassaden im dunkleren sowie der Himmel im hellen Grau. Das Foto scheint mit einer neutralen Brennweite aufgenommen worden zu sein, wie aus den, dem natürlichen Seheindruck ungefähr entsprechenden, perspektivischen Größenverhältnissen zu schließen ist. Die ausgewogene Verteilung der Grauflächen hinterlässt im Zusammenhang mit der ausgeglichenen Tonalität einen harmonischen Eindruck.

Wir diskutieren nun einige planimetrische Aspekte der Fotografie und versuchen, diese an die oben entwickelten Narrationen zurückzubinden. Die Idee dabei ist es, die entworfenen Narrationen anhand der formalen Eigenschaften des Bildes zu validieren und ggf. zueinander in Beziehung zu setzen.

Abb. 2: Eisenheim-Siedlung – Bildkomposition.

Man kann im formalen Bildaufbau zwei bestimmende Strukturen erkennen:
1) Die Fluchtpunktperspektive der Straße ist in Abbildung 2 anhand der beiden nach hinten verlaufenden (nicht gestrichelten) Linien angedeutet; weitere Linien könnten von den Dachlinien der Häuser und den oberen Kanten der Fenster und Hauseingänge aus gezogen werden. Deutlich sichtbar ist anhand des eingezeichneten Rasters die leicht dezentrierte Lage des Fluchtpunktes; zugleich sieht man, dass sich der vordere PKW knapp unterhalb des Fluchtpunkts und somit an einer visuell hervorgehobenen Stelle des Bildes befindet. Eine dritte Linie lässt sich entlang der Steinplatten im Bildvordergrund hinzufügen. Sie begrenzt den perspektivischen Verlauf, unterbricht also visuell die perspektivische Dynamik zum unteren Bildrand hin.
2) Wie am Raster ersichtlich, befindet sich das Ensemble Personen/Hund sowohl horizontal wie auch vertikal zum größten Teil innerhalb der Bildmitte.

Die Figuren lassen sich von einem Dreieck umrahmen, das – im Gegensatz zum Dreieck der Fluchtpunktperspektive – auf der Spitze steht. Der Linienverlauf vom Jungen im Vordergrund zu den beiden anderen Personen führt eine zweite räumliche Struktur in das Bild ein, die man so lesen kann, dass sie zwei virtuelle Fluchtpunkte aufweist (die rechte und linke Spitze des gestrichelten Dreiecks). Noch deutlicher wird dies vielleicht, wenn man sich die heller dargestellte räumliche Figur innerhalb des Dreiecks als Quader vorstellt. Die Ebene der Interaktion bildet damit einen nicht nur narrativ, sondern auch *formal* eigenständigen Teil des Bildes: Die Körper sind zwar in die Perspektive integriert (Tiefenstaffelung der Größenverhältnisse), gehen jedoch mit ihren zwei (virtuellen) Fluchtpunkten nicht in der perspektivischen Grundkomposition des Gesamtbildes auf. Die Platzierung dieses Ensembles im Mittelraum des Bildes ist überdies so dominant, dass man auf den ersten Blick die Interaktionsebene für den primären Bildinhalt halten könnte – einer solchen Lesart, die das Setting als bloße Kulisse auffassen würde, würden wir allerdings aufgrund der dominanten anderen Narrationen widersprechen. Die formale Komposition spricht vielmehr dafür, hier von einer Verflechtung zweier eigenständiger Elemente – der architektonischen Anlage einerseits sowie der sozialen Interaktionen andererseits – zu sprechen.

Bildungstheoretische Analyse

Die Fotografie ist von einer dokumentarischen Grundhaltung bestimmt; entsprechend entfaltet sie ihr Orientierungspotenzial vor allem in der Wissensdimension. Sie präsentiert eine Vielzahl impliziter und expliziter Informationen. Verbindet man die drei oben entwickelten Narrationen zu einer Synopsis, so wird die Komplexität der Bezugnahmen deutlich. In ihren drei Ebenen der Interaktionsdokumentation, der Milieudokumentation und der historischen Dokumentation und Reflexion stellt Holtappels Fotografie die Eisenheim-Siedlung als einen historischen, beinahe musealen Ort dar. Die Arbeitersiedlung wird als integrativer Sozialraum präsentiert, der in seinen an dörfliche Strukturen erinnernden Elementen (Naturbezug, Bänke, fehlender Bürgersteig etc.) von der modern-urbanen Trennung des privaten und öffentlichen Lebens nicht erfasst wurde; gleichfalls kündigen sich Modernisierungseffekte an, die die Frage nach der Zukunft der Siedlung stellen. Der implizite „Blick" der Fotografie verbindet ein städtebauliches und/oder architekturgeschichtliches Thematisierungsformat mit einer zeitgeschichtlichen Milieuskizze, indem beiden Elementen – dem Setting wie den Personen – gleichermaßen ein innerbildlicher Entfaltungsraum gewährt wird (wie sich anhand der Formalanalyse aufweisen ließ). Die darin enthaltene These ist heute, vor dem Hintergrund der Debatten um die sozialen und bildungsdemographischen Folgen der Wohnungsbaupolitik der 1960 und 1970 Jahre, vielleicht evident; zur Entstehungszeit der Fotografie jedoch stellte sie eine visuelle Artikulation von durchaus politischer Aussagekraft dar, indem sie vergessene (historische und soziale) Zusammenhänge sichtbar macht und diese dezidiert funktionalistischen Perspektiven entgegensetzt.

Zugleich aber ist die dominante zeitliche Struktur des Bildes eine der Aufbewahrung, Musealisierung und Ruhe – oder sogar Stasis. Es modelliert diese Zeitlichkeit anhand der dargestellten Differenzpaare – entfunktionalisierte Schuppen/Ställe vs. ebenfalls veraltete, aber noch funktionierende Wohnhäuser; ungeteerte Straße vs. modernes Auto; kurze Hose/Kittelschürze vs. Jeanshose – in Form übereinandergelegter oder einander überlappender temporaler Signaturen; der statische Gesamteindruck ergibt sich vor allem aus der formalen Grundsymmetrie des Bildes. Insgesamt finden wir also einen doppelten Orientierungswert: erstens einen Dokumentations- und Informationswert auf den Ebenen der Interaktion, des Milieus und der Geschichte, zweitens aber ein Reflexionspotenzial über Geschichtlichkeit, Modernisierung und Funktionswandel.

Wir haben es im Fall der Fotografie von Rudolf Holtappel mit einem formal und bildsprachlich hochgradig elaborierten Werk zu tun, welches als klassisches dokumentarisches Format betrachtet werden kann. Der Modus des implizierten Wissensbezugs entspricht überwiegend der *Herstellung von Bestimmtheit*. Damit ist gemeint, dass das Bild auf der Basis von vorhandenen Wahrnehmungsmustern und -kategorien im Hinblick auf die Bildobjekte, die Bedeutungsgehalte des Bildes und die möglichen Sinnzusammenhänge erschlossen werden kann. Die verfügbaren Rahmungen müssen zum Verständnis des Bildes nicht verlassen werden.

Im folgenden werden wir eine Fotografie diskutieren, die Wissen in ganz anderer Weise visuell inszeniert, nämlich im Modus der *Unbestimmtheit* und Tentativität.

4.2.2 Guy Tillim:
Ntokozo (right) and His Brother Vusi Tshabalala at Ntokozo's Place

Abb. 3: Guy Tillim: Ntokozo (right) and His Brother Vusi Tshabalala at Ntokozo's Place, Milton Court, Pritchard Street, Downtown Jo'burg, 2004 (Quelle: Warne/Tolnay 2007, 106).

Wir sehen in dieser Farbfotografie des Südafrikaners Guy Tillim[13] in der unteren Bildhälfte bzw. am rechten Bildrand drei Männer in unterschiedlichen Körperhaltungen sowie hinter ihnen in der Nähe einer Wand, halblinks in der unteren Hälfte des Bildes, (vermutlich) einen Jungen von geschätzten 8-12 Jahren mit unbekleidetem Oberkörper. Die in der linken unteren Ecke befindliche, offenbar sitzende Person trägt eine Baseball-Kappe. Den im Bildrand etwas angeschnittenen Kopf leicht geneigt, lächelt der Mann scheinbar in die Kamera (wobei die Stellung der Augen kein eindeutiges Urteil ermöglicht – sein Blick könnte möglicherweise auch knapp links am Kameraobjektiv vorbei gerichtet sein). In der horizontalen Mitte, die untere Bildhälfte dominierend, sehen wir einen wahrscheinlich sprechenden Mann, dessen Blick auf etwas oder vermutlich eher jemanden links außerhalb des Bildraumes gerichtet ist. Am rechten Bildrand, den mit einem leuchtend roten T-Shirt bekleideten Oberkörper stark angeschnitten, befindet sich ein Mann, dessen Kopf dem stehenden Jungen zugewandt ist. Beide sehen sich in die Augen. Der Kopf dieser Person und der Körper des Jungen sind

13 Das Foto ist online in Farbe einsehbar unter http://tinyurl.com/68mpvg [18.6.2008].

durch Bewegungsunschärfe verwischt, während die beiden anderen Personen keine Bewegungsunschärfen aufweisen, mit Ausnahme vielleicht der Kinnpartie des spechenden Mannes in der horizontalen Bildmitte. Das ikonographische Motiv dieses Vierer-Ensembles wird thematisch von den Gesten und Blicken dominiert.

Der überwiegende Teil der Bildfläche zeigt eine Zimmerwand (und links eine Ecke), die mit Plakaten (ungefähr dem Format DIN A2 entsprechend) beklebt, möglicherweise geschmückt wurde. Die Plakate präsentieren jeweils in rot das Logo der Zeitung „The Star" und darunter, in großen schwarzen Lettern, verschiedene Schlagzeilen unterschiedlicher Themengebiete (Politik, Verbrechen, Prominente, Gesundheit). Beinahe jede Schlagzeile ist zweimal auf einem Plakat vertreten; mal hängen die Zwillingspaare nebeneinander, mal sind sie nach nicht erkennbarer Ordnung auf der Wandfläche verteilt. Die Plakate sind nahtlos angebracht; sie würden die Wand abdecken, wären nicht an einigen Stellen Löcher und Risse im Papier.

Formal, also auf der Ebene der *mise-en-scène*, sind typische Merkmale der *Schnappschuss-Ästhetik* auszumachen. Dazu gehören der Verzicht auf zusätzliche Lichtquellen und/oder die Wahl eines nicht hochempfindlichen Films, was bei Innenraumaufnahmen häufig zu längeren Belichtungszeiten, also Bewegungsunschärfen führt. Die niedrige, nach oben gerichtete Kameraposition lokalisiert den Fotografen (räumlich) als Teil der wiedergegebenen Szene, was durch den Blick des Mannes am linken Bildrand verifiziert wird, der entweder die Kamera oder eine unmittelbar neben/hinter der Kamera befindliche Person anlächelt: Der Fotograf ist insofern eindeutig ein „teilnehmender Beobachter", der seinerseits beim Beobachten (durchaus wohlwollend) beobachtet wird. Als weiteres Merkmal der Schnappschussästhetik ist die eher zufällig erscheinende Bildkomposition zu erwähnen. Das Fehlen bzw. der Verzicht auf klassische dramaturgische Linien (z.B. Fluchtlinien, Dreieckskonstruktionen, Bildelemente auf den klassischen „Spannungslinien", also den Bilddrittellinien oder auch den Linien des „goldenen Schnittes") verweist auf eine geradezu ostentative Abwesenheit eines das Bild autonom gestaltenden fotografischen Subjekts. – Dass der Blick der Person links sich auf den Fotografen richtet, lässt sich möglicherweise als innerbildlicher Verweis auf den Fotografen, also als kritischer Hinweis darauf, dass eben doch ein „Konstrukteur" der Bildes existiert, verstehen. Dieser jedenfalls nimmt keine erhabene Position, sondern eher eine kontingente oder alltäglich-"vernakuläre"[14] Position ein. Zugleich wird deutlich, dass das Bild eine interne Interaktionsstruktur aufweist, die durch die Metrik der aus dem Bild herausweisenden Blicke durchbrochen, und insofern transzendiert wird.

---

14 Im Sinne des englischen Ausdrucks „vernacular", der gegenwärtig zur Kennzeichnung von Alltagsfotografie diskutiert wird; vgl. Burgess 2006.

Der erwähnte Blick in die Kamera bzw. auf den Fotografen verortet diesen unverkennbar: Er ist als Urheber markiert; in dem freundlichen und wohl auch vertrauensvollen Lächeln[15] liegt eine (soziale) Anerkennung des fotografierend teilnehmenden Beobachters der Szene, die folglich eine soziale Verbindlichkeit impliziert (welche wiederum im Bild dokumentiert wird). Folgt man dieser Argumentation, wird man das Bild vielleicht als eine Art „post-dokumentarische" Fotografie verstehen können, die *zugleich* dokumentiert *und* ihren dokumentarischen Status kritisch hinterfragt (ein solcher innerbildlicher Verweis Fotografen ist in der klassischen Dokumentarfotografie eher selten; vgl. das oben besprochene Bild von Rudolf Holtappel).

Im Anschluss an die Thematisierung dieses selbstreflexiven Aspekts lässt sich nun fragen, auf welche Weise das Bild seine visuelle Ordnung generiert, also seine Objekte zueinander in Beziehung setzt. Es ist hilfreich, hierzu die Elemente nach Bildvordergrund (lächelnder Mann, sprechender Mann), Mittelgrund (Mann im roten T-Shirt, Junge) und Bildhintergrund (beklebte Wand) zu unterscheiden und auf dieser Basis kleine Narrationen zu entwickeln. Die Haltung des sprechenden Mannes im *Vordergrund* ist leicht nach vorn gebeugt. Sein Blick richtet sich fest auf einen Punkt links außerhalb des Bildrahmens. Er erscheint dadurch aufmerksam und konzentriert. Seine spannungsreiche Haltung und sein konzentrierter, ernster Gesichtsausdruck lassen vermuten, dass er ein Gespräch oder sogar eine Diskussion führt. Die seitliche Beleuchtung (vermutlich Tageslicht, das durch ein Fenster oder einen Eingang in den Raum fällt) unterstreicht diesen spannungsvollen Eindruck, indem die linke Gesichtshälfte gut ausgeleuchtet, die rechte jedoch abgeschattet ist. Der lächelnde Mann, der bereits thematisiert wurde, ist im Gegensatz zum Sprechenden beinahe ganz im Schatten und daher nur schwach zu erkennen. Die drei Männer könnten von ihrer räumlichen Anordnung her eine Diskussionspartei bilden (die einer anderen gegenübersitzt), doch spricht die Unbeteiligtheit der beiden anderen Männer eher gegen einen solchen Narrationsentwurf. Immerhin lässt sich festhalten, dass der Blick beider Männer im Bildvordergrund aus dem Bildrahmen hinausweist, so dass die Szene eine virtuelle Erweiterung in diese Richtung erfährt (zum Fotografen hin sowie zu der Person, die links hinter ihm sitzt): Das Bild selbst inszeniert sich also nicht nur durch den Verweis auf den Fotografen als etwas Hergestelltes, sondern darüber hinaus verweist es auf etwas, das es selbst nicht zeigt: es eröffnet ein narratives Rätsel und weist sich zugleich als nur partikular, als Teil einer umfassenderen Situation, aus.

---

15 Es dürfte klar sein, dass sich angesichts des Ortes der Aufnahme – Südafrika – diese Lesart hinterfragen lässt, insofern die Bedeutungen und Praxen des Lächelns kulturell variieren können. Wir verlassen uns hier mangels Kontextinformation auf die uns wahrscheinlich erscheinende und auch im Bildkontext stimmige Erklärung.

Die Interaktion im *Bildmittelgrund* könnte in ihrer Dynamik etwa so rekonstruiert werden, dass eine Kommunikation zwischen dem Jungen und dem Mann am rechten Bildrand stattfindet. Aufgrund der auffälligen Geste, die der Junge mit seinen Armen vollführt (die aber wegen der Bewegungsunschärfe nicht genau zu erkennen ist), wäre es denkbar, dass er die Kommunikation initiiert hat, also die Aufmerksamkeit des Mannes von der Diskussion der Erwachsenen abgezogen hat. Ob er indes mit ausgestrecktem Arm auf ein Plakat weist, lässt sich nicht beurteilen; wäre es der Fall, so wäre das betreffende Plakat verdeckt (hinter dem Kopf des sprechenden Mannes) und für uns nicht lesbar. In jedem Fall aber führt die Konstellation dieser zwei Personen, im Gegensatz zu den Personen im Vordergrund, deren Blicke aus dem Bild herausführen, in das Bild hinein, so dass die Plakate und ihre Headlines unsere Aufmerksamkeit gewinnen.

Die Ansammlung von Plakaten der Zeitung „The Star" im *Bildhintergrund* kann zunächst den Eindruck erwecken, dass man sich etwa in einem etwas heruntergekommenen Redaktionsraum befände, in welchem Mitarbeiter der Zeitung ein Thema diskutieren. Doch die Doppelung der Schlagzeilen, die Risse in den Plakaten, die Haltungen der Personen (abgesehen von dem Mann in der Bildmitte) und nicht zuletzt die prominente Anwesenheit des Jungen im Bildmittelgrund sprechen durchaus gegen eine solche Lesart. Die Frage, ob die Plakate einen Informationswert erfüllen (nicht für uns, sondern für die Bewohner oder Benutzer des Raumes), lässt sich aufgrund der Redundanz eher verneinen (wenn auch die Möglichkeit nicht völlig von der Hand zu weisen ist, dass bestimmte Schlagzeilen ausgewählt wurden, oder aber zumindest andere Schlagzeilen *nicht* aufgeklebt wurden). Ist ein Informationswert eher unwahrscheinlich, so geht es also anscheinend um Dekoration. Der Zustand der Wand und der zerrissenen Plakate lässt allerdings nicht darauf schließen, dass es darum geht, die Plakate als ästhetische Produkte zu präsentieren (so wie etwa Jugendliche Poster an die Wände ihres Zimmers hängen). Sie dienen offenbar vielmehr als eine Art *Ersatz* für die nicht vorhandene Tapete. Sie sind sind bunter und interessanter als die nackte, kahle Wand, die an einigen Stellen zu sehen ist. Dass die Plakate dennoch ordentlich in Reihen und ohne Zwischenräume aneinandergesetzt wurden – sie hätten ja auch überlappend verklebt werden können –, spricht möglicherweise dafür, dass die Zeitung hier *als* Informationsmedium in dekorativer Absicht präsentiert wird, ohne dass es um die Inhalte als solche geht. In dieser Lesart würde die Fotografie eine für uns fremde, ungewohnte Verbindung von Armut – Zeitungsplakate als billigster Möglichkeit, eine Wand zu dekorieren – und eines „informierten Habitus" inszenieren. Eine andere Lesart wäre, die Plakate ungeachtet der doppelten Inhalte als Artikulationen aufzufassen, als Manifestationen sozialer Zustände und Ereignisse, die sichtbar und damit auch bewusst gemacht werden – dann aber wäre die bunte Mischung aus Wirtschaft, Politik, Prominententhemen und Lokalnachrichten nicht unbedingt gut nachvollziehbar.

Es besteht mithin im Bildhintergrund eine *Ambivalenz* zwischen der Visualität der Plakate und ihrem Nachrichtengehalt. Im Anschluss an Roland Barthes kann man hier eine „symbolische Nachricht" (Plakate als einfache Form der Wanddekoration) von einer „linguistischen" Nachricht (die wörtliche Bedeutung der Plakate) unterscheiden (Barthes 1964). Die Ambivalenz dieser beiden Ebenen und der mit ihnen verbundenen Lesarten wird im folgenden weiterhin bestehen (und auch nicht aufgelöst werden). Wenden wir uns damit den Schlagzeilen selbst, also der „linguistischen Ebene" in der Terminologie Barthes', zu. Sie bilden aufgrund des uns fehlenden Kontextes teilweise kleine Rätsel in sich („CHIEFS IN THE DARK AS STAR VANISHES"). Obwohl eine Schlagzeile eher auf eine Boulevardzeitung hindeutet („DO WOMEN NEED OWN VIAGRA?"), machen die meisten Überschriften einen journalistisch-neutralen Eindruck. In ihrer Gesamtheit ergeben sie ein Panorama mehr oder weniger lokaler Themen, und gerade dadurch verorten sie den Bildinhalt: Die Schlagzeile oben links („NAIL HAMMERS OUT AFRICA GROWTH PLAN") legt nahe, dass man sich auf dem afrikanischen Kontinent befindet. Die Schlagzeile daneben („CHARLIZE'S GRAN TELLS HER OF HER ANGUISH") benennt in vertraulicher Weise den Vornamen der aus Südafrika stammenden, in der Nähe von Johannisburg aufgewachsenen Schauspielerin Charlize Theron, verortet mithin die Szene in der Nähe dieser Stadt. Zieht man an dieser Stelle den Titel der Fotografie als Kontextinformation hinzu, so bestätigt sich zunächst die These, dass die Plakate auf den Ort des Geschehens verweisen. Da der Titel sogar das Stadtviertel und die Straße benennt, wird deutlich, dass es der Fotografie thematisch insbesondere um diese lokale Situierung geht. Wir erfahren zudem, dass wir uns wohl in einem Privatraum befinden („Ntokozo's Place").

Einige Schlagzeilen thematisieren extreme Formen der Gewalt. In der Lücke zwischen dem Mann in der Mitte und dem am rechten Bildrand fällt das Fragment einer Schlagzeile „MOB JUSTICE" in den Blick, die links im Bild noch einmal vollständig auftaucht: „MOB JUSTICE SPREADS". Direkt darüber schließt die Schlagzeile „SUSPECT SAVED FROM NECKLACE" an dieses Thema an: „Necklace", wörtlich übersetzt Halskette, ist die Bezeichnung für eine (zumindest) in Südafrika bekannte Form der Lynchjustiz, bei der dem Opfer ein benzingetränkter, brennender Autoreifen um den Hals gelegt wird. Die Bedeutung dieser Schlagzeile erschließt sich nicht auf den ersten Blick. „Suspect saved" – eine positive Botschaft – und „Necklace", der Halsschmuck, bilden für sich genommen harmlose Wörter. Erst unter der Bedingung der Decodierung der Necklace-Metapher schlagen sie jedoch um in die Schilderung grauenvoller Exzesse der Gewalt und Folter. Sie verweisen auf chaotische und anomische Zustände einer Stadt, in der Gesetzgebung und Exekutive nicht (in ausreichendem Maße) funktionieren.

Die Plakate lassen sich somit als dokumentarische Elemente *innerhalb* einer Fotografie verstehen. Sie erlauben es, verschiedene Narrationen über den Zustand im gegenwärtigen Südafrika zu entwerfen. Gerade die scheinbare „Zufälligkeit" der an die Wand geklebten Schlagzeilen bewirkt dabei, dass wir einen Eindruck von der Alltäglichkeit der grassierenden Gewalt in Südafrika erhalten. Die „Mob Justice"/„Necklace"-Plakate erweisen sich nun als innerbildliche Umschlagpunkte. Sie führen zu den Interaktionen im Vordergrund zurück und stellen deren Bedeutungen infrage. Niemand – außer uns sozusagen – richtet seinen Blick auf die Schlagzeilen. Extreme Gewalt ist ein so „normaler" Bestandteil des Alltagslebens, dass ihre Spuren in Form der Schlagzeilen neben Berichten über Viagra, Wirschaftsplänen oder Prominentenklatsch stehen; sie sind in das private Alltagsleben integriert, gehören auch zur alltäglichen Erfahrungswelt von Kindern, die der im Bild sichtbare Junge in dieser Lesart repräsentiert. Abweichend von, oder vielmehr ergänzend zu der oben vorgetragenen Lesart, dass der Fotograf seinen Platz als teilnehmender Beobachter durch den Blick des lächelnden Mannes markiert, werden „wir" nun selbst zu einem Teil des Bildes; zu beobachteten Beobachtern, denn wir haben einen freien Blick auf die Plakate, wir erhalten den Status von Mitwissern und letztlich Mitverantwortlichen. Der Blick des Mannes links im Bild erfasst uns nun als BetrachterInnen der Fotografie; sein Lächeln wird damit hochgradig ambivalent; der Blick des Mannes im roten T-Shirt könnte nun als besorgter Blick auf den Jungen erscheinen, der gestisch auf die Plakate verweist. Die konzentrierte und aktive Haltung des sprechenden Mannes in der Bildmitte könnte man nun als Symbol deliberativer Artikulation betrachten. Letztlich aber erlaubt das Bild nicht, diese Lesarten zu verfestigen. Die Rahmungen bleiben auf allen drei Interpretationsebenen – in Bezug auf das räumliche Setting, auf die Bedeutung des Gesten sowie auf den narrativen Sinn des Fotos – in der Schwebe, denn genausogut kann es sich um eine Momentaufnahme eines alltäglichen, „unpolitischen" Beisammenseins von Menschen handeln, für die extreme Gewalt ein so normaler Alltagsbestandteil ist, dass sie diese gar nicht mehr wahrnehmen.

Zusammenfassend kann man festhalten, dass Tillims Fotografie – im Hinblick auf die Frage bildungstheoretisch orientierter Bildanalyse – geradezu ein Paradebeispiel für das tentative Potenzial von Bildern darstellt. Der Prozess des Wegbrechens gewohnter Wahrnehmungsmuster ist hier *im* Bild selbst impliziert, und zwar in der prozesshaften Struktur der innerbildlichen Verweisungsstruktur, die man in drei Schritte zergliedern kann:

1) Zunächst erscheint sich das Bild als *Schnappschuss*. In diesem Modus stehen die sichtbaren Interaktionen als alltägliche Handlungsweisen im Vordergrund: Gespräche, freundliche Gesten, etc. Diese lösen jedoch aufgrund ihrer Unbestimmtheit eine Suchbewegung aus, die in den Bildhintergrund führt, auf die plakatierte Wand.

2. Auf der rein visuellen Ebene entfaltet sich die Gestaltung und der Zustand dieser Wand zunächst im klassischen *sozialdokumentarischen Modus*, nämlich als möglicher Verweis auf Wohnstile, oder aber auf die Komplexe Armut/ Wohnen und vielleicht auch auf Armut/Würde (nicht mit nackten Wänden leben wollen) sowie Armut/Partizipation (Zeitungsinformationen als integraler Bestandteil des Alltags; Verweis auf bürgerliche Partizipation auch ärmerer Bevölkerungsschichten in Südafrika).

3. Diese Lesart wird wiederum durch die „linguistische Nachricht" der Plakate gründlich konterkariert: die Textebene interferiert mit der Bildebene. Konventionelle Rahmungen (wie die Vermutung, dass es sich um einen mit einfachen Mitteln geschmückten Wohnraum handele), *funktionieren an dieser Stelle nicht mehr* – dies gilt zumindest für all jene Betrachter, die solche anomischen Zustände nicht aus eigener Lebenserfahrung kennen. Es entsteht ein *Rahmungskonflikt* anlässlich der sich (uns) aufdrängenden Frage, ob man einen Raum *jemals* mit solchen Nachrichten von Gewalt und Folter „schmücken" würde.

Da letzteres hier offenbar der Fall zu sein scheint, lässt sich der Rahmungskonflikt nur über die Entwicklung einer neuen Rahmung auflösen. Wir können das Bild nur dann sinnvoll interpretieren, wenn wir von der Möglichkeit ausgehen, dass die Erfahrung von Anomie und brutalster Gewalt auch in den Teilen der Welt, die sich *nicht* in einem Kriegszustand befinden, etwas so Normales ist, dass sie zu einem *integrierten*, nicht mehr als etwas Besonderes wahrgenommenen Bestandteil der privaten Alltagswelt von Erwachsenen und auch Kindern wird. Tillims Fotografie provoziert damit eine Form der Einsicht, die durch bloße Informationsvermittlung schwerlich herstellbar wäre. Aus diesem Grund ist das Bild für uns in der Orientierungsdimension des Wissens, nämlich als Beispiel einer visuellen Inszenierung von Wissen im Modus der Unbestimmtheit, relevant.

4.3 Bildungsdimension Handlungsbezug

Die Fotografie, insbesondere auch die dokumentarische Fotografie, verfolgt nicht nur den Zweck der visuellen Präsentation oder Inszenierung von Wissensbeständen oder wissensbezogenen Fragen. Dokumentarfotografien haben immer schon auch eine Handlungsdimension tangiert – sei es, indem sie als bildliches Argument innerhalb ethischer oder politischer Diskurse eingebracht wurden (so wie die exotistische Fotografie der „Wilden" im 19. Jahrhundert als pro-kolonialistische Legitimationsfigur funktionieren konnte), oder sei es als Thematisierung handlungsbezogener Aspekte und Probleme im Bild selbst. Ein Handlungsbezug kann innerbildlich auf unterschiedliche Weise erfolgen, so zum Beispiel

• über die Thematisierung von Handlungskonflikten und ethischen Problematiken,

- über die Reflexion auf Handlungspraxen oder
- über die Frage nach bestehenden Optionsräumen bzw. ihrer Beschränkung.

Wir besprechen im Folgenden zwei Fotografien, bei denen die Frage nach bestehenden *Handlungsoptionen* im Vordergrund steht.

4.3.1 Dorothea Lange: Migrant Mother, Nipomo, California

Abb. 4: Dorothea Lange: Migrant Mother, Nipomo, California (1936). Quelle: The Library of Congress, http://www.loc.gov/rr/print/list/128_migm.html [18.6.2008].

Bei dieser Fotografie von Dorothea Lange handelt es sich um eine sehr bekannte Aufnahme; sie ist geradezu eine Ikone der sozialdokumentarischen Fotografie. Wir sehen eine sitzende Frau, ärmlich gekleidet (die Kleidung aller abgebildeten Personen ist beschädigt und sieht fleckig aus), den Blick links aus dem Bildrahmen heraus gerichtet. Ihr rechter Ellenbogen ist offenbar auf ihren Oberschenkel auf gestützt, die rechte Hand wie zur Stütze des Kopfes ausgerichtet, jedoch liegt der Kopf nicht auf, vielmehr berühren ihre Finger ihre rechte untere Wange. Links und rechts von ihr sehen wir zwei vielleicht sechs- bis zehnjährige Kinder, Körper und Gesichter der Kamera abgewandt, an die Schulter der Mutter angelehnt. Auf dem Schoß der Frau ist ein schlafendes, jüngeres Kind von etwa zwei Jahren zu sehen; sein Gesicht wie auch seine Kleidung sind schmutzig. Am rechten Bildrand ist unscharf etwas zu sehen, das der Stamm eines jungen Baumes sein könnte. Im oberen Viertel des Fotos ist, unscharf verlaufend, etwas zu erkennen, das wahrscheinlich Wand und Decke eines Innenraumes darstellt; am linken Bildrand oberhalb der Schulter des Kindes ist eine nicht identifizierbare Struktur zu sehen. Was den Raum betrifft, so irritiert es, dass keine Außenwand und auch kein Türrahmen zu sehen sind: Die großflächige Lichtverteilung auf dem Gesicht der Frau erweckt den deutlichen Eindruck, dass man es hier mit natürlichem, diffusem Außenlicht (hervorgerufen z.B. durch einen bewölkten Himmel) zu tun hat; im Hintergrund sind die Wände und die Decke eines Raumes zu erkennen; jedoch erscheint es beinahe so, als „fehlte" die vordere Wand; als handele es sich also nicht um den Teil eines geschlossenen Gebäudes, sondern etwa nur um ein Zelt oder einen nach vorne hin offenen Verschlag. Das Bild gibt hierauf keine eindeutige Antwort; der Status des Raumes, in dem die Personen sich befinden, bleibt unklar.

In formaler Hinsicht fallen zunächst zwei Dinge auf: der klassische Bildaufbau sowie die Unschärfen. Zunächst zum Bildaufbau: der Körper der Frau dominiert das Zentrum des Bildes. Die Kameraposition befindet sich leicht unterhalb der Augenhöhe der Frau, so dass wir quasi zu ihr aufschauen. Betrachtet man zunächst nur das Ensemble *Frau – jüngeres Kind,* so sind die Parallelen mit klassischen Madonnendarstellungen augenfällig. Die symmetrische Anordnung der beiden größeren Kinder links und rechts der Frau unterstreicht und ergänzt diesen Eindruck, sodass das ikonographische Motiv der Mutterschaft das Bild bestimmt.

Ein zweites sich aufdrängendes Bildmotiv ist das der materiellen Armut. Auf den ersten Blick wird dieses natürlich durch die zerrissenen, löchrigen und fleckigen Kleidungsstücke evoziert; aber auch der formale Bildaufbau spielt hier eine Rolle. Insbesondere ist hier der unscharf abgebildete Ast oder Baumstamm zu nennen (möglicherweise handelt es sich um ein Element einer Holzkonstruktion, z.B. einer Sitzbank oder auch einer Zeltstange), der beinahe den ganzen rechten Bildrand ausfüllt, denn der Kopf des Kindes und ein Teil seines linken Auges wird durch dieses Objekt verdeckt. Das Madonnenmotiv wird damit gestört, indem ein wesentlicher Bestandteil desselben von einem Gegenstand überdeckt wird, der aufgrund seiner Unschärfe nicht zu identifizieren ist, dessen Bedeutung also unklar bleibt, und der bei einer rein inhaltlichen Betrachtung – im Vergleich nämlich zum schlafenden Kleinkind – nicht „wichtig" erscheinen würde. Der Kopf des Kleinkindes ist insgesamt so eng von dem Ast, dem linken Arm des linken Kindes und dem weißen (fleckigen) Stoff (den wir nur dann als Kleidung eines Kleinkindes identifizieren, wenn wir den Kopf des Kindes entdecken) umrahmt, dass er zunächst übersehen werden kann. Das Foto stellt also einen (ikonographischen) Bezug her, den es selbst jedoch wieder relativiert: Es geht sicherlich um Mutterschaft, doch wird diese in andere Kontexte (als die des klassischen Madonnenmotivs) gestellt.

Wenden wir uns damit den Körperhaltungen zu: in dem Vierer-Ensemble ist die Mutter die einzige Person, deren Blick zu sehen ist. Das Kleinkind hat die Augen geschlossen; die beiden anderen Kinder haben ihre Körper in Richtung des Innenraumes abgewandt. Ihre Haltungen zeigen deutlich, dass sie sich bei der Mutter anlehnen; die Körperschwerpunkte der Kinder sind zur Mutter hin verlagert, wie an der Schulterlinie des linken und an dem auf der Schulter der Mutter aufgestützten Kopf des rechten Kindes zu erkennen ist. Die Mutter stützt und trägt also ihre Kinder. Diese Figuration erweckt, auch aufgrund ihrer Symmetrie, einen hochgradig statischen Eindruck; alle Personen scheinen im Moment zu verharren. Es existieren allerdings drei Bildelemente, die dieser Statik eine verhaltene Dynamik hinzufügen; das erste ist der aus dem Bildraum hinaus weisende Blick der Frau; das zweite ihr leicht nach vorn gebeugter Oberkörper; das dritte die ambivalente Haltung ihrer rechten Hand an der Wange. Der „Blick in die Ferne", wie er hier zu sehen ist, kann als ein Beobachten interpretiert werden (die leicht heruntergezogenen Augenbrauen verstärken den Eindruck, dass sie etwas fokussiert), zusammen mit dem leicht nach vorn gebeugten Oberkörper wäre somit ein Sich-richten-auf-etwas im Bild angedeutet.

An dieser Stelle ist es die ambivalente Stellung der Hand, die verschiedene Narrationsversionen provoziert, die unterschiedliche zeitliche Verhältnisse aufweisen. Die Haltung des Unterarms in Kombination mit der abgewinkelten Hand und den gebeugten Fingern ist eigentlich von der Geste des Kopfaufstützens her bekannt. Hier jedoch wird der Kopf nicht von der Handfläche gestützt (allenfalls vom Daumen, der den Unterkiefer zu berühren scheint). Damit fragt sich, ob erstens der Kopf vor kurzem noch auf der Hand auflag; ob zweitens die Bewegung des Aufstützens gerade vorbereitet wird, oder ob drittens die Haltung gar nichts mit einer solchen Handlung des Aufstützens zu tun hat. Im ersteren Fall würde man die vorgebeugte Haltung der Frau eventuell als Spur der aufgestützten Kopfhaltung lesen können. Davon ausgehend könnte man sich also etwa folgende kleine Szene vorstellen: Die Mutter befindet sich mit ihren Kindern in einem Augenblick der Ruhe. Alle vier sind müde und erschöpft: das Kleinkind schläft; die beiden anderen verharren an ihre Mutter angelehnt; diese schließlich ruht, den Kopf auf die Handfläche aufgestützt, mit dem anderen Arm das Kleinkind haltend. Plötzlich erweckt etwas ihre Aufmerksamkeit; sie hebt den Kopf und beobachtet, wobei die Hand noch an ihrer alten Stelle verbleibt und die Finger weiterhin das Gesicht berühren. Etwas Neues tritt in ihre Perspektive, möglicherweise etwas, das Veränderung bringt. Die zweite Version verliefe umgekehrt; hier beobachtet sie etwas, wird jedoch gleich den Blick abwenden und den Kopf auf die Handfläche stützen, dabei womöglich die Augen schließen und in dieser Haltung mit den anderen zusammen ruhen. Im Kontext der sichtbaren Armut wäre dies eine Figur der Resignation oder Entkräftung. Dritte Variante: Die Handgeste hat nicht direkt mit einem Aufstützen des Kopfes zu tun. Sie ist vielmehr eine Geste der Nachdenklichkeit. Gedankenverloren schaut die Frau in die Ferne, möglicherweise auf nichts Bestimmtes, und streicht dabei mit ihren Fingern über ihre Wange. In diesem Fall wäre ihre Körperhaltung also ein Zeichen der inneren Aktivität; des Verweilens, vielleicht auch des Grübelns. Die etwas zusammengezogenen Augenbrauen und die nach unten gezogenen Mundwinkel würden diese Variante vielleicht unterstützen; sie sprechen jedenfalls eher gegen die zuerst genannte Narrationsversion. Nichts in der Mimik der Frau spricht dafür, dass sie etwas erblickt, das eine Veränderung oder Verbesserung bringen könnte; zu skeptisch erscheint dafür auch ihr Blick. Andererseits spricht die doch sehr aufrechte Haltung des Kopfes gegen die Variante der Resignation (zweite Narrationsversion) – immerhin stützt sie zugleich ihre beiden Kinder und hält das dritte im Arm; Anzeichen eines Aufgebens sind dem Bild nicht unmittelbar zu entnehmen.

Daher bevorzugen wir eine Lesart nach der dritten Variante und verstehen den Blick, die Haltung und die Geste als Zeichen eines eher grüblerischen Nachdenkens. Die Kinder repräsentieren in diesem Zusammenhang die zeitliche Dimension der *Zukunft* – sowohl der nächsten Zukunft (Versorgungsproblematik) als auch der ferneren (Schicksal und Lebensweg der Kinder). Insofern thematisiert Langes Fotografie aus unserer Perspektive die Problematik der Suche nach Optionsräumen, nach zukünftigen Handlungmöglichkeiten i.S. etwa der Frage „Wie kann es weitergehen?". Es macht deutlich, dass diese Familie aufgrund ihrer Lebensumstände kaum Handlungsperspektiven besitzt. Denn die abgewandte, erschöpfte Haltung der beiden Kinder, die ja – ikonographisch betrachtet – ein eher dynamisches Motiv darstellen, spricht eine deutliche Sprache. Die Kinder scheinen „nicht mehr zu können"; sie richten ihre Blicke nicht (mehr) auf etwas, das ihre Neugier oder Aktivität weckt. Bezieht man abschließend als minimalen Kontext den Titel der Fotografie ein, so steht diese Familie für das Schicksal Tausender von Immigrantenfamilien in den USA der 1930er Jahre. Im Gegensatz zur US-amerikanischen Tradition der sozialdokumentarischen Fotografie (z.B. Jacob August Riis, Lewis Hines, Walker Evans) thematisiert Lange in dieser Fotografie jedoch nicht so sehr Milieuzustände, argumentiert also nicht auf der Ebene der

Information, indem sie wesentliche Wissensbestände über die Lebensumstände der abgebildeten Personen vermittelt. Ihr geht es vielmehr, wie gesehen, um (fehlende oder unsichere) Zukunftsperspektiven, Handlungsoptionen und -ressourcen. Besonders deutlich wird dies, wenn weitere Kontextinformationen miteinbezogen werden: Bei der hier besprochenen Fotografie handelt es sich um ein Bild aus einer Serie von ca. fünf aufgenommenen Negativen.[16] Der Kontrast zu den stärker kontextualisierten, informationsvermittelnden anderen Aufnahmen ist leicht zu erkennen; als Beispiel hier eine der anderen Fotografien – deutlich sichtbar sind das Zelt, die landwirtschaftliche Hintergrund, der leere Blechteller (etwa als Symbol für Hunger und Armut):

Abb. 5: „Migrant agricultural worker's Family. Seven Children without food. Mother aged 32, father is a native Californian. March 1936". Quelle: The Library of Congress, http://www.loc.gov/rr/print/list/128_migm.html [18.6.2008].

---

16 Einsehbar unter: http://tinyurl.com/2y75nd [18.6.2008].

„Migrant Mother" zeigt im Gegensatz zu diesen auf der Wissensebene operie-
renden Dokumentarfotografien gerade durch die Ausblendung von Kontextinformationen eine existenzielle Dimension. Sie erzeugt diese Aussage mit den
Mitteln bildsprachlicher *Bestimmtheit:* Indem sie uns nur einen sehr geringen
Interpretationsspielraum erlaubt, ist sie als eindringlicher Appell zu verstehen
– auch in bildformaler Hinsicht geht es also um Handlungsoptionen, nämlich
um die Thematisierung sozialpolitischer Handlungsnotwendigkeiten. Dass aus-
gerechnet diese Fotografie einer Serie (die im Übrigen nicht zur Veröffentlichung
bestimmt war) zu einer der am meisten reproduzierten und wirkungsmächtig-
sten Dokumentarfotografien überhaupt wurde (Wells 2003, 37), steht mit ihrem
orientierenden, eine neue Sichtweise auf die Armutsproblematik provozierenden
Potenzial durchaus in Einklang.

4.3.2 Göran Gnaudschun: Longe – 44 Leningrad, o.T. #31

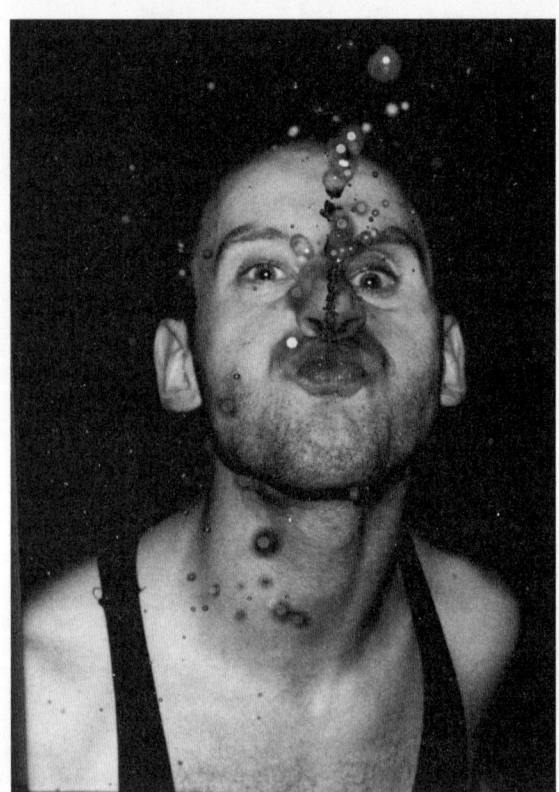

Abb. 6: Göran Gnaudschun: Longe - 44 Leningrad, o.T. #31. Quelle: Rasp 1997 o.S.

Die Farbfotografie von Göran Gnaudschun[17] zeigt halbnah und *en face* einen jungen Mann – sein Alter könnte zwischen 20 und 30 Jahren liegen. Er hat kurze Haare, trägt einen „Dreitagebart" (bzw. ist unrasiert) und ist möglicherweise mit einem schwarzen Axelhemd bekleidet (die beiden Träger könnten im Prinzip auch zu einem anderen Kleidungsstück gehören, etwa zu einem Trägerkleid, doch weist der linke Träger eine deutlich sichtbare Naht auf, wie sie für eher preiswerte Baumwollshirts typisch ist). Sein Oberkörper erscheint leicht nach vorn gebeugt; angedeutet erkennbar ist, dass sein linker Arm nach hinten angewinkelt ist (man sieht am unteren Bildrand rechts neben dem Oberkörper einen Teil des Unterarms). Er schaut direkt in die Kamera und stößt aus geschürzten Lippen eine rote Flüssigkeit in Richtung der Kamera, deren Strahl bzw. Tropfen auf der Ebene des Gesichts scharf abgebildet, in Richtung auf die Kamera hin zunehmend unscharf abgebildet sind.

Auffällig sind an dieser Fotografie einige innerbildliche Zeichen, die auf den fototechnischen Kontext verweisen und damit zugleich mögliche situative Bildkontexte einschränken: Der Schärfebereich der Fotografie liegt – in der abgebildeten Reproduktion ist dies nicht gut erkennbar – in der Ebene von Mund, Kinn und Nase sowie etwas davor (in Richtung der Kamera). Bereits die Augen sind leicht unscharf abgebildet. Auffällig sind zudem der Schlagschatten unter dem Kinn sowie weiß überstrahlte Lichtreflexe (in den Pupillen sowie den Tropfen der Flüssigkeit). Beides verweist darauf, dass das Foto mit einer Blitzlichtquelle aufgenommen wurde. Es fällt auf, dass trotz der weit geöffneten Augen keine Netzhautreflexionen („Kaninchenaugen") aufgetreten sind, wie sie bei Laienfotografien in solchen Lichtsituationen häufig auftreten. Dies und auch die Position des Blitzschattens unterhalb des Kinns zeigen an, dass die verwendete Blitzlichtquelle nicht in unmittelbarer Nähe zur Kameralinse positioniert ist (sondern oberhalb derselben); es wurde mit einem Blitzlichtgerät, wie es auf den Kameraschuh einer Spiegelreflexkamera gesteckt wird, gearbeitet. Ungewöhnlich ist dabei allerdings das Hochformat; ein Aufsteckblitz an einer Spiegelreflexkamera würde bei einer Ausrichtung für ein Hochformat ja das Objekt entweder von recht oder von links beleuchten. Mithin handelt es sich möglicherweise um einen Bildausschnitt, für den erhebliche Teile des Bildnegativs entfernt wurden. Im Bild ist zudem markiert, dass es mit einer weit geöffneten, sieben-lammeligen Blende aufgenommen wurde[18]. Der Hintergrund des Bildes ist sehr dunkel; schwach erkennbar ist eine leicht hellere Fläche rechts oberhalb des Kopfes, die wahrscheinlich eine

---

17 Das besprochene Foto und Teile der Serie sind einsehbar unter http://www.gnaudschun.de [18.6.2008].

18 Hierzu eine Kontextinformation: Die siebeneckigen Lichtreflexionen in den unscharfen Tropfen sind ein typischer Abbildungseffekt in solchen Lichtsituationen; sie entstammen der typischweise ca. sieben Lamellen der Blende von Spiegelreflexkameras (einfache Sucherkameras haben zumeist drei Lamellen, während Objektive von Mittelformat- und Großformatkameras zumeist mehr Lamellen aufweisen).

Zimmerdecke darstellt, allerdings auch eine zweifarbig gestrichene Mauer oder Außenfassade sein könnte.

Da durch die Wahl des Ausschnittes und durch den dunklen Hintergrund kein Kontext erkennbar ist, lässt sich die Geste des Speiens nicht klar einordnen. Kunsthistorisch ist sie zunächst von Springbrunnen und Wasserspeiern bekannt und in dieser Assoziation auch fotografisch adaptiert worden. Bruce Naumanns Selbstportrait „Ich selbst als Springbrunnen" (Abbildung 7) ist hierfür eines der (wohl eher raren) Beispiele. Auch Naumanns Bild inszeniert einen speienden männlichen Körper vor dunklem Hintergrund und mit sehr ähnlichem Bildausschnitt. Man sieht hier auch eine ähnliche Kopfhaltung, allerdings in Kombination mit einer aufrechten Körperhaltung (und einer auffälligen Handgeste). Die Kamera steht nicht frontal zur Fontäne, sondern seitlich nach rechts versetzt, so dass der Kopf des Mannes im Viertelprofil erscheint. Der helle Strahl der Flüssigkeit verläuft ebenfalls leicht in einer Unschärfe, jedoch ergibt sich hier ein viel geordneterer Eindruck (so, wie die Fontänen eines Springbrunnens das Element Wasser ja auch gezielt in geordnete Formen bringen) als in Gnaudschuns Fotografie. Die Handflächen beschreiben virtuell eine senkrechte Fläche; man könnte sich vorstellen, dass sie auf einer Glasscheibe aufliegen, welche die Kamera von dem Objekt trennt. Die Kamera, bzw. wir als Betrachter laufen hier nicht Gefahr, von der Flüssigkeit benetzt zu werden; der Gesamteindruck ist hier eher skulptural, was durch den unbekleideten Oberkörper ebenfalls unterstrichen wird.

In der Kontrastierung mit Naumanns Selbstportrait werden einige Gegensätze greifbar, die eine genauere Bestimmung der Fotografie von Gnaudschun ermöglichen: Kopf und Blick des Mannes sind auf die Kamera gerichtet; der Strahl der Flüssigkeit erscheint hochdynamisch und ist ebenfalls direkt auf die Kamera bzw. den Betrachter gerichtet. Es handelt sich zudem nicht um eine klare Flüssigkeit, sondern um eine rötliche – etwa Traubensaft oder Rotwein. Im Moment des Auslösens bzw. des Blitzlichts ist der Augenblick unmittelbar *vor* dem augenscheinlichen Auftreffen der Spritzer auf der Kamera, auf dem Gesicht des Fotografen und seiner Kleidung, festgehalten. Der Eindruck ist nicht distanziert-skulptural, sondern involviert, direkt und hochgradig dynamisch. Trotz der ähnlichen Kopfhaltung und der notwendigerweise ähnlichen Haltung der Lippen erweckt die Person auf Naumanns Fotografie einen ruhigen und (auf den Wasserstrahl) konzentrierten Eindruck. In Naumanns Fotografie könnte es somit um einen disziplinierten Umgang mit dem eigenen Körper und dem Element Wasser im Interesse einer geplanten ästhetischen Formgebung gehen.

In Gnaudschuns Fotografie verweist nichts auf ein solches distanziert-ästhetisches Bestreben; vielmehr spricht alles für eine direkte Interaktion oder sogar Konfrontation. Betrachtet man die beiden Gesichtshälften getrennt, so fällt auf, dass das leicht hochgezogene (von uns aus gesehen rechte) Augenlid eine erhöhte Aufmerksamkeit anzeigt, während das linke Auge einen entspannteren Eindruck

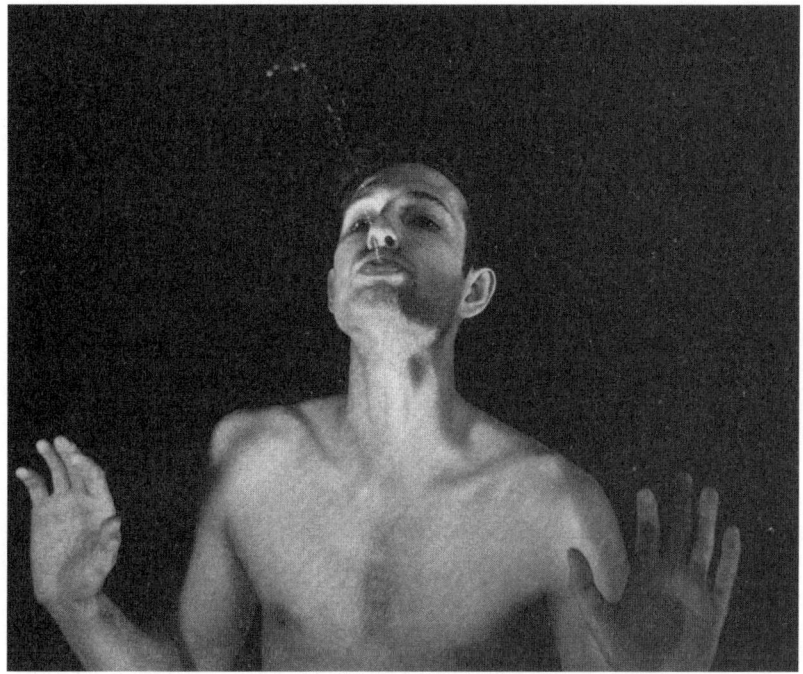

Abb. 7: Bruce Naumann: Ich selbst als Springbrunnen (1967). Quelle: Ewing 1998, 304.

macht. Der Gesichtsausdruck bleibt somit ambivalent: Es könnte sich um einen fixierenden, aggressiven Blick handeln, um einen provokativ-prüfenden Blick oder auch um einen etwas schelmischen, scherzhaften Blick (so als ob das Speien direkt in ein Lachen übergehen würde). Es lassen sich im Anschluss an diese Beobachtungen somit mindestens drei Narrationen entwerfen: In der Lesart einer aggressiven Handlung wäre etwa eine Szene denkbar, in welcher der Fotograf eine Person unerwünscht fotografiert (wir gehen deshalb von einem Fotografen aus, weil die verwendete Kamera innerbildlich sehr deutlich markiert ist) und im Gegenzug oder als Gegenwehr hierzu von dieser Person spontan mit Rotwein bespuckt wird, möglicherweise als Auftakt zu weiteren aggressiven Handlungen. Liest man den Blick als provokativ und prüfend, so wäre die Situation eine ganz andere – etwa die einer eben provokativen Form der Selbstinszenierung vor einer Kamera, die entweder einem spontanen Einfall folgt oder aber sogar als Inszenierung einer spontanen Szene abgesprochen und geplant ist. Es spricht hierfür vielleicht die genaue Fokussierung der Schärfeebene auf die Kinn/Mund-Partie. Die dritte Narration schließlich wäre die eines grob-scherzhaft gemeinten Bespeiens mit Rotwein – was auf einen subkulturellen Habitus verweisen würde, in dem solche Handlungsweisen von allen Beteiligten als Spaß angesehen und akzeptiert würden. Auch in diesem Fall wäre ein aggressiver Unterton nicht ganz zu leugnen, und auch hier würde es sich um eine spontane Handlung handeln.

Ohne an dieser Stelle bereits Kontextinformationen hinzuzunehmen, kann man festhalten, dass in allen Narrationsvarianten *erstens* das Moment der Spontaneität eine Rolle spielt – sei sie situativ authentisch oder auch inszeniert – und *zweitens* ein gewisses Moment der Aggression, das je nach Lesart als direkter Angriff, als Provokation oder als grober Scherz auszulegen wäre. Durch die verschiedenen Narrationsversionen hindurch hält sich somit der Grundcharakter eines *aktionistischen Handlungsmodus* durch. Aktionistisches Handeln ist nicht irrational, sondern „a-rational"; es entfaltet seine Wirkung durch den (zumeist gemeinschaftlichen, gruppenhabituellen) Verzicht auf unmittelbaren *Handlungssinn* (vgl. Bohnsack/Nohl 2001; Gaffer 2000). Genau ein solcher Verzicht wird im hier besprochenen Bild durch die Dekontextualisierung einer ursprünglich sozial kontextualisierten Handlung wiederholt (während der dunkle Hintergrund bei Naumann eher der Konzentration auf den ästhetischen Bildsinn dient, lesen wir den dunkeln Hintergrund bei Gnaudschun also als Entzug von Kontext im Sinne einer *Reduktion* der Möglichkeit von Sinnzuweisung). Die irritierende Wirkung der Aktion selbst wird durch diese Dekontextualisierung erheblich gesteigert.

Im weiteren Zusammenhang ließe sich also vermuten, dass es in Gnaudschuns Fotografie um die Artikulation eines bestimmten Handlungsstils – und möglicherweise Lebensstils – geht. Beziehen wir an dieser Stelle als Kontextinformation den Titel der Fotografie ein, so bestätigt sich diese Vermutung: „Longe – 44 Leningrad, o.T. #31" weist das Foto als Teil einer Serie aus, deren Thema „44 Leningrad", eine Folk-Punk-Band, ist. Die weiteren Fotografien der Serie thematisieren andere Alltagssituationen der Band auf einer Tournee durch Ostdeutschland. Gnaudschun selbst war jahrelang Mitglied dieser Band. In einem erläuternden Text zu diesen Bildern schreibt er:

> „*Longe* meint keine Geschichte, sondern den Alltag der ständig wechselnden, aber immer wiederkehrenden Grundgefühle, die sich aus den Gegebenheiten und den Menschen um mich herum […] entwickelten. Fahren, endlos lange – ausladen am Auftrittsort – aufbauen – warten auf den Soundcheck – Langeweile, mit Alkohol bekämpft – Soundcheck – wieder warten – trotz Routine immer in leichter Anspannung […]" (Rasp 1997, nicht paginiert).

Die Involviertheit des fotografierenden Beobachters klang bereits in zwei der entwickelten Narrationen an. Die Mischung aus Alltäglichkeit, Langeweile und Alkoholgenuss legt nahe, dass die Fotografie tatsächlich einen Moment des scherzhaften Zeitvertreibs festhält. Dies allerdings wird erst durch die Kontextinformationen nahegelegt; das Bild selbst stellt in seiner spezifischen Mischung aus Aktionismus und Aggression eine subkulturelle Artikulation im Modus der *Unbestimmtheit* dar. Sie gibt einen Einblick in einen alternativen Lebensstil, zerstört jedoch zugleich die Illusion, sich dieser subkulturellen Handlungswelten im visuellen Tableau der Fotografie bemächtigen zu können: sie bleibt offen und verunsichernd; auch der inszenierte Handlungsstil bleibt in seinem Charakter unbestimmt: Der „Angriff" des Rotweinspuckers wird durch keine nivellierende Narration in seinem Irritationspotenzial kanalisiert. In der Handlungsdimension erscheint der von der Fotografie inszenierte Aktionismus als *Indifferenz der Handlungsoptionen*; eine Schwebe in der Gegenwärtigkeit, die ihre Zukunft nicht ins Auge fasst: das Credo eines „hier und jetzt", welches der Punk, zusammen mit anderen subkulturellen Stilrichtungen, vom Rock 'n' Roll geerbt und wohl auch perfektioniert hat. In dieser konsequenten, Verunsicherung auslösenden Konfrontation liegt aus unserer Sicht das tentative Potenzial der Fotografie Gnaudschuns: sie löst eine Suchbewegung aus, die in eine Reflexion über alternative Handlungsweisen und Lebensstile hineinführt, ohne eine Antwort auf die sich stellenden Fragen zu geben.

4.4 Bildungsdimension Grenzbezug

Grenzbezüge sind dem Medium Fotografie in besonderer Weise eingeschrieben. Bereits Roland Barthes stellte in seinen Betrachtungen zur Fotografie im Band „Die helle Kammer" die Nähe des fotografischen Bildes zum Tod heraus (Barthes 1989, 102ff., zuerst 1980). Das Foto steht in einer spezifischen Beziehung zur Zeit. Es zeigt, so Barthes, nicht etwas, das nicht mehr existiert, sondern hält etwas im Augenblick seiner gewesenen Existenz fest, als sei es noch da. Es ist für ihn die Evidenz eines „So-ist-es-gewesen", die nur um den Preis zu haben ist, das Lebendige gegen ein Nichtlebendiges – nämlich das Bild – auszutauschen:

> „[...] in einer Gesellschaft muß der *Tod* irgendwo zu finden sein; wenn nicht mehr (oder in geringerem Maße) in der religiösen Sphäre, dann anderswo; vielleicht in diesem Bild, das den *Tod* hervorbringt, indem es das Leben aufbewahren will. [...] *Das Leben/der Tod*: das Paradigma wird auf ein simples Auslösen beschränkt, jenes, das die Ausgangspose vom fertigen Abzug trennt." (ebd., 103; Herv. im Original).

Diese anthropologische Beziehung von Bild und Tod wurde, im Anschluss an Barthes, nicht zuletzt aber auch an die bild- und kulturkritischen Thesen Jean Baudrillards in den Diskussionen der 1980er und 1990er Jahre auf den Körper selbst ausgedehnt. In dieser Lesart bringen die Bilder die Körper zum Verschwinden – gemeint waren damit primär die Bilderfluten der Massenmedien mit ihren retuschierten, hochgradig künstlichen Körperbildern (Baudrillard 1978; Baudrillard 1981). Der Kunsthistoriker Hans Belting hat schließlich in einem Entwurf einer Bild-Anthropologie dargelegt, dass die Beziehung von Bild und Körper eine weit zurückreichende historisch-anthropologische Dimension aufweist. Er spricht in diesem Zusammenhang von einer „Allianz von Körper und Bild" (Belting 2004), indem einerseits die Körper in vielerlei Hinsicht als Bildträger fungieren (beispielsweise als bildhafte Zeichen eines sozialen Status, so wie etwa der Körper des Königs im Absolutismus), indem andererseits aber in den Bildern, die seit prähistorischen Zeiten von Körpern angefertigt werden, Menschenbilder artikuliert werden. Die letztere These Beltings verweist also schon auf das, was wir Biographiebezug nennen. Sie lautet, dass in den Bildern von Körpern ein visueller Diskurs über das, was der Mensch selbst ist, geführt wird. Bezogen auf die Fotografie ist diesem Thema in den letzten Jahren sowohl von fotografischer wie auch von akademischer Seite eine verstärkte Aufmerksamkeit zuteil geworden (vgl. etwa Ewing 1994, Ewing 2000; Kamper 2000; Henning 2003; Vogel 2006). Eines der Thematisierungsformate innerhalb dieses Diskurses bildet die Grenze Mensch/Maschine, mit der sich die folgenden beiden Fotografien auf unterschiedliche Weise auseinandersetzen.

4.4.1 Hans Bellmer: Die Puppe

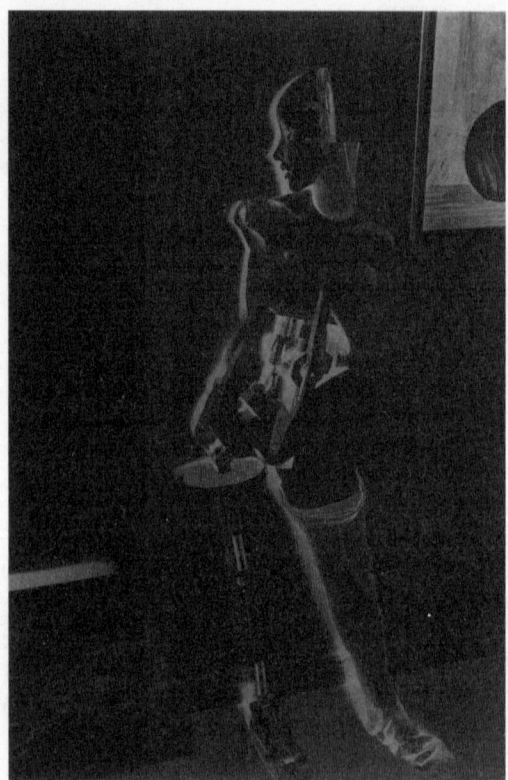

Abb. 8: Hans Bellmer: Die Puppe (1934 – 1935). Quelle: Ewing 2000, 101.

Das auffälligste Merkmal dieser Schwarzweißfotografie Hans Bellmers ist die Tatsache, dass der Abzug nicht im Umkehrverfahren als Positiv hergestellt wurde, sondern dass er als Negativ ausbelichtet wurde (erkennbar etwa an den hellen Schatten). Wir sehen eine aus unterschiedlichen Materialien zusammenmontierte menschenähnliche Gestalt. Sie steht oder lehnt mit dem „Rücken" an einer Wand (wir verwenden im Folgenden anthropomorphisierende Bezeichnungen ohne weitere Kennzeichnung). Der Kopf ist zum linken Bildrand ausgerichtet; es stellt sich der Eindruck ein, dass die „Puppe" nach links *blickt* – das sichtbare Auge weit geöffnet, den Kopf leicht geneigt, die Lippen leicht geöffnet. Am rechten oberen Bildrand ist ein Teil eines Bildes zu sehen (augenscheinlich ein Gemälde); am linken unteren Bildrand ist ein Teil eines schmalen Bettes zu sehen (erkennbar ist der Bettkasten und ein Überwurf bzw. eine Tagesdecke). Die Wand scheint von einer vertikal leicht gestreiften Tapete bedeckt; der Boden besteht aus Holzdielen. Die „Puppe" selbst besteht aus sehr verschiedenen Teilen: das (von uns aus gesehen) linke Bein scheint eine Beinprothese zu sein – dafür sprechen die vorhandenen Knöchel- und Kniegelenke sowie die fußähnliche Holzkonstruktion, die von der Form her in einen Schuh hineinpassen würde. Das rechte Bein hingegen sieht (einigermaßen) naturalistisch aus; es ist mit einem Netzstrumpf bekleidet, der allerdings ohne Strumpfhalter lose herunterhängt und am Fuß in Falten aufgeworfen ist. Durch die unterschiedliche Länge der Beine ist der Oberkörper nach rechts geneigt. Der Bauchraum ist offen; er gibt den Blick auf eine Holzkonstruktion frei, die möglicherweise eine Mechanik beinhaltet und seitlich eine geschwungene Taille aufweist. Oberhalb des Bauchraums sind eher grob modellierte Brüste zu sehen; wahrscheinlich aus Pappmaché gefertigt und mit auffällig großen Brustwarzen versehen. Die Puppe besitzt keine Arme. Der Hals scheint aus einem kugelförmigen Holzstück gefertigt zu sein, an welches ein Gesicht nahtlos anschließt; Ohren und Hinterkopf sind nicht vorhanden.

Die Puppe weist verschiedene (teilweise für den westlichen Kulturraum spezifische) Insignien der Weiblichkeit auf: der Netzstrumpf, die geschwungene Taille, die Brüste, aber auch die Form des Gesichtsprofils zählen hierzu. Ferner macht sie einen durchaus lebendigen Eindruck, wozu erstens die Körperhaltung und zweitens der signifikante „Blick" beitragen. Die Körperhaltung entspricht nicht der für mechanische Körper (z.B. Roboter) typischen steifen und aufrechten Positur. Vielmehr entspricht das Ensemble der (von uns aus gesehen) nach links geneigten Beine, des nach rechts geneigten Oberkörpers und des dann wieder nach links geneigten, beinahe zu den Beinen parallelen Kopfes dem „Kontrapost", also einer klassischen Körperhaltung in der bildenden Kunst (Ganzkörperportraits, Statuen). Der Kontrapost wirkt aufgrund seiner Mischung von Spannung und Entspannung besonders lebendig – ein schönes Gegenbeispiel ungefähr aus der Entstehungszeit des Bildes wäre der weibliche Roboter aus Fritz Langs „Metropolis", der aufgrund seiner steifen Körperhaltung entschieden „mechanischer" wirkt. Zum Eindruck der Belebtheit trägt die Kopfhaltung weiterhin bei. Der stark verdrehte Kopf entspricht nicht einer entspannt-natürlichen Körperhaltung; eher erscheint es, als hätte etwas die Aufmerksamkeit der Puppe geweckt, so dass sie im Augenblick der Aufnahme ihren Kopf zum linken Bildrand hin gewendet hätte. Die Puppe wird damit in eine zeitliche Dynamik gestellt – ihre Stasis ist aufgrund der Stasis des eingefrorenen fotografischen Augenblicks maskiert, so dass sich die Dynamik der Körperhaltung bildwirksam entfalten kann.

Will man von einem ikonographischen Motiv der „belebten Puppe" sprechen, so hätte dies allenfalls ein literarisches Vorbild in E.T.A. Hoffmanns Erzählung „Der Sandmann", in welchem die Puppe Olimpia zum seltsamen Objekt der Begierde des Protagonisten Nathanael wird.[19] Die Puppe in Bellmers Fotografie wirkt jedenfalls in analoger Weise „fleischlich"; sie ist ebenfalls als Objekt der Begierde, mit weiblichem Taillenschwung, Brüsten und Netzstrümpfen inszeniert. In diesem Zusammenhang wäre die spärliche weitere Ausstattung der Fotografie zu nennen – das Bett als (mögliches) Symbol für Sexualität, das aber im Bild nur angeschnitten, also angedeutet wird; analog auf der anderen Bildseite eine runde Form im Gemälde, die an einen Apfel, also ebenfalls ein Symbol für Sexualität in der klassischen abendländischen Ikonographie, erinnern kann.

Verstörend wirkt vor diesem Hintergrund die Fragmentarität der „Puppe". Während die fehlenden Arme ikonographisch sogar noch an die Venus von Milo erinnern könnten, konterkarieren die drei Elemente des fehlenden Hinterkopfes, des offenen Bauchraumes sowie der Beinprothese den „lebendigen" Eindruck nachhaltig. Der fehlende Hinterkopf könnte als Hinweis auf die fehlende Persönlichkeit oder „Seele" verstanden werden; der offene Bauchraum markiert das Moment des Mechanischen überdeutlich. Die Prothese schließlich wirkt im Kontrast zu dem anderen, naturalistisch gestalteten Bein auch an dieser heterogenen Puppe wie eine Prothese, Zeichen einer entstellenden Verletzung, damit allerdings auch von Verletzlichkeit.

In dieser Zweideutigkeit – Lebendigkeit und Erotik hier, Mechanismus und Fragmentarität dort – stellt die Fotografie eine Gratwanderung entlang der Grenze von Belebtem und Unbelebtem dar. Grenzen werden durch eine doppelte Dynamik gebildet: einerseits durch Inklusion, andererseits durch Exklusion. Bellmers Fotografie spielt mit dem, was in den Grenzbereich des Lebendigen/ Menschlichen *aufgenommen* wird bzw. werden kann, indem sie das (männliche)

---

19 In der fotografischen Ikonographie finden sich Puppenbilder vereinzelt im Surrealismus, dann aber erst in den nachfolgenden Strömungen, die sich häufig nicht zuletzt auf Bellmers Arbeiten beziehen – so etwa die Puppenbilder Cindy Shermans. Wir können also die vorliegende Fotografie nur bedingt einem vorgängigen ikonographischen Motiv zuordnen; eher scheinen Arbeiten wie diese eine solche Bildtradition begründet zu haben, die bis in die Popkultur hineinreicht, vgl. etwa das Musikvideo zum Song „All is full of love" der isländischen Sängerin Björk (http://www. youtube.com/watch?v=EjAoBKagWQA [18.6.2008]).

Begehren auf ein unbelebtes Objekt lenkt, das damit gleichermaßen zum Fetisch wird wie die inszenierte Weiblichkeit, die hier zitiert wird (gerade darin liegt das erwähnte Potenzial des feministischen Anschlusses an Bellmers Puppenfotografien): Die kulturellen Konstruktionen und Vorstellungen von Sexualität werden dabei, vermittelt über das *fremde* Moment des Mechanischen, dekonstruiert und somit sichtbar und reflexiv einholbar gemacht.

Die Fotografie ist darüber hinaus ein Spiel mit den kulturellen Wahrnehmungsschemata des *Belebten und Unbelebten* im Allgemeinen. Sie stellt die Frage nach dem, was man als belebt und was als nur „mechanisch" bezeichnet. Sie fungiert als „Negativ" bildsprachlich als Symbol der Umkehrung, des Vexierspiels. In dieser Infragestellung einer anthropologischen Grenze, die innerbildlich als Hybridität, d.h. als Verschmelzung heterogener und heterogen bleibender Elemente dargeboten wird, liegt ein weiterer Bildungswert dieser Fotografie. Dieses „Bildspiel" bleibt allerdings zu jeder Zeit als Spiel erkennbar: als Spiel mit Assoziationen und Imaginationen; während die Bildobjekte zu keiner Zeit in eine „reale" Ambivalenz geraten. Bellmers Fotografie bleibt insofern „ungefährlich", als sie eine Art visuelles Gedankenexperiment darstellt. Da sie letztendlich jederzeit erlaubt, die Puppe als mechanisches Ding eindeutig zuzuordnen, erfolgt die Thematisierung der Grenze im Modus der Bestimmtheit. Wir stellen im Folgenden – gemäß unserer Darstellungsstrategie – eine Fotografie vor, die eine ähnlich gelagerte Grenzthematik im Modus der Unbestimmtheit behandelt.

4.4.2 Mariko Mori: Birth of a Star

Abb. 9: Mariko Mori: Birth of a Star (1995). Quelle: Mori/Corrin/King 1998, 46.

Die Beschreibung der Bildobjekte einer Fotografie – darauf haben wir in der Vorstellung der Analysemethode hingewiesen – muss darauf gefasst sein, kulturelle Einklammerungen dort vorzunehmen, wo ein kulturelles „Vorurteil" zu einer vorschnellen Identifikation eines Objekts führen kann. Dies ist bei dieser Fotografie von Moriko Mori der Fall. Denn es läge nahe, die zentrale Figur des Bildes als junge Frau zu benennen. Doch die Augen dieser Figur sind künstlich (vgl. Abbildung 10): mit einer weißen, schwarz umrandeten Iris und kleinen, „stechenden" Pupillen markieren sie eine Differenz, die das Bild ausgesprochen ambivalent werden lässt. (Die leicht herleitbare Kontextinformation, dass die Künstlerin sich hier lediglich entsprechende Kontaktlinsen aufgesetzt haben könnte, spielt auf dieser Ebene der Bildanalyse noch keine Rolle.)

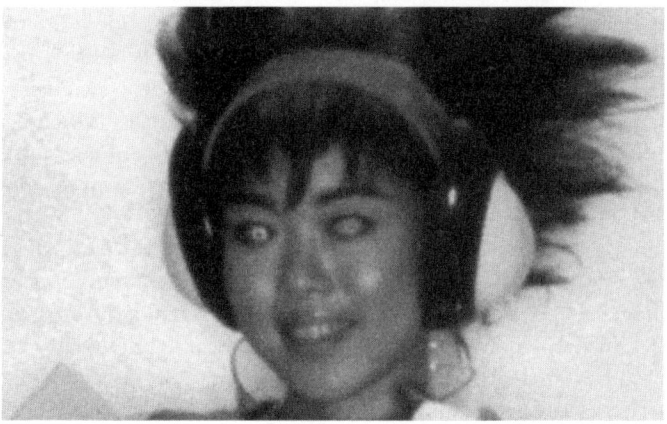

Abb. 10: Mariko Mori: Birth of a Star (Ausschnitt).

Zu sehen ist also eine humanoide weibliche Figur. Sie ist mit weißen Halbstiefeln, einem glänzenden rot-karierten Minirock sowie einem ebenso glänzenden enganliegendem blau-schwarzen Oberteil bekleidet, das einen durchsichtigen Plexiglas-Kragen sowie gelbe Plexiglaselemente unterhalb der Schultern aufweist. Ihre Haare sind halblang, fransig (oder sogar zottelig) und hochfrisiert. Sie trägt einen Gegenstand am Kopf, der wie ein leicht überdimensionierter Kopfhörer aussieht, aber auch ein Gehörschutz sein könnte. In ihrer linken Hand trägt sie einen Gegenstand, der wie ein technisches Gerät aussieht. Ein weiteres auffälliges Element ist ein hellblauer zylindrischer Gegenstand, der etwa auf der Höhe des Brustbeins an dem Oberteil angebracht ist; er könnte an einen überdimensionalen Knopf erinnern. Die Figur nimmt eine (zumindest für unseren kulturellen Kontext) ungewöhnliche Pose ein: ihr linkes Bein ist um neunzig Grad nach innen verdreht (so dass die Knie, deren Knochenumrisse von Linien umrandet sind, aufeinander treffen). Die Kniekehle dieses Beines weist einen Faltenwurf der Haut auf, der sich in der Nähe des Stiefels am Schienbein wiederholt. Der Oberkörper ist leicht nach rechts (von uns aus gesehen) geneigt; ihre Arme sind nach oben angewinkelt, die Handflächen der Kamera zugewandt. Sie schaut in die Kamera und lächelt. Der sichtbare Raum weist keine Ecken auf; Wände sind nicht erkennbar. Der fließende bläulich-weiße Hintergrund ist typisch für Papierhintergründe, wie sie in der Studio- und Modefotografie Verwendung finden. Im Raum schweben oder hängen Bälle oder Kugeln unterschiedlicher Größe in verschiedenen Metallicfarben. Die glänzenden Kleidungsstücke und die Kugeln weisen Lichtreflexionen auf, die von einer punktförmigen Frontlichtquelle sowie von einem Oberlicht stammen. Die ganze Fotografie ist nahezu schattenfrei ausgeleuchtet.

Die Gestaltung des Bildes ist deutlich als Studiofotografie markiert; sie erweckt einen hochgradig artifiziellen Eindruck. Die eingenommene Pose irritiert aufgrund der verdrehten Stellung der Beine – es ist noch zu klären, ob es sich hier etwa um eine spezifische Beinstellung junger Frauen im japanischen Kulturraum, um ein Zeichen für Künstlichkeit (unnatürlich verdrehte Gliedmaßen) oder um eine anderweitige Bezugnahme handelt. Die Arm- und Handgesten sowie das einstudiert wirkende Lächeln wären zumindest im Kontext der westlichen Kultur als typische Präsentationsgeste (bzw. Reklame- und Verkaufsgeste) zu verstehen. Das ikonographische Motiv könnte möglicherweise dem Feld der Produktpräsentation/ Werbefotografie entstammen: Der „präsentierte" Gegenstand ist zwar nicht eindeutig identifizierbar, doch lassen die farblich passenden Kopfhörer die Vermutung zu, dass es sich um einen Audioplayer handeln könnte (festzuhalten ist dabei allerdings, dass es zur Entstehungszeit der Fotografie noch keine mp3-Player gab; wir verfolgen diesen Aspekt weiter unten), oder aber um ein Mikrofon (es würde jedenfalls zur „Popstar"-Assoziation des Titels passen). Die bunten Kugeln wären in dieser Lesart als Dekoration interpretierbar. Im Hinblick auf den Titel der Fotografie – aber das ist bereits eine kontextgeleitete Assoziation – könnten die Kugeln Planeten in einem Universum darstellen, deren Mittelpunkt die weibliche Figur bildet. Ebenfalls vom Titel inspiriert könnte die Bildästhetik an ein „Starfoto" erinnern, also an die Ikonographie jugendkultureller Massenmedien mit ihren Postern und Faltblättern von Popstars. An dieser Stelle provoziert der sich ergebende Bildeindruck die weiterführende Frage, im Rahmen *welcher* ikonographischen Konventionen die Darstellung und Körperhaltung sich verstehen lassen. Insofern die auffällige Aufmachung und Körperhaltung (insbes. die Beinstellung) wohl kaum als klassischer Bestandteil der Ikonographie westlicher Kulturen gelten kann – und insofern keine Anhaltspunkte bietet – versuchen wir, das Bild im Kontext japanischer Ikonographie und Kultur zu diskutieren.

Versteht man die „künstlichen Augen" und die artifiziellen Applikationen (Plastikteile auf der Kleidung) als ein Zeichen für einen künstlichen Organismus

– einen Cyborg –, so verweist dies im Kontext der visuellen Kultur Japans auf die Tradition des Manga (Comics). Bereits im Jahr 1963 fand das Thema des Cyborg mit Shotaro Ishinomoris „Cyborg 009" einen ikonographisch einflussreichen Einstieg. Mangas stellen in Japan (und nicht nur dort) ein hochkomplexes und bezugreiches subkulturelles Feld dar (vgl. Jenkins 2006, 3ff.). Für unseren Kontext ist hier eine besondere Entwicklung innerhalb der Manga-Fankultur, nämlich das sogenannte „Cosplay", interessant: Abkürzend für „costume play" bezeichnet dieser Ausdruck die in Japan seit den 1980er Jahren einsetzende und seitdem zunehmend verbreitete Praxis des Verkleidens und Sich-Inszenierens als Manga-Charakter. Das „Cosplay" hat eine solche kulturelle Dominanz entwickelt, dass es selbst wieder Eingang in die Comic-Kultur gefunden hat, d.h., „Cosplay" wird wiederum zum Thema von Darstellungen im Manga-Stil. Die folgenden beiden Abbildungen zeigen eine Zeichnung sowie diverse Cosplay-Plastikfiguren, die teilweise als Sammelfiguren mit limitierter Auflage zum Kauf angeboten werden:

Abb. 11: „Cosplay Show" – Unbekannter Autor; Quelle: http://animewriter.files.wordpress. com/2007/07/cosplay-show.jpg [18.6.2008].

Zu beachten ist in Abbildung 11 die Beinstellung, die der Beinstellung des „Cyborgs" in Moris Fotografie sehr ähnelt.

Abb. 12: Cosplay-Sammelfiguren aus japanischen Onlineshops. Links: „Pop Wonderland Little Red Riding Hood"; rechts: „Melancholy of Haruhi Suzumiya: Cosplay Collection Figure Set". Quelle: http://www.1999.co.jp/eng/10070238 bzw. http://tinyurl.com/5l9xpk [18.6.2008].

Die Figuren in Abbildung 12 zeigen ebenfalls eine entsprechend nach innen ge-drehte Beinstellung; die „Bunny"-Figur unten rechts weist zudem eine unserer Fotografie ähnliche Armhaltung auf. Körperhaltungen wie die in diesen Figuren repräsentierten gelten im japanischen Kulturraum als „kawaii". Der *Kawaii*-Stil stellt ein dominantes Merkmal der japanischen Populärkultur seit (spätestens) den 1980er Jahren dar (er hat mittlerweile durch Medien und Lifestyle-Konsumgüter globale Verbreitung gefunden). Sharon Kinsella charakterisiert den Ausdruck fol-gendermaßen:

> „Kawaii or ‚cute' essentially means childlike; it celebrates sweet, adorable, innocent, pure, simple, genuine, gentle, vulnerable, weak, and inexperienced social behaviour and physical appearances. It has been well described as a style which is ‚infantile and delicate at the same time as being pretty' [...]" (Kinsella 1995, 220).

In unserem Fall wäre die nach innen gedrehte Beinhaltung etwa als *kawaii*-Zeichen für eine kindliche, naive, noch nicht disziplinierte und normierte Körperpositur zu verstehen. Mariko Moris Fotografie zitiert also die beiden Elemente des Manga/Cosplay (transmedialer Bezug) und des Kawaii-Stils (populärkultureller/popkul-tureller Bezug). Ein weiterer Begriff muss in diesem Zusammenhang erwähnt wer-den, nämlich der des „Otaku". „Otaku" ist die japanische Bezeichnung für obes-sive Nutzer bestimmter Gegenstände der Populärkultur. In seiner Untersuchung zum Phänomen des *Otakismus* beschreibt Michel Manfé dieses Phänomen folgendermaßen:

„Der Terminus Otaku bezeichnet Personen, die versuchen, ihr Leben in eine virtuelle Welt zu verlagern oder ganz spezifische Inhalte der virtuellen Welt ins Zentrum ihres realen Lebens zu stellen. Dies kann zum Beispiel eine Medienfigur, etwa eine Puppe oder eine absolute Fußballleidenschaft sein. […] Das Wort Otaku beschreibt Personen, die ein Medienprodukt ins Zentrum ihres Alltagslebens positionieren. Dieses Produkt kann zur Identifikation dienen, muss jedoch nicht nur die Funktion einer Identifikation erfüllen." (Manfé 2005, 17, 19)

Das als Audioplayer (oder Mikrophon) identifizierte Gadget und der übergroße Kopfhörer lassen sich als Insignien des Otaku verstehen. Beziehen wir diese kulturellen Hintergründe in die Interpretation der Fotografie mit ein, so erscheint sie innerhalb eines subkulturell konnotierten Schnittfeldes von *Cosplay*, Kawaii-Stil und Otakismus verortet. Sowohl Kawaii-Stil als auch Otakismus stehen dabei für *gegenkulturelle* Entwürfe:

„Cute style is anti-social; it idolises the pre-social. By the pre-social world otherwise known as childhood cute fashion blithely ignores or outright contradicts values central to the organisation of Japanese society and the maintenance of the work ethic. By acting childish Japanese youth tried to avoid the conservative's moral demand that they exercise self-discipline (enryo) and responsibility (sekinin) and tolerate (gaman) severe conditions (kuro, kudo) whilst working hard (doryoku) in order to repay their obligation (giri, on) to society." (Kinsella 1995, 253)

Mehr noch gilt dies für den Otakismus, der schon von der Bezeichnung her (*otaku* bedeutet wörtlich u.a. „Haus") darauf verweist, dass die Teilnahme an der öffentlichen Sphäre gegen eine Selbstverwirklichung im medial-symbolischen Privatkosmos ausgetauscht wird. Die übergroßen Kopfhörer in Moris Bild können auch an einen Kapselgehörschutz erinnern, wie er etwa auf Baustellen getragen wird. Sie stehen zu den üblichen „Ohrstöpsel"-Ohrhörern von Walkmen und mobilen Audioplayern in auffälligem Kontrast. Ob Kopfhörer oder Gehörschutz: Die großen Kapseln inszenieren in jedem Fall eine akustische Abschottung gegen die Außenwelt.

Das nächste auf der Ebene der Bedeutungsrekonstruktion zu diskutierende Element stellt der „Audioplayer" (bzw. das Mikrophon) dar, der wie in einer Verkaufspräsentation dem Betrachter entgegengehalten wird. Insofern sich auf dem Gebiet der portablen Audioplayer seit Ende der 1990er Jahre eine enorme technologische und medienkulturelle Entwicklung vollzogen hat, ist eine frühzeitige Einbeziehung der Kontextinformation des Entstehungsjahres der Fotografie angezeigt, denn ein Gadget dieser auffälligen Form hätte heute eine völlig andere Bedeutung als im Jahr 1995.[20] Die avancierteste Form mobiler Audioplayer

---

20 Wohlgemerkt geschieht diese Einbeziehung eines Kontextes nicht willkürlich. Sie ergibt sich vielmehr aus der innerbildlichen Referenzierung eines kulturellen Gegenstandes, deren Referenzobjekt sich

vor Einführung der ersten mp3-Player im Jahr 1998 waren CD- oder Minidisc-Player. Geräte wie diese waren bauartbedingt nicht so schmal wie das im Bild sichtbare Gerät (sie mussten ja eine CD aufnehmen können). Daraus ergeben sich drei Interpretationsmöglichkeiten: Erstens könnte es sich um ein Gerät handeln, dessen Funktion unklar bleibt. Das Gerät besteht jedoch genauso wie der Kopfhörer aus weißem und blauem Kunststoff, so dass man sinnvollerweise davon ausgehen kann, dass beides zusammengehört (auch die Nähe des Gadgets zum Kopfhörer kann dahingehend interpretiert werden). Damit zur zweiten Variante: Handelt es sich um ein Audiogerät-Kopfhörer-Ensemble, so ist – im Kontext der Entstehungszeit der Fotografie – erstens die Form des Gerätes ausgesprochen ungewöhnlich, zweitens aber der Umstand, dass kein Kabel (zum Kopfhörer) zu sehen ist. Es muss sich also um eine ausgesprochen futuristische Technologie handeln (im Gegensatz zum heutigen status quo), die im Bild so auffällig präsentiert wird. Die dritte Variante wäre die eines Mikrophons. Oberhalb des schwarzen Kreises auf dem Gerät sind drei parallel angeordnete schwarze Linien unterschiedlicher Länge zu erkennen, die Öffnungen eines Mikrophons darstellen könnten. Die zweite und die dritte Variante schließen sich nicht aus; es kann sich um eine Kombination aus beidem handeln (im Kontext insbesondere der japanischen Kultur wäre dies nicht ungewöhnlich, wenn man an die Beliebtheit von Karaoke denkt).

Damit schließen wir die Diskussion der Objektbedeutungen ab und gehen zur Rekonstruktion der Sinnstruktur über. Es fällt zunächst auf, dass die Fotografie kaum Spielraum zu einer anderen sinnvollen Narration als der eines Werbe-Fotoshootings oder eines „Popstar"-Fotoshootings lässt: die sichtbaren Verweise auf eine künstliche Studioumgebung sind überdeutlich markiert. Hochgradig irritierend sind vor diesem Hintergrund jedoch die Augen des Modells: Diese Cyborg-Augen schließen mit der hellen Iris und vor allem den sehr kleinen Pupillen ikonographisch an die verfremdeten Augen von Charakteren aus Science-Fiction-Erzeugnisse (z.B. Filmen oder Serien) an. Während viele andere Elemente wie Kleidung, Gadgets und bemalte Kniescheiben sich unschwer als typische Cosplay-Elemente identifizieren lassen, wirken die Augen durchdringend, stechend und „unmenschlich", auf geradezu „realistische" Weise unnatürlich. Der Faltenwurf der Haut der (von uns aus gesehen) rechten Kniekehle verstärkt diesen Eindruck – gerade deswegen, weil er im Bild ausgesprochen unauffällig und kaum zu erkennen ist, hat man nicht den Eindruck, dass er Bestandteil eines „Cosplay"-

---

aufgrund eines außergewöhnlich dynamischen Innovationsschubes grundlegend verändert hat: Was im Jahr 1995 noch pure Science Fiction war, ist aus heutiger Sicht ausgesprochen antiquiert: im Vergleich zu ubiquitären mobilen Audioplayern wie Apples „iPod Nano" erscheint das Gerät in Moris Fotografie wie eine Modellstudie aus dem Technikmuseum. Es wäre also in dieser speziellen Situation ein zeitgeschichtliches Vorurteil, das Gerät etwa als „mp3-Player" mit Funk-(Bluetooth)-Kopfhörer zu bezeichnen.

Kostüms ist, sondern dass es sich *tatsächlich* um eine künstliche Haut handelt, wie sie in der Science-Fiction humanoide Roboter tragen. Desgleichen wirkt das übertriebene, starre Lächeln fremd und künstlich. Die „Niedlichkeit" des Kawaii-Stils wird damit durchkreuzt, die ludische Konnotation des Cosplay wird zumindest erheblich gestört. Bildet bereits der Cyborg selbst eine hybride Figur (Mensch/Maschine), so scheint hier noch dazu eine innerbildliche Transition vom Cosplay-Cyborg zum „echten" Cyborg vorzuliegen: die Fotografie spielt erkennbar mit beiden Modalitäten, ohne dass eine Auflösung des Spiels zu einer Seite hin möglich wäre. Gerade diese Unbestimmtheit lässt sich als Reflexion über die mediatisierte Generation lesen: dass es sich hierbei um einen „neuen Typ" handelt, um ein Übergangsphänomen zum Cyborg.

Gehen wir von dieser Annahme aus einen Schritt weiter: Das Bild kaschiert seinen medialen Kontext nicht. Es inszeniert eine Figur – irgendwo zwischen Cyborg und nicht-Cyborg –, lässt aber die Inszenierung weitgehend sichtbar werden. Es geht innerbildlich folglich gar nicht mehr um den Gegensatz von Echtheit und Künstlichkeit: die Künstlichkeit ist offenbar und durchzieht alle Ebenen. Dies hält sich bis zu der durch den Kontext gegebenen Tatsache durch, dass Mariko Mori sich *selbst* als Cyborg inszeniert; dass es sich also nicht um einen „echten", sondern nur um einen „Kunst-Cyborg" handelt. In der generalisierten, universalen Künstlichkeit verwischt der Gegensatz zwischen dem, was ursprunglich „das Natürliche" im Gegensatz zum Künstlichen war. Im Gegensatz zu Hans Bellmers „Puppe" geschieht hier keine Thematisierung der Grenze aus der Innensicht (im Sinne einer Inklusion des Mechanischen in den Bereich des Natürlichen, vgl. S. 138); vielmehr wird die Differenz „künstlich vs. natürlich" *als* Differenzierungsschema selbst aufgehoben, oder zumindest in Frage gestellt. Es geht insofern um mehr als um die einfache Überschreitung einer Grenze: um ihre Aufhebung, sozusagen ihre finale Überschreitung. Die Aufhebung der Differenz „Kunst vs. Natur", für welche die Figur des Cyborgs nach Donna Haraway (1985) selbst prototypisch steht, geschieht im Zeichen der *Hybridität*, die gleichsam als neues ontologisches Strukturschema das „alte" Denken in Differenzpaaren, in Inklusionen und Exklusionen, außer kraft setzt.

Das Bild folgt dabei allerdings nicht einer Suggestionslogik. Es zwingt nicht dazu, sich seiner These anzuschließen. In seiner Durchschaubarkeit verzichtet es sogar darauf, uns einen „authentischen Cyborg" vorzuführen (so wie es etwa wie Performances und Bilder der Körperkünstlers Stelarcs versuchen).[21] Es führt vielmehr *erkennbar* ein ontologisch unbestimmt bleibendes „Etwas" als visuelle *Idee* eines Cyborg vor, um von diesem buchstäblich „ein Bild zu geben". Statt eine „reale" Existenz des Cyborgs suggestiv zu unterstellen, stellt es diesen als Möglichkeit vor: als subkulturelle Leitfigur einer Generation, auf welche das Bild innerbild-

---

21 Vgl. http://www.stelarc.va.com.au [18.6.2008].

lich deutlich Bezug nimmt (Cosplayer, Otakus). Bildsprachlich wird diese Lesart durch die dekontextualisierte Platzierung der Figur validiert: entbunden von Raum und Zeit erscheint der Cyborg im Kosmos seiner universalen Künstlichkeit wie ein transzendentes, kosmisch enthobenes Wesen. Die Fotografie inszeniert mithin letztlich eine junge, medienorientierte Generation *als* Cyborg und stellt damit die These eines tiefgreifenden, medial verursachten Wandels des Selbst- und Weltverhältnisses auf. Das Spiegelbild dieser Generation ist die zur Ikone stilisierte mediale Figur, der „Star", der im Sinne des *Otaku* ganz in seinem pop-kulturellen Universum (als „Stern" unter anderen bunten „Sternen", den Kugeln im Bild) aufgeht.

4.5 Bildungsdimension Biographiebezug

4.5.1 Nan Goldin: Nan after being battered

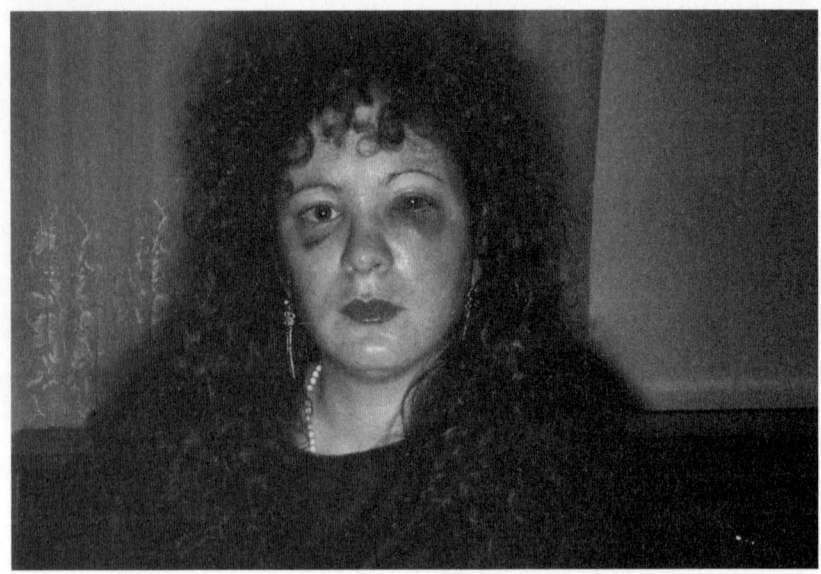

Abb. 13: Nan Goldin: Nan after being battered, 1984. Quelle: Goldin 1989, 83.

Zu sehen ist auf dieser Farbfotografie Nan Goldins eine augenscheinlich weib-liche Person. Sie blickt direkt in die Kamera. Ihr Gesicht trägt Spuren von Verletzungen: ein Bluterguss unter dem (von uns aus gesehen) linken Auge; eine Schwellung und Blutung des rechten Auges, die (von uns aus gesehen) rechte

Wange angeschwollen. Ihre Lippen sind leuchtend rot geschminkt; weitere Verwendung von Schminke ist im übrigen nicht erkennbar. Sie trägt zwei längliche silberne Ohrhänger und eine Perlenkette, die teilweise von einem dunklen einfarbigen Oberteil – möglicherweise ein Pullover – verdeckt wird. Ihre Haare sind dunkelbraun, lang und gelockt; sie fallen links und recht über die Schultern. Durch das Breitformat nimmt der Raum, in dem die Person sitzt, etwa die gleiche Bildfläche ein wie diese selbst. Im Hintergrund erkennbar ist eine teilweise gemusterte Gardine, die den größten Teil des linken Bilddrittels einnimmt; während rechts die Ecke eines Fenstersims sowie eine einfarbige Wand zu sehen sind. Das untere Bilddrittel wird, allerdings überwiegend von der Frau verdeckt, von einer dunklen hölzernen Form eingenommen, bei der es sich wahrscheinlich um die Rückenlehne einer Sitzbank handelt.

Die Bildästhetik der Fotografie verweist von ihrer technischen Qualität her eher auf eine Laienfotografie: In den Pupillen, auf den Ohrhängern sowie in kleinen Spitzlichern im Haar und auf der Rückenlehne sind Blitzlichtreflexe auszumachen; das Gesicht ist frontal ausgeleuchtet, wobei die hellen Partien eine unregelmäßige Ausleuchtung anzeigen (es sind kaum Schatten zu erkennen; das Bild scheint durch ein sehr schlichtes Blitzlicht ausgeleuchet worden zu sein). Auffällig ist der Farbtonkontrast zwischen dem eher warm-rötlichen Bereich des Kopfes in der Bildmitte und dem grünlichen oder türkisen Farbstich der Gardine und der Wand, die zudem unterbelichtet erscheinen.[22] Der Schärfebereich der Fotografie ist, gemessen an den üblichen Standards für Portraitfotografien, ein Stück zu weit nach hinten versetzt. Die Augen sind scharf abgebildet; jedoch liegt die Nase bereits außerhalb der Schärfezone, während weit hinter der Ebene der Augen liegende Elemente teilweise noch scharf abgebildet sind (z.B. der Lichtreflex auf der Holzbank). Ein weiteres auffälliges Detail ist die rechts neben dem Kopf der Frau sichtbare Kante (zum Fensterausschnitt), denn diese ist im unteren Teil weitestgehend senkrecht, verläuft aber im oberen Teil nach recht – entweder ist die Kante baulich schief ausgeführt, oder es handelt sich um eine Verzerrung des Kameraobjektivs (oder um eine Kombination von beiden). Durch all diese Eigenschaften erweckt die Fotografie den technisch deutlich unvollkommenen Eindruck einer Laienfotografie; sie könnten im Zeichen einer möglichst großen Unvermitteltheit der Fotografie, also ihrer Authentizität stehen.

Damit kommen wir zur Ebene der Bedeutung der Bildobjekte und beginnen mit dem Interieur. Es handelt sich offenbar um einen Innenraum. Ob es sich um einen Privatraum handelt oder nicht, ist aufgrund der Bildelemente nicht eindeutig feststellbar. Zwar ist die mit floralen Dekorationen versehene Gardine eher einer Privatwohnung zuzuordnen, auch wenn die kahle weiße Wand und auch die für Privaträume vielleicht etwas ungewöhnliche Sitzbank (es sind z.B.

---

22 Die Fotografie ist unter http://mocoloco.com/art/goldin_one_month_battered_d.jpg [18.6.2008] in Farbe zu sehen.

auch keine Rückenpolster zu erkennen) nicht dazu beitragen, diesen Eindruck zu verfestigen (ihm allerdings auch nicht widersprechen). Der Raum wirkt, auch aufgrund seines fehlfarbenen, unterbelichteten und „schiefen" Gesamteindrucks kahl, ungemütlich und unwohnlich. Er kann in dieser Ambivalenz als Zeichen einer Entfremdung gelesen werden, als Fremd-werden des Eigenen, Privaten, auch im Sinne eines Deplatziertseins oder Nicht-(mehr)-Heimischseins.

Inmitten dieses kargen Bild-Raumes sitzt also die vielleicht dreißigjährige Frau. In ihrem Gesicht dominiert die Farbe Rot: das blutunterlaufene Auge, die Blutergüsse, die leuchtend roten Lippen; zudem ist eine leichte Gesichtsröte erkennbar (die im Kontrast zur helleren Hautfarbe der Halspartie auffällt). Man kann bis hierher zwei dominierende Farbdramaturgien erkennen: erstens den Farbkontrast Gesicht/rot vs. Raum/türkis, durch den die zentral platzierte Frauenfigur eine ausgesprochen hohe Präsenz erhält; zweitens aber die Rot-Kontraste innerhalb des Gesichts, die sich von den gelblich-braunen bis rostroten Tönen der Blessuren über das Blutrot des rechten Auges bis zum leuchtenden Rot des Lippenstifts steigern, das im Kontext der insgesamt eher gedeckten Farbskala des Bildes geradezu aggressiv erscheint. Der rote Mund bildet sowohl farbdramaturgisch wie auch planimetrisch das Zentrum des Bildes. Die Farbe Rot ist der abendländischen Farbsymbolik mit Liebe und Sexualität, aber auch mit Verletzung, Gewalt und Aggression assoziiert. Rotgeschminkte Lippen stehen im Allgemeinen für ersteres; Blutspuren für letzteres. Betrachtet man jedoch den sehr ernsten Gesichtsausdruck der Frau, ihren den Betrachter geradezu fixierenden Blick (der durch die Spitzlichter in den Pupillen noch verstärkt wird), so spricht dies eher dafür, das Rot der Lippen nicht unvermittelt einer sexuellen Symbolik zuzuordnen, sondern zunächst in seiner Signalwirkung zu registrieren, um seine nähere Bedeutung im Kontext der nun zu entwerfenden Narrationsvarianten zu erschließen.

Es ist unzweideutig feststellbar, dass das Foto die Geschichte einer Verletzung erzählt. Offen ist zunächst, um welche Art von Verletzung es sich handelt und welche Ursachen sie haben könnte. Die in Frage kommenden Möglichkeiten wären 1) ein Unfall und 2) Gewalteinwirkung. Man kann sagen, dass die Spuren der Verletzung die Variante des Unfalls sehr unwahrscheinlich machen – es ist deutlich erkennbar, dass sie Verletzungen die beiden Augenpartien betreffen, aber nicht andere Teile des Gesichts (bei einem Unfall wäre es wahrscheinlich, dass die Nase als exponierter Teil des Gesichts ebenfalls Verletzungen davonträgt). Gegen die Variante des Unfalls spricht jedoch vor allem die Gesamtinszenierung des Bildes, in der es keine Hinweise auf Kontexte gibt, die mit einer Unfallsituation, z.B. einem Autounfall oder einem Haushaltsunfall, zusammenhängen könnten. Wir entscheiden uns daher für die Geschichte einer Gewalteinwirkung. Haben wir es demnach mit einem *Portrait eines Gewaltopfers* zu tun, so fällt der starke Kontrast zwischen diesem Opferstatus und der selbstbewussten Inszenierung der Frau auf: In aufrechter Körperhaltung, das Gesicht frontal im Bild, fixiert sie die

Kamera mit einem unausweichlich ernsten Blick, wobei sie möglicherweise ein wenig auf uns herab sieht (die Augen liegen oberhalb der vertikalen Bildmitte). Die glänzenden, lockig frisierten Haare sowie der Schmuck und die, soweit im Bild ersichtlich, geordnete, dezente Kleidung verleihen ihr ein seriöses und salonfähiges Erscheinungsbild, zu welchem allerdings das hervorstechende Rot des Lippenstiftes sowie die Verletzungsspuren in offenbarem Kontrast stehen. Dieser Kontrast macht deutlich, dass es hier nicht darum geht, die Verletzungen durch ein gepflegtes Äußeres zu kaschieren, sondern eher um einen aktiven Umgang mit einer Gewalterfahrung. Wir sehen im Bild eine Person, die trotz der sichtbaren Schäden einen gerüsteten Eindruck macht, die Insistenz, Entschlossenheit und vielleicht sogar Autarkie ausstrahlt und sich darin zu dem biographischen Krisenereignis der Gewalterfahrung offensiv in Bezug setzt. – In einer etwas anderen Lesart könnte man den Kontrast von perfektem „Outfit" und Gesichtsverletzung etwa auch so verstehen, dass das Ausmaß der Brutalität und ihrer Folgen im Kontext des ansonsten unversehrten Erscheinungsbildes verstärkt und geradezu inszeniert wird. Beide Lesarten widersprechen einander nicht; sie lassen sich vielmehr aufeinander beziehen: hier geht es darum, in selbstbewusster Weise Stellung zu nehmen zu einer Form der Gewalt, ihre Folgen sichtbar (und per Fotografie öffentlich) zu machen und zugleich einen aktiven Umgang mit der Gewalterfahrung zu demonstrieren. Wir sehen alles andere als ein gebrochenes Individuum, das mit einer traumatischen Erfahrung nicht zurechtkäme.

Fragt man sich an dieser Stelle noch einmal, welche Form von Gewalt im Bild thematisiert wird, so erscheint es wahrscheinlich, dass es – Unfälle haben wir bereits ausgeschlossen – auch nicht um einen Überfall oder um Vandalismus geht. Wiederum verweist der im Bild sichtbare Raum auf nichts dergleichen. Davon ausgehend, dass derartige florale Musterungen auf Gardinen eher für Privaträume typisch sind – eine These, die sich allerdings auf ein kulturelles Vorurteil stützen muss und daher der Validierung durch Kontextinformationen bedarf –, verweist das Bild auf *häusliche* Gewalt, und damit auf ein oft tabuisiertes und schambesetztes Thema. Der entschlossene und offensive Eindruck, den die Frau erweckt, verweist vor diesem Hintergrund auf einen aktiven Verarbeitungsmodus einer häuslichen Gewalterfahrung: darauf, dass diese Erfahrung nicht verdrängt werden wird, dass sie nicht aus Angst vor weiterer Gewalt oder aus Angst vor dem Verlust gewohnter Lebensweisen und -standards hingenommen werden wird. Die Fotografie scheint die Entschlossenheit eines biographischen Wandels im Zuge eines einschneidenden Erlebnisses geradezu momenthaft festzuhalten: Wir sehen abheilende Verletzungen (insofern wird auch die Geschichte einer *Genesung* miterzählt), die zugleich tiefe und nicht auszulöschende Spuren hinterlassen haben, insgesamt aber auf die zeitliche Dimension der Zukunft verweisen – auf weitere Heilungsprozesse und auf das, was „danach" kommen wird.

Die Kontextinformationen zum hier analysierten Foto bestätigen und ergänzen die vorgelegte Interpretation: Der Titel „Nan after being battered" weist das
Portrait als *Selbstportrait* der Fotografin Nan Goldin aus (das Foto wurde dabei
technisch betrachtet nicht von ihr selbst aufgenommen). Es ist im Kontext einer großen Serie von (Dia-) Fotografien entstanden, die Goldin über mehr als
ein Jahrzehnt aufgenommen und seit ca. 1980 in einer stetig erweiterten Dia-
Vorführung unter dem Titel „The Ballad of Sexual Dependency" an verschiedenen
Orten wiederholt aufgeführt wurde. Goldin hat ihr Privatleben und die Personen
in ihrem Umfeld obsessiv fotografiert, unter anderem ihre Beziehung zu ihrem
Lebensgefährten Brian. Die in „Nan after being battered" sichtbaren Verletzungen
wurden von Brian verursacht; sie hätten beinahe zur Erblindung des linken Auges
der (damals bereits bekannten) Fotografin geführt. Die Fotografie ist Dokument
eines Biographisierungsprozesses (nämlich der anschließenden Trennung von
Brian); für Goldin war sie darüberhinaus zugleich ein Bezugspunkt, der ihren
Trennungsentschluss bekräftigte.[23] Die Fotografie ist somit innerbildlich reflexiv,
indem sie wie gesehen einen biographischen Wandel im Verhältnis von vergangener Krise und zukünftiger Offenheit inszeniert; sie ist zugleich aber auch ein
visueller Reflexionsanreiz. Sie verbindet – im Modus der Bestimmtheit, denn sie
verweist auf vorhandene Rahmungen – eine biographische und eine im weitesten
Sinne politische Perspektive, indem sie einerseits einen aktiv-reflexiven Umgang
mit biographischen Krisen demonstriert, zugleich aber auch ein engagiertes
Plädoyer für den offensiven Umgang mit dem Tabu der Gewalt gegen Frauen und
gegen die Akzeptanz eines daran anschließenden Opferklischees darstellt.

---

23 Diese Information entstammt einer Ausstellung von Goldins Fotografien in der Londoner Tate
Gallery im Jahr 2004; vgl. http://tinyurl.com/45yuea [18.6.2008]. Im Kontext des Bildbandes
Goldins deutet ein kleines Kontextdetail die herausgehobene Stellung dieses Bildes an: es ist unter
mehr als hundert gezeigten Fotografien der Serie das einzige ohne Ortsangabe im Titel.

4.5.2 Imogen Cunningham: Self-portrait, Denmark

Abb. 14: Imogen Cunningham: Self-portrait, Denmark (1961). Quelle: Heiting 2001, 75.

Diese Schwarzweißfotografie von Imogen Cunningham präsentiert ein visuell komplexes Tableau einander überlagernder Bildobjekte. Um die überlagerten Ebenen sinnvoll auseinanderhalten zu können, muss zuerst ein selbst (beinahe) unsichtbares Objekt benannt werden: eine Glasscheibe, die als halbdurchlässiger Spiegel wirkt, durchzieht das gesamte Bild ebenenparallel zur Bildebene. Sie trennt zwei Räume: einen Innenraum, in den wir hineinschauen, sowie einen Außenraum, der in diesen Innenraum per Spiegelung eingeblendet ist. Der eingespiegelte Außenraum zeigt eine Straßenszene – unten im Bild ein Stück Gehsteig, dahinter eine Straße mit Parkinseln und Parkuhren in der Mitte, in denen zwei Autos parken; der eingespiegelte Hintergrund wird von einem großen Gebäude dominiert, das nach obenhin von einer schwarzen Fläche abgedeckt wird, bei der es sich erkennbar um eine Markise handelt (zu sehen ist rechts oben eine Metallstange, die zur Aufhängung der Markise gehört). Diese dunkle Fläche weist Strukturierungen auf – so z.B. ebenfalls am rechten Rand eine dünne vertikale dunkle Linie – die nicht zur Markise gehören, sondern zu dunklen vertikalen Flächen – es könnte sich um abgehängte Stoffbahnen oder bespannte Bretter etc. handeln –, die den Innenraum dessen, was augenscheinlich ein Schaufenster ist, gegen einen dahinter liegenden Raum, möglicherweise also einen Verkaufsraum, abgrenzen. In diesem oberen Bereich verschmelzen Innen- und Außenraum zu einer schwer differenzierbaren Überlagerungsstruktur.

Überhaupt ist die räumliche Organisation des Bildes ein visuelles Vexierspiel, das sich nicht in allen Aspekten eindeutig auflösen lässt. Ein aufgrund der überlagernden Spiegelungen kaum mehr rekonstruierbarer räumlicher Sachverhalt betrifft einen am linken Bildrand sichtbaren Tisch (oder tischähnlichen Gegenstand), an dem so etwas wie Perlenketten, oder zur Kette aufgezogener weißer Kugeln herunterhängen. Die Sichtbarkeit dieses Bildelementes lässt sich nur dadurch erklären, dass am linken Rand der Blick auf den dahinter liegenden Raum freigegeben ist. Obwohl aufgrund der exakten Überlagerung der Linien der schwarzen Abtrennungen im Innenraum und der Gehsteigplatten im Außenraum letztlich nicht erkennbar ist, ob das Schaufenster auf der linken Seite zu einem Verkaufsraum hin offen wäre, muss aufgrund dieses Elements davon ausgegangen werden. Diese Unsicherheit auf der Ebene der Rekonstruktion der Bildobjekte und ihrer räumlichen Lage im Bild verweist bereits eindrücklich auf die erhebliche Komplexität der Raumorganisation dieses Bildes, die letztlich nur partiell rekonstruierbar ist. Unbestimmt bleibt auch eine helle rechteckige Fläche am unteren linken Bildrand, deren Art und Herkunft sich der Rekonstruktion verschließt.

Im Schaufenster sind zwei Kleidungsstücke ausgestellt – es handelt sich um weiße Miederhosen, die jeweils auf einem schwarzen Torso sitzen, dessen „Beine" dort, wo die Oberschenkel wären, kegelförmig zulaufen, und die auf der Höhe der Taille schräg nach oben verlaufend abgeschnitten sind, wobei der Schriftzug „Youthcraft" weiß auf schwarz aufgetragen wurde. An beiden Miederhosen befinden sich kleine Schilder mit Zahlen (Preisschilder). Hinter der oberen Miederhose hängt ein Bild, das eine junge Frau zeigt, die ein enganliegendes, langärmliges schwarzes Oberteil, eine weiße Hose (wahrscheinlich eine Reithose) sowie knielange Stiefel (möglicherweise aber auch nur Strümpfe) trägt. Neben dieser sehr figurbetont gekleideten Frau, auf Höhe ihres Knöchels, ist ebenfalls der Schriftzug „Youthcraft" zu sehen.

Inmitten dieses irritierenden Ensembles überlagerter Bildobjekte ist eine in einen schwarzen Mantel gekleidete Gestalt zu erkennen. Sie ist mittig platziert und dominiert die untere Bildhälfte. Sie hat die Arme angewinkelt und den Kopf, der sich ziemlich genau im Mittelpunkt des Bildes befindet, gesenkt. Ihre rechte Hand trägt einen dunklen Handschuh; man sieht die Umrisse einer Brille, helle Haare und einen Hut oder eine Mütze. Was nicht zu erkennen ist, ist die Kamera, die, wie sich aufgrund der Bildgeometrie rekonstruieren lässt, diese Szene aufnimmt – sie ist durch die helle Spiegelung des unteren Mieders verdeckt; man sieht lediglich die Hand, wie sie augenscheinlich die Kamera hält oder diese jedenfalls berührt; zudem verweist die gesenkte Kopfhaltung ebenfalls auf den Apparat, bei dem es sich demnach um eine Kamera mit Lichtschachtsucher handeln muss. Unterhalb der nicht sichtbaren Kamera ist ein Stück einer Stange erkennbar; offenbar die Säule eines Kamerastativs.

Wir haben bereits bei der Objektbeschreibung einige kulturelle Kontexte eingebracht, die recht offensichtlich erkennbar sind. Die Fotografie zeigt das Schaufenster eines Geschäftes, vermutlich eines Mode- oder Damenbekleidungsgeschäftes in einer städtischen Umgebung, einen Teil des Geschäftsraumes, sowie den in der Schaufensterscheibe reflektierten Stadtraum und die ebenfalls widergespiegelte fotografierende Person, bei der es sich allem Anschein nach um eine ältere Dame handelt – die wenig figurbetonte Form des Mantels,[24] die Art des Handschuhs und des Hutes und die längeren, grau erscheinenden Haare verweisen darauf. Dieser eingespiegelte Körper einer älteren Frau steht in Kontrast zu den Miederhosen im Schaufenster, die durch das Werbeschild noch einmal innerbildlich kommentiert und dadurch als Symbol für Jugendlichkeit und Eleganz markiert werden. Den Aspekt der Eleganz unterstreichen die Perlenketten auf dem Tisch, die scheinbar von der jungen Frau im Werbeschild betrachtet werden (jedenfalls kann die Neigung ihres Kopfes diesen Eindruck erwecken). Der mehrfach sichtbare Markenname „Youthcraft" unterstreicht das Thema der Jugendlichkeit durch sein Assoziationsfeld nachhaltig: „Fiber craft" ist der Ausdruck für Handarbeit oder ein von Hand gestaltetes textiles Werk; „craft" steht aber auch für Geschicklichkeit; etymologisch ist es mit dem altenglischen *cræft* – Macht, Stärke – verbunden (an welches das deutsche Wort „Kraft" ja ebenfalls erinnert). Mit dem Namen

---

24 Es gibt im Schaufenster mehrere markante schwarze Dreiecke, die auf der Spitze stehen: das Oberteil der jungen Frau auf dem Werbeschild (tatsächlich ein Trapez, das aber durch den dreieckigen hellweißen Teil der Reithose optisch zum Dreieck verlängert wird, sowie die vier Kegel („Schenkel") der Torsi. Das auf der Spitze stehende Dreieck wirkt eher dymamisch (warnende Verkehrschilder sind häufig in dieser Form ausgeführt). Würde man die Figur der Fotografin mit ihrem Mantel nach oben hin zum Dreieck verlängern, so bildet sie hingegen ein auf seiner Basis ruhendes Dreieck.

„Youthcraft" lässt sich also Zweierlei assoziieren: es kann einerseits analog der „fiber craft" mit einer „Herstellung von Jugendlichkeit" konnotiert werden (also mit dem „Handwerk" der Mode- und Schönheitsindustrie per se), andererseits aber mit „jugendlicher Geschicklichkeit" oder auch mit „Macht und Stärke der Jugend". Die Miederhosen verweisen als Kleidungsstück auf einen kulturgeschichtlichen Zusammenhang, der u.a. mit der Geschichte des Feminismus verbunden ist. Das Korsett als Kleidungsstück war im Kontext der Reformbewegungen des ausgehenden 19. Jahrhunderts zunehmend in die öffentliche Kritik geraten (vgl. Welsch 2003; Ober 2005). Es war zwar de facto weiterhin weit verbreitet, unterlag jedoch einem Funktionswandel (indem es zunehmend zu einem außeralltäglichen Accessoire wurde), während die Miederhose in ihren Vorformen seit den 1930 Jahren, in der heute bekannten Form seit ca. 1960 den Platz des Korsetts einnahm (Steele 2004). Sie wird damit zumindest aus femistisch-kritischer Sicht als ein normatives, das weibliche Schönheits- und Körperideal festschreibendes Kleidungsstück gesehen (Wolf 1992).

Obwohl bei dieser Fotografie ein soziales Umfeld (Stadt, Straße, Geschäft), eine Handlung (das Fotografieren) und ein Protagonist (die Frau im dunklen Mantel) zu sehen sind, erschließt sie sich kaum über Narrationsentwürfe. Gerade dies aber ist von einiger Aussagekraft – denn das Bild müsste in seiner zeitlichen Struktur (die zur Entwicklung einer Narration notwendig ist) über sich hinaus auf einen Vergangenheits- und einen Zukunftsbezug verweisen. Dieser Bezug ist hier auch vorhanden; er liegt aber nicht so sehr in der innerbildlich-situativen Zeitstruktur. Eine an die sichtbare Situation anknüpfende Erzählung (die etwa davon handeln könnte, wie die Fotografin und unter welchen Umständen sie das Schaufenster entdeckte, was nach der Aufnahme passierte usw.) ist wenig ergiebig im Hinblick auf eine Interpretation der Fotografie. Das Spiegelungsverhältnis scheint, was die Situation betrifft, vielmehr ganz im Modus der Gegenwart, und damit in einem synchronen Selbstverhältnis zu bestehen. Dennoch weist das Bild eine starke zeitliche Komponente auf; allerdings auf einer symbolisch codierten Ebene, die über das zentrale visuelle Moment des Bildes – die Spiegelung – aufschlüsselbar ist. Versteht man nämlich diese Spiegelung als symbolischen (oder genauer: als metonymischen) Verweis auf Reflexivität, so erschließt sich die biographische Dimension der Fotografie unmittelbar: Eine altgewordene Frau im „Spiegel der Jugend" wäre nun eine mögliche „Story" des Bildes. Daraus lassen sich mehrere Lesarten unterschiedlicher Komplexität entwickeln:

a) Biographisierung im Modus reflexiver Subjektivität: Diese würde von der Figur einer visuellen Gegenüberstellung von Jugend und Alter (getrennt durch die Schaufensterscheibe) ausgehen. Das „Wesentliche" bzw. zentrale Element des Bildes, die schwarze Silhouette, scheint durch die Insignien der Jugendlichkeit hindurch und transzendiert diese. Der Schau- und Verkaufsraum präsentiert lediglich Nebensächliches: Jugendlichkeit ist letztlich nur ein Bild, ein visuelles

Phantom, marginal wie der Schmuck, der an den Rand der Bildfläche gerückt ist. Das „durchscheinende" reflexive Selbstverhältnis stellt *letztendlich* – nicht auf den ersten, aber auf den zweiten Blick – das maßgebliche Moment dar, es setzt sich bewusst – und selbstbewusst – in Kontrast zu einem normativen Bild jugendlicher Weiblichkeit.

b) *Biographisierung im Modus der (Selbst-) Ironie*: Das „Selbstportrait" vor jugendlichen Miedern könnte, je nachdem wie die visuellen Fragmente des Bildes zusammengefügt werden, als *ironische* Form der Selbstthematisierung erscheinen, insofern die schwarze Silhouette mit grotesk überzeichneten, geradezu exklamatorischen Symbolen der Jugend („Youthcraft! Youthcraft!") „geschmückt" wird. „Youthcraft" wäre also als ironischer, weil „uneigentlicher" Verweis auf ihr Gegenteil, das Alter, zu lesen. In dieser Lesart beträfe die Ironisierung jedoch vor allem auch die Insignien der Jugendlichkeit, deren Eleganz und Makellosigkeit vom Alter überschattet wird, das *hinter* dem Spiegel lauert und – quasi als der Jugendlichkeit bereits eingeschriebenes *memento mori* – ihre Vergänglichkeit und Fadenscheinigkeit demaskiert. – Gegen diese Lesart, wie zum Teil auch gegen die erste, spricht allerdings zum Teil die *Anordnung* der Bildelemente. Insbesondere der Umstand, dass die Bildautorin des Selbstportraits nicht etwa von Zeichen der Jugend *umgeben* ist, sondern von diesen zu wesentlichen Teilen *verdeckt* wird und hinter ihnen verschwindet, verweist auf einen weniger spielerischen Zusammenhang der Bildelemente. Dies führt zur dritten Variante.

c) *Biographisierung im Horizont der eigenen Kontingenz*: Die Tatsache, dass wichtige Teile der Silhouette (der halbe Kopf, ein Arm/Schulter-Bereich) von den Miedern überstrahlt und somit von ihnen verdeckt werden, deutet darauf hin, dass die *Option des eigenen Verschwindens* ein zentrales Bildmotiv darstellen könnte. Die Fotografie ist auch in dieser Lesart als eine Form der Selbstthematisierung zu verstehen – der Titel, den wir an dieser Stelle als Kontextinformation hinzuziehen, bestätigt dies. Er führt die Betrachtung aber noch einen Schritt weiter: Für ein „Selbstportrait" ist es eher ungewöhnlich, dass die portraitierte Person nicht zu erkennen ist, ja nicht einmal im Profil zu sehen ist. Es funktioniert *als* Selbstportrait nicht im Modus der „Ähnlichkeit", wie es bei klassischen Selbstportraits der Fall ist. Auch wenn schwarzer Mantel, Handschuhe, Brille und Hut typische Erscheinungsmerkmale der portraitierten Person wären (was für Imogen Cunningham durchaus zutrifft), so ist die Spiegelung doch so informationsarm, dass es sich prinzipiell auch um eine *andere* Person handeln könnte – schon hieran lässt sich eine Thematisierung der *Kontingenz des Selbst* aufweisen. Fest steht allerdings das fortgeschrittene Alter der abgebildeten Person. Die Insignien der Jugendlichkeit fungieren in dieser Lesart als zeitliche Verweise auf die eigene (vergangene) Lebenszeit. Sich selbst im „harten Kontrast" dazu zu thematisieren, bedeutet zugleich auch die Thematisierung eines *Verlustes* (wenn nicht der Jugendlichkeit selbst, dann doch eines Verlusts an verbleibender Lebenszeit).

Im Gegensatz zu den beiden vorgenannten Lesarten lässt sich der umgebende städtische Bildraum in die Betrachtung sinnvoll miteinbeziehen: die schwarze Silhouette erscheint dann wie ausgeschnitten, wie eine *Lücke* im Bild. Das eigene Selbst erscheint nicht in seiner Positivität, etwa als diese oder jene Charakteristik, Persönlichkeitszeichnung, usw. – es erscheint lediglich als *Spur einer (Selbst-) Beobachterin* (Kamera und auch die sichtbare Brille verweisen auf den Beobachter), die sich vor dem Hintergrund der Differenz „Jugend vs. Alter" in ihrer Vergänglichkeit thematisiert, und die – das ist der wesentliche Aspekt – *in* dieser selbstbeobachtenden Bewegung Subjektivität erlangt, indem sie sich als eine *sich selbst* grundsätzlich entzogene Figuration, in der Spur ihres eigenen Beobachtens und Verschwindens, (fotografisch) erfasst.

In der Inszenierung der Möglichkeit eines ganz anderen Selbstverhältnisses, nämlich einer negativen Form der Selbstthematisierung im Angesicht der *existenzieller Kontingenz* liegt aus unserer Sicht ein zentraler Aspekt dieser Fotografie. Sie scheint vorwegzunehmen, was Richard Rorty in seinem Buch über *Kontingenz, Ironie und Solidarität* feststellt: subjektive Selbstbestimmung kann sich unter Bedingungen der Moderne nicht mehr auf das eigene „Selbst" als festen Kern oder Bezugspunkt stützten. Sie muss vielmehr die Reflexion auf Unbestimmtheitsräume, die Einsicht in die *eigene* Kontingenz mit einschließen (Rorty 1989, 176). – Während uns diese dritte Lesart grundsätzlich recht plausibel erscheint, nimmt sie allerdings kaum Bezug zu dem deutlich implizierten feministischen Diskurs (Mieder – Youthcraft – Jugendlichkeit). Diesem Aspekt wollen wir in einer vierten Perspektive gerecht werden, die Elemente der drei ersten Lesarten aufnimmt (diese dabei aber nicht ersetzt).

d) *Biographisierung im kritischen Horizont sozialer Marginalisierung.* Die in den beiden Varianten a) und b) angesprochene Thematik der Weiblichkeit im Spiegel von Jugend und Alter erhält vor dem Hintergrund der in Version c) entwickelten Interpretation eine tiefere und kritischere Dimension. Die ironische Selbstrelativierung i.S. Rortys findet nicht in einem kulturell neutralen Umfeld statt. Sie erfolgt gewissermaßen nicht freiwillig, sondern lässt sich *auch* als kritischer Reflex auf gesellschaftliche (Macht-) Strukturen verstehen. Die schwarze Silhouette kann in diesem Sinne zugleich als eine Inszenierung von *Invisibilisierung* verstanden werden. Unsichtbar *gemacht* zu werden in einer von Jugendlichkeits- und Schönheitsidealen dominierten Kultur (im Bild repräsentiert durch die Korsetts und das Werbebild) ist ein Politikum, dass all jene betrifft, die den massenmedial verbreiteten Körperidealen nicht entsprechen wollen oder können. In diesem Sinne legt Judith Fryer Davidov diese Fotografie Cunninghams (zusammen mit anderen Werken) dahingehend aus, dass solche Fotografien eine Form der *Marginalisierung* kritisch thematisieren: sie operieren, so Davidov, „at the edges of a culture that marginalized women and women's work, but they also bore the stigma of their own physical outsideness [...]" (Fryer Davidov 1998, 382) – im

Vexierspiel von Innenraum und Außenraum ist diese körperliche „outsidedness" in Cunninghams Fotografie direkt, und zwar auf der Ebene der *Formsprache* des Bildes, thematisiert.

Während die zuetzt entwickelte feministisch inspirierte Lesart im Anschluss an Davidov durchaus Plausibilität beanspruchen kann, vermag auch sie die Fotografie nur in Teilaspekten zu erklären. Dies liegt möglicherweise daran, dass sie (wie es in Arbeiten aus dem weiteren Kontext der *Cultural Studies* paradigmatisch bedingt der Fall ist) das Bild von einer starken ideologietheoretischen Rahmung her versteht und daher anderen Aspekten, etwa der aus unserer Sicht sehr deutlichen existenziellen Dimension der Fotografie, weniger gerecht wird. Die Lehre, die aus diesen unterschiedlichen Lesarten zu ziehen ist – insbesondere aus den letzten beiden, die uns plausibler als die ersten beiden erscheinen –, besteht in der Einsicht in die *Vielschichtigkeit* der implizierten Aussagehorizonte solcher hochgradig elaborierten visuellen Artikulationen. Entscheidend ist für uns insgesamt, dass die Form der visuellen Selbstthematisierung in Cunninghams Fotografie, die u.E. *sowohl* als existenzielle Selbstverortung wie *auch* zugleich als kritische Gegenstrategie gegen kulturelle Ausschlüsse verstanden werden kann, eben nicht im Modus der Bestimmtheit stattfindet: es gibt hier keine „Positivität" eines selbstbestimmten Subjekts, sondern nur gebrochene Spiegelungen, Spuren von Präsenz, Autorschaft und Identität.

Wir haben in diesem Kapitel an elaborierten Beispielen die orientierenden Potenziale von Fotografien diskutiert. Dabei wurden auf den verschiedenen Analyseebenen Unterschiede zwischen verschiedenen Graden an Bestimmtheit *versus* Unbestimmtheit der Fotografien deutlich: Während wir die Fotografie Rudolph Holtappels auf Objekt-, Bedeutungs- und Sinnebene unter Rückgriff auf vorhandene Rahmungen interpretieren konnten (nämlich als Architektur- und Milieudokumentation), hat die Fotografie von Guy Tillim Suchbewegungen nach passenden Rahmungsmöglichkeiten ausgelöst, die letzlich in der Schwebe blieben. In den anderen Dimensionen (Handlung, Grenzen, Biographie) waren ähnliche Verhältnisse von Rahmungssicherheit *versus* Rahmungsirritationen zu finden. Anhand des elaborierten visuellen Diskurses der „professionellen" Dokumentar- und Kunstfotografie wurde damit erkennbar, dass die bildsprachlichen Mittel unter zunehmendem Modernitätsdruck zunehmend mit Momenten der *Unbestimmtheit* operieren. In der Laien- und Amateurfotografie erwies sich übrigens ein so selbstreflexiver bildsprachlicher Diskurs, wie wir ihn in den hier analysierten Fotografien vorfanden, nach unseren Erfahrungen als nicht so deutlich rekonstruierbar, weshalb wir hier (nicht zuletzt aus didaktischen Gründen) auf formalsprachlich in hohem Maße anspruchsvolle Werke zurückgegriffen haben (vgl. dazu aber Marotzki/Niesyto 2006, insbes. Marotzki/Stötzer 2006).

Während das Medium Film und das Medium Bild wie gesehen bereits sehr komplexe Artikulationsformen darstellen, haben wir es bei den neuen Informationstechnologien, um die es im folgenden Kapitel gehen soll, noch einmal mit einer Komplexitätssteigerung zu tun. Dies liegt nicht zuletzt daran, dass in den Neuen Medien die klassischen textuellen, auditiven, visuellen und audiovisuellen Artikulationsmöglichkeiten durch interaktive und partizipative Rahmungen neue kommunikative, soziale und kulturelle Qualitäten erhalten.

5 Neue Artikulations- und Partizipationsräume des Internet

5.1 Ein strukturaler Blick auf das Internet

5.1.1 Die Entwicklung der verschiedenen Anwendungen und Subnetze des Internet

Die Entwicklungsgeschichte des Internet beginnt in den späten 1960er Jahren mit der Einrichtung eines ursprünglich zu militärischen Zwecken konzipierten Netzwerks, dem ARPANET. Was als geschlossener, dezentraler Verbund einiger weniger Großrechner begann, entwickelte sich sehr schnell, schon zu Beginn der 1970er Jahre, zu einem globalen elektronischen Netzwerk, das zum Austausch wissenschaftlicher Daten dienen sollte. Die Geschichte des Internet ist jedoch nicht nur eine der technologischen Entwicklung. Kollaborationsorientierte Ideen und Konzepte spielen eine mindestens ebenso große Rolle. So entwarf der britische Soziologe Ted Nelson bereits Mitte der 1960er Jahre, also einige Jahre vor Entstehung des ARPANET, ein Beschreibungsmodell eines vernetzten Text-Universums. Der Begriff „Hypertext" geht auf Nelsons „Xanadu-Projekt" ebenso zurück wie wesentliche Ideen des heutigen partizipativen Internet – Nelsons Modell beinhaltete die Trennung von Ort und Inhalt von Texten, wodurch Teile jedes beliebigen im Datenverbund gespeicherten Textes direkt von anderen Texten referenziert, also abgerufen und eingebunden werden können, um dort beispielsweise kommentiert zu werden.

Man kann die Geschichte des Internet als Medium der sozialen Kommunikation und Interaktion in drei Phasen einteilen. Die erste Phase lässt umfasst den Zeitraum von der Aktivierung des ARPANET bis zur Entstehung des *World Wide Web* im Jahr 1991. Diese Zeit ist durch die Entwicklung verschiedener Subnetze (Telnet, Usenet, IRC, WWW), Protokolle (FTP, NNTP, Gopher) und Anwendungen (z.B. Mail, Mailinglisten, MUDs/MOOs) gekennzeichnet, die jeweils unterschiedlichen Kommunikationsbedürfnissen und -ansprüchen entgegenkamen, jedoch untereinander nicht verbunden waren.[1] Die zweite Phase ist mit der Einführung und Verbreitung des klassischen *World Wide Web* gleichzusetzen. Zunächst als Netz zum Austausch von strukturierten Seiten (html) konzipiert, entwickelte sich das WWW zunehmend zu einem „Containermedium", das die anderen Netze des Internet mehr und mehr aufnahm, bzw. mit seinen eigenen Mitteln nachbildete. Die dritte Entwicklungsphase setzt technologisch bereits in der zweiten Hälfte

1 Vgl. etwa http://www.livinginternet.com/ [18.6.2008].

der 1990er Jahre ein, wird aber erst ab Mitte der 2000er Jahre zu einem emergenten Phänomen, das im Jahr 2005 unter dem Schlagwort „Web 2.0" breite Aufmerksamkeit gefunden hat. Im Folgenden stellen wir zunächst die wichtigsten Anwendungen der ersten und zweiten Entwicklungsphase, also des „klassischen" Internet, vor.

Emails (1971/1972) und Mailinglisten (1975)

Die Email stellt bis heute eine der erfolgreichsten „Erfindungen" des Internet dar. Bereits 1971/1972, also gut zwei Jahre nach Start des ARPANET, programmierte Ray Tomlinson eine Anwendung, deren Nutzen von den Gründern des ARPANET nicht vorhergesehen worden war: das erste Emailprogramm „SENDMSG", das schnell zu einer der am meisten benutzten Anwendungen des ARPANET wurde. Die ersten Mailinglisten (themenbezogene automatisierte Email-Verteilersysteme) – und damit die ersten Vorläufer elektronischer sozialer Netzwerke – entstanden wenige Jahre später. „MsgGroup" startete im Jahr 1975; zu den ersten Mailinglisten zählten außerdem Listen wie„sf-lovers" (Science Fiction Fans) und „wine-tasters". An diesen frühen Beispielen wird erkennbar, dass das Internet zwar rational und zweckorientiert angelegt war, dass jedoch die technische Netzwerkstruktur immer schon von seinen Anwendern genutzt wurde, um Gemeinschaften und (sub-)kulturellen Austausch zu ermöglichen. Soziale und kulturelle Räume entstanden lange bevor das ARPANET sich zum Internet, als dem auf standardisierten Protokollen basierenden Netzverbund der 1980er Jahre, entwickelte (das ARPANET selbst wurde 1990 vom Netz genommen).

MUDs (1978) und MOOs (1996)

MUDs (Multi User Domains/Dungeons) und MOOs (objektorientiert programmierte MUDs, die von den Spielern selbst erweitert werden können) sind auf dem Telnet-Protokoll aufsetzende, zunächst textbasierte virtuelle Welten, in denen sich nahezu beliebig viele Teilnehmer bewegen können. Im Unterschied zu den Chaträumen des IRC (s.u.), die zwar eine thematische Widmung aufweisen, jedoch als virtuelle Räume nicht weiter strukturiert sind, sind MUDs themenzentriert aufgebaute, oft hochkomplexe virtuelle Welten. MUDs stellten häufig bestimmte, an einschlägige Literatur angelehnte Abenteuer-Rollenspielumgebungen dar (allerdings gab es auch weniger am Spiel orientierte MUDs und MOOs; der berühmte MediaMOO, dessen Aufbau auf dem Grundriss des MIT Media Lab beruht, hatte beispielsweise den Zweck, der *scientific community* der Medienforscher verschiedenster Provenienz einen Treffpunkt zu geben). Ganz ähnlich den am *Adventure*-Spiel orientierten MUDs handelt es sich bei den später entwickelten graphisch aufgebauten MUDs/MOOs um Rollenspielumgebungen, die als Vorläufer der heutigen MMORPGs (Massivevely Multiplayer Online Role Playing Games) wie *World of Warcraft* oder auch von Virtuellen Welten wie *Second Life* angesehen werden können.

Usenet (1982/1986) und WWW-Foren (1990er Jahre)

Das *Usenet* lässt sich als gigantisches, hierarchisch nach Themen geordnetes und die verschiedenen Beiträge strukturiert darbietendes Schwarzes Brett beschreiben (vgl. Smith 1999). Es umfasst heute mehrere Zehntausende Diskussionsgruppen (*Newsgroups*), von denen in aller Regel nur ein (jeweils variierender) Bruchteil den Benutzern zugänglich ist (da die meisten Internet-Dienstanbieter lediglich eine beschränkte Auswahl auf ihren Servern zur Verfügung halten). Das Usenet wurde in den ersten Versionen in den frühen 1980er Jahren in Betrieb genommen, um Gruppen eine Diskussionsplattform zu geben, die besser als die zu diesem Zeitpunkt bereits etablierten Mailinglisten zu benutzen waren: Die Antworten auf einen Beitrag („Posting") werden von den *Newsreadern* (den Programmen, welche den Zugriff auf das Usenet ermöglichen), zu sogenannten *threads*, Diskussionsfäden also, angeordnet. Jede Antwort erscheint grafisch dargestellt in einer niedrigeren Hierarchie als der Beitrag, auf den sie sich bezieht, so dass eine sehr gute Übersicht der verschiedenen Teile von *threads* gewährleistet wird.

Seit 1986 basiert das Usenet auf einem eigenen Netzwerkprotokoll (NNTP; Network News Transfer Protocol). Das Usenet ist einem Großteil der heutigen Netznutzer kaum mehr bekannt, da es durch die leichter zugänglichen Foren im WWW erhebliche Konkurrenz erfahren hat (zur Verwendung des USENET musste ein entprechendes Programm, ein sog. Usenet-Client, installiert werden; später erlaubten marktgängige Emailprogramme das Abonnieren von und das Posten in USENET-Foren). Das USENET ist allerdings aufgrund seiner demokratischen Grundstruktur ein eindrucksvolles Beispiel für deliberative Selbstorganisation im Internet: Die Foren des Usenet sind in Hierarchien geordnet (Beispiele für die höchste Hierarchieebene: „de" für deutschsprachige Gruppen, „comp" für Computer-bezogene Themen, „alt" für Gruppen, die den anderen Hierarchien nicht zugeordnet werden können oder sollen). Über die Einrichtung oder Löschung einer Gruppe entscheiden je nach ‚Hierarchie' unterschiedlich strenge, demokratisch organisierte Selbstverwaltungen. Jede Newsgroup ist durch eine hierarchisch geordnete Reihenfolge von Ausdrücken gekennzeichnet, an der die thematische Widmung der Gruppe in aller Regel klar ablesbar ist. So bezeichnet „de.comm.internet" eine Gruppe der deutschsprachigen Hierarchie, hieraus die der Kommunikationstechnologie angedachten Gruppen (comm) und von diesen schließlich das Thema Internet. Das USENET zählt zu den ersten Peer-to-Peer organisierten, also dezentralen Informationssystemen. Eine an eine Newsgroup gesendete („gepostete") Nachricht wird von einem News-Server zu den angrenzenden versandt, von diesen wiederum an andere Server weitergereicht, etc. Ein sich daraus ergebender Nachteil ist die spürbare Asynchronizität des Usenet: Es können mehrere Stunden vergehen, bis ein Beitrag weltweit in einer Newsgroup zu sehen ist.

Spezielle asynchrone Internet-Gemeinschaften wie das durch Howard Rheingold (1994) berühmte gewordene WELL (Whole Earth ´Lectronic Link) funktionieren häufig nach dem Prinzip des Usenet (allerdings beschränkt auf eine erheblich geringere Anzahl an Diskussionsgruppen), stellen jedoch durch die zentrale Speicherung der Beiträge auf einem Server sicher, dass jeder Beitrag unmittelbar weltweit von allen Interessierten gelesen werden kann. Hierdurch sind im Prinzip sehr schnelle, quasi-synchrone Reaktionen möglich. In dieser Möglichkeit der spontanen, zeitlich nahen Reaktion sah Howard Rheingold in seinem klassischem Band über „virtuelle Communities" (Rheingold 1994) einen nicht unbedeutenden Aspekt für die Entstehung eines kopräsenten Gemeinschaftsgefühls.

Internet Relay Chat (1989) und Instant Messenger (1996)

Das *Internet Relay Chat (IRC)* stellt eine relativ späte Entwicklung innerhalb der Prä-WWW-Phase des Internet dar. Das IRC operiert nahezu in Echtzeit: nach der Einwahl in einen sog. *Channel* der Wahl (oder nach der Neueröffnung eines solchen) erscheinen die verschiedenen Beiträge der Teilnehmer dieses *Channels* sofort in einem Fenster, dessen Inhalt kontinuierlich nach oben ‚scrollt' (wie in jedem Textverarbeitungsprogramm), also den nachkommenden Beiträgen Platz macht. Die Beiträge erscheinen nicht hierarchisiert, sondern in der Reihenfolge ihres Eingangs, gekennzeichnet durch den Aliasnamen (‚Nickname') ihres Absenders. In einem *Channel* können sehr viele Teilnehmer zugleich eingeloggt sein, was einen geübten Blick erfordert, wenn man auf dem schnell abrollenden Bildschirm noch die verschiedenen Gespräche erkennen möchte. Allerdings kann jeder Teilnehmer sehr leicht einen anderen Teilnehmer auf einen Privatkanal einladen (*DCC-Chat*), der von dritten nicht eingesehen werden kann. Eine Sonderform des Chats stellen Avatarchat-Systeme dar, die seit Mitte der 1990er Jahre existieren (z.B. der *Virtual Places Chat* oder *The Manor*). Das IRC erfreute sich zu seinen Hochzeiten während der 1990er Jahre erheblicher Beliebtheit. In seinen Variationen, sei es als Avatarchat oder als WWW-Chat, existiert die Idee der synchronen „many-to-many"-Kommunikation fort, auch wenn das ursprüngliche IRC, nicht zuletzt aufgrund seiner umständlichen Bedienung (es setzte einen speziellen Client voraus), inzwischen erheblich an Bedeutung verloren hat. Konkurrenz, oder wenn man so will, eine Weiterentwicklung, erhielt der IRC-Chat in den spätem 1990er Jahren nicht zuletzt durch Instant Messenging-Anwendungen wie ICQ (s.u.), im Web 2.0 dann zusätzlich durch soziale Netzwerke wie MySpace oder Facebook, die inzwischen (neben dem Mobiltelefon) zur primären Informationszentrale vieler Jugendlicher in medialisierten Kulturen geworden sind.

Als eine Kombination verschiedener Kommunikationsoptionen fungieren Instant-Messenger, die heute zumeist Text-, Sprach- und Videomessaging bieten (ICQ.com, Skype.com u.a.). Instant Messenger (IM) ermöglichen es, jedem eingetragenen Mitglied eine Nachricht zu senden, die unmittelbar (daher „instant") auf dem Bildschirm erscheint. Wenn gewünscht, können die Teilnehmer sodann einen synchronen privaten Nachrichtenkanal eröffnen (ganz ähnlich einem privaten Chat) und sich unterhalten. Eine Besonderheit im Vergleich zum IRC-Chat stellt die Tatsache dar, dass IM-Systeme darauf angelegt sind, neue Kontakte zu finden (und zwar durch Suche von Mitgliedern mit ähnlichen Profilen, oder aber nach dem Zufallsprinzip). Hierbei stellt das System auf Wunsch direkten Zugang zu fremden, ebenfalls an derartigen Chats interessierten Benutzern bereit, so dass es beispielsweise möglich wird, mit geringem Aufwand direkte Kontakte zu vielen unbekannten Personen aus aller Welt zu erhalten.

Das World Wide Web

Der am häufigsten genutzte, bekannteste und wirtschaftlich wichtigste Teil des Internet ist das *World Wide Web* (WWW) – oft werden die Ausdrücke „Internet" und „WWW" sogar synonym verwendet. Dies liegt wohl nicht zuletzt daran, dass das WWW heute ein alle vorherigen Dienste in sich vereinigendes „Supermedium" darstellt. Das WWW hat sich seit seiner Einführung durch Tim Berners-Lee im Jahr 1991 sukzessive von einem *statischen* Hypertextmedium zunächst zu einem *multimedialen*, dann zu einem zusätzlich *interaktiven* und schließlich mit dem „Web 2.0" (s.u. Kap. 5.1.3) zu einem vorwiegend *partizipativen* Medium entwickelt. Es mag an der Einfachheit des „Surfens" im WWW gelegen haben (im Gegensatz zu den technisch teilweise wesentlich anspruchsvolleren Anwendungen der oben aufgezählten Kommunikationsformen, die die Bedienung jeweils spezieller Programme und teilweise komplizierter Steuerbefehle voraussetzen), dass dieser Teil des Netzes zunehmend Strukturen anderer Bereiche des Internet in sich aufnahm bzw. nachbildete. Dank der Integration speziell abgestimmter Skript- und Programmiersprachen (*JAVA, Javascript, Flash* u.v.a.m.) und anderer, die statische html-Struktur aufbrechende Technologien (*AJAX, DOM*) ist es mittlerweile selbstverständlich, im WWW interaktiv zu spielen, zu chatten, Nachrichten zu ‚posten', Emails zu verschicken, Weblogs zu betreiben und zu kommentieren, audiovisuelle Beiträge zu betrachten und dynamisch auf Webseiten einzubinden, und schließlich ganze Softwaresuiten im WWW-Browser zu betreiben.

5.1.2 Die Entwicklung des Internet zum deliberativen Kulturraum

Der neue öffentliche Raum

Das Internet ist ganz wesentlich auch ein neuer öffentlicher Raum, der mit neuen Chancen und Hoffnungen, aber sicher auch mit neuen Gefahren (z.B. Online-Kriminalität) verbunden ist. Obwohl oder *gerade weil* es sicherlich Regulierungs-Kontroll- und Zensurmaßnahmen in Bezug auf das Internet gibt, gibt es auch immer wieder neue Versuche, die anarchische Struktur des Netzes zu erhalten und zu verteidigen. John Pierre Barlow ist eine derjenigen, die sich gegen die Zensur im

Internet wehren. Barlow ist studierter Theologe, anerkannter Autor zu Themen wie *Virtualisierung der Gesellschaft* und Mitbegründer der „Electronic Frontier Foundation" (EFF), einer Non-Profit-Organisation, die sich u.a. für das Recht auf freie Meinungsäußerung im Internet einsetzt. Als virtueller Ort, so Barlow in seinem berühmten Internetmanifest „A Declaration of the Independence of Cyberspace"[2], sei der Cyberspace an keine territorialen, kulturellen oder irgendwie gearteten Konformitätsgrenzen gebunden. Barlow protestierte gegen den – nach seiner Ansicht und der vieler *Netizens* (Internet-Bürger) – mit dem US-amerikanischen *Communication Decency Act of 1996* drohenden Verlust der freien Meinungsäußerung im Cyberspace. Der Titel seines Manifests ist an die amerikanische Unabhängigkeitserklärung gegenüber den Ansprüchen der Britischen Krone von 1776 – die *Declaration of Independence* – angelehnt; Barlow nimmt damit für den Cyberspace gegenüber den Staaten der Welt dasselbe Recht in Anspruch wie Nordamerika gegenüber England im 18. Jahrhundert. In direkter Ansprache distanziert er sich von den althergebrachten Staatssystemen. Zwischen ihnen und dem Cyberspace bestehe eine unüberbrückbare Differenz. Der Cyberspace sei die neue Heimat des Geistes und damit die Zukunft, wohingegen die Regierungen der industriellen Welt unwillkommene Vertreter der Vergangenheit seien. Diese Differenz beruht nach Barlow auf vier Aspekten:

• der Natürlichkeit des Cyberspace,
• der Virtualität des Ortes des Cyberspace,
• der Körperlosigkeit innerhalb dieser virtuellen Welt sowie
• der Definition des Cyberspace als einer Zivilisation des Geistes.

Die *Natürlichkeit* resultiere dabei aus der Tatsache, dass der Cyberspace nicht aus Gesetzen und Regelungen, sondern vielmehr aus den kollektiven Handlungen seiner Mitglieder gewachsen sei. Gegenüber dieser „Naturwüchsigkeit" sei jede Regelung von außen eine Fremdbestimmung, und überdies zielte sie an den speziellen Problemen und Bedingungen des Cyberspace vorbei. Die *Virtualität* mache aus dem Cyberspace einen Ort, der jenseits staatlich-territorialer Grenzen liege und deshalb von diesen weder begrenzt werden dürfe noch könne: „Cyberspace does not lie within your borders". Nicht nur, dass die territorial begrenzten Staaten in Kürze einer globalen, grenzenlosen elektronischen Sphäre gegenüberstünden, die sie nicht kontrollieren könnten; darüber hinaus entziehe die *Körperlosigkeit* des Cyberspace – „Cyberspace consists of transactions, relationsships, and thought itself, arranged like a standing wave in the web of our communications" – ihn den klassischen Rechtsvorstellungen, die auf der Gegenständlichkeit einer materiellen Welt beruhten. All diese Aspekte kulminieren in dem vierten, dass der Cyberspace eine Zivilisation des Geistes darstelle. Der Cyberspace sei „the new

---

2 http://homes.eff.org/~barlow/Declaration-Final.html [18.6.2008]. Barlow veröffentlichte das Manifest per Email und auf der Homepage des EFF am 8. Februar 1996.

home of mind", er bestehe aus Denken und Kommunikation, und das einzige, was er benötige, sei die Freiheit zur unreglementierten Meinungsäußerung. Selbstverständlich gab es zu diesem Standpunkt Kritik – nicht nur seitens staatlicher Organisationen. Die Netzaktivisten und -kritiker Geert Lovink und Pit Schultz stimmten in ihrem als „Anti-Barlow" betitelten Diskussionsbeitrag (1998)[3] zwar grundsätzlich mit der Kritik am *Communication Decency Act* überein – wobei sie dieses Gesetz nicht als konkrete Bedrohung, sondern vielmehr als eine Art Testballon von staatlicher Seite ansehen, der zum Platzen verurteilt sei, dieser aber als Stimmungsbarometer „längst entscheidendere Daten über einen um sich greifenden Cyber-Separatismus" liefere. Sie weisen jedoch Barlows Thesen als illusorisch zurück, als Ergebnis eine „mythischen Wunschtraum[s] des gesetzlosen Raums", der jeder (auch ökonomischen und institutionellen) Realität des Cyberspace widerspräche:

> „Die Abwesenheit von Zwang führt nicht unbedingt zu einer freien Entfaltung des Willens, wenn dieser sich als fatalistischer Wille zur Unterwerfung entpuppt und sich kollektiv zum Willen zur Virtualität vereinigt. Die dualistische Trennung in eine Freiheit des Cyberspace und eine Notwendigkeit des Materiellen scheint ebenfalls unpraktisch, da mehr und mehr Leute am Bildschirm ihr Geld verdienen müssen. Der normative Freiheitsbegriff einer individuellen Entfaltung ließe sich mit dem der eher metaphysischen Wahlfreiheit koppeln, und in pragmatisch-informationstheoretischem Sinne ließe sich erklären, daß es nicht um die Ausnutzung, sondern um die Virtualität von Freiheit geht, also um Freiheitsgrade, die jedem immer offen stehen, wie z.B. der soziale Abstieg oder das Drücken eines anderen Knopfes. Die Freiheit, die Barlow meint, hat nichts mit derjenigen im traditionellen öffentlichen Raum gemein." (Schulz/Lovink 1998)

Es geht uns an dieser Stelle nicht darum, für die eine oder die andere Seite zu argumentieren. Wie auch immer die Entwicklung weitergehen wird und welche der beiden Positionen recht behalten wird – es war bereits in den 1990er Jahren abzusehen, dass sich immer mehr Menschen im Internet bewegen werden, und dass dies in einem vormals ungeahnten Ausmaß neue – teilweise dezentrale und schwer kontrollierbare, teilweise zentralisierte, institutionalisierte und auch kommerzialisierte – Formen von Öffentlichkeit hervorbringen würde. Damit avancierte das Medium zu einem zentralen Sozialisationsmedium (vgl. auch Marotzki 1997).

Der neue (trans-) kulturelle Raum

Spätestens seit der europäischen Konferenz „Towards a European Media Culture", die im Oktober 1997 in Amsterdam stattfand, ist klar, dass das Internet auch als neuer Kulturraum gesehen werden muss. Die Teilnehmer von 22 politischen Organisationen aus 12 europäischen Ländern einigten sich auf die sogenannte „Amsterdamer Agenda": *The Amsterdam Agenda – fostering emergent practice in Europe's media culture.*

---

3 http://www.heise.de/tp/r4/artikel/1/1030/1.html [18.6.2008].

Dabei gibt es zunächst viele verschiedene Auffassungen dessen, was unter „Kultur" zu verstehen ist. Im Folgenden wollen wir unter Kultur das selbstgesponnene Bedeutungsgewebe verstehen, in dem Menschen sich selbst entwerfen, indem sie ihre Handlungen koordinieren und ihrem Zusammenleben über Prozesse wie z.B. der Symbolisierung und der Ritualisierung Bedeutung verschaffen, wobei diese Bedeutungen immer auch Gegenstand öffentlicher Inszenierungen sind. Es geht also um spezifische Praxen der Bedeutungserzeugung, um eingeschliffene Routinen der Signifikation (Bedeutungszuweisung).

Das Internet als Entstehungsraum spezifisch medialer Subkulturen

In den Neuen Medien sind ganz besondere, medienspezifische Aspekte zu finden, welche die Strukturen oder den Möglichkeitsraum für solche (sub-) kulturellen Signifikationspraxen mitbestimmen. Online-Städte wie Funama[4] stellen interaktiv erzeugte Kulturräume dar. Wollte man den Unterschied von „alten" zu „neuen" Medien in kulturtheoretischer Perspektive benennen, so könnte man eine Transformation von einer *Kultur für alle* zu einer *Kultur durch alle* sprechen.

Sozialisationsprozesse verlaufen in allen Kulturen zu großen Teilen als Enkulturationsprozesse, also als ein Prozess, in dessen Verlauf der Einzelne lernt, an den jeweils spezifischen kulturellen Praktiken teilzuhaben. Medien spielen, und zwar verstärkt in der globalisierten und vernetzten Welt, hierbei eine immer größere Rolle. Das beginnt im Bereich der Massenmedien mit kulturellen Importen (also z.B. TV-Serien oder Filmen etwa aus den USA, die uns unversehens mit vielen Aspekten US-amerikanischer Kultur vertraut gemacht haben). In den Neuen Medien erhält die Frage der Kulturalität – aufgrund der aktiven Partizipationsstrukturen – noch einmal eine ganz andere Qualität.

Seit seiner Einführung in Gibsons berühmtem Roman steht das Wort „Cyberspace" nicht allein für die Vernetzung elektronischer Daten. Vielmehr zeichnen sich von Anfang an eine Reihe neuer technologischer (Sub-) Kulturen ab, die häufig mit alternativen Lebensweisen bzw. -entwürfen verbunden sind: von Entwicklern und Programmieren der neuen Informationstechnologien in den Universitäten und Forschungsinstituten über begeisterte „User", Netz-Bewohner (*Netizens*) und Hacker bis hin zu Science-Fiction-Fans, Kryonikern, „Extropianern" oder Aktivisten, Künstlern und Theoretikern einer kybernetischen Prothetik, des Cyborgs (vgl. Dery 1996; Freyermuth 1996; Stelarc 1996). Was diese verschiedenen Netz-Nutzer der ersten Generation gemeinsam hatten, ist ihr *Engagement* im Umgang mit dem Medium. Das frühe Internet war Teil einer – großteils realen, aber partiell auch nur in Form von Science-Fiction herbeigesehnten – technologischen Welt, deren Teilnehmer sich in der Regel in dieses von einer technischen Atmosphäre durchzogene Spiel hineinbegeben mussten, wenn sie als vollwertiges

---

4 http://www.funama.de[18.6.2008].

Mitglied einer der verschiedenen *Szenen* anerkannt werden wollen. Es ist beispielsweise mit einigen Schwierigkeiten verbunden, in einem MUD zu agieren; die Anforderungen an ein für die jeweilige mediale Subkultur spezifisches *praktisches Wissen*, das einen in einem Chat-Raum nicht als Außenseiter dastehen lässt, sind nicht zu unterschätzen. Die meisten Kommunikationseinrichtungen im Internet haben spezielle Plätze für Neulinge, an denen diese die Teilnahme erproben und dessen Regeln kennenlernen können: eine Institution der Enkulturation im virtuellen Raum. Die Teilnahme an Gemeinschaften erfordert außerdem regelmäßige Anwesenheit, die Befolgung der jeweils festgelegten Sprach- und Verhaltensregeln, sowie häufig auch die Bereitschaft, gemeinnützige oder organisatorische Aufgaben zu übernehmen und anderen zu helfen (Rheingold 1994). Auf diese Weise erlaubt, verlangt und fördert Internet-Kommunikation den Erwerb neuer Verhaltensweisen, die eine Adaption an die jeweilige „lokale" Kommunikationskultur darstellen.

Das Internet als (inter-) kultureller Begegnungsraum
Indem Menschen – potentiell weltweit – miteinander in Kontakt treten, erzeugen sie nicht nur eigene, genuin mediale Subkulturen, sondern sie bringen dabei auch ihre lokalen Kulturen ein. Beide „Sorten" von Kulturalität durchdringen dabei einander, und sie beeinflussen sich gegenseitig.

Die eigene Herkunftskultur kann bereits über die Art und Weise der Partizipation im Internet entscheiden – also etwa darüber, welche Kommunikationsumgebungen man bevorzugt und welche man ablehnt oder ungenutzt lässt. Immerhin ist das Internet kulturell präformiert. Es entstammt zwar entstehungsgeschichtlich der Absicht, ein kriegssicheres Informationssystem zu militärischen Zwecken einzurichten, doch wurde es schnell Teil ganz anderer Kulturen: einerseits einer globalen Kultur des wissenschaftlichen Austauschs, hinter der die Idee kulturübergreifender Kooperation und der Freiheit der Forschung und des Gedankenaustausches steht, sowie, wie am Beispiel des Manifests Barlows sehr deutlich wurde, einer radikal demokratisch motivierten, freiheitlichen US-amerikanischen Bürgerkultur. Es geht hier um die *Architektur* der Online-Kommunikation. Ihre Dezentralität, Unkontrollierbarkeit und oftmals auch private Verborgenheit (z.B. durch verschlüsselte Emails) impliziert beispielsweise bereits die Ideen – und die kulturelle Legitimität – von Subjektsein und Privatheit. Die von Barlow eingeforderte Grenzenlosigkeit und Unzensiertheit des Cyberspace ist mit Sicherheit nicht mit allen politischen Systemen und Ideologien, aber auch längst nicht mit allen kulturellen Wertesystemen kompatibel.

Ein weiterer Aspekt ist, dass die eigene Herkunftskultur die entstehende mediale Kultur zu prägen vermag – entweder indem die Herkunftskultur ein strukturierendes Thema der Online-Kommunikation darstellt (zB. Immigranten-Communities; vgl. Hugger 2005), oder indem kulturelle Kommunikations- und Interaktionsstile den Gruppenhabitus in einer Online-Community definieren oder mitbestimmen. Da kein Mensch im kulturfreien Raum sozialisiert wird, ist der Cyberspace grundsätzlich ein *kultureller Begegnungsraum*, und insofern ein Raum der Auseinandersetzung mit anderen Kulturen – und sei es nur, dass lautmalerische dialektgefärbte Beiträge in Webforen Irritation auslösen. Dass hierbei ein Dezentrierungspotenzial in bildungstheoretischer Hinsicht existiert, dürfte auf der Hand liegen.

Das Internet als kultureller Transformationsraum

Die Kulturalität des Internet wirkt also als Überlagerung von medialer Subkultur und Herkunftskultur. Wir können in diesem Zusammenhang auch von einem kulturell *hybriden* medialen Raum sprechen. Wer an solchen kulturellen Räumen teilnimmt, erfährt aber unweigerlich auch eine Transformation der eigenen Herkunftskultur. Im Cyberspace verwandelt sich Ethnizität unweigerlich in eine „virtual ethnicity". Unter diesem Titel diskutiert Mark Poster (1998, 206f.) am Beispiel jüdischer Internet-Gemeinschaften neue Formen kultureller Irritationen:

> „Countless difficulties confront the would-be CyberJew. How is one to know that participants in electronic communities are Jews? Or does participation constitute ethnic membership? [...] Conundrums over the basic features of Jewish practices assail ethnicity in cyberspace. It would seem that the transplantation of social forms that arose in preindustrial contexts into high-tech contexts would have great difficulty. [...] Others were more sanguine but placed their hopes for the Internet in an global spiritual renewal, rather than in an simple transformation of Judaism."

Dies ist ein Beispiel für die generelle Tendenz der Transformation von Kulturalität in der heutigen Zeit, die im Internet vielleicht nur besonders exemplarisch zur Erscheinung kommt. Mit guten Gründen kritisiert der Philosoph Wolfgang Welsch (2001) das traditionelle Konzept von Kultur (verstanden als homogener, in sich geschlossener „kugelförmiger" Zusammenhang von Sprache, Lebensformen etc.). Der Cyberspace ist ein sehr gutes Beispiel für ein Phänomen, das Welsch als „Transkulturalität" bezeichnet. Welsch kennzeichnet damit das Übergangsstadium auf dem Weg zu einer vollends entnationalisierten bzw. entregionalisierten Kulturalität durch folgende Merkmale (vgl. Welsch 2001, 264ff.) :

- die *externe Vernetzung der Kulturen* (als Folge etwa von Migrationsprozessen, weltweiten Verkehrs- und Kommunikationssystemen, ökonomischen Verflechtungen), die sich global in gleichen Problem- und Bewusstseinslagen niederschlagen (z.B. Menschenrechts-Diskussion, Feminismus, Ökologie-Bewegung);
- den Hybridcharakter heutiger Kulturen, in denen andere Kulturen auf vielen Ebenen (Bevölkerung, Waren, Information) zu Binnengehalten der eigenen Kultur werden, was sich beispielsweise in der Konsumkultur, den Ernährungsgewohnheiten oder in der Kunst zeigt; so wie
- die Auflösung der Eigen-Fremd-Differenz, das Ununterscheidbarwerden des Eigenen und des Fremden. Die importierten Bestandteile der eigenen Kultur

sind ihrer Herkunftskultur bzw. demselben Import in anderen Kulturen näher als Teilen der eigenen Kultur. Wessen kulinarische Sozialisation eine Vorliebe für Pasta gefördert hat, der wird sich global in jedem Ristorante heimischer fühlen als in der „gutbürgerlichen" Gaststätte um die Ecke: „in den Innenverhältnissen einer Kultur existieren heute ähnlich viele Fremdheiten wie in ihrem Außenverhältnis zu anderen Kulturen" (ebd., 267).[5]

Wir wollen hier nicht pauschal behaupten, dass Online-Aktivitäten zu kulturellen Transformationen führen. Es geht vielmehr darum zu zeigen, dass das Internet aufgrund seiner Struktur ein globaler transkultureller Raum ist, der das *Potenzial* aufweist, erstens durch Enkulturationsprozesse in der Online-Kultur – etwa in Online-Communities – und zweitens durch interkulturelle Begegnungen in ein reflexives oder reflektiertes Verhältnis zu den eigenen kulturellen Traditionen und Weltsichten zu treten.

5.1.3 Aktuelle Entwicklungstendenzen

Die Kontroverse um das Schlagwort „Web 2.0"

Das Internet ist ein Feld, das einerseits selbst einer rasanten Transformationsdynamik unterworfen ist, und das andererseits ganz besonders im Licht der öffentlichen Aufmerksamkeit steht. Die Selbstbeobachtung des Mediums, die einen festen Bestandteil der Internetkommunikationen ausmacht, weist eine gewisse Tendenz zum „Hype" auf – der dann gerne von den Massenmedien aufgegriffen wird und mit der entsprechenden Verbreitung von Schlagwörtern einhergeht. Das Platzen der sogenannten „Dotcom"-Blase kurz nach der Jahrtausendwende hat diesen Umstand auf ökonomisch dramatische Weise belegt. Seit ca. Mitte der 2000er Jahre findet ein neues Schlagwort Verbreitung, und zwar das des „Web 2.0". Inzwischen ist es im Mainstream der Berichterstattung großer Tageszeitungen und Wochenmagazine angekommen, dass eine neue ökonomisch getriebene Innovationswelle Tausende von „Web 2.0-Startups" hervorgebracht hat – risikokapital-basierte Jungunternehmen, denen kritische Beobachter längst attestieren, eine neue Investitionsblase („Bubble 2.0") zu bilden. Von „Social Software" ist in diesen Zusammenhängen die Rede, die das Internet revolutioniere, und von einer neuen Phase der Etablierung kollektiver Intelligenz, des „Hivemind" oder der „Wisdom of the crowds", die freilich schon Mitte der 1990er Jahre Gegenstand medienanthropologischer Entwürfe waren (Lévy 1997). Wir möchten im folgenden einige Eckpunkte der recht unübersichtlichen Debatten um

---

5 Transkulturalität bedeutet nicht, dass alle lokalen Unterschiede zugunsten einer globalen Einheitskultur verschwinden. Schließlich bilden sich auch in extrem transkulturellen Bereichen, wie etwa verschiedenen Musik-Subkulturen, immer wieder regionale Unterschiede heraus. Diese basieren aber nicht mehr ausschließlich aus lokalen Traditionen, sondern sie stellen hybride Neubildungen dar, die gleichwohl auf lokale soziale und kulturelle Besonderheiten Bezug nehmen.

Web 2.0 vorstellen und diskutieren. Unser Interesse gilt dabei der Frage, ob das Web 2.0 nur ein Schlagwort der Informationstechnologiebranche darstellt, oder ob bzw. inwiefern damit tatsächlich ein Wandel des Internet bezeichnet werden kann, der sich an entsprechenden neuen Entwicklungen im Hinblick auf Vergemeinschaftungsoptionen und Orientierungspotenziale festmachen lässt. Prominent wurde der Ausdruck „Web 2.0" durch den Verleger Tim O'Reilly. O'Reillys Verlagshaus zählt zu den bekanntesten der IT-Branche; es ist vor allem auf Literatur zu neuen informationstechnologischen Entwicklungen (Internet, Programmiersprachen und Anwendungen) spezialisiert und spielt durch seine Publikationen und Tagungen, wie man von Branchen-Insidern erfahren kann, eine nicht unerhebliche Rolle innerhalb der Programmierer-Szenen, insbesondere auch der OpenSource-Bewegung. Bereits 1992 erschien im O'Reilly-Verlag ein „Whole Internet User's Guide and Catalog" (Krol 1992), der nach Verlagsangaben über eine Million Käufer fand. Es versteht sich insofern, dass diesem Verlag eine besondere, orientierende Rolle innerhalb der Programmierer- und Entwicklerszenen des Internet, aber auch darüber hinaus zukommt. Im Jahr 2004 veranstaltete der O'Reilly Verlag eine „Web 2.0 conference" – die seitdem jährlich stattfindet – unter dem Motto „The Web As Platform".[6] Diese Veranstaltung markiert den Beginn einer weit ausgedehnten und ausgesprochen kontroversen Diskussion über das Label Web 2.0, die O'Reilly zu einem klärenden Artikel veranlasste, der im Firmenweblog der Verlags im September 2005 veröffentlicht wurde.[7] In diesem Beitrag hebt O'Reilly u.a. folgende Merkmale, die aus seiner Perspektive das Web 2.0 definieren, hervor:

• Neue Browser- und Programmtechnologien geben dem World Wide Web zunehmend den Charakter von Anwendungen, welche zuvor nur als lokale Installation auf Computern bekannt waren.[8] Im WWW beheimatete Anwendungen sind im Gegensatz zu lokalen Installation grundsätzlich einer beliebigen Anzahl von Nutzern zugänglich, so dass neue Vernetzung und Kollaborationsmöglichkeiten (etwa im Sinne der kollektiven Erstellung von Texten) entstehen. Zudem erlauben neue Browsertechnologien „Rich User Experiences", insofern die Browserbenutzung sich nicht mehr oder weniger auf das Anklicken von Hyperlinks beschränkt, sondern vielfältige weitere Möglichkeiten der Interaktion bietet.

• Die Nutzung „kollektiver Intelligenz", der Sammlung und Verwertung also kleiner Beiträge einer großen Anzahl von Nutzern etwa zur Optimierung

---

6 http://www.web2con.com/web2con/ [18.6.2008].

7 http://www.oreillynet.com/pub/a/oreilly/tim/news/2005/09/30/what-is-web-20.html [18.6.2008].

8 Für einen ersten Eindruck seien die rein browserbasierten Textverarbeitungen „Google Docs & Spreadsheeds" oder „Zoho Office Suite" empfohlen: http://docs.google.com/; http://www.zoho.com/. Hilfreich ist möglicherweise die dynamisch aktualisierte Linksammlung der Autoren: http://del.icio.us/joeriben/Web2.0 [18.6.2008].

von Suchmaschinen oder zur Angebotsoptimierung in Online-Shops bewirkt eine sprunghafte Verbesserung der Nutzbarkeit von Angeboten. Googles „PageRank"-Technologie wertet vorhandene Hyperlinks, die auf eine Seite verweisen, zur Errechnung der wahrscheinlichen Relevanz dieser Seite für eine bestimmte Suchanfrage aus; Amazon generiert automatisch aus dem eigenen Kaufverhalten und dem anderer Käufer neue Buchempfehlungen und verfügt über umfassende Datenbestände an „User Reviews", die auf den entsprechenden Produktseiten eingeblendet werden. Die Orientierung im WWW erfolgt also aufgrund der Entscheidungen anderer Nutzer und weniger auf der Grundlage abstrakter Algorithmen. Die Technologie basiert somit auf individuellen, sinnhaften Vernetzungen wie gesetzten Hyperlinks oder gekauften Büchern zu einem Thema; sie extrahiert und rekombiniert diese „sozialen Informationen" aus einer (für menschliche Maßstäbe) unüberschaubar komplexen Anzahl von Einzelinformationen. Damit entstehen Orientierungspotenziale, die ohne die jeweilige Technologie nicht denkbar wären.
• Web 2.0 steht für den Wechsel von proprietären zu offen verfügbaren Datenbeständen (z.B. Wikipedia vs. Microsoft Encarta), analog dem Wechsel von proprietärer zu freier und quelloffener Software. Dazu gehören auch offengelegte Schnittstellen zu diesen Datenbeständen (sog. „APIs", Application Programming Interfaces).
• Leichtgewichtige Programmiermodelle in Form von „Skriptsprachen", die (im Gegensatz zu komplexen Programmiersprachen) leicht erlernt werden können, erlauben ein Software-Design „for ‚hackability' and remixability"[9], das den Austausch von Datenbeständen mir anderen Webseiten aktiv unterstützt. Auf diese Weise sind mittlerweile über tausend sogenannter „Mashups", entstanden – Seiten, die auf fremde Datenbestände dynamisch zugreifen und diese in einem neuen Rahmen miteinander funktional verknüpfen.[10]
Obwohl die einzelnen Aspekte dieser Auflistung jeweils signifikante Innovationen des World Wide Web darstellen, so hinterlässt das Konzept Web 2.0 nach der Darstellung O'Reillys doch einen sehr heterogenen Eindruck. Der von O'Reilly als zentral hervorgehobene Aspekt des „Web as Platform" beispielsweise trifft nicht auf alle Anwendungen zu, die unter Web 2.0 gefasst werden (einfache Weblogs z.B.), und noch weniger verallgemeinerbar ist O'Reillys Standpunkt, dass die sog. „AJAX"-Technologie eine Schlüsselkomponente des Web 2.0 ausmache – die Wikipedia etwa, als eines der Vorzeigeprojekte des Web 2.0, kommt (bzw. falls sich dies ändert, *käme* grundsätzlich) ohne AJAX-Technologie aus. Entsprechend harsch fällt teilweise die Kritik an diesem Konzept aus – „Web 2.0 – It doesn't exist" urteilt Russel Shaw in einem Weblog der ebenso seriösen wie viel beachteten

---

9 http://www.oreillynet.com/pub/a/oreilly/tim/news/2005/09/30/what-is-web-20.html?page=4 [18.6.2008].
10 Vgl. http://programmableweb.com/ [18.6.2008].

Ziff David Net-Website.[11] Auch Tim Berners-Lee, der „Erfinder" des World Wide Web und gegenwärtige Direktor des World Wide Web Consortiums[12] urteilt in einem viel zitierten Interview: „[…] I think Web 2.0 is of course a piece of jargon, nobody even knows what it means".[13] Insbesondere sei die verbreitete Ansicht, das Web 1.0 hätte (lediglich) Computer verbunden, während das Web 2.0 Menschen zusammen bringe, zurückzuweisen: „Web 1.0 was all about connecting people. It was an interactive space […]" (ebd.).

Vom interaktiven zum partizipativen World Wide Web
Interessant ist in diesem Zusammenhang aber ein Sachverhalt, über den Tim Berners-Lee in einem vor einigen Jahren erschienenen Rück- und Ausblick auf das WWW berichtete (Berners-Lee 2000), und der im Kontext der Web 2.0-Diskussion eine neue Aktualität erlangt. Gemeint ist der allgemein wenig bekannte Umstand, dass der von Berners-Lee im Kontext der „Erfindung" des WWW konzipierte Webbrowser zugleich ein Editor in der Art einer Textverarbeitung war. Geplant war der Browser als ein Werkzeug zum *kollaborativen Schreiben*. Genau dies ist dann aber in der Frühphase der Browserentwicklung entgegen diesen Plänen nicht realisiert worden – die Interaktivität des Browsers wurde auf die Eingabe von Web-Adressen und das Anklicken von Hyperlinks beschränkt. Der partizipative Zugang zum World Wide Web war insofern für die meisten Menschen in einer Weise beschränkt, welche nicht dem ursprünglichen Entwurf des WWW entsprach.

Um diesen Umstand in seiner Tragweite einschätzen zu können, muss man, wie wir es zu Beginn dieses Kapitels getan haben, die Geschichte des Internet in den Blick nehmen. Die soziotechnischen Kommunikationseinrichtungen des ARPANET bzw. Internet der 1970er und 1980er Jahre waren von einem hohen Maß an Interaktivität im Sinne aktiver Partizipation geprägt: Emails und Mailinglisten, MUDs und MOOs, die Foren des Usenet und auch das Ende der 80er Jahre implementierte IRC (Chat-Netz) zeugen von diesem Umstand. Das WWW der ersten Phase jedoch basierte auf statischen html-Seiten, die zunächst für andere, entgegen den Ideen Berners-Lees, nicht editierbar waren. Im Vergleich zu den genannten älteren Kommunikationseinrichten fiel das frühe WWW im Hinblick auf aktive Partizipation stark ab. Die technischen Ansprüche an den User – html-Quellcodeprogrammierung bzw. Beherrschung spezieller html-Editoren oder Content-Management Systeme sowie der Software zum Hochladen der Dateien per ftp (file transfer protocol) – stellten, wie heute angesichts der

---

11 http://blogs.zdnet.com/ip-telephony/?p=805 [18.6.2008].

12 Das „W3C" ist ein internationales Konsortium zur Ausarbeitung und Verbreitung von Web-Standards wie etwa html, xml, xhtml usw. (http://www.w3.org [18.6.2008]).

13 http://www-128.ibm.com/developerworks/podcast/dwi/cm-int082206.txt [18.6.2008].

explodierenden Zahlen aktiv partizipierender Nutzer im WWW gesagt werden kann, eine sehr hohe Partizipationshürde dar.

Im WWW wurden nach und nach die Eigenschaften anderer Netze und Dienste implementiert – Webforen traten in Konkurrenz zum Usenet, Gästebücher auf Homepages ermöglichten ein minimales Maß an Interaktivität, etc. Als Anwendungen innerhalb des WWW waren es insbesondere die Online-Communities, die ein hohes Maß an Partizipation bei verhältnismäßig geringen Anforderungen an technische Fähigkeiten ermöglichten. Die unten (Kap. 5.3.1) vorgestellte Community *funama.de* ist ein (immer noch lebendiges) Beispiel dafür, wie leicht Nutzer Identity-Cards und eigene virtuelle Wohnungen mit bestimmten Funktionalitäten einrichten können und wie unkompliziert die Teilnahme an in Foren und Chats in dieser an der Metapher der Stadt orientierten, ihre Kommunikationsangebote insofern stark veranschaulicht darbietenden Community ist.

Wo im frühen WWW Partizipation in diesem Maße ermöglicht wurde, handelte es sich jedoch gewissermaßen immer um „Insellösungen". Die klassischen Online-Communities sind geschlossene Einrichtungen – d.h., sie sind eindeutig lokalisiert unter einer Serveradresse, sie setzen Anmeldeverfahren voraus, und abgesehen von Hyperlinks findet die gesamte Kommunikation ausschließlich innerhalb der Community ab. Im frühen World Wide Web erhielt der Bedarf an Kommunikation und Partizipation zu großen Teilen an solchen virtuellen Orten Raum, während das WWW sich zwar als Plattform für diese Einrichtungen eignete, in seiner technischen Struktur aber diesem Maß an Partizipationsfähigkeit nicht gleichkam.

Gegen Ende der 1990er Jahre änderte sich dies grundlegend – aktive Partizipation im Internet wurde zu einem Massenphänomen (vgl. Gauntlett 2004). Zunehmend wurden Technologien eingeführt, die mittels leicht zu bedienender Interface-Elemente eine interaktive dynamische Veränderung von Inhalten und auch von Verweisen (Links) ermöglichten. Hier sind beispielsweise die allmähliche Verdrängung des im frühen Internet so wichtigen *Usenet* durch Web-Foren, die Verbreitung leistungsfähiger „Webmailer" (die über den Webbrowser bedient werden einen eigenen Email-Client überflüssig machen), und allem die Entwicklung von Weblog-Technologien zu nennen.

Während auch statische html-Seiten schon Anfang der 90er Jahre in Weblog-Form (also nach dem Prinzip der chronologischen Erweiterung einer html-Seite) geführt wurden[14], hat die Verbreitung von kostenlosen Weblog-Lösungen die Einrichtung von Weblogs in einem Maße vereinfacht (vgl. Abb. 5), das zu einem extremen Anwachsen der Anzahl von Weblogs geführt hat, und das diese mit einer Vielzahl interaktiver Merkmale ausstattet.

---

14 Vgl. etwa http://www.dejavu.org/prep_whatsnew.htm [18.6.2008].

In ähnlicher Weise bilden Wikis – allen voran die bekannte Wikipedia – ein WWW-basiertes Partizipationstool, das sich durch eine sehr einfach zu bedienenende Benutzeroberfläche auszeichnet (und häufig, wie die Wikipedia, nicht einmal eine Anmeldung voraussetzt und insofern ein besonders niederschwelliges Partizipationsangebot darstellt) – ebenfalls eine Technologie, die zuvor in anderen Teilen des Internet realisierbar war,[15] im WWW jedoch nicht vorhanden war (zur Wikipedia S. weiter Kap. 5.2.1). Durch diese Entwicklung wird der klassische Nutzer immer mehr zum sogenannten „Produser" (also User *plus* Producer), zum Mitgestalter eines universellen Wissensnetzwerkes. Damit verliert er seine passive Konsumentenrolle und wird aktiver Teilnehmer an einem Netzwerk der Wissensproduktion – *Artikulation* als reflexiver Ausdruck und auch „Organisationsprinzip von Erfahrung" (s.o. Kap. 2.4.2) wird damit zu einem Bestandteil medialer Alltagspraxen.

Abb. 15: Die Startseite von blogger.com (Ausschnitt) demonstriert, wie niederschwellig Partizipationsangebote im Web 2.0 hinsichtlich ihrer Anforderungen an technische Internet-Kompetenz sein können.

Schließlich haben solche Dienste massenhafte Verbreitung gefunden, die auf dem Tausch oder dem Mitteilen von kulturellen Objekten im weitesten Sinne basieren – Bookmark-Sharing, Foto-Sharing, Video-Sharing-Communities. Zusammen mit Sozialen Netzwerken, die zunächst nach dem Prinzip klassischer, geschlossener Online-Communities antraten, dieses aber durch die technische Implementierung des Small World-Theorems bzw. Freundesfreunde-Prinzips wesentlich erweiter-

---

15 Kollaboratives Schreiben fand in MUDs/MOOs sowie im Usenet statt: so sollte das nichtrealisierte Projekt Interpedia, welches als Vorläufer der Wikipedia gilt, als Newsgroup eingerichtet werden (vgl. Usenet: comp.infosystems.interpedia oder den Welcome-Eintrag der Interpedia unter http://tinyurl.com/27mfyr [18.6.2008]).

ten, bilden die meisten dieser Dienste mittlerweile ein dichtes Netz an dynamisch aufeinander zugreifenden Inhalten.

Im Folgenden werden sowohl Aspekte des klassischen Internet wie auch des Web 2.0 in den vier Orientierungsdimensionen dargestellt. Dabei lassen sich auch hier, wie schon bei den Medien Film und Bild dargestellt, einzelne Phänomene nicht immer nur einer Dimension sinnvoll zuordnen: Weblogs beispielsweise können – je nach Verwendung – als Instrumente kollaborativer Wissensvernetzung oder aber als neue Form der Biographisierung im Sinne eines öffentlich geführten Tagebuchs erscheinen. Aus Gründen der Übersichtlichkeit haben wir uns jeweils für diejenige Zuordnung entschieden, die aufgrund der Struktur sowie unserer empirischen Erfahrungen mit den jeweiligen Bereichen als dominant erscheint.

5.2 Bildungsdimension Wissensbezug

5.2.1 Kollaborative Wissensprojekte: das Beispiel Wikipedia

Das World Wide Web (WWW) hat in den 1990er Jahren nicht zuletzt aufgrund seiner einfachen Benutzbarkeit das Internet zu einem Massenmedium gemacht. Wir sehen nun im Web 2.0 (vgl. Jörissen/Marotzki 2008) die, wie Geert Lovink kritisch formuliert, „Vermassung" von Partizipationsdiensten, damit aber auch von Partizipationschancen und möglichen Bildungsanreizen (vgl. Lovink 2006). Das bedeutet, ein Megatrend besteht darin, dass Partizipation und Kollaboration sich nicht mehr nur in Form von Insellösungen innerhalb des WWW darstellen, sondern dass sich tatsächlich das WWW selbst von einer Sammlung verlinkter Hypertextseiten zunehmend in einen großen Partizipationsraum transformiert. Das Ziel der Herstellung enger persönlicher Bindungen weicht in vielen Bereichen einer Projektorientierung nach dem Modell der 2001 von Jimmy Wales und Larry Sanger gegründeten Wikipedia.

> „Wikipedia [...] ist ein Projekt zum Aufbau einer Online-Enzyklopädie in mehreren Sprachversionen. [...] Bestand hat, was von der Gemeinschaft akzeptiert wird. Bisher haben international etwa 285.000 angemeldete und eine unbekannte Anzahl von nicht angemeldeten Benutzern Artikel zum Projekt beigetragen. Mehr als 7.000 Autoren arbeiten regelmäßig an der deutschsprachigen Ausgabe mit." (http://de.wikipedia.org/wiki/Wikipedia [18.6.2008]).

Die Wikipedia wird betrieben von der Wikimedia Foundation, einer gemeinnützigen Organisation, die 2003 ins Leben gerufen wurde, als die Größe des Wikipedia-Projektes nach einer besseren Verwaltung verlangte. Mit Hilfe der Wiki-Technologie kann jeder Autor bzw. jede Autorin Artikel ohne Anmeldung verfassen oder bestehende Artikel verändern. Wikis ermöglichen es Usern, ohne besondere Programmierkenntnisse und mit niedriger Partizipationsschwelle Seiten direkt im Internetbrowser zu bearbeiten. Meist genügt ein Klick auf einen entsprechenden Link, um ein Eingabefeld mit dem gerade betrachteten Inhalt präsentiert zu bekommen, den man dann sofort ändern und abspeichern kann. Die Änderung wird dabei protokolliert und chronologisch gespeichert, so dass alle vorhergehenden Änderungen in der Datenbank weiterhin vorhanden sind.

Die Richtigkeit, die Angemessenheit und die Qualität der Artikel werden nach dem Prinzip der sozialen Validierung sichergestellt, d.h. es gibt keine Redaktion im engeren Sinne, sondern die AutorenInnen und BenutzerInnen korrigieren sich gegenseitig. Auch der Entscheidungsprozess, ob ein neuer Artikel aufgenommen wird, obliegt ebenfalls der Community. Die Wikisoftware, mit der die Wikipedia arbeitet, dient dabei nicht nur als Plattform für die Präsentation der eigentlich Inhalte, sondern sie beherbergt auch die Diskussionen und die Backstagebereiche, anhand deren man nachvollziehen kann, wie die Wikipedia funktioniert. Denn die Plattform gibt nur eine schwache Struktur vor, der Hauptteil der Arbeit des Projektes Wikipedia hingegen besteht darin, diese offene technische Struktur durch eine soziale Struktur zu ergänzen und dem Ganzen eine Organisationsform zu geben, mit der sich arbeiten lässt.

Die Wikipedia besteht aus über 5 Mio. registrierten Mitgliedern; wenn man also nur von einem Prozent der angemeldeten User als Kerngruppe ausgeht, sind das immer noch 50.000 User. Es gibt keine starren, festen Regeln in der Wikipedia. Es gibt allerdings Prinzipien, die von der Mehrheit der Wikipedianer akzeptiert und angewendet werden und dadurch Regelcharakter haben. Meist entstehen diese Prinzipien, indem ein Vorschlag durch andere aufgegriffen und angewandt wird. Verstößt man gegen etablierte Prinzipien, wird man entsprechend von der Gemeinschaft gerügt oder ausgeschlossen. Die *Richtlinie des neutralen Standpunktes* (NPOV) gilt als oberstes Prinzip in der Wikipedia. Sie wurde von Jimmy Wales etabliert, um Auseinandersetzungen in der Wikipedia zu regeln. Danach soll jeder Artikel so geschrieben werden, dass er sein Thema neutral behandelt und nicht selbst Position bezieht. Da die Wikipedia von Menschen unterschiedlichster Nationalitäten, religiöser, politischer oder sonstiger Gesinnung geschrieben wird, soll so der Artikel entstehen, dem die größte Zahl der Wikipedianer zustimmen kann. Natürlich finden trotzdem Auseinandersetzungen statt, aber wenn es nachweisbar verschiedene Sichtweisen zu einem Thema gibt, sollen möglichst alle Standpunkte im Artikel wiedergegeben werden. Eine zweite wichtige Richtlinie bezieht sich auf die *Verifizierbarkeit*. Jede Information in der Wikipedia sollte aus einer zuverlässigen, publizierten Quelle stammen. Das bedeutet nicht, dass die Wikipedia immer die Wahrheit enthält, aber der Bezug auf eine Quelle delegiert die Beweislast von der Wikipedia und dem Autoren des Artikels zu den glaubwürdigen Autoritäten. Das dritte Prinzip ist der *Verzicht auf Primärrecherche*. Informationen, die neu erforscht worden sind und zu denen noch kein wissenschaftlicher Diskurs stattgefunden hat, sollten nicht in die Wikipedia aufgenommen werden. Die Zusammenarbeit in der Wikipedia erfordert einen ständigen Austausch der Autoren und Administratoren, primär über die Inhalte und die Arbeitsweise. Die offensichtlichste Form dafür sind die Diskussionsseiten (Talk-Pages), die zu jeder Seite in der Wikipedia existieren. Man kann sich die Diskussionen wie die Rückseite eines Blatt Papiers vorstellen, auf der ein Artikel geschrieben steht. Hier werden alle Diskussionen zum Inhalt des Artikels geführt, Vorschläge gemacht und Änderungen besprochen. Auch Löschanträge beginnen zunächst auf der Diskussionsseite.

Die Wikipedia ist weitaus mehr als ein technisches Netzwerk, es ist ein soziales Phänomen, mit wesentlichen Zügen eines sozialen Netzwerkes. Wikipedia weist hochgradig deliberative Strukturen auf und stellt eine vertrauensvolle Kooperation autonomer, aber wechselseitig abhängiger Akteure, die für einen begrenzten Zeitraum zusammenarbeiten, dar. Zum Teil weist Wikipedia einige Aspekte einer Community auf; dennoch fehlen andererseits Dinge, um vollständig dem Typ der Community anzugehören. In einer Community würde insbesondere nur der Kontakt mit Gleichgesinnten im Vordergrund stehen. Davon kann bei Wikipedia nicht gesprochen werden. Hierfür fehlen die für Communities so wichtigen „Freundschaften". Es besteht bei Wikipedia zwar die Möglichkeit der offenen Kommunikation unter den Mitgliedern; Freundschaften jedoch – im Sinne eines integrierten Freundesystems, wie in sozialen Netzen üblich oder gar eines Konzepts wie Friend-of-a-friend – werden nicht geschlossen bzw. sind nicht zwangsläufig nach außen sichtbar. Falls dieser Fall doch eintritt, dann passiert es hintergründig, da es für die Arbeit bei Wikipedia keine Priorität besitzt. Einige Mitglieder geben in ihrem Profil Kontaktmöglichkeiten an, wenn sie über ihre Arbeit hinaus Kontakt zu anderen Mitgliedern derselben Interessen wünschen. Einige Menschen wiederum geben auf ihrer Benutzerseite überhaupt keine Informationen preis, bleiben völlig anonym. Es ist nun möglicherweise davon auszugehen, dass sie keine Kontaktierung durch andere wünschen. Andernfalls könnten sie einzig daran interessiert sein, durch ihre Mitarbeit wahrgenommen zu werden und nicht durch ihre Person. Im Vordergrund fokussiert sich dagegen allein die gemeinsame Arbeit an den Seiten der Enzyklopädie. Hierbei sind nur die Ergebnisse der Arbeit wichtig. Der Ursprung des Erfolges der Wikipedia ist zwar maßgeblich einer technologischen Innovation, nämlich dem Wiki, zu verdanken, welches letztendlich die Ideen umsetzt, die der Interneterfinder Berners-Lee schon immer für das World Wide Web vorgesehen hatte. Dennoch ist das stete Wachstum, das Funktionieren und der eigentliche Wert dieser Wissenssammlung einzig und allein den sozialen Strukturen, dem zwischenmenschlichen Umgang in der Community, zu verdanken, die sich selbst reglementiert und – vereint durch ein gemeinsames Ziel – freiwillig einen immensen Aufwand betreibt, um dieses zu erreichen.

5.2.2 Die Blogosphere: ein vernetzter Artikulationsraum

Weblogs, oft (irreführend) als Online-Tagebücher wahrgenommen,[16] wurden ursprünglich dazu verwendet, Internet-Funde zu verbreiten und zu archivieren (also ein Art Logbuch für Internet-Navigationen). Die Technologie existiert seit Mitte der 1990 Jahre (1996 wurde der Blogging-Service xanga.com gegründet), doch erst seit einigen Jahren zeigt sich in diesem Bereich eine Dynamik, die heute enorme Ausmaße erreicht hat. Nach Statistiken des Weblog-Suchservices Technorati. com ist davon auszugehen, dass sich die Anzahl der Weblogs derzeit alle 5 Monate verdoppelt – eine Dynamik, die seit 2003 unverändert anhält.[17]

Sowohl die Vernetzungsstrukturen als auch die Nutzungsweisen des Mediums Weblog sind ausgesprochen vielfältig und unterschiedlich. Nach wie vor werden Weblogs als sog. „Filter" zur Präsentation von Internet-Funden verwendet; eine der häufigsten Anwendungen ist die Journal-Form, in der Einzelpersonen über berufliche und/oder private Erlebnisse, Themen oder Probleme berichten. Eine zentrale Rolle kommt inzwischen den oft professionell (und redaktionell) betriebenen „Knowledge-Blogs" zu, die rein thematisch orientiert sein können, also im Grunde News-Verteiler darstellen, und von denen viele auf der Liste der Blogs mit den meisten Abonnenten und Verweisen (sog. „A-Blogs") zu finden sind.[18] Ein interessantes Phänomen ist die Tatsache, dass die die meisten Weblogs nicht oder nur marginal mit anderen verlinkt sind,[19] während jedoch diejenigen Blogs, die aktiv an der Verlinkung innerhalb der Blogosphere partizipieren, ein soziales Netz im Sinne einer „small world" bilden, das zugleich extensive Fernverbindungen und intensive Nahverbindungen aufweist: „The Blogosphere appears to be selectively interconnected, with dense clusters in parts, and blogs minimally connected

---

16 Der Vergleich ist insofern problematisch, als das Tagebuch klassischerweise nicht zur Veröffentlichung gedacht ist; sein intimer Charakter ist geradezu konstitutiv für die durch es angestrebte Form der „radikalen" Selbstreflexion. Ein Weblog als echtes Tagebuch zu führen, käme wohl nicht selten einem sozialem Selbstmord gleich. Außerdem treten Weblogs, wie sogleich ausgeführt wird, in unterschiedlichen Formen und Funktionen auf, die häufig eher einem Journal oder einem Logbuch gleichen. Falls das Weblog eine Form der Reflexion wäre, die das Tagebuch abgelöst hat – aber das wäre erst zu zeigen –, wäre ein Vergleich höchst aufschlussreich, dennoch bleiben die beiden Phänomene in der Sache verschieden (vgl. auch Nardi/Schiano/Gumbrecht 2004).

17 Im Juni 2003 wurden 450.000 Weblogs verzeichnet, im November 2004 4,5 Millionen, im Juni 2006 waren es über 45 Millionen – dies entspricht einer Verzehnfachung ca. im 18-Monats-Rhythmus.

18 Sowohl Individuen als auch Unternehmen betreiben solche Blogs mit kommerziellem Hintergrund (Werbeeinnahmen). Einer der beliebtesten A-Blogs ist der News- und Kuriositätenblog http:// Boingboing.net [18.6.2008].

19 Susan Herring e.a. berichten, dass in einer von ihnen gesampelten Zufallsstichprobe von ca. 5.500 Weblogs 75% der Blogs nicht auf andere Blogs verweisen, und immerhin 42% der Blogs weder auf andere verweisen noch von anderen Blogs Verweise erhalten, also „social isolates" darstellen (Herring 2005, 10).

in local neighborhoods, or free-floating individually, constituting the majority" (Herring 2005, 10).

Im Hinblick auf die Frage nach der Gestaltung von Sozialität sind besonders solche Weblogs interessant, die einen hohen gegenseitigen Vernetzungsgrad aufweisen, die also weder zu den „A-Blogs" noch zu den „social isolates" gehören. Die Vernetzung von Weblogs untereinander geschieht auf verschiedenen Ebenen durch 1) doppelseitige Verlinkung durch *Permalink* und *Trackback*, 2) Gegenlesen und Kommentieren, 3) die sog. *Blogroll*, 4) *Blogringe* sowie 5) *Blogger-Maps* oder *-Metros.*

1. Der Hyperlink auf einen anderen Blog (in der Regel auf einen konkreten Blogeintrag) geschieht häufig in einem Posting, das unmittelbar auf den entsprechenden Eintrag Bezug nimmt, also entweder dessen Information weiterverbreitet und/oder diese Meldung kommentiert. Da die Blogseiten jeweils dynamisch aus der Datenbank der vorhandenen Einträge generiert werden, können sie jedoch nicht einfach verlinkt werden. Es entsprach dem zunehmenden Bedürfnis der Möglichkeit der Interaktion zwischen Weblogs, dass zur Lösung dieses Problems der sog. *Permalink* eingeführt wurde (jeder Blogeintrag erhält einen zweiten, statischen Hyperlink, der unterhalb des Eintrags angezeigt werden kann). Hyperlinks innerhalb von Blogeinträgen stellen eine zunächst eher schwache, nicht institutionalisierte Form der Vernetzung dar, wie sie etwa auch unter statischen Webseiten üblich ist. Der verlinkte Blog kann der eines Freundes sein, er kann einem regelmäßig gelesenen Blog entstammen oder auch einer eher arbiträren Quelle. Sehr häufig finden sich innerhalb von Postings Links auf „A-Blogs", womit eher eine unidirektionale Vernetzung initialisiert wird – denn es ist angesichts der hohen Leserzahlen unwahrscheinlich, dass A-Blog-Betreiber alle Kommentare, welche die Leser in ihre eigenen Weblogs posten, zur Kenntnis nehmen können. Um das Problem der Unsichtbarkeit dieser Vernetzung zu lösen, wurde die *Trackback*-Technologie eingeführt, mittels der es möglich ist, unterhalb eines Blogeintrags alle auf diesen Eintrag verweisenden Blogs und Webseiten aufzulisten. Der Besitzer des Weblogs kann auf diese Weise Links auf seine Einträge erkennen und die verweisenden Weblogs finden und ggf. in Interaktion treten.

2. Eine zentrale Funktion innerhalb der Blogosphere kommt *Kommentar-*Option zu. Die meisten Weblogs erlauben es ihren Lesern, unterhalb der Einträge Kommentare einzustellen, zu welchem Zweck sich unter jedem Eintrag ein „comment this"-Button befindet. Die Kommentare können entweder direkt angezeigt oder hinter einem entsprechenden Link, der die Anzahl der vorhandenen Kommentare zu einem Eintrag unterhalb desselben angibt, verborgen sein. In jedem Fall etabliert die Kommentar-Funktion auf der Interface-Ebene eine *Partizipationsoption* für die Leser eines Weblogs. Weblogs werden – neben der Tagebuch-Analogie – bisweilen mit Broadcast-

Medien wie etwa dem Radio verglichen (Nardi/Schiano/Gumbrecht 2004); doch ist auch dieser Vergleich angesichts der partizipativen Struktur der Weblogs (im Gegensatz zu verwandten Web-Technologien wie etwa dem Audio- oder Video-Podcast) von begrenzter Reichweite. Über regelmäßiges Kommentieren (das als medienspezifische Form der Anerkennung verstanden werden kann) stellen sich Kontinuitäten her, über die Vergemeinschaftungsprozesse verlaufen können. Im Fall persönlicher Weblogs stellt die regelmäßige Kommentierung einen Anreiz dar, mehr über den Kommentator zu erfahren und ggf. seinen Weblog besuchen oder auch zu abonnieren, also in die eigene „Blogroll" (s.u.) aufzunehmen.

3. Die *Blogroll* stellt eine Liste der von einem Blogger abonnierten und idealiter regelmäßig gelesenen anderen Weblogs dar. Es wäre sehr zeitaufwändig, mehrere Weblogs regelmäßig auf neue Einträge hin abzusuchen. Aus diesem Grund existiert in der Blogosphere eine spezielle „Ping"-Technologie, die jeweils neue Blogeinträge automatisch an Blogsuchdienste oder Weblob-Aggregatoren[20] meldet, so dass Neueinträge der eigenen Blogroll auf einen Block erfasst werden können. Diese in den Suchdiensten abonnierten Weblogs können dann als „Blogroll", also als dynamischer Seiteninhalt wiederum in das eigene Weblog eingebunden werden (häufig werden Blogrolls auch als statische Linklisten dargeboten). Die Blogroll ist eine der wesentlichen „Freundesfreunde"-Technologien in der Blogosphere, insofern die Nutzer durch die Blogroll eines frequentierten Weblogs Hinweise auf andere lesenswerte Weblogs erhalten.

4. Die Blogroll eines Bloggers ist sehr häufig inhaltlich heterogen; sie versammelt A-Blogs, befreundete Weblogs und verschiedene thematische Weblogs in einer einfachen Liste. Ein strukturierteres Instrument der thematischen Vernetzung stellen *Blogringe* dar. In Zeiten statischer Internetseiten haben sich Interessengemeinschaften zu Webringen zusammengestellt; Blogringe sind hierzu das Pendant. Sie können entweder selbstorganisiert werden (z.B. auf der Basis entsprechend selektiver Blogrolle) oder aber auf den Plattformen großer Blog-Anbieter strukturell verankert sein. Der Service blogger.com etwa erlaubt auf seinen Seiten die Einrichtung, Kategorisierung und Suche von Blogringen. Alternativ bestehen Blog-Communities als Hybride aus Sozialen Netzwerken und Blogging-Service (etwa der Service vox.com).

5. Lokalisierungs- und Visualisierungsfunktionen werden ebenfalls auf den Seiten der großen Blog-Services angeboten. So kann man sich auf der Website des Blogservice Xanga.com einer lokalen sog. *Metro* anschließen (ein Service, der allerdings nur für große und mittelgroße Städte angeboten wird). Die Blogger-Metro „Berlin" umfasst mehr als 1000 eingetragene Weblogs.

---

20 Aggregatoren stellen mehrere Weblogs übersichtlich auf einer Seite zusammen, etwa in einer Verzeichnisstruktur. Sie erlauben überdies, die dort abonnierte Blogliste mit anderen Nutzern zu teilen. Vgl. etwa http://www.bloglines.com [18.6.2008].

Wie aus dieser Auflistung ersichtlich wird, bieten Weblogs vielfältige Optionen der Vernetzung. In der bereits zitierten ethnographischen Studie über kleinere Weblogs mit begrenzter Leserschaft stellen Bonnie Nardi, Diane Schiano und Michelle Gumbrecht den sozialen Charakter dieser Form des Bloggens deutlich heraus. Die Rückmeldung der Leser stellt danach einen wesentlichen Anreiz zum Bloggen dar (Nardi/Schiano/Gumbrecht 2004 224): „Bloggers consider audience attention, feedback, and feelings as they write. While bloggers do not always judge their audiences correctly, […] conscience of audience is central to the blogging experience" (ebd., 225).

Im Vergleich zur klassischen statischen Website („Homepage") wird an dieser Stelle deutlich, inwiefern der Wechsel von dieser („Web 1.0") zum Weblog („Web 2.0") einen qualitativen Sprung darstellt. Auch bei der Erstellung von Homepages spielen, wie bei jeder Form der Selbstdarstellung, die Phantasien (oder auch Informationen) über Rezipienten eine wichtige Rolle. Doch in aller Regel erfolgt hier keine regelmäßige Rückmeldung; die Verpflichtung zur Pflege der Seite ist insofern weitaus geringer. Damit wird ein Anreiz des Bloggens deutlich, der etwa über die bloße Selbstdarstellung, wie sie auch auf Homepages erreichbar wäre, hinaus geht – dieser Anreiz liegt unmittelbar in der Sozialität des Bloggens. Private Blogger, die sich mit anderen Bloggern vernetzen und eine Community des Lesens, Gegenlesens und Kommentierens bilden, erschaffen sich damit ein neues kulturelles Feld, dessen komplexe Bildungseffekte zunehmend in den Fokus der Aufmerksamkeit rücken (Lüders 2006). Die Praxis des privaten Bloggings ist dem Aspekt der Medienbildung eine neue, fluide Weise sozial vermittelter Reflexivität (häufig auch der Biographisierung), und insofern der Transformation von Selbst- und Weltverhältnissen im Sinne des Gedankens der strukturalen Medienbildung (Marotzki 1990) zu verstehen.

5.3 Bildungsdimension Handlungsbezug

5.3.1 Das Internet als Vergemeinschaftungsraum: Online-Communities

Die Forschung zu virtuellen Communities entwickelte sich parallel zur Entstehung des Internet. Während der Vorgänger des Internet, das (militärische) ARPANET ursprünglich dafür entwickelt worden war, Computer miteinander zu verbinden, verdankte es seinen durchschlagenden Erfolg schließlich seiner nicht vorhergesehenen Fähigkeit, auch Menschen miteinander in Kontakt zu bringen. In der ersten virtuellen Community *The Well*, die von Howard Brand im Jahr 1985 initiiert wurde, waren alle Internetprotagonisten der ersten Stunde Mitglieder: Howard Rheingold, John Pierre Barlow, Sherry Turkle u.a. Spätestens seit Rheingold seiner Hommage an „The Well" den Titel „The Virtual Community" (Rheingold 1994) gegeben hat, ist es üblich geworden, unter diesem Begriff Gruppenbildungen im

Internet zu bezeichnen, die zu, Zwecke der Kommunikation, des Spielens und/ oder der Kollaboration entstehen, und die demzufolge auch ethnographisch untersucht werden können.

Wir wollen an dieser Stelle nicht die Diskussion führen, wann Internetseiten oder Portale eine Community genannt werden können und wann nicht (vgl. zu dieser Diskussion Döring 2003, Stegbauer 2001; Thiedeke 2003; Thimm 1999). Fest steht allerdings, dass eine große Bandbreite von Vergemeinschaftungsformen im Internet besteht. Man kann grob unterscheiden zwischen

- informellen Communities
- dezentral vernetzten Communities sowie
- formalen, zentral verwalteten Communities.

Informelle Communities sind etwa Gemeinschaften, die sich seit Jahren um eine bestimmte Newsgroup oder einen bestimmten Chatraum herum konzentrieren, die aber grundsätzlich offen und veränderbar sind. Auch die Kriterien, wer zu einer solchen Gemeinschaft gehört und wer nicht, sind nicht konsistent, sondern jeweils Ansichts- und Aushandlungssache.

Dezentral vernetzt sind häufig Online-Spielercommunities. Die *Counterstrike*-Community etwa besitzt keinen zentralen Ort, sondern sie ist dezentral über unzählige Clans organisiert. Derartige Communities sind an den Rändern „ausgefranst"; es ist nicht in jedem Einzelfall klar entscheidbar, wer (noch) dazu gehört und wer nicht (wann beispielsweise ein Spieler als ambitioniert genug gelten kann, sich zur Community zu rechnen). Allerdings existieren innerhalb der Community Organisationsstrukturen und Regeln, beispielsweise für den Ausschluss von Falschspielern (Cheatern; vgl. Bausch/Jörissen 2004).

Formelle (und i.d.R. zentral verwaltete) Communities sind solche Websites oder Community-Systeme, die über einen prinzipiell bekannten Mitgliederstamm verfügen, und zu denen etwa Gäste meist nur eingeschränkten Zutritt erhalten. Auch bei der letzteren, formellen Community-Form gibt es immer noch eine unübersichtlich große Bandbreite an Phänomenen, die von verschiedenen Formen zentralisierter Spielecommunities (zu denen beispielsweise MUDs gehören) über zentral organisierte Chatcommunities (uboot.com) bis zu thematisch zentrierten Communities reicht. Wir wollen uns im Folgenden exemplarisch auf einige Communities beziehen, um die Komplexität und Vielschichtigkeit kultureller Praxen in Online-Communities zu demonstrieren.

5.3.2 Strukturale Online-Ethnographie

Obwohl es inzwischen eine unüberschaubare Anzahl virtueller Gemeinschaften gibt, kann man doch identische Strukturmerkmale feststellen. In Lehrforschungsprojekten an der Otto-von-Guericke-Universität Magdeburg haben wir vierzig Communities ausgewählt und daraufhin untersucht, wie in ihnen soziale

Ordnung aufgebaut, aufrecht erhalten und transformiert wird. Dabei haben sich sieben Merkmalsbereiche herausdestilliert, die im Folgenden am Beispiel der Communities http://www.funama.de und www.cycosmos.de (letztere ist inzwischen leider nicht mehr existent) expliziert werden:

Leitmetapher für die Infrastruktur

Insbesondere die frühen Communities der 1990er Jahre haben zumeist ein bestimmtes Aussehen erhalten, das einer Leitmetapher folgt. In der Regel handelte es sich dabei um die Metapher einer Stadt, doch wurden auch andere Metaphern gewählt wie die einer Bibliothek, eines Zimmers oder eines Planetensystems. Wenn aber eine Leitmetapher gewählt worden ist, dann folgen daraus andere Strukturentscheidungen: In einer Stadt etwa gibt es Häuser, in denen sich Wohnungen befinden, die gemietet werden können. Zur Verwaltung einer Stadt gibt es entsprechende Gebäude, z.B. ein Rathaus. Es muss ein Navigationssystem durch die Stadt geben, u.B. in Form eines U-Bahn-Systems wie bei www.funama. de.

Abb. 16: Leitmetapher „Stadt" – funama.de.

Soziographische Struktur

Wie in jeder Gruppe, so gibt es auch in virtuellen Communities Regeln, die teilweise (vom Provider) vorgegeben, teilweise von den Mitgliedern ausgehandelt werden:
Dazu gehört *erstens* die Regelung des Zugangs. Während bei vielen Communities im Prinzp jeder Mitglied werden kann – die Angabe eines Nicknames und eines

Passwortes reichen i.d.R. – gibt es auch Communities, die schärfere Zugangsregelungen haben. Bei Selbsthilfegruppen beispielsweise wird meistens mehr Information von Beitrittswilligen erwartet, so dass eine explizite Entscheidung über Aufnahme oder Nicht-Aufnahme getroffen werden kann.

Wenn man sich in Funama als Mitglied, also als Bürger, anmeldet, bekommt man zunächst die Benutzungsbedingungen zur Annahme vorgelegt. Sie regeln das Miteinander in der Community und beziehen sich a) auf die Netiquette und geben b) Hinweise auf Kontrollfunktionen, d.h. Chats, Wohnungen und anderen Aufenthaltsorte werden durch Kontrollpersonen, die in Funama Ärzte heißen, kontrolliert. Dazu gehört auch ein Hinweis darauf, dass die IP-Adresse registriert wird, so dass ggf. die Person ermittelt werden kann, wenn ein Verdacht auf strafrechtlich relevante Tatbestände besteht. Schließlich werden in den Benutzerbedingungen Hinweise auf das Verbot der kommerziellen Nutzung wie auch auf einschlägige Gesetzeslagen gegeben, um auf diese Weise zu verdeutlichen, dass die Community kein rechtsfreier Raum ist. Abschließend wird der Appell, sich gegenseitig zu helfen, als soziale Norm zum Ausdruck gebracht.

Zweitens finden wir in nahezu allen klassischen virtuellen Communities ein Gratifikationssystem. Darunter wird ein System der Belohnung für Aktivitäten innerhalb der Community verstanden. In vielen Fällen handelt es sich um ein Punktesystem oder um virtuelles Geld, das man erhält. Interessant ist beispielsweise ein Anreizsystem in *Funama,* das zur Blütezeit dieser Community in den 1990er Jahren bestand (inzwischen jedoch aufgegeben wurde). Einige Wohnungen verfügten über einen Akku, der voll geladen ist, wenn man einzieht. Durch Aktivitäten in der Stadt (Besuch von Foren, Chats etc.) wurde dieser Akku aufgeladen. Bei Inaktivität sank die Ladung; war er leer, wurde man aus der Wohnung sanft hinausbefördert. Ein zweites, noch existentes Anreizsystem in Funama ist das eigene „Konto". Wenn man es eröffnet, bekommt man 199F€ (Funama-Euro) und kann dafür z.B. verschiedene Versicherungen abschließen, die – vereinfacht gesagt – den Verfügungsraum über die eigene Wohnung vergrößern. Wenn man beispielsweise eine Hausratsversicherung abschließt, kann man einsehen, wer die eigene Wohnung besucht hat. Das ist sinnvoll, muss aber nicht sein. Auf jeden Fall ist man darauf angewiesen, Geld dazu zu verdienen. Geld kann man an der Börse verdienen oder beim Spielen (Mühle, Pferderennen oder andere Glücksspiele und Gewinnspiele).

Zweifelsohne liegt den meisten Anreizsystemen der Wunsch zugrunde, die Mitglieder an die Community zu binden und sie zu Aktivitäten zu ermutigen. Pädagogisch mag darüber gestritten werden, ob Aktivitäten in einer Gemeinschaft immer über Anreizsysteme angeregt werden sollten. Zu konstatieren ist jedoch, dass es in der frühen Verbreitungsphase des WWW kaum Communities gab, die ohne solche Anreize auskamen.

Drittens ist schließlich ein Sanktionssystem offensichtlich unabdingbar. Es schützt Teile der Community oder sie als ganzes vor Missbrauch durch Nutzer, die die Absicht haben zu stören oder anderweitig das Leben in einer Community lahm zu legen. In der Regel handelt es sich um ehrenamtliche Mitglieder, die diese Aufgabe der Kontrolle und Sanktion wahrnehmen, die in Foren und Chats präsent sind, um zu sehen, ob dort beispielsweise Gewalt verherrlichende Inhalte gepostet werden. In dem expliziten Regelwerk der jeweiligen Community wird auf dieses Sanktionssystem hingewiesen. Die ehrenamtlichen Mitglieder haben die Möglichkeit, Störern Rechte zu entziehen, Pflichten aufzuerlegen, sie zu ermahnen oder sie auch aus der Community auszusperren.

Unter der soziographischen Struktur wird also zusammenfassend das regelgeleitete System der Über- und Unterordnung sozialer Positionen durch Kompetenzen, Zu- oder Aberkennung von Rechten und Pflichten oder durch Anerkennung verstanden. Die soziographische Struktur wird von den Regeln, vom Gratifikations- und Sanktionssystem einer Community, gesteuert. Diese stellen den Rahmen dar, innerhalb dessen sich soziale Ordnung bildet und reproduziert (Reid 1999).

Kommunikationsstruktur

Bei der Kommunikationsstruktur handelt es sich zunächst einmal um eine technische Struktur, so wie sie oben erwähnt wurde. Es geht um die Möglichkeiten, die in einer Community den Mitgliedern zur Verfügung gestellt werden, um untereinander Kontakt aufzunehmen, miteinander zu kommunizieren oder sich zu koordinieren. Auch hier sind wieder verschiedene Aspekte zu nennen:

In der Regel handelt es sich bei den Kontaktmöglichkeiten um *Chats*, die teilweise öffentlich, teilweise halböffentlich und in einigen Fällen auch für geschlossene Gruppen reserviert sind. Weiterhin kann man nach zeitunabhängigen Chats, die also jederzeit zugänglich sind, unterscheiden und nach solchen, die zeitgebunden sind (Terminchats). Selbsthilfegruppen treffen sich beispielsweise meistens zu festgelegten Zeiten in Chats. In technischer Hinsicht finden wir eine große Bandbreite von Chats: von einfachen Textchats bis hin zu grafischen Chats ist alles auf fast jedem beliebigen technischen Niveau zu finden.

Eine weitere gängige Funktionalität ist die Email, die community-intern wie auch aus der Community heraus nach außen, also an Personen, die der Community nicht angehören, verschickt werden kann. Die Email-Funktionalität wird auch für community-interne Informationen verwendet. Abonnierbare personalisierbare Newsletter stellen auch nichts anderes dar, als einen konfigurierbaren Email-Verteiler, über den man sich regelmäßig mit bestimmten Informationen versorgen lassen kann.

Eine weitere Standardfunktionalität ist das *Board* oder auch *Forum*. Ein Forum kann im Sinne eines Nachrichtenbretts verwendet werden, d.h. es werden lediglich Postings platziert, die aber keine Diskussion auslösen. Ein Forum kann aber auch im Sinne von Newsgroups funktionieren, d.h. es können Themen gesetzt werden, die eine umfangreiche Diskussion initiieren können. Funama hat beispielsweise insgesamt vier Foren, zwei allgemeine Nachrichtenbretter, ein Brett für Kleinanzeigen und ein Stammtisch-Brett. Empirisch ist zu beobachten, dass in verschiedenen Communities Foren und Chats in unterschiedlicher Weise angenommen werden. In einer Selbstmord-Community wird man beispielsweise eine starke Dominanz der Forenkommunikation beobachten, während in reinen Fun-Communities Foren, soweit sie vorhanden sind, eher im Sinne von Schwarzen Brettern verwendet werden und zur Kommunikation eher der Chat verwendet wird.

Bisweilen sind weitere Kommunikationsfunktionalitäten anzutreffen, die wir hier nicht weiter ausführen wollen, wie etwa Instant-Messenger oder auch (seltener) SMS-Nachrichten.

Informationsstruktur

In jeder Community werden Informationen zur Verfügung gestellt. Die Frage lautet dann: Von wem werden welche Informationen für wen in welcher Form zur Verfügung gestellt. Je nach Gegenstandsbereich der Community werden wir Link-Strukturen und -Sammlungen finden, die auf entsprechende Seiten verzweigen. Wir werden Wikis oder andere Formen von Datenbanken finden sowie Informationssysteme, die zielgruppengerecht die Mitglieder auf dem aktuellen Stand halten, wie etwa Newsletter oder abonnierbare Newsstreams (RSS).

Präsentationsstruktur

Die Präsentationsstruktur einer Community umfasst zunächst das Identitätsmanagement. Das kann recht einfach gehandhabt werden, indem beispielsweise nur Nickname und einige wenige selbst gewählte Eigenschaften in der sogenannten Identity-Card eingetragen werden. Es kann aber auch sehr aufwändig betrieben werden, so wie es in der vorwiegend von Jugendlichen verwendet *Live Journal*-Communtiy der Fall ist, bei dem die detaillierte und möglichst auffällige Gestaltung der eigenen Profilseite im Vordergrund steht. Ein weiteres Beispiel ist die im Herbst 2002 geschlossene Community *Cycosmos*: Dort traten neue Mitglieder in die Gemeinschaft ein, indem sie sich ein virtuelles *alter ego* verschafften. So der Animationstext der Seite:

> „Erfinde Dich neu und gib Dich so, wie Du schon immer sein wolltest. Kreiere Identität neu – alles anonym – keiner weiß, wer Du bist. Lerne neue Leute kennen, finde neue Freunde. Definiere Dich neu und wage den Sprung in eine neue Dimension. Du wirst staunen, was für Überraschungen darauf warten, von Dir entdeckt zu werden. Just try it!"

Die Wahl eines *Nicknames* stellt ein zentrales Moment der Überganges in die virtuelle Existenz dar und ermöglicht dem Bewohner der Community Anonymität, um unterschiedliche Facetten des eigenen Selbst zu explorieren. Mit der neuen

Identität lässt sich entweder die Alltagsidentität verdoppeln, oder es kann auch nur ein Teil des eigenen Selbst in die Welt der Simulation übertreten. Wenn das Letztere der Fall ist, werden nur einzelne Facetten der Persönlichkeit im virtuellen Raum präsentiert. Prinzipiell ist es möglich, die virtuelle Existenz völlig von der Alltagsexistenz abzukoppeln (vgl. Turkle 1995).

Die Schaffung einer neuen virtuellen Identität bedeutet eine Redefinition der eigenen Identität und Leiblichkeit. Die einzelnen Bewohner von Cycosmos entwarfen ein komplexes Muster für ihr virtuelles Selbst, das sich aus einer Vielzahl dezentralisierter Elemente zusammensetzte. Die anzufertigende Selbstdarstellung erfolgt in solchen Identitätsmanagement-Systemen zunächst graphisch. Es entsteht dabei eine bildliche Darstellung der Identität im Cyberspace, der sogenannte *Avatar* oder auch das *Handle*. Der Begriff Avatar bezeichnet die visuelle Umsetzung eines Pseudonyms. Gängige Formen der Avatare im WWW sind: Fotos der Anwender; Bilder einer Person, die der Benutzer gerne sein möchte; vorgegebene Avatare oder auch nach dem Baukastenprinzip selbst zusammengestellt und eingekleidete Avatare. Im Ergebnis dieses Gestaltungsprozesses entsteht eine virtuelle Körper-Präsentation (die Avatar-Thematik wird in Kap. 5.4.2 ausführlich behandelt).

Zum Identitätsdesign gehört neben der Definition der virtuellen Körperlichkeit aber auch die Festlegung von weitergehenden Persönlichkeitseigenschaften. Dem Avatar werden bestimmte Interessen und Vorlieben zugeschrieben. Die entscheidenden Merkmale werden über die Auswahl von Aktivitäten, Charaktereigenschaften, Interessen, Hobbies und Präferenzen bei Musik, Filmen und in der Literatur definiert. Daneben besteht die Möglichkeit, über ein Statement die individuelle Weltsicht sinnspruchartig zu verdichten.

Die Identitätskarte bildet das Resultat der verschiedenen Charakterzüge und Interessen, die dem Avatar zugeschrieben werden. Durch diese Seite, die häufig einer privaten „Homepage" ähnelt, führen die Avatare ein gewisses Eigenleben; sie sind in der virtuellen Welt der Online-Community präsent, existieren dort weiter, auch wenn die User offline sind.

Neben dem Identitätsmanagement erhalten die Nutzer oftmals die Möglichkeit, eine eigene Homepage zu gestalten, mit der sie sich im Internet präsentieren können. Diese Homepage hat häufig die Funktion einer erweiterten Identity-Card, zumal die Homepage von dort aus verlinkt ist.

Neben öffentlichen Arenen verfügen die meisten Communities auch über halb-öffentliche und über private Arenen. Ein Beispiel für private Arenen sind Wohnungen, die man sich in Cybercities mietet. Sie können in der Regel individuell eingerichtet werden; „Freunde" und „Feinde" könne definiert, und Freunde können in die Wohnung beispielsweise zum Chatten eingeladen werden.

Partizipationsstruktur

Die Partizipationsstruktur einer Community regelt den Grad der Mitbestimmung, den die Teilnehmer an der Gestaltung der Community haben. Die schwächste Form der Mitbestimmung ist ein Vorschlagswesen. Etwas stärker sind Communitystrukturen, welche die Einrichtung von Interessengruppen durch die Teilnehmer erlauben. In *Cycosmos* existierten im Jahr 2000 beispielsweise 120 solcher *interest groups*, wobei das Themenspektrum über Philosophie, Science Fiction, Literatur und Wissenschaft bis zu Liebeskummer und Fetisch reichte. Eine neue *interest group* konnte eingerichtet werden, wenn sich 30 Mitglieder zusammenschlossen und dies beantragten. Die Seite von *democracy online today*[21], einer bekannten deutschen Politik-Community, weist ein demokratisch geregeltes Repräsentationssystem auf: Es könne Parteien gegründet und Internet-Kanzler gewählt werden, die die „Politik" der Internet-Community mitgestalten.

Verhältnis Online-Offline

Bei einigen Communities bestehen strukturelle Vorkehrungen, die ein offline-Treffen der Mitglieder ermöglichen oder sogar gezielt befördern, indem per Email oder SMS beispielsweise Termine von Treffen oder sonstigen Aktivitäten an Interessierte weitergeleitet werden. Zu diesem Zweck können Nutzer in ihrer Identitätskarte ihren lokalen Standort angeben, so dass sie nur über relevante Ereignisse informiert werden. Dies können User-Treffen von Themencommunities sein oder auch Treffen zwischen einzelnen Mitgliedern, wie etwa bei single.de, wo sie der Kontaktaufnahme und Beziehungsanbahnung dienen. Nicola Döring hat in ihrer Arbeit über „Romantische Beziehungen im Netz" (Döring 1999) Prozesse der Annäherung, des Kennenlernens und der Beziehungsentwicklung im Internet untersucht und sich dabei u.a. auch für die Phasen interessiert, in denen die reinen Online-Kontakte in real-lebensweltliche Kontakte übergehen. Man bezeichnet diesen Überschlag auf offline-Verhältnisse als *spill-over*-Effekt. Communities weisen auch noch auf andere Weise aus der Online-Sphäre hinaus; nämlich dort, wo sie Service-Angebote bereitstellen (also etwa Adressen oder Telefonnummern von Institutionen, Dienstleistungsanbietern etc.).

So weit zu den Merkmalsbereichen von Communities. Sie weisen nicht nur einen hohen heuristischen Wert bei der Analyse von Communities auf, sondern sind auch von praktischer Relevanz, wenn es darum geht, wie Online-Communities praktisch gestaltet oder verbessert werden können. Bei allen Merkmalen gibt es pädagogischen Handlungs- und Gestaltungsspielraum.

---

21 http://www.dol2day.de [18.6.2008].

5.3.3 Neue Vergemeinschaftungsformen: Soziale Netzwerke

Seit der Jahrtausendwende ist eine Welle von Veränderungen zu beobachten, die erhebliche Auswirkung auf Art und Gestaltung von Online-Vergemein-schaftungsformen hat. Zugleich ist zu bemerken, dass „klassische" Online-Communities durch diese Neuerungen nicht unbedingt verdrängt werden. Viele Foren- oder Themencommunities aus dem deutschsprachigen Raum ließen sich als Beispiele dafür anführen, so etwa die bereits erwähnte Communitiy *funama. de.* Die wesentliche Erneuerung des Community-Gedankens basiert auf dem Prinzip der Sozialen Netzwerke. Der Psychologe Stanley Milgram formulier-te in den 1960er Jahren das *small world-Theorem.* Gemäß dieser These stehen weltweit alle Menschen miteinander über relativ wenige Vermittlungsgrade (Freundesfreunde) miteinander in Beziehung (Holzer 2005; Milgram 1967). Die neuen Onlinecommunities nutzen dieses Prinzip überwiegend, indem sie jedem Nutzer die Freundesfreunde (also die Kontakte zweiten Grades, üblicherweise abgekürzt als *FOAF, Friend of a Friend*) sichtbar und zugänglich machen. Auf diese Weise sind zunächst solche Communities entstanden, in denen das *social networking* selbst im Mittelpunkt steht, sei es eher zu privaten Zwecken (*MySpace. com, Facebook.com, Kaioo.de, Schuelervz.de, Piczo.com*) oder zu explizit beruflichen Zwecken (*Xing.com, LinkedIn.com*). Wie bereits die „U1-Onlinccommunity" *The Well* (die ja in San Francisco lokalisiert ist),[22] weisen Soziale Netze oft einen „glo-kalen" Charakter auf, indem sie einerseits globale Kontakte ermöglichen, ande-rerseits aber aber Lokalisierungsfunktionen bieten (inzwischen z.b. durch dyna-mische Erstellung von geographischen Übersichten oder Listen). Vereinzelt, so z.B. aktuell in der Community „Die Lokalisten", steht die Online-Vernetzung im urbanen Raum sogar im Vordergrund.[23]

Exemplarische Gegenüberstellung einer Online-Community und eines sozialen Netzwerks: Fotocommunity.de vs. flickr.com
Das Prinzip Sozialer Netzwerke findet inzwischen zunehmend Eingang in Communities, die zuvor als klassische chat- oder forenbasierte Communities realisiert wurden. Diese Entwicklung vollzieht sich teilweise als *Integration* neuer Technologien – ein Beispiel aus dem deutschsprachigen Internet ist die jugend-kulturelle Foren- und Chatcommunity *Uboot.com,* die inzwischen durch Weblogs und (allerdings marginal platzierte) Freundesfreunde-Listen ergänzt wurde.[24] Deutlicher tritt das Transformationspotenzial in der Gegenüberstellung klassi-scher forenbasierter Onlinecommunities wie etwa *Fotocommunity.de* oder *deviant-*

---

22 Vgl. Rheingold (1994).
23 http://de.wikipedia.org/wiki/Lokalisten_(Network) [18.6.2008].
24 Z.B. http://dextah1.uboot.com/ [18.6.2008].

photo.eu mit Fotosharing-Netzwerken wie *flickr.com* hervor (vgl. Jörissen 2007a). Forenbasierte Fotocommunities sind zwar ebenfalls komplexe soziale Gebilde; in ihrer Interface-Struktur (Benutzeroberfläche und Navigationsstruktur) sind sie jedoch verhältnismäßig linear. In der Fotocommunity.de besteht die Kommunikationsstruktur im wesentlichen aus Fotoforen, Textforen, „Quickmails" und dem „Fotohome" des Users samt (statischer) Identitätspräsentation. Die Mitglieder können einander als „Buddys" kennzeichnen oder auch auf die „Ignore"-Liste setzen. Die sozialen Aktivitäten sind auf die Foren konzentriert. Es existiert keine definierte Schnittstelle nach außen, mit der Bilder in andere Web-Anwendungen eingebunden werden könnten.[25]

Flickr.com weist eine wesentlich komplexere Struktur auf. Es gibt im wesentlichen zwei verschiedene, voneinander unabhängige Ebenen sozialer Organisation: erstens die als *friends* bzw. *family* gekennzeichneten anderen Mitglieder, zweitens die sog. Flickr-Groups – themenbezogene Gruppen, die von jedem Mitglied in beliebiger Anzahl eingerichtet werden können, und deren Ausrichtung völlig frei wählbar ist (die Besitzer können gruppenspezifische Regeln festsetzen und im Streitfall auch durchsetzen). Auf den Profilseiten der Mitglieder werden sowohl Freunde als auch Group-Mitgliedschaften aufgeführt – die soziale Vernetzung erfolgt also nicht nur nach dem Freundesfreunde-Prinzip, sondern zusätzlich nach dem „Freundesgruppen"-Prinzip. Es ist nicht unwahrscheinlich, dass einzelne Mitglieder auf flickr.com an mehreren Communities im engeren Sinne partizipieren (und in diesen etwa an verschiedenartigen bildlichen und verbalen Diskursen teilnehmen). Flickr.com selbst stellt eher eine unspezifizierte Community-Infrastruktur dar und überlässt es vollkommen den Mitgliedern, welche *konkreten* Gemeinschaften und Communities sich auf dieser Plattform herausbilden. Die vorfindbaren „On-Site"-Communities sind dem entsprechend ausgesprochen heterogen.

Auf der ersten Ebene wären die *friends* und *family*-Mitglieder (die für andere Mitglieder nicht sichtbar sind) zu verorten. Während zu vermuten ist, dass zur *family* eines Mitglieds eher ein engerer Kreis gehört (*family*-Mitglieder werden anderen Usern nicht angezeigt), bewegt sich die Anzahl der als *friends* markieren Mitglieder nicht selten im dreistelligen Bereich. Typischerweise würde die *family* ein soziales Netzwerk mit wenig Außenkontakten darstellen, während die Verbindung durch *friends* der klassischen Gestalt eines Freundesfreunde-Netzwerkes entspricht.

Auf der zweiten Ebene befinden sich die „Flickr-Groups". Die über hunderttausend existierenden Gruppen decken thematisch beinahe jeden denkbaren Bereich ab, von der Nonsense- und Fun-Gruppe bis hin zur ambitionierten oder auch pro-

---

25 Das geht nur „inoffiziell", indem die Links auf die eigenen Fotos händisch herauskopiert und als html-Code in andere Seiten hineinkopiert werden. Ein solches Vorgehen widerspricht allerdings den Nutzungsbedingungen und kann zum Ausschluss führen.

fessionellen Genrefotografie. Gruppen definieren ihre Zugangsbedingungen sowie die Rechte und Pflichten der Gruppenmitglieder eigenständig (während auf der Ebene des Flickr-Netzwerkes weder ein Gratifikations- noch ein Sanktionssystem existiert). Die *Groups* stellen definierte Bereiche innerhalb von flickr.com dar, die sich (theoretisch) mit friends-Gruppen decken können, was aber – angesichts der oft großen Anzahl von Freunden wie auch Gruppenzugehörigkeiten einzelnen Mitglieder – recht unwahrscheinlich ist.

Als dritte Ebene sind die Foto-Weblogs zu berücksichtigen, die im technischen Anschluss an die Flickr-Infrastruktur entstehen, und die ihrerseits das soziale Universum auf Flickr mit externen Blogger-Communities, und hierdurch mit der *Blogosphere*, verbinden – andere Blogger müssen nicht die Flickr-Seite besuchen, um die Einträge ihres Netzwerk-Mitgliedes zu betrachten, sondern sie können die hierfür angebotene sog. RSS-Schnittstelle nutzen und die Bildinhalte ihres Freundes in ihren eigenen Blog-Aggregator einbinden.

Welche Community-Ebene ein Mitglied zu welchen Anteilen nutzt, ist dabei vollkommen freigestellt. Diese Öffnung auf externe Webangebote hin gehört bei flickr.com – und darin dokumentiert sich die Idee der „syndication" als entscheidender Unterschied zu „Web 1.0"-Angeboten – zum Grundverständnis. Über die Weblogs hinaus bietet *flickr.com* kleine Skripte an, welche die Benutzer in ihr (externes) Weblog oder in ihre Profilseite eines anderen sozialen Netzwerks einbinden lassen. Die ohnehin erheblich komplexe soziale Vernetzungsstruktur der Seite wird durch diese Öffnung nach außen zu einem hyperkomplexen Gewebe. Angebote wie *flickr.com* oder *zooomr.com* werden damit zum Motor völlig neuer visueller Kulturen und Handlungspraxen. Was Außenstehenden leicht als amorphe neue Bilderflut erscheinen könnte (*flickr.com* hält mehrere hundert Millionen Fotos von einigen Millionen Mitgliedern bereit), erweist sich bei näherer Hinsicht als ein zwar ausgesprochen komplexes, aber durchaus strukturiertes und von vernetzter Sozialität getragenes Phänomen.

5.4 Bildungsdimension Grenzbezug

5.4.1 Leben in der Virtualitätslagerung

Der Begriff *Virtualitätslagerung* (Marotzki 2003a) bezeichnet den Umstand, dass Menschen offline ein Leben in sozialen Räumen organisieren und dass sie *parallel* dazu beginnen, ein Leben online in digitalen Welten zu gestalten. *Virtualitätslagerung* bezeichnet die Erweiterung des Möglichkeitsraumes, in welchem Menschen Erfahrungen machen, ihre Identität entwerfen und damit ihr Offline-Leben erweitern. Sie stellt aus unserer Sicht die Signatur der Informationsgesellschaft dar. Was Informationsgesellschaft in dem hier gemeinten Wortsinn bedeutet, zeigt Manuel Castells in den ersten beiden Bänden seiner Trilogie „The Information Age: Economy, Society and Culture". Zwei Dinge seien es, von deren Verständnis in der Zukunft viel abhängen werde: zum einen ein Verständnis des Menschen, was er ist und was er kann, und zum anderen ein Verständnis des Netzes (des Internet), was es ist und was es kann. Unsere Gesellschaft, so Castells, sei zunehmend um die beiden gegensätzlichen Pole des Netzes und des Selbst herum strukturiert. Castells kommt zu dem Resultat, dass wir am Beginn eines Zeitalters stehen, in dem wir die menschliche Existenz auf mindestens zwei Ebenen diskutieren müssen – auf einer realen und einer virtuellen. Die Frage, die dabei natürlich entsteht, lautet: Wie viel Virtualität verkraftet der Mensch?

Die Durchdringung von Online- und Offline-Sozialität des Realen und des Virtuellen

Wie viel Virtualität verkraftet also der Mensch? In diesem Sinne wurde etwa die Frage gestellt, ob der vermehrte Aufenthalt in digitalen Welten dazu führe, reale lebensweltlich verankerte soziale Gruppen zu vernachlässigen, so dass letztlich soziale Isolation auftrete. Bereits Mitte der 90er Jahre wurde von Wetzstein u.a. empirisch aufgezeigt, dass diese Fragen wohl eher mit einem *nein* zu beantworten sind (Wetzstein 1995, 119).[26] Wir haben im letzten Kapitel (Abschnitt 2.2) bereits auf den sog. „Spill-Over-Effekt" hingewiesen. Eine Vielzahl von internetbezogenen Studien zeigt, dass ganz im Gegenteil die Bereicherung des Offline-Lebens durch Online-Kontakte und Communities ein weit verbreitetes Phänomen darstellt. Dies zeigt die erwähnte Studie von Nicola Döring über romantische Beziehungen im Netz (Döring 1999) aus sozialpsychologischer Perspektive ebenso wie die soziologische Studie von Bettina Heintz über virtuelle Gemeinschaftsformen (Heintz 2003). Online-Beziehungen, so Heintz (2003, 205) „treten nicht an die Stelle realweltlicher Beziehungsnetze, sondern ergänzen sie. Insofern ist die Annahme, dass computervermittelte Kommunikation zu Isolation führt, ähnlich verfehlt, wie die Vorstellung eines unwiederbringlichen Gemeinschaftsverlusts." Zu einem vergleichbaren Ergebnis kommt der der britische Soziologe Robin B. Hamman. Im Rahmen einer empirischen Studie mit Nutzern des Online-Service AOL ergab sich, dass „jeder einzelne Befragte in der Studie … das Gefühl [hat-

---

26 Ein besonderer Fall stellt hierbei sicherlich die Internetsucht dar (Internet-Addiction Disorder). Dabei fehlt es nicht an öffentlichkeitswirksamen Presseberichten davon, dass Einzelne vor dem Computer tatsächlich verhungert sind oder Selbstmord begangen haben (Elmer-Dewitt 1993; Rheingold 1994). Obwohl das Phänomen in Einzelstudien gut beschrieben ist, liegen u.W. keine soliden Häufigkeitsanalysen vor, so dass die Gefahr besteht, aus Einzelfällen eine allgemeine Gefahr abzuleiten. Zweitens wäre auch noch zu klären, ob eine solche Sucht (falls es sich tatsächlich um eine Sucht im medizinischen Sinne handeln sollte) spezifisch für Internetnutzung ist, oder ob nicht bspw. in solchen Fällen andere psychosoziale Dispositionen (Depressionen, soziale Phobien etc.) für eine generelle Tendenz zur Isolation bei den betroffenen Individuen verantwortlich waren, die durch Internet-Nutzung eher noch abgemildert wird.

te], dass die Nutzung von AOL ihm geholfen hat, seine Offline-Beziehungen auf-
rechtzuerhalten. In der Tat konnte ich keinen Hinweis darauf finden, dass die
Nutzung von AOL die sozialen Offline-Netzwerke beeinträchtigt oder zur tatsäch-
lichen gesellschaftlichen Isolation dieser Benutzer geführt hätte" (Hamman 2003,
231). Dass Online- und Offline-Sozialität in der Praxis vieler Netz-Nutzer keinen Gegensatz darstellen, sondern vielmehr ineinander verwoben sind, hat auch
eine empirische Untersuchung in einem in dieser Hinsicht, was die öffentliche
Wahrnehmung angeht, besonders „verdächtigen" Bereich ergeben. Vor allem jugendliche Onlinespieler stehen ja – seit dem Amoklauf des Erfurter Schülers Robert
Steinhäuser – in Generalverdacht, asoziale Killernaturen zu sein, die hauptsächlich in sozialer Isolation virtuellen Tötungshandlungen nachgehen. Tatsächlich
zeigte die ethnographische Untersuchung dieser Community, dass Offline-
Kontakte – in Form von LAN-Partys, also Offline-Treffen in der Größenordnung
von 20 bis 2000 (oder noch mehr) Spielern – eine konstitutive Funktion für die
Aufrechterhaltung der Online-Gemeinschaft innehaben (Bausch/Jörissen 2004).
In ähnlicher Weise ist von vielen Online-Community-Formen bekannt – auch
von informelleren Formen wie IRC-Chatgemeinschaften –, dass sie sich mehr
oder weniger regelmäßig zu Offline-Treffen zusammenfinden.

Die Durchdringung des „Realen" und des „Virtuellen" in erkenntnistheoreti-
scher Perspektive
Auf der Ebene des Sozialen ist die Durchdringung von Online- und Offline-
Sozialität also nicht von der Hand zu weisen. Aber wie sieht es auf einer grund-
sätzlicheren Betrachtungsebene aus? Bestehen nicht gravierende und unverrück-
bare Unterschiede zwischen der körperlich-materiellen Welt, in der wir leben, und
der unkörperlich-virtuellen Online-Welt?
Dass hier Unterschiede bestehen, dürfte auf der Hand liegen. Entscheidend
ist aber, um was für Unterschiede es sich dabei genau handelt, und welche
Bedeutung ihnen zukommt. Der Philosoph Wolfgang Welsch hat sich mit dieser
sehr grundsätzlichen Frage auseinandergesetzt, was sich eigentlich unter Worten
wie „Wirklichkeit", „wirklich", „real" einerseits und unter „Virtualität" auf der
anderen verstehen ließe.[27] Welsch zeigt zunächst anhand einer Analyse der verschiedenen Verwendungsweisen der Worte „Wirklichkeit" und „wirklich" sowie einiger philosophiegeschichtlicher Modelle von Realitätsverständnissen die
Bandbreite möglicher Bedeutungen auf (Welsch 1998). Dabei zeigt sich, dass die
Bedeutung des Begriffs sowohl alltagssprachlich als auch in den philosophischen
Terminologien außerordentlich variiert. Eine Bedeutung von Wirklichkeit ist
z.B. das „Insgesamt des Seienden, das unabhängig von Interpretationen allem zu

---

27 Tatsächlich gab es dazu im den 1990er Jahren einen breiten interdisziplinären Diskurs, doch wollen
wir uns im Folgenden hauptsächlich auf die Gedanken Welschs konzentrieren. Vgl. ansonsten
auch: Jörissen 2007b.

Grunde liegt" – als „Insgesamt" schließt es dabei auch Virtuelles ein, so wie wir ein Bild – oder einen Traum oder eine virtuelle Simulation – von einem Stuhl ja wohl als zur „Wirklichkeit" gehörig bezeichnen würden (auch wenn es kein „wirklicher" Stuhl ist).

Daneben stehen solche Begriffsbestimmungen, in denen das Wort „wirklich" gerade als *Gegensatz* zum Nicht-Existenten, Vorgetäuschten, Simulierten, nicht Wahrhaften, Uneigentlichen oder auch Alltäglichen steht (Welsch 1998, 174 ff.). Diese Entgegensetzungen bilden die Basis verschiedener Kommunikationsweisen im Alltag, bei denen „Wirklichkeit" zumeist nur indirekt thematisch wird. In der ironischen Redeweise z.b. sagt man etwa, als ob es so – oder „wirklich" – wäre, und meint genau das Gegenteil hiervon. So kann z.B. der Satz: „Na da haben wir uns ja etwas Schönes eingebrockt" nur von Hörern verstanden werden, die den Gegensatz von Wahrhaftem und Vorgetäuschten oder Simulierten nicht nur kennen, sondern sogar mit ihm spielerisch verfahren können.

Ganz ähnlich verhält es sich bei einer ganzen Reihe kultureller Erfahrungsformen, wie Theater und Kunst, die nur auf der Basis der Unterscheidung ‚wirklich vs. nicht-wirklich' funktionieren können. Das Wirkliche und das Nicht-Wirkliche sind hier deutlich getrennt. *Zugleich* aber macht man im Theater und in der Kunst die Erfahrung, dass Wirkliches und Nicht-Wirkliches (i.S.v. Illusion, Fiktion, Schein) zueinander in Bezug gesetzt sind. Wir erkennen und reflektieren durch das Fiktive (z.B. das Theaterspiel) unsere Alltagswirklichkeit; Kunstwerke sind in der Lage, uns unsere Wahrnehmungsweisen vor Augen zu führen und uns zu lehren, *dass* wir die Welt immer so oder so wahrnehmen. Man kann an diesen Beispielen sehen, so Welsch (1998, 206), dass das Fiktive sich in das als „wirklich" Erfahrene einschreibt, sodass die Grenzen fließend werden. Aus dieser Perspektive erweisen sich das „Wirkliche und das Virtuelle [als] durchlässig gegeneinander und miteinander verwoben [...]. Das Wirkliche ist nicht durch und durch wirklich, sondern schließt Virtualitätsanteile ein, und ebenso gehören zum Virtuellen zu viele Wirklichkeitsmomente, als dass es als schlechthin virtuell gelten könnte" (Welsch 1998, 210). Welsch schlägt vor, die Beziehung von Virtuellem und Realem als eine komplexe Beziehung zweier Bereiche zu betrachten, die zugleich von „intertwinement as well as distinction" gekennzeichnet sind (Welsch 2000, 35).

Bezogen auf mediale und außermediale Alltagserfahrung bedeutet dies, dass die oft geäußerte Befürchtung des „Wirklichkeitsverlusts" (z.B. Hentig 1984, Hentig 2002) einem eingeschränkten Blick auf Virtualität und elektronische Technik erliegen. Welsch konstatiert, dass *neben* – nicht als Gegenprogramm – der etablierten medialen Alltagserfahrung eine Revalidierung außermedialer Erfahrung stattfindet, ein „cultural turn" zur Langsamkeit, Einmaligkeit, Körperlichkeit nicht nur im Lebensstil, sondern auch in den Diskursen (Welsch 2000, 43 f.). Außermediale und mediale Erfahrungswelten, so Welschs These im Anschluss an das Bergsonsche Modell, seien nicht wechselseitig ersetzbar. So wenig die außermediale Erfahrungswelt „virtualisierbar" sei, seien die medialen Erfahrungsformen minderwertige Simulationen, denn sie eröffnen Handlungs- und Erfahrungsräume *sui generis:* „This is why for some people *virtual reality* may very well be altogether more real and relevant than everyday reality" (ebd.).

Welschs Diskussionsbeitrag macht deutlich, dass der um die Frage von Realität und Virtualität entstandene Problemkomplex eine komplexe und plurale Struktur aufweist und mit Vereinfachungen, die das Reale auf die eine Seite und das Virtuelle auf die andere stellen wollen, nicht angemessen zu erfassen ist. Was wir im Blick auf die soziale Offline- und Online-Praxen erfahren haben: dass die These der „Virtualitätslagerung" als Ineinandergreifen von Online- und Offline-Sphären sich empirisch beobachten lässt, erfährt von philosophischer oder erkenntnistheoretischer Seite Bestätigung. Die Kategorien des Realen und des Virtuellen lassen sich nicht in der Weise sauber trennen, dass sich mit ihnen die Behauptung vollkommen voneinander getrennte Erfahrungsbereiche (online vs. offline) belegen ließe. Im Gegenteil, unsere alltägliche Offline-Erfahrung erscheint aus philosophischer Sicht bereits als von Virtualität durchzogen, so wie das Reich des Virtuellen durchaus auch einen legitimen Teil unserer Realität ausmacht.

Die Durchdringung von Körperlichkeit und Technologie

Auf der Suche nach der Antwort auf die Frage, was der Mensch im Zeitalter der neuen Informations- und Kommunikationstechnologien ist, rückt die Unterscheidung zwischen Mensch und Maschine ins Zentrum. Metaphorisch gesprochen kann gesagt werden, dass immer mehr Technik gleichsam in den Menschen einwandert. Von der Implantation einer Herzschrittmachers zur Implantation eines Mikrochips ist es nicht weit, so dass die erste (biologische) und zweite (soziale) Natur des Menschen gleichsam immer mehr von der dritten (technologischen) durchdrungen wird, wie es in dem Bild des Cyborg zum Ausdruck gebracht wird (Clynes/Kline 1960). Eine Reaktualisierung erhielt der Begriff des Cyborg mit der Veröffentlichung des *Manifesto for Cyborgs* durch Donna Haraway (Haraway 1985). Digitale, soziale, physikalische und biologische Welten verschränken sich immer mehr, so dass der digitale Raum zum gleichrangigen Konstitutionsraum von Subjektivität wird. Die Metapher des Cyborg unterwandert die Grenzen zwischen dem, was spezifisch menschlich und dem, was speziell technisch ist, und zugleich unterwandert er die Grenze von Wirklichkeit und Fiktion: „Cyborgs sind kybernetische Organismen, Hybride aus Maschine und Organismus, ebenso Geschöpfe der gesellschaftlichen Wirklichkeit wie der Fiktion. [...] Im späten 20. Jahrhundert [...] haben wir uns alle in Chimären, theoretisierte und fabrizierte Hybride aus Maschinen und Organismus verwandelt, kurz, wir sind Cyborgs". (Haraway 1995, 33). Kommunikationstechnologie und Biologie beeinflussen unseren Körper in konstitutiver Weise, sie verweisen auf fundamentale Transformationen der Subjektkonstitution. Folgt man Haraway, werden wir uns künftig als Cyborgs in komplexen Kommunikations- und Datenwelten des Internet bewegen. Wir sind aus dieser Perspektive also auf dem Weg, unsere menschliche Identität zu verändern, indem grundlegende Differenzen gleichsam neu durchdekliniert werden. Der Cyborg ist die Figur einer permanenten Grenzerfahrung und Grenzauflösung. Haraway führt dies an Differenzen wie Tier/Mensch, Organismus/Maschine und Materie/Geist vor.

Bereits Gregory Bateson diskutierte das Grenzproblem als Identitätsproblem, als er fragte: Ist der Blindenstock eines blinden Menschen Teil von ihm, gehört er zu seiner Identität? Wenn er das Auge ersetzt, dann liefert er mindestens einen Teil der Information, die ansonsten das Auge liefern würde. Aus einer systemischen Betrachtungsweise bilden sie (Blinder und Blindenstock) ein System: der Stock wäre gleichsam dem Auge in seiner Funktion gleichwertig. Die Frage, ob die Grenzen des Menschen durch seine äußere Haut gebildet werden, ist also nicht so schnell beantwortet. Oder ein anderes Beispiel: Ist der Herzschrittmacher eines Menschen ein Teil von ihm, gehört er, der doch immerhin in der Lage ist, die Herzfrequenz und damit das Gesamtbefinden zu steuern, zu seiner Identität? Und wie sieht es aus, wenn immer mehr Organe durch bioelektronische Teile ersetzt werden bis hin zu dem Punkt, dass das Gehirn gleichsam als erweiterte Software verstanden wird, das durch andere, externe Software unterstützt werden kann, wie es ja bekanntlich im Cyberpunk visionär entwickelt wird.[28] Im Zeitalter bereits funktionierender neuro-elektronischer Interfaces und hochentwickelter „intelligenter" Prothesen, die mit den Körperbewegungen zu einem geschlossenen System verschmelzen, ist dies nicht mehr bloße Science-Fiction.

Wir haben es genau genommen mit zwei Phänomenen zu tun, die komplementär zueinander stehen: auf der einen Seite das, was in der Metapher des Cyborgs ausgedrückt wird: die Erweiterung oder Prothetisierung des Körpers durch neue Technologien, das Verwischen der Grenze von Körper und (intelligenter) Maschine. Auf der anderen Seite haben wir das für uns (noch) weitaus konkretere Phänomen der relativen Abwesenheit der Körperlichkeit in der medialen Kommunikation. Auch von dieser Seite erfährt der Körper eine Transformation.

Präziser müsste man hier vielleicht statt vom Körper von der *Leiblichkeit* sprechen, denn traditionell wird der Körper als Gegensatz zum Geist gehandelt, während der Leib als beseeltes und belebtes Prinzip galt. In der Tradition der *Phänomenologie* hat diese Bedeutungsrichtung eine entscheidende Erweiterung erfahren. Maurice Merleau-Ponty, der Begründer der Leib-Phänomenologie, hat den Gedanken vom Leib als einen Leitfaden der Weltorientierung weitergedacht: Der Leib sei die Art und Weise unseres „Seins zur Welt" und zugleich der Bereich, in welchem Sprache, Wahrnehmung, Weltorientierung und Handlung geschieht. Damit wird

---

28 Vgl. die klassischen Romane von William Gibson: Newromancer (1987), Biochips (1988) oder Idoro (1991); vgl. weiterhin: Cartmell/Hunter/Kaye u.a. 1999.

Leiblichkeit zum Prinzip des menschlichen In-der-Welt-Seins. Diese Welt ist aber eine kulturelle und soziale: Leiblichkeit und Sozialität hängen zusammen. In der Sozialisation schreiben sich kulturelle und soziale Bedeutungen gleichsam in den Leib ein; wie wir uns bewegen und ausdrücken, welche Gesten wir verwenden etc. transportiert immer einen Überschuss von Bedeutungen, dessen wir uns im alltäglichen Handeln in der Regel nicht bewusst sind, die aber umgekehrt unsere eigenen Körperbilder festlegen. Die Körperlichkeit (oder das Körperverhältnis) in den komplexen Gesellschaften der Gegenwart ist eine andere als etwa im europäischen Mittelalter oder in der Antike, die Körperlichkeit ist in asiatischen Kulturkreisen anders als in Südamerika, etc.

Was unser Körper (für uns oder andere) bedeutet, ist also nicht nur von uns abhängig, sondern von den kulturellen Bedeutungsgeweben. Daraus folgt, dass sich mit dem Wandel des kulturellen Gehalts der Reflexionsrahmen für das, was unser Körper bedeutet, verändert (vgl. in soziologischer Perspektive Strauss 1993). Medien sind sowohl aufgrund ihrer Struktur als auch durch ihre Inhalte (z.B. in Form medialer Körperinszenierungen) Katalysatoren für solche Transformationsprozesse.

Wenn also virtuelle Welten unsere Alltagswelten bereichern, dann würden wir eine Veränderung des Menschen zu seinem Körper wie auch zu seinem Leib erwarten. Wir haben einerseits gesehen, dass die fehlende Körperlichkeit zum Phänomen der *disinhibition* führt. Andererseits verweist bspw. Sherry Turkle darauf, dass Spieler auch Nutzen daraus ziehen können, dass sie ihre Körperlichkeit ausschließen und als jenen Ort markieren, der – wenn er gesehen wird – dazu verleitet, bestimmte Annahmen zu machen. „They don't look at your body and make assumptions" (Turkle 1995, 185). Diese Befunde sind auch im Fall von Online-Communities beobachtbar. So ist z.B. in Bezug auf Menschen mit Behinderungen immer wieder betont worden, dass der Cyberspace eine Möglichkeit bietet, gegenseitige Berührungsängste zu überwinden, neue Freunde zu gewinnen.

Es ist nicht zufällig, dass bereits in den 1990er Jahren sehr viele Selbsthilfegruppen ins Netz gegangen sind (vgl. Janssen 1998) und eine flankierende Diskussion unter den Titeln Online Counceling, Online Support Groups oder auch Online Therapy begonnen hat. Eine verstärkte Virtualitätslagerung muss nicht zwingend zu einer Entfremdung zum eigenen Körper führen, sondern wird eine *Neudimensionierung* von Leiblichkeit ermöglichen, die letztlich zu seiner Aufwertung, zur Revalidierung des Leibes führen kann – in dem Sinne, dass gerade aufgrund des „körperlosen" Agierens in virtuellen Welten Körperlichkeit und Leiblichkeit in realen Welten neu bewertet und (möglicherweise) auch neu geschätzt wird und somit dazu beiträgt, ein neues und kreatives Verhältnis aufzubauen. – Dies entspricht exakt der oben erörterten These Wolfgang Welschs, dass es gerade durch die Erfahrung virtueller Sphären zu einer Revalidierung des Wirklichen kommt. So wie bei Welsch deutlich wurde, dass „das Wirkliche" und „das Virtuelle" allerdings kein starres Gegensatzpaar bilden, wurde in diesem Abschnitt deutlich, dass auch der Körper bzw. der Leib keine starre, materiell absicherbare Kategorie darstellt. Diese beiden für die Weltorientierung von Menschen grundlegenden Konzepte erweisen sich durch die Begegnung mit den Neuen Medien aufs Neue als fluide und veränderbar. Dies stellt für einige eine Gefahr dar – weil die tradierten Bezugssysteme unterlaufen werden. In bildungstheoretischer Perspektive geraten demgegenüber vor allem die enthaltenen Bildungschancen und Reflexionsanlässe in den Blick. Das anschließende Unterkapitel wird diesbezüglich weitere Einblicke gewähren.

5.4.2 Strukturale Avatar-Ethnographie

Avatare sind als „virtuelle Stellvertreter" (Petersen/Bente/Krämer 2002) von Usern in digitalen Umgebungen ein seit langem bekanntes Phänomen. Bereits in den 1980er Jahren wurden die Spielfiguren im Online-Rollenspiel „Habitat" (Lucasfilm, 1986-1988) als „Avatare" bezeichnet. In den Cyberspace-Phantasien der frühen 1990er Jahre spielten Avatare eine zentrale Rolle – so etwa in Neil Stephensons Cyberpunk-Novelle „Snow Crash" (Stephenson 1993) oder in Filmen wie „Der Rasenmähermann" (Brett Leonard, USA 1992). In graphischen Chat-Anwendungen wie „The Palace"[29] oder graphischen MUDs wie der „Worlds Chat Space Station" fanden Avatar-Technologien seit Mitte der 1990er Jahre zunehmende Verbreitung. Seit Ende der 1990 Jahre sind zahlreiche digitale Umgebungen entstanden, in denen Avatare im Zentrum des Geschehens stehen: virtuell dreidimensionale Welten wie *Active Worlds* (1997), *Moove Rose 3D* (1999), *Second Life* (2003) und *There* (2004), isometrisch konstruierte Welten wie *Habbo-Hotel* (2000) und *Playdo* (2000), schließlich Online-Spielwelten wie *The Sims Online* (2002) und *Entropia Universe* (2003) zählen zu den bekanntesten Angeboten.[30] Die Anzahl derartiger Angebote wächst im Zuge des Erfolgs vieler Plattformen seit einiger Zeit mit großer Dynamik; die Zielgruppen umfassen alle Altersklassen vom Vorschulalter bis hin zu (auch älteren) Erwachsenen. Aktuelle Nutzerzahlen bewegen sich je nach Anwendung nicht selten in zweistelliger Millionenhöhe; insbesondere Virtuelle Welten für Kinder und Jugendliche verzeichnen seit einigen Jahren erhebliche Zuwächse an angemeldeten Nutzern (insgesamt ist derzeit von mehr als 180 Millionen bestehenden Accounts in Virtuellen Welten auszugehen)[31]. Avatartechnologien beschränken sich jedoch nicht auf Virtuelle Welten – auch im *World Wide Web* sind Avatare verstärkt

---

29 http://www.thepalace.com [18.6.2008].
30 Vgl. etwa die Linksammlungen http://www.virtualworldsreview.com/ und http://www.diigo.com/ list/benjamin/virtualworlds [18.6.2008]. Wir lassen hier das Phänomen der Massive Multiplayer Online Role Playing Games wie World of Warcraft oder Dark Age of Camelot außer Acht, da die Avatar-Gestaltung dort sehr stark themen- und rollengebunden erfolgt.
31 Quelle: Daten der Agentur Kzero Research; http://www.kzero.co.uk/blog/?p=1832 [18.6.2008].

zu finden, wo sie überwiegend Repräsentationsfunktionen, teilweise aber auch Kommunikationsfunktionen erfüllen.[32]

Avatare stellen mithin ein signifikantes, aber auch sehr heterogenes Phänomen innerhalb der Neuen Medien dar. Die zugrundeliegenden Technologien und konkreten Implementationen von Avatar-Technologien unterscheiden sich hinsichtlich der digitalen Umgebung, der Visualisierung und der (Inter-) Aktionsmöglichkeiten stark voneinander. Zudem wird der Ausdruck „Avatar" sehr uneinheitlich verwendet – so werden zum Beispiel auch die statischen Profilbilder in Online-Communities häufig als „Avatare" bezeichnet. Auch in der Avatar-Forschung stehen die Bemühungen um eine theoretisch-begriffliche Diskussion eher noch am Anfang, während auf Avatar-Technologien basierende empirische Untersuchungen seit vielen Jahren – etwa in der Sozialpsychologie – etabliert sind, und auch ethnographisch orientierte Forschungsbeiträge zu finden sind.[33] Im Folgenden werden zunächst vier Analyseebenen unterschieden, die im nachfolgenden Abschnitt auf ihre bildungstheoretischen Aspekte hin diskutiert werden.

Wer Avatartechnologien nicht aus eigener Anwendungserfahrung kennt, wird geneigt sein, diese allein nach ihrem äußeren Erscheinungsbild zu beurteilen. Dabei kommt es leicht zu vorschnellen (i.d.R. pejorativen) Urteilen, weil viele Avatare in virtuellen Umgebungen wie dem bekannten *Second Life* auf den ersten Blick oft einen eher stereotypen Eindruck im Hinblick auf Körperformen und Kleidung hinterlassen. Wenn man jedoch nach der pädagogischen und bildungstheoretischen Relevanz von Avataren fragt, muss man zunächst die sozio-technologische Komplexität dieser digitalen Objekte in den Blick nehmen, um im Anschluss daran Bildungsaspekte differenziert erfassen und diskutieren zu können. Aus dieser Perspektive lassen sich vier Strukturebenen von Avatartechnologien unterscheiden: 1) Die *Rahmungsstruktur*, 2) die *Präsentationsstruktur*, 3) die *Interaktionsstruktur* sowie 4) die *Präsenzstruktur*.

Rahmungsstruktur

Als digitale Objekte sind Avatare immer in eine bestimmte digitale Umgebung eingebettet, die den soziotechnischen Rahmen festlegt. Die Rahmungsstruktur beschreibt insgesamt alles, was mit dem Charakter der *Situierung* des Users vermittels einer Avatar-Technologie zusammenhängt. Sie ist für den Grad der sensorischen und sozialen Lebendigkeit digitaler Umgebungen, die nach Johannes Fromme ein wesentliches Moment und Merkmal Virtueller Welten darstellt (Fromme 2008, 191) , maßgeblich: Je mehr eine digitale Umgebung in diesem Sinne ein lebendiges Geschehen darstellt, desto größer sind beispielsweise Möglichkeiten des

---

32 http://www.weblins.com; http://www.meez.com; http://www.gizmoz.com, http://gravatar.com [18.6.2008].

33 Vgl. Bente/Krämer 2002; Schroeder 2002a; Schroeder/Axelsson 2006.

Involvements, der sozialen Perspektivenübernahme und des partizipatorischen sozialen Lernens. Avatar-Analysen müssen daher immer auch die digitale Umgebung in den Blick nehmen (allerdings aus einer „avatar-zentrierten" Perspektive, d.h. gebunden an das, was User mit ihren Avataren in digitalen Umgebungen machen können). Zur Rahmungsstruktur zählen folgende Aspekte:

a) Als erster Aspekt der Rahmungsstuktur kann im Anschluss an Ralf Schroeder die *Fokussierung* im Sinne des Grundcharakters der digitalen Umgebung (vgl. Schroeder 2002b, 10ff.) genannt werden: Die jeweilige Art der sozialen Bühne, auf der Avatare sich bewegen – ob es sich also etwa um eine Spielwelt, eine Disco, um eine nicht festgelegte Virtuelle Welt handelt – geht mit *situativen Rahmungen* aus der Perspektive ihrer Nutzer einher, die den Gesamtcharakter der Umgebung wesentlich mitbestimmt. Im Anschluss an Erving Goffmans Theorie der *Rahmenanalyse* (Goffman 1996), auf die Schroeder Bezug nimmt, geht es also bei der Fokussierung um Ensembles von nicht expliziten Regeln und Normen, die sowohl das Handeln als auch die Wahrnehmung der (und *in* der) digitalen Umgebung beeinflussen.

b) Die *technische und graphische Umsetzung,* insbesondere die *Dimensionalität des virtuellen Raumes,* die *Perspektivität* und der grundlegende *Darstellungscharakter* der digitalen Umgebung markieren die augenfälligsten Unterschiede zwischen den verschiedenen digitalen Umgebungen von Avataren. Zweidimensionale Umgebungen sind in den Avatarchatumgebungen der 1990er Jahre die Regel (zumeist in Form von Pseudo-3D-Visualisierungen). Isometrische Räume (sog. „2,5D-Welten") sind vorwiegend bei Virtuellen Welten für Kinder und Jugendliche verbreitet, dreidimensionale Welten schließlich bilden die räumlich und technisch anspruchsvollste Kategorie. Der Aspekt der *Perspektivität* ist bei 2D- und 2,5D-Welten festgelegt: Die Benutzer schauen jeweils aus der Außenperspektive auf eine Fläche bzw. einen isometrischen Raum; sie sind von ihren Avataren insofern dissoziiert, als sie sich nicht mit ihnen bewegen (in ludologischer Hinsicht erinnert diese Perspektive sehr an Puppenstuben). Im Gegensatz dazu sind die Benutzer von 3D-Avataren in aller Regel mit diesen *assoziiert,* wobei die *Egoperspektive* eher in Spielen (wie z.B. den *first person shootern*) anzutreffen ist, während in Virtuellen 3D-Welten der Betrachterstandpunkt typischer Weise den eigenen Avatar aus leicht erhöhter Perspektive von hinten sehen lässt, so dass dieser bei jeder Aktion im Blick des Benutzers ist (*third person*-Perspektive); letzterer Modus erzeugt eine Distanz zum Avatar (er ist visuell als „Anderer" markiert), erlaubt aber *zugleich* eine stärkere Identifikation mit seinen Aktionen, die ja vom User mitinitiiert und -kontrolliert werden. Der *Darstellungscharakter* von digitalen Umgebungen schließlich ist überwiegend in zwei Kategorien einzuteilen: entweder liegt eine comic-ähnliche, weniger naturalistische Ästhetik vor, oder aber die Welt bildet Farb-, Licht- und Schattengebung natürlicher Umwelten in naturalistischer

Weise (im Rahmen der technischen Möglichkeiten) nach. Dimensionalität, Perspektivität und Darstellungscharakter sind für die Art und Weise, wie eine Virtuelle Welt vermittels ihrer Avatare sich erfahren lässt, von grundlegender Bedeutung (s.u., Präsenzstruktur).

c) Zur Rahmungsstruktur zählen weiterhin die *Interface-Elemente* (sowohl das Hardwareinterface – die Steuerungsmodi des Avatars – als auch das Softwareinterface, etwa graphische Bedienungselemente und Steuerungsmenüs). Auch die Interfacegestaltung ist für die Erfahrungsmöglichkeiten, die ein User „mit" seinem Avatar hat, von großer Bedeutung. Zum einen ist dies die Schnittstelle mit den körperlichen Aktionen des Benutzers – also der unmittelbare Anschluss von leiblicher und digitaler Sphäre –, zum anderen bestimmt die Gestaltung des visuellen Interfaces die Sichtbarkeit des Mediums und disponiert damit eine eher immersive oder auch eine eher reflexiv-distanzierte Haltung zum Geschehen in der digitalen Umgebung (vgl. Fromme 2006).

Zur bildungstheoretischen Bedeutung der situativen Rahmungsstruktur von Avataren

Die bildungstheoretische Bedeutung der Rahmungsstruktur ergibt sich wie erwähnt aus der jeweiligen Art und Weise der techno-sozialen *Situierung*, die mit der Verwendung eines Avatars einhergeht. Das Thema der „Situierung" ist selbst relativ komplex, da soziale Situationen immer gleichsam doppelt codiert sind: einerseits entstehen sie aus den einzelnen Perspektiven (oder Situationsdefinitionen) der Individuen, liegen also in einer Erfahrungsdimension; andererseits stellen sie das Interaktionsgefüge dar, das sich durch diese Einzelperspektiven *insgesamt* ergibt. Hierbei spielen *konstruktive* Anteile eine bedeutende Rolle: Situationen sind nicht „objektiv" gegeben, sondern sie sind *vielperspektivische* Geschehnisse – im Zweifelsfall muss daher ausgehandelt werden, unter welcher Rahmung sich eine Situation gemeinsam verstehen lässt.

Auch „realweltliche" Situationen außerhalb medialer Sphären sind also, wie man daran sieht, nicht einfach „gegeben". Sie werden aber andererseits auch nicht *beliebig* von den Individuen „konstruiert" – ansonsten wäre die Wahrscheinlichkeit, sich gemeinsam mit anderen *in* einer Situation zu befinden, verschwindend gering; jeder Mensch befände sich dann sozusagen in seiner eigenen privaten Welt. Es gibt zwei Momente, die es ermöglichen, dass Individuen Teil einer *gemeinsamen* Situation werden können: Erstens existieren *kulturelle*, also tradierte Deutungsmuster, wie sie in der Sozialisation seit der frühesten Kindheit erworben und immer wieder geändert und differenziert werden. Zweitens kann man davon ausgehen, dass bestimmte Gemeinsamkeiten auf anthropologischer Ebene bestehen – also auf bestimmten Elementen, die für die Weltverhältnisse von Menschen kennzeichnend sind, und die etwa auf der spezifischen körperlichen Organisation und einer spezifischen kognitiven Ausstattung beruhen (wie immer diese historisch und kulturell variieren). Zusammenfassend, und leicht vereinfacht, kann man sagen, dass die Situationen, in denen Individuen sich in jedem Augenblick befinden, nicht etwa so etwas wie „subjektive Deutungen" „objektiver Realität" darstellen, sondern dass sie vielmehr kulturspezifische Deutungen anthropologisch relevanter Aspekte und Strukturen dessen sind, was als Welt (oder Umwelt) wahrgenommen wird. Solche „Strukturen" können konkret, z.B. räumlicher und zeitlicher Natur sein (Wege, Brücken, Hindernisse, Räume, Zeitverhältnisse, Rhythmen, Geschwindigkeiten, etc.), abstrakt (z.B. situativ „gegebene" Institutionen, Normen, etc.), oder medial (mediale Settings und Räume, medial hervorgerufene Zeitstrukturen wie Synchronizität oder Asynchronizität). Ob medial vermittelt oder nicht: Situationen beinhalten in sozialen Settings immer auch die Perspektiven der anderen Situationsteilnehmer, die in der Regel niederschwellig und aufgrund nonverbaler Kommunikationen bekannt gegeben werden (zum Beispiel durch entsprechende Gesten, Bewegungen, Mimiken, Sprechweisen etc., die als Hinweise fungieren).

Wir gehen nach diesen allgemeinen Anmerkungen zum Situationsbegriff einen Schritt weiter und beziehen uns im Folgenden auf die Frage der Situierung von Körpern in medialen Kontexten. Dabei knüpfen wir an Ausführungen Lars Løvlies an, der die die Frage der *Situiertheit* im Hinblick auf die mediale Umgebung des Internet in bildungstheoretischer Absicht stellt (Løvlie 2008). Im Anschluss an phänomenologische Überlegungen, insbesondere an Edmund Husserls *Cartesianische Meditationen* legt Løvlie dar, dass die Art der Situiertheit von Erfahrungssubjekten auf ihrer grundlegenden Erfahrung der Körperlichkeit beruht. Diese mache gleichsam die Grammatik jedes Weltverhältnisses aus; sie gibt beispielsweise dem „An-einem-Ort-sein", dem Sich-Fortbewegen, den körperbezogenen Richtungen (oben/unten) überhaupt erst ihre grundlegende Bedeutung, an welche dann kulturelle Orientierungen gebunden werden können (Løvlie 2008, 33). Der Körper ist zwar als identifizierbares „Ding" unter anderen Dingen immer an einem Ort vorfindbar, doch setzt diese Beobachtung bereits auf einer Beziehung von Körper und Raum auf, die *zuvor* auf der Basis „primordialer Erfahrung" ihre Form erhalten hat: „Wieder ist mein Leib", so Husserl in den Cartesianischen Mediationen, „innerhalb der in unserem spezifischen Sinne primordialen Sphäre Zentralglied für die ,Natur', als der sich erst durch sein Walten konstituierenden ,Welt'" (Husserl 1950, 137). Die Inbezugsetzung des Körpers zur Welt geht dieser voraus: Die räumliche Gegebenheit des Körpers ist daher, wie Løvlie mit Merleau-Ponty formuliert, nicht eine *positionale Räumlichkeit,* sondern eine *situierte Räumlichkeit*: „The body is […] an object in the world and also the interface between itself and its surroundings. But this is not the whole story. For the body is also fundamentally ,spaced' in its situatedness. […] In a spatial sense to be at home is not only to sit down in one's armchair or by the computer but also to partake in the ambience of the supporting world" (Løvlie 2008, 39). Aufgrund der Primordialität der körperlichen Situiertheit zur Welt, so ließe sich

Løvlies Argumentation zusammenfassen, kann keine Rede davon sein, dass der „Cyberspace" (gemeint ist hier das Internet) ein körperloser Raum sei. Vielmehr sind wir auch in den interaktiven Welten des Internet notwendigerweise körperlich situiert.

Was Løvlie hier durchaus plausibel für das Internet im Allgemeinen feststellt, gilt zumal für digitale graphische Umgebungen wie Virtuelle Welten. Es wird an dieser Stelle deutlich, dass es dabei weniger auf die naturalistische Gestaltung einer dreidimensionalen Weltsimulation ankommt als vielmehr auf die Interface-Elemente, als diejenigen Elemente, durch die ein enaktiver Anschluss an den virtuellen Raum ermöglicht wird. Für Løvlie ergeben sich Bildungschancen auf der Ebene dessen, was man als *digitale Situiertheit* bezeichnen könnte, durch die Chance der Rekonfiguration der klassischen Selbst-Welt-Beziehung: „The graphic user interface helps us see that the house and the body are not settled substances but interfaces, that is, creative and changing self-world relations (ebd., 41). Der Avatar erscheint auf dieser Strukturebene als ein genuines Medium der *Grenzerfahrung*. Eine solche Reflexivität, wie die von Løvlie angedachte, dürfte allerdings auch von der konkreten Umsetzung der Rahmungsstuktur abhängig sein. Auf der Basis des aktuellen Diskussionsstandes kann man annehmen, dass sie besonders dort auftritt, wo die Elemente der Rahmungsstruktur eine Differenzerfahrung zum Geschehen offenhalten – beispielsweise durch eingeblendete Interface-Elemente, die eine Immersion verhindern (Fromme/Jörissen/Unger 2008).

Präsentationsstruktur

Die Präsentationsstruktur bezeichnet das visuelle Erscheinungsbild von Avataren unabhängig von ihren interaktiven Optionen (wie Bewegungen und Handlungen) angesprochen. In aller Regel existiert für die visuelle Gestaltung ein eigenes Menü, das den Avatar in einer neutralen Umgebung mit wenigen oder keinen Körperbewegungen darstellt. Hierbei sind zu unterscheiden:

a) Die wählbaren Grundformen: Das Spektrum reicht von der Beschränkung auf menschliche Avatare über Humanoide (z.B. Fantasy-Charaktere, Science-Fiction-Charaktere) und Tiere bis hin zu völlig unbeschränkter Wahl der Grundform.

b) Gestaltungsparameter: Die meisten Avatartechnologien bieten eine Reihe von Gestaltungsparametern an, deren Anzahl allerdings erheblich variiert. Typische Gestaltungsparameter sind beispielsweise: Geschlechtszugehörigkeit, Körperform, Gesichtsform, Augenfarbe, Frisur, Haarfarbe, Kleidung, sowie (selten anzutreffen) Altersmerkmale. Vereinzelt sind Angebote zu finden, die lediglich eine Grundauswahl vorgefertiger Avatare ohne weitere Gestaltungsoption zur Verfügung stellen.

c) Freiheitsgrade der Gestaltung: Die Beeinflussung der Gestaltungsparameter kann in einem sehr einfachen Interface als diskrete Wahl zwischen wenigen

Alternativen realisiert sein (z.B. die Wahl aus 6-8 vorgegebenen Haarfarben); sie kann aber auch (quasi-) kontinuierlich über Schieberegler implementiert sein. Die meisten Freiheitsgrade bieten solche Technologien, welche die Erstellung eigener Hautoberflächen, Frisuren, Körperformen, Kleidungsstücke etc. ermöglichen.

Zur bildungstheoretischen Bedeutung der Präsentationsstruktur von Avataren

Auf der Ebene der Präsentationsstruktur erscheinen Avatare als visuelle Artefakte, die einen hohen Artikulationswert aufweisen können. Die Präsentationsstruktur ist eng mit Fragen der Identität und Alterität, der „Veranderung", dem Rollenspiel und der Maskerade, aber auch mit „mikropolitischen" Artikulationen von Lebensstilen und Selbstverhältnissen verbunden: Avatare in sozialen digitalen Umgebungen, so formuliert es Michel White, „produce a kind of ‚speaking'. They stand in for ideas about what bodies are, describe the physiognomy of the spectator, represent what spectators are seeking, and present a form of art that can only be read by some spectators" (White 2006, 123).

Wie bereits angeführt, weisen die verschiedenen Avatartechnologien sehr verschiedene Freiheitsgrade der Gestaltung, Grundformen und Gestaltungsparameter auf. Manche (wenige) Angebote erlauben lediglich die Auswahl eines vorgefertigten Avatars ohne weitere Veränderungsmöglichkeiten; was unter der Perspektive des ermöglichten visuellen Selbstausdrucks eher unergiebig erscheinen muss. In der Regel aber besteht ein größerer Freiraum. Insbesondere solche Anwendungen, die nur eine beschränkte Auswahl zulassen, können logischerweise nur recht selektive Vorgaben anbieten. Typisch für die zumeist kinder- und jugendorientierten isometrischen Welten (bekannteste Vertreter sind Habbo Hotel und Playdo) ist ein mehr oder weniger differenziertes Auswahlmenü an vorgefertigten Körperformen, Haarformen und -farben, Kleidungsstücken und Accessoires (Sonnenbrillen etc.).

Weitere Elemente können zumeist im Rahmen einer bezahlten Mitgliedschaft erworben werden. Es folgt aus der technologischen Struktur, dass solche Angebote eine Festlegung auf bestimmte Körper- und Darstellungsstile mit sich bringen, die allerdings durch ungewöhnliche Kombinationen unterlaufen werden können, etwa im Sinne einer „Ästhetik des Hässlichen". In der Regel jedoch werden diese Avatare eher konventionell verwendet, indem bestimmte jugend- und subkulturelle Zugehörigkeiten durch entsprechende Auswahl typisierender Haar- und Kleidungsformen angezeigt werden. Die Option des monetären Erwerbs von Avatar-Grundformen und Zubehör bringt zudem einen Distinktionsaspekt mit sich. Insgesamt ergibt sich der Eindruck, dass die artikulative Grundlogik solcher Avatartechnologien eher in der Inszenierung von Identitätszugehörigkeiten und jugendkulturellen Stilen liegt; sich also eher im Rahmen einer Identitätslogik und weniger dem einer Logik des reflexiven Wandels von Selbstverhältnissen liegt, was der psychosozialen Entwicklungsphase der Zielgruppe solcher 2.5D-Welten, in der es primär um die Ausprägung außerfamiliärer Peergroup-Zugehörigkeiten geht, ja auch entspricht.

Eine dritte Kategorie bilden solche Technologien, die eine weitestgehend freie Gestaltung von Avataren ermöglichen. Interessanter Weise bieten die Avatar-Chatanwendungen der 1990er Jahre (wie z.b. der *Virtual Places* Chat) zwar kaum Interaktionsmöglichkeiten, dafür aber eine fast völlige visuelle Gestaltungsfreiheit der Avatare – denn diese bestanden lediglich aus austauschbaren zweidimensionalen Grafiken, die von den Usern in das System hochgeladen werden konnten. Die komplexeste Avatar-Technologie stellt die zur Zeit bekannteste Virtuelle Welt, *Second Life*, zur Verfügung: Dort stehen Hunderte von Parametern bereit, anhand derer Körperformen, Augen, Hauttypen (inklusive Alterungserscheinungen), Farben etc. durch Schieberegler, also praktisch stufenlos, festgelegt werden können. Zudem können beliebige Körperformen in externen Programmen erstellt und in das System hochgeladen werden. Kleidungsstücke und Accessoires können „inworld" kopiert oder gekauft, aber auch selbst angefertigt oder modifiziert werden. Der Verkauf von Körperformen, Hautoberflächen und Kleidungsstücken macht einen bedeutenden Anteil der Ökonomie in *Second Life* aus.

Die grundlegende Technologie, aber auch die konkrete Implementation z. B. von vorgefertigten Teilen zur Auswahl hat einen großen Einfluss auf die Möglichkeiten der visuellen *Artikulation* im Sinne eines Ausdrucks kultureller, ethnischer, politischer, subkultureller, generationaler etc. Zugehörigkeiten. Während ethnische Zugehörigkeiten in allen gesichteten Angeboten zumindest andeutungsweise dargestellt werden können (anhand unterschiedlicher Hautfarben), bieten die wenigsten Technologien die Möglichkeit, Alterskennzeichen wie z. B. Falten zu applizieren oder den Avatar bewusst unattraktiv zu gestalten. Bereits an dieser Stelle treffen kulturelle oder subkulturelle auf mediale Formangebote. Man kann in *Second Life* leicht feststellen, dass sehr unterschiedliche Artikulationsniveaus bzw. Avatarkulturen existieren. Während eine nicht geringe Anzahl von Mitgliedern ihren Avatar (bzw. mehrere Avatare) „in-world" in einem der vielen Läden vorkonfektioniert kauft – Avatare „von der Stange" sozusagen – und diesen allenfalls mit einigen Accessoires (Schmuck etc.) ausstatten, betreiben andere Mitglieder einen wesentlich höheren Aufwand, um aus vorhandenen Elementen und Eigenkreationen individuelle, oft auch sehr außergewöhnliche Avatare zu erstellen. Der Avatar stellt in diesen Fällen nicht selten eine dezidiert diskursive visuelle Form des Selbstausdrucks (aber nicht notwendig der visuellen *Selbstrepräsentation*) dar, in der Körpernormen und -ideale, Genderaspekte, subkulturelle Inklusionen und Exklusionen performativ verhandelt werden.

Interaktionsstruktur

Die Interaktionsstruktur stellt den wohl komplexesten Strukturaspekt von Avataren dar. Während die Präsentationsstruktur sich grundsätzlich auch auf andere Gestaltungsobjekte übertragen ließe (z.B. auf die Gestaltung von Puppen oder Marionetten), kommt bei der Interaktionsstruktur die außerordentliche „Mächtigkeit" digitaler Objekte zur Geltung. Es handelt sich hierbei um Objekteigenschaften, die ausschließlich in digitalen Umgebungen existieren können – mithin hat man es also mit einer interaktiven visuellen Objektsorte zu tun, die kulturgeschichtlich neu und ohne Vorbild ist (vgl. Bausch/Jörissen 2005). Der grundlegende, in seinen Auswirkungen aber variierende Effekt dessen liegt darin, dass die Aktionen eines Benutzers („User") mit den interaktiven Algorithmen programmierter digitaler Objekte (z.B. Körperteile des Avatars) interagieren. Je nach Komplexität und Mächtigkeit des Avatar-Systems kann der Avatar eigenständige Anteile zu Interaktionen beitragen – er wird damit zu einem Aktanten, also einer eigenständigen, nicht-menschlichen Handlungsinstanz (vgl. Akrich/Latour 1992, 259). Das Ergebnis ist eine im Wortsinn „emergente" Interaktion, die sowohl den, technisch gesprochen, „User-Input" als auch die (an sich berechenbaren) algorithmischen Anteile in der konkreten Ausführung zu einem Amalgam verschmilzt. Körperhaltungen und -bewegungen in komplexen Virtuellen Welten wie Second Life bestehen überwiegend aus beiden Anteilen. Dazu kommt, je nach Technologie, die weitere Komplikation, dass eine automatische Interaktion mit anderen digitalen Objekten der Umwelt (seien es andere Avatare oder auch sonstige Dinge) implementiert sein kann. Der Punkt hierbei ist also, dass die resultierenden Aktionen von Avataren häufig weder von den Usern noch von den Algorithmen vollständig kontrolliert werden, so dass man von einem hybriden Akteur sprechen kann. Zu unterscheiden sind auf dieser Strukturebene mithin folgende Aspekte:

a) Handlungsinitiation und -kontrolle: Hierbei sind die existierenden Interaktionsoptionen im Einzelnen danach zu unterscheiden, ob sie vom User kontrolliert (also „manuell", etwa durch Tastaturbefehl ausgelöst werden), hybrid gesteuert (halbautomatisch oder indirekt induziert) oder aber algorithmeninduziert (vollautomatisch) umgesetzt werden.

b) Verbale Interaktionensoptionen: Überlicherweise (aber nicht in jedem einzelnen Fall: vgl. etwa die kleine Virtuelle Welt The Endless Forest[34]) stellt die verbale Kommunikation einen zentralen Aspekt von Digitalen Multiuser-Umgebungen dar. Diese ist entweder in Textform oder per Stimme („Voicechat") implementiert; im letzteren Fall häufig auch mit zusätzlicher Textchat-Option. Beim Textchat wie beim Voicechat ist zu unterscheiden, ob die Kommunikation „am" Avatar stattfindet (z.B. durch Comic-Sprechblasen über dem Kopf des

---

34 http://tale-of-tales.com/TheEndlessForest/ [18.6.2008].

Avatars bzw. durch akustische Lokalisierung der User-Stimme am Avatar in Form eines entfernungsabhängigen „Proximity-Voicechats"), oder ob sie von diesem getrennt und damit nicht „in-world", sondern auf der Ebene des Programminterfaces stattfindet (z.b. angebundene Chatfenster; externe Voicechat-Lösung wie z.b. Teamspeak). Dieser verbale Interaktionsaspekt ist insbesondere für die Präsenzstruktur (s.u.) von Bedeutung.

c) Nonverbale Interaktionsoptionen: Hierzu zählen implizite und explizite Gesten (Körperhaltungen, Posen, Augenbewegungen/Blicke, Mimik; Winken, Klatschen, Handgesten etc.), Bewegungsgesten (wie Gehen, Tanzen, Rennen, Schwimmen, Fliegen) sowie räumliche Bewegungsoptionen (durch Veränderung der Position des Avatars im Bildraum beispielsweise ermöglichte Annäherung an bzw. Entfernung von anderen Avataren, Teilnahme an informellen oder formellen „szenischen Arrangements" wie räumliche Gruppenbildung; gemeinsame „sportliche" Bewegungsweisen wie Autorennen, etc.). Ein zubeachtender Punkt hierbei ist, ob Avatare mit anderen Objekten und Avataren kollidieren können, oder ob von der Programmierung her keine Kollisionen vorgesehen sind.

Zur bildungstheoretischen Bedeutung der Interaktionsstruktur von Avataren
Die Interaktionsstruktur hängt, wie die Bezeichnung bereits andeutet, primär mit den symbolischen *Handlungsoptionen* in virtuellen Umgebungen zusammen. Thematisierbar werden auf dieser Ebene einerseits tentative Handlungsentwürfe (Als-ob-Handeln), aber auch Reflexionsleistungen, die sich aus dem Transfer alltäglicher Handlungsmuster und -normen in einen neuen Kontext (den der virtuellen Welten) ergeben. Zum anderen geht es um eine potentielle Rekonstitution des Handlungssubjekts auf der Basis hybrider technosozialer Handlungsstrukturen. Die Ebene der „Interaktionsstruktur" fokussiert damit auf eine besondere Eigenschaft vieler Avatar-Technologien, nämlich ihren sozial eigendynamischen, teilweise autarken Charakter. Es geht hierbei um die Frage, *wer* in einer avatar-basierten digitalen Umgebung Handlungen vollzieht, und auf welcher Ebene diese vollzogen werden, d. h. welche soziale Welt symbolisch durch die mit dem Avatar vollzogenen Handlungen referenziert wird. Für einige Arten von Handlungsvollzügen oder kommunikativen Akten lässt sich relativ klar zeigen, dass sie Handlungen des *Benutzers* (Users) des Avatars sind: Wenn z. B. in *Second Life* durch den Klick auf einen Gegenstand ein (real-ökonomischer) Kaufvorgang eingeleitet wird, ist der Avatar daran zwar gestisch beteiligt, aber man wird kaum behaupten können, der Avatar selbst „kaufe" etwas. Desgleichen würde man etwa bei beleidigenden Gesten, die ein Avatar gegenüber anderen vollzieht, kaum sagen können, dass ein Avatar einen anderen beleidige (wobei bereits unklar ist, ob in einem solchen Fall der handelnde Benutzer einen anderen Benutzer oder einen anderen Avatar mit seiner beleidigenden Geste adressiert). In vielen ande-

ren Fällen ist die Sachlage jedoch unklarer. Aktiviert man per Tastendruck eine Tanzbewegung, würde man schlecht sagen können, dass der User tanzt. Der Druck auf die Taste des Computerkeyboards ist analytisch, d. h. technisch, aber auch von den vollzogenen virtuellen Bewegungen des Avatars her klar zu trennen. Tanzt also der Avatar? (Oder genauer: vollzieht er im virtuellen Raum virtuelle Bewegungen, die strukturell vergleichbar mit Tanzbewegungen sind?) Und wenn der User per Knopfdruck die Tanzschritte passend zum Musikwechsel in der virtuellen Disco und passend zu den Bewegungen der anderen Avatare wechselt – wer tanzt dann?

Das Beispiel zeigt eindrücklich, warum wir Avatare der Orientierungsdimension des Grenzbezugs zuordnen: es lässt sich letztlich nicht mehr unterscheiden, welcher Part im Ensemble von User und Avatar die eigentliche Handlungsinstanz ausmacht. Die Interaktionsoptionen *am* Avatar – Blicke, Gesten, Mimik, Posen, Bewegungsgesten (Gehbewegung, Rennen, Schwimmbewegung etc.) und die damit verbundenen räumlichen (Fort-) Bewegungsmöglichkeiten verweisen auf die anthropologisch hochkomplexe Frage des Körpers, seiner Grenzen und seines Status als Objekt sozialer und kultureller Konstruktion.

Dass den Gesten und Bewegungsformen potentiell eine *artikulative* Bedeutung zukommt, zeigt sich bereits daran, dass die Gesten von Avataren kulturabhängig unterschiedlich gestaltet und interpretiert werden (Koda 2007). Da die nonverbale Kommunikation in allen Kulturen eine große Rolle spielt, kann diese Information zunächst nur bedingt verwundern. Avatar-Gesten stellen *kulturelle Aufführungen* dar, die gerade durch ihre „Verdopplung", also ihren Bezug auf kulturelle Herkunftsgesten, einen stark performativen Charakter annehmen. Dies gilt zumal für subkulturelle Gesten und Posen, mit denen Zugehörigkeiten und Abgrenzungen angezeigt werden. Hier liegt zudem ein besonderes mimetisches Potenzial, indem die jugendkulturell-„coolen" Posen und die oft sehr „gekonnten" Bewegungen der Avatare durchaus als nachahmenswert erscheinen können, so z. B. die erwähnten Tanzbewegungen in darauf spezialisierten virtuellen „Disco-Welten".[35] Wenn Avatartechnologien die Möglichkeit bieten, Gesten und Bewegungen selbst zu programmieren oder zu modifizieren – was allerdings eher die Ausnahme darstellt – können sie zu einem besonders elaborierten und differenzierten (sub-) kulturellen Artikulationsmedium werden. Auch in diesem Bereich stellt derzeit *Second Life* die technologisch avancierteste Plattform dar. Skripte für Gesten können programmiert und in beliebigen Formen – in der Regel als kleine Bälle – in der virtuellen Welt platziert werden (werden sie dort angeklickt, vollführt der eigene Avatar die entsprechende Geste). Die vorhandenen Standardgesten unterscheiden überwiegend zwischen weiblichen und männlichen Gesten (und zwar indem die Gestenbällchen rosa bzw. blau gefärbt sind); dieses technosoziale „Doing Gender" auf Basis der heterosexuellen Matrix wird adap-

---

35 Vgl. etwa http://www.vside.com [18.6.2008].

tiert, aber auch modifiziert und subvertiert, wenn etwa schwule Communities in *Second Life* sich eigene (hell- und dunkelblaue) Gestenbällchen programmieren. Gesten und Bewegungen von Avataren spielen also wie gesehen eine Schlüsselrolle für die Art der in digitalen Umgebungen kultivierten Sozialität. Avatare sind aufgrund ihrer soziotechnologischen Struktureigenschaften ein besonders komplexes Beispiel dessen, was in der *Actor-Network-Theorie (ANT)* „Aktant" genannt wird. Akrich/Latour verstehen darunter nichthumane Elemente sozialer Handlungsvollzüge und Handlungsketten. Ein Aktant ist „whatever acts or shifts actions; action itself being defined by a list of performances through trials; from these performances are deduced a set of competencies with which the actant is endowed [.]"; während ein Akteur („actor") ein „actant endowed with a character (usually anthropomorphic)" ist (Akrich/Latour 1992, 259). In dieser allgemeinen Definition werden auch „nicht-intelligente" Aktakten als Handlungsträger thematisierbar.[36] Die Avatare fungieren also nicht als passive Objekte; vielmehr spielen die Interaktionen der Avatare in digitalen Umgebungen aufgrund ihrer sozialen *Eigendynamik* eine zentrale Rolle für die sozialen Abläufe, mithin für die in einer digitalen Umgebung entstehende Sozialität überhaupt. Sie sind in dieser Eigenschaft gleichsam *teilautonom*: Bereits die User der technologisch eher schlichten Avatarchat-Community *Virtual Places Chat*[37] berichteten von ihrer Erfahrung, dass sie nicht wirklich das zukünftige Verhalten ihres (relativ statischen) Avatars vorhersagen oder kontrollieren könnten: „You are kidding yourself if you think you will be able to control or predict what will happen to your avatar. It is the ultimate learning experience", so ein VP-Chat- User (Taylor 2002, 56). Im Extremfall können Avatare so kontextsensitiv programmiert sein, dass sie den Charakter sozial eigenständig sensibler „Agenten" erhalten. Ein Beispiel dafür ist „Virtual Eve", eine für Lehrzwecke (*Distance Learning*) eingesetzte Avatar-Technologie, bei welcher der Lehrer-Avatar automatisch mimisch auf die von Kameras erfassten und in Echtzeit analysierten Gesichtsausdrücke der Schüler reagiert.[38] Im Kontext einer digitalen Umgebung ist es zudem zumindest prinzipiell denkbar – wenn

---

36 Aus der Perspektive der ANT steht der Avatar in einer „flachen" Verkettung von menschlichen und nichtmenschlichen Aktanten – Usern, Bildschirmen, Computermäusen, virtuellen Objekten, Grafikkarten, Internetverbindungen, Tastaturen, Programmen (Software) usw. –, die jeweils die Art der entstehenden Verbindungen formen. Auch im Sinne solcher flacher Akteur-Netzwerke würde der Avatar u.E. ein besonders komplexes soziales Objekt darstellen, insofern er am Kreuzungspunkt mehrerer Transmissionslinien liegt: einer technischen (etwa: Interfaceeingaben – Serverkommunikation – Digitale Umgebung/Virtuelle Welt), einer visuellen (Blick – Bildschirm – Bild), einer sozialen (User – Avatar – Avatar – User) und einer taktilen (Hand – Computermaus – Avatarbewegung/Gesten). Der Avatar ist also ein Objekt, an dem diese Handlungsketten im Sinne der ANT sich überschneiden und transformieren, indem sie aufeinander Einfluss ausüben.

37 http://www.vpchat.com/ [18.6.2008].

38 http://www.physorg.com/news114704050.html und http://de.youtube.com/watch?v=zG0REzjhSog [18.6.2008].

auch derzeit u.W. nicht implementiert –, dass Avatare *aufeinander* gestisch und mimisch reagieren, dass sie also eine Ebene selbstständiger Gestenkommunikation vollziehen und somit eine eigenständige soziale Dynamik erzeugen.

Präsenzstruktur

In der Avatar-Forschung ist der Aspekt der mit Avatartechnologien einhergehenden Präsenz- und Kopräsenzeffekte, also etwa der Eindruck, an einem Ort zu sein, und dort ggf. mit anderen Personen gemeinsam zu sein, von großer Bedeutung (vgl. Jensen 2001; Becker/Mark 2002; Petersen/Bente/Krämer 2002). Präsenz- und Kopräsenzeffekte ergeben sich weniger aus isolierten einzelnen soziotechnischen Eigenschaften; sie stellen vielmehr einen „emergenten" Gesamteffekt aller anderen Strukturebenen dar: Die Erfahrungen, die Benutzer in digitalen Umgebungen machen, berühren alle vorgenannten (analytischen) Strukturbereiche zugleich; sie lassen sich dabei nicht unbedingt auf einzelne Aspekte zurückführen. In der Beurteilung von Avatartechnologien muss dies entsprechend berücksichtigt werden. Bei der Präsenzstruktur von Avataren handelt es sich entsprechend um eine synthetische Strukturebene, die keine eigenen soziotechnischen Merkmale besitzt, sondern deren Merkmale sich aus Elementen der drei vorhergehenden Ebenen zusammensetzen. Es lassen sich dabei zwei Aspekte unterscheiden:

a) Präsenz: Hierbei geht es darum, in welchem Maße eine Avatartechnologie den Eindruck der „Präsenz", des „an-einem-Ort-Seins" mit sich bringt. Relevant sind dabei u.a. die visuelle Umsetzung (v.a. die Perspektivität), die Qualität und Dichte der Handlungsoptionen insgesamt sowie die Bandbreite und Art möglicher visueller Gestaltungsweisen der Avatare.

b) Kopräsenz: Das Maß, in dem sich in digitalen Umgebungen die Erfahrung einstellt, dass man sich mit anderen Personen gemeinsam an einem „Ort" befindet, hängt u.a. von der Qualität der nonverbalen Kommunikation, der Sichtbarkeit oder Verdecktheit der medialen Rahmung, aber auch dem ermöglichten persönlichen Eingebundenheitsgefühl (Involvement) und Engagement ab.

Zur bildungstheoretischen Bedeutung der Präsenzstruktur von Avataren

Die Präsenzstruktur zielt primär auf eine *Erfahrungsperspektive* ab. Thematisierbar werden hier zum Beispiel andere, „appräsente" Körpererfahrungen[39], Entgrenzungserfahrungen (Hybridität), Erfahrungen transformierter Präsenz (Raum und

---

39 Mit diesem an Edmund Husserl angelehnten Ausdruck bezeichnet der Medienphilosoph Mike Sandbothe „die für die Kommunikation im Internet charakteristische Form der Telepräsenz, das heißt eine Weise der virtuellen Anwesenheit, welche auf der Abwesenheit der realen körperlichen Präsenz beruht. Die appräsente Präsenz ist dadurch ausgezeichnet, daß die körperliche Präsenz aufgeschoben bleibt, das heißt im Modus der Appräsenz mitgegenwärtig, aber nicht im Sinne einer reinen Präsenz gegenwärtig ist" (Sandbothe 2001, 200).

Zeit), sowie Erfahrungen transformierter sozialer Präsenz im Umgang mit anderen „User/Avatar-Einheiten".

Aufgrund des Aktantencharakters von Avataren, aber auch bereits aufgrund der oben mit Lars Løvlie diskutierten phänomologischen Argumente, lässt sich das Verhältnis User – Avatar nicht nach einem Subjekt-Objekt-Schematismus, etwa nach dem Modell des Marionettenspielers, verstehen. Die durch Avatar-Interaktionen entstehende soziale Dynamik wirkt auf den Benutzer zurück. Dieses rückwirkende Verhältnis ist von Nick Yee in einem sozialpsychologischen Setting untersucht und als „Proteus-Effekt" diskutiert worden (Yee 2007). In einer Reihe von Experimenten bekamen Probanden einen Avatar zugewiesen, der unterschiedlichen Attraktivitätswerten (z. B. hinsichtlich der Körpergröße und der Gesichtsform) entsprach. In einem virtuellen Raum sahen die Probanden ihren eigenen Avatar kurz in einem (virtuellen) Wandspiegel. Eine weitere im virtuellen Raum anwesende TeilnehmerIn interagierte anschließend mit diesem Avatar bzw. Probanden, sah aber nicht denselben Avatar wie der Proband, sondern immer dieselbe (neutral-attraktive) virtuelle Person. Yee konnte im Ergebnis hochgradig signifikante Verhaltensänderungen der Probanden nachweisen: mit attraktiven Avataren ausgestattet, hielten sie eine erheblich geringere interpersonelle Distanz zu anderen Avataren, gaben erheblich mehr Informationen über sich preis und tendierten in Spielsettings dazu, ihre Gegener zu übervorteilen. Yee schlussfolgert: „The appearances of our avatars shape how we interact with others. As we choose our self-representations in virtual environments, our selfrepresentations shape our behaviors in turn. These changes happen not over hours or weeks, but within minutes" (ebd., passim).

Was Yee auf eine visuelle Selbstbeziehung zurückführt, weist für den Medienphilosophen Mark Hansen ein wesentlich tiefer gehendes körperliches Moment auf (Hansen 2006). Hansen sieht virtuelle Körperlichkeit grundsätzlich dadurch gekennzeichnet, dass sich in das Verhältnis von Körperschema und Körperbild, also von der taktil-motorischen Erfahrungsdimension des Körpers zu seiner visuellen propriozeptiven (also seiner Selbstwahrnehmung) ein technogenes drittes Element einschreibt. Virtuelle Körperlichkeit sei insofern nicht als informationelle oder digitale Abstraktion eines alltäglichen Körpers zu verstehen. Vielmehr sei von einem „body submitted to *and constituted by* an unavoidable and empowering technical deterritorialization" zu sprechen – einen solchen Körper, der *nur* durch die Verbindung mit Technik realisiert werden kann, nennt Hansen „body-in-code" (ebd., 20). Dieser Konstellation schreibt Hansen das Potenzial zu, das Körperschema, also die taktile Erfahrungsdimension vom Körperbild zu entkoppeln mit dem Ziel „to increase his agency as an embodied being" (ebd.). Die Vermittlung über einen visuellen Techno-Körper hätte nach Hansen unter bestimmten Bedingungen – Hansen entwickelt seine Argumentation anhand der interaktiven Kunstwerke von Monika Fleischmann und Wolfgang Strauss,[40] also an einem hochgradig avancierten und reflektierten künstlerisch-experimentellen Setting – also nachgerade das Potenzial einer *Neuentdeckung* des Körpers. Hansens phänomenologische Theoretisierung virtueller Körperlichkeit korrespondiert mit den Befunden der Avatar-Forschung insofern, als, wie Ralph Schroeder aufzeigt, das Gefühl der körperlichen Präsenz am virtuellen Ort, der „sense of being there", nicht von einer naturalistischen Grafik abhängig ist. (Schroeder 2002b). Vielmehr seien es die Interaktivität und Reaktivität der Avatare, sowie deren Fähigkeiten zur nonverbalen Kommunikation, die solches bewirkten.[41] In diesem Sinne berichtet Tom Boellstorf, der während einer über drei Jahre dauernden Teilnehmenden Beobachtung in *Second Life* zahlreiche Interviews geführt hat, von der Bedeutung der mit den *Second Life*-Avataren einhergehenden *agency*:

> „One resident noted how ‚experimenting with appearance or behavior in Second Life potentially opens up new ways to think of things in real life.' Another emphasized how ‚despite everything, who I am still seems to come out, so perhaps I discover my essential nature [through my avatar]'; a third observed that ‚my offline self is becoming more like my avatar, personality-wise. It's like SL [Second Life, B.J./W.M.] has grown on me and looped back.'"
> (Boellstorf 2008, 148)

„This theme of Second Life permitting access to an interior self that in the actual world is masked by an unchosen embodiment and social obligations was common", stellt Boellstorf fest (ebd.), und schlussfolgert aus seinen Beobachtungen: „Avatars were not just placeholders for selfhood, but sites of self-making in their own right [...]" (ebd., 149). Die hier erwähnten Untersuchungen aus unterschiedlichen disziplinären Blickwinkeln machen Folgendes deutlich: Je höher die Präsenz einer (wie auch immer realisierten) Avatar-Technologie im Sinne einer solchen *agency* ist, desto größer ist die Wahrscheinlichkeit, dass sie neue Selbsterfahrungsräume eröffnet. Der Präsenz korrespondiert – das sei hier nur am Rande erwähnt – in digitalen Multiuser-Umgebungen eine soziale *Kopräsenz*, also die Möglichkeit der Erfahrung eines „artikulierten Anderen" Erst dadurch werden letztlich die visuellen und gestischen Artikulationen in einem deliberativen digitalen Raum sozial wirksam.

---

40 Vgl. http://www.medienkunstnetz.de/kuenstler/fleischmann+strauss/biografie/ [18.6.2008].

41 Hierbei spielt auch die Frage der implementierten Kommunikationsmöglichkeiten eine große Rolle. Die Frage der Verwendung der echten Stimmen der Benutzer (über Headset bzw. Mikrofon) (im Gegensatz zum eingeblendeten Textchat) hat erheblichen Einfluss auf die Präsenz. Die Stimme bringt einen zusätzlichen, unmittelbaren Aspekt der Körperlichkeit mit sich, die den Avatarkörper zu einer Art personifiziertem Klangkörper werden lässt (vgl. Krämer 1998b). Der Avatar wird damit buchstäblich zur per-sona. Wie Barbara Becker und Gloria Mark anhand der Untersuchung dreier strukturdifferenter Avataranwendungen hervorheben, erzeugt insbesondere das Vorhandensein der Stimme am Avatar ein hohes Maß sozialer Präsenz und trägt somit verstärkt dazu bei, die technologische Kommunikationsplattform der Virtuellen Welt in einen Raum sozialer Verbindlichkeit, der eine eigene kulturelle Dynamik entfaltet, zu transformieren (vgl. Becker/Mark 2002, 30 und 35).

Zusammenfassung: Zur Bildungsrelevanz von Avataren
Die vorangegangenen Ausführungen sollten einen Einblick in die Komplexität und die aktuelle Relevanz der Avatar-Thematik geben. Jede einzelne Avatar-Technologie weist Eigenschaften auf, die von anderen verschieden sind. Die hier hervorgehobenen Strukturebenen zeigen *Potenziale* virtueller Körperlichkeit auf, die in medienanthropologischer und auch in bildungstheoretischer Perspektive relevant sind, und die angesichts der gegenwärtigen Trends zukünftig womöglich immer mehr im Blickpunkt des (besorgten oder engagierten) Interesses stehen könnten.

Wenn wir Avatare der Bildungsdimension *„Grenzbezug"* einordnen, dann dies daran begründet, dass sie die Grenze zwischen Subjekt und technologischer Struktur überschreiten: Auf der Basis der genannten Beobachtungen erscheint es angemessen zu sagen, dass die „Handlungsinstanz" in virtuellen Welten ein *Nutzer/Avatar-Hybrid*, also ein *hybrider Akteur* ist. Die Kopplung von User und Avatar zeigt sich letztlich auf allen Strukturebenen der Analyse: Erstens kommt es auf der Ebene der *Rahmungsstruktur* zu einer hybriden Situierung in der digitalen techno-sozialen Umgebung (also beispielsweise einer Virtuellen Welt). Zweitens kommt es auf der Ebene der *Präsentationsstruktur* zu einer Überlagerung eigener und medial vorstrukturierter Artikulationsoptionen. Drittens kann man auf der Ebene der *Interaktionsstruktur* eine Hybridisierung von (intendierten) User-Aktionen und teilautonomen Avatar-Aktionen feststellen. Viertens schließlich war auf der Ebene der *Präsenzstruktur* eine Hybridisierung der Erfahrung im dem Sinne zu beobachten, dass der User mit seinem Avatar eine enge identifikatorische Beziehung eingeht („Proteus-Effekt"), und dass darüber hinaus die Grenzen der eigenen Körperlichkeit in der visuo-motorischen Erfahrungsdimension aufgelöst werden.

5.5 Bildungsdimension Biographiebezug

Das Internet erweitert die klassischen Felder der Biographieforschung um neue Artikulationsräume, die der Selbst- und Weltverständigung dienen. Werfen wir zunächst einen Blick auf die klassische Biographieforschung, um zu sehen, wie die Erweiterung um neue Artikulationsfelder genau zu verstehen ist.

Wenngleich auch in der Tradition der Pädagogik die Thematik der Biographie u.a. auch als Autobiographie eine Tradition aufweisen kann – man denke etwa an Wilhelm Diltheys Überlegungen zur Biographie – so sind die eigentlichen Impulse zur Ausarbeitung eines Forschungsprogramms doch aus der Entwicklung des sogenannten Interpretativen oder Qualitativen Paradigmas (Hoffmann-Riem 1980) in den Sozialwissenschaften gekommen. Damit ist neben eine überwiegend quantitativ ausgerichtete Bildungs- und Lebenslaufforschung (Leschinsky 1988) eine an den Standards qualitativer Sozialforschung orientierte Biographieforschung getreten (vgl. Marotzki 1999). Die Grundlagen werden durch Annahmen ge-bildet, die in so verschiedenen Richtungen wie Wissenssoziologie, Symbolischer Interaktionismus, Ethnotheorie, Ethnomethodologie und Konversationsanalyse ausgearbeitet worden sind (vgl. dazu: Marotzki 1991). Eine zentrale methodo-logische Annahme besteht darin, gesellschaftliche Tatsachen über die Sinn- und Bedeutungszuschreibung der Handelnden zu erschließen. Das Wechselspiel des einzelnen Menschen mit der Gesellschaft wird als interpretativer Prozess gesehen, der sich im Medium signifikanter Symbole (sprachliche oder visuelle Artikulationen) abspielt. Der Mensch lernt die Welt und sich grundsätzlich in symbolischen interaktionsvermittelten und -gebundenen Deutungen kennen.

Bildungsprozesse können zum einen als biographische Prozesse der Bedeutungs- und Sinnherstellung rekonstruiert werden und zum anderen als biographische Prozesse der Erzeugung von Selbst- und Weltbildern. Wir werden im Folgenden beide Seiten der Medaille kurz ausführen.

5.5.1 Biographische Prozesse der Bedeutungs- und Sinnherstellung

Individuelle Sinn- und Bedeutungsherstellung
Wilhelm Dilthey (1852-1911) hat mit seiner Grundlegung der Geisteswissen-schaften ein Verständnis des menschlichen Lebenslaufs eröffnet, das in der bishe-rigen Rezeption in systematischer Weise kaum genutzt worden ist. Er opponiert gegen mechanistische, technokratische und reduktionistische Auffassungen vom Menschen und entwirft, ausgehend von der bekannt gewordenen Parole „Die Natur erklären wir, den Menschen verstehen wir", ein Verstehenskonzept, das es erlauben soll, den Menschen durch seine Manifestationen zu verstehen. Unter menschlichen Manifestationen versteht er sowohl künstlerische Produktionen als auch jegliche Art ordnenden Tuns und Verhaltens in gesellschaftlich-sozi-alen Kontexten. Für ein solches Verstehenskonzept sieht er den methodischen Ansatzpunkt in der inneren Erfahrung, in der uns die Realität gegeben ist. Verstehen ist für ihn eng an die Tradition der Hermeneutik gebunden, die sich mit der Auslegung von Texten und Kommunikationssituationen beschäftigt. Blankertz macht zu Recht darauf aufmerksam, dass für Dilthey – methodisch gesehen – menschliche Objektivationen und Manifestationen im weitesten Sinne zu einem Text werden (vgl. Blankertz 1982, 219), den es im Verstehensprozess auszulegen gelte.

Für Dilthey besteht die Aufgabe der Geisteswissenschaften darin, gesellschaftlich aufeinander bezogene individuelle Lebenseinheiten zu verstehen, d.h. „nachzu-erleben und denkend zu erfassen" (Dilthey 1924, 340). Solche Lebenseinheiten beschreibt er zunächst als Einzelpersonen und als deren Ausdrucksformen, Worte und Handlungen. Diese Einzelindividuen werden jedoch nicht als isolierte, ato-misierte Subjekte, sondern wie wir heute sagen würden: als sozialisatorisch vermit-

telte verstanden; das heißt, dass sie in sozialen Einheiten wie Familien, Gruppen, Gesellschaft, Menschheit eingebettet sind. Einerseits werden sie durch diese in einer bestimmten historischen Situation geprägt; andererseits prägen die Individuen diese in mehr oder minder großem Ausmaße.
Kein Begriff, so sagt Dilthey, erschöpfe den Gehalt dieser individuellen Einheiten;

> „vielmehr kann die Mannigfaltigkeit des anschaulich in ihnen Gegebenen nur erlebt, verstanden und beschrieben werden. Und auch ihre Verwebung im geschichtlichen Verlaufe ist ein Singuläres und für das Denken unausschöpfbar." (Dilthey 1924, 341)

Begriffliches Denken ist also, folgen wir dem Diltheyschen Gedanken, nur bedingt dazu in der Lage, Menschen in ihrem individuellen Gewordensein zu verstehen. Es ist ein notwendiges Element des Verstehensprozesses, aber noch kein hinreichendes. Die manifestierte Mannigfaltigkeit des Individuellen könne erlebt, im nichtbegrifflichen Sinne verstanden und beschrieben werden.
Sinn wird für Dilthey mit Hilfe des Mechanismus der Zusammenhangsbildung hervorgebracht. Die Kategorie des Zusammenhanges ist für ihn eine zentrale Kategorie des Lebens:

> „Der Lebensverlauf besteht aus Teilen, besteht aus Erlebnissen, die in einem inneren Zusammenhang miteinander stehen. Jedes einzelne Erlebnis ist auf ein Selbst bezogen, dessen Teil es ist; es ist durch die Struktur mit anderen Teilen zu einem Zusammenhang verbunden. In allem Geistigen finden wir Zusammenhang; so ist Zusammenhang eine Kategorie, die aus dem Leben entspringt. Wir fassen Zusammenhang auf vermöge der Einheit des Bewußtseins." (Dilthey 1927, 195)

Die Zusammenhangsbildung ist bei Dilthey also eine Leistung des Bewusstseins, das Beziehungen zwischen Teilen und einem Ganzen beständig herstellt und in neuen biographischen Situationen überprüft bzw. modifiziert. Damit erweist sich die Lebensgeschichte als ein vom Subjekt hervorgebrachtes Konstrukt, das als eine Einheit die Fülle von Erfahrungen und Ereignissen des gelebten Lebens zu einem Zusammenhang organisiert. Die Herstellung eines solchen Zusammenhanges der Erlebnisse und Erfahrungen erfolgt über Akte der Bedeutungszuschreibung. Bedeutung wird von der Gegenwart aus vergangenen Ereignissen verliehen. Die Erinnerungen, die jemand von seinem Leben noch aktualisieren kann, sind jene, die ihm bedeutungsvoll in einem Gesamtzusammenhang erscheinen, durch die er sein Leben strukturiert. Nur wo solche vom Subjekt gestifteten Sinnzusammenhänge vorhanden sind, ist auch Entwicklung möglich (vgl. Dilthey 1924, 218).
Zusammenfassend ist also zu sagen, dass der Begriff Biographisierung jene Form der bedeutungsordnenden, sinnherstellenden Leistung des Subjektes in der Besinnung auf das eigene gelebte Leben bezeichnet. Eine sinnstiftende Biographisierung gelingt nur dann, wenn es gelingt, in retrospektiver Einstellung Zusammenhänge herzustellen, die es erlauben, Ereignisse und Erlebnisse in sie einzuordnen und Beziehungen untereinander wie auch zur Gesamtheit herzu-

stellen. Auf diese Weise arbeiten wir ständig daran, unser Leben konsistent zu machen, Linien in das Material unserer Vergangenheit zu legen, die ordnen und Zusammenhänge stiften.

Menschliche Entwürfe tragen die Signatur des Individuellen und sind nicht verallgemeinerbar, genauso wie Sinnkonstitution prinzipiell eine individuelle ist. Individuelle biographische Verarbeitung ist in diesem Sinne individuelle Sinnarbeit:

> „Jedes Leben hat einen eigenen Sinn. Er liegt in einem Bedeutungszusammenhang, in welchem jede erinnerbare Gegenwart einen Eigenwert besitzt, doch zugleich im Zusammenhang der Erinnerung eine Beziehung zu einem Sinn des Ganzen hat. Dieser Sinn des individuellen Daseins ist ganz singulär, dem Erkennen unauflösbar, und er repräsentiert doch in seiner Art, wie eine Monade von Leibnitz, das geschichtliche Universum." (Dilthey 1927, 199)

Biographische Prozesse der Erzeugung von Selbst- und Weltbezügen

Mit dem Namen Alfred Schütz verbinden wir das Bemühen einer im wesentlichen an Edmund Husserl anschließenden Fundierung der Sozialwissenschaften durch eine Klärung der Sinnkonstitutionsprozesse in der Lebenswelt. In Schütz' Werk werden Fragen bearbeitet, die darauf zielen, zu klären, wie soziale Welt sinnhaft konstituiert wird und wie eine wissenschaftlich vertretbare Erschließung solcher Prozesse der Sinnsetzung möglich ist. Schütz hat seinen Fragehorizont in der Auseinandersetzung mit Georg Simmel und vor allem Max Weber ausgearbeitet. Die Frage, wie man den subjektiven Sinn fremden Verhaltens verstehen kann, bildet ein zentrales Motiv seines Denkens. Er geht davon aus, dass der Mensch verschiedene innere Haltungen gegenüber sich selbst und der Welt aufbauen kann. Es gibt eine Polymorphie solcher Zugänge. Diese sind aufeinander nicht reduzierbar. Der Mensch kann nicht aus einer einzelnen Form heraus verstanden werden (vgl. hierzu: Srubar 1988, 49), sondern nur aus einem Ensemble vielfältiger Formen des Zugangs zu sich und der Welt.

Seit 1928 beginnt Schütz mit den Vorarbeiten zu seiner Schrift „Der sinnhafte Aufbau der sozialen Welt", die im Jahre 1932 erscheint. In dieser Schrift setzt er Sinnkonstitution mit sozialem Handeln und dessen Sozialität in eine wesentliche Beziehung. In seiner amerikanischen Periode, also ab 1939, arbeitet er an einer Synthese von Handlungs- und Lebenswelttheorie, die er als pragmatische Lebenswelttheorie bezeichnet. Zu deren Kennzeichnung verwendet er den Begriff Kosmion, der die symbolische Selbstinterpretation einer Gesellschaft bezeichnet. Indem der Mensch die Welt sinnhaft auslegt, macht er sie zu seiner Lebenswelt, zum Kosmion. In einem solchen Kosmion gibt es verschiedene Wirklichkeitsbereiche. Die Annahme der Vielfältigkeit von Wirklichkeitsebenen hat Schütz in seiner Theorie der mannigfachen Sinnwelten (vgl. Schütz 1945) ausgearbeitet, in der versucht wird, der inter- und intrakulturellen Vielfalt menschlicher Wirklichkeiten Geltung zu verschaffen. Die Anerkennung der lebensweltlichen Fundierung menschlichen Handelns führt ihn zu der Auffassung einer Pluralität finiter Sinnbereiche, die den umfassenden Horizont dessen darstellen, was er als Lebenswelt bezeichnet (vgl. Meyer-Drawe 1989). Die Pluralisierung von Sinnbereichen entspricht einer Pluralisierung von Rationalitätsbereichen, denn für jeden Sinnbereich ist eine bestimmte Haltung gegenüber der Welt und sich selbst charakteristisch:

> „Zum Erkenntnisstil jedes einzelnen dieser verschiedenen Sinnbereiche gehört somit eine spezifische Bewußtseinsspannung und folglich auch eine spezifische Epoché, eine vorherrschende Form der Spontaneität, eine spezifische Form der Selbsterfahrung, eine spezifische Form der Sozialität und eine spezifische Zeitperspektive." (Schütz 1945, 267)

Es war William James, der in seinen *Principles of Psychology* darauf hinwies, dass solche Welten grundsätzlich subjektiv erzeugt werden. Schütz knüpft daran an, z.B. in seiner Arbeit *Don Quixote und das Problem der Realität*:

> „Die ganze Unterscheidung zwischen real und irreal, die ganze Psychologie des Glaubens, des Unglaubens und Zweifels ist, immer nach William James, auf zwei psychische Tatsachen gegründet: 1. daß wir denselben Gegenstand auf verschiedene Art und Weise denken können; und 2. daß, wenn wir dies getan haben, wir die Wahl haben, welcher Ansicht wir uns anschließen und welche wir vernachlässigen wollen. Der Ursprung und Quellpunkt aller Realität, gleichgültig, ob sie absolut oder praktisch ist, ist daher subjektiv, sind wir selbst. Dementsprechend existieren eine ganze Reihe, wahrscheinlich eine unendliche Anzahl von verschiedenen Realitätsbereichen, jede mit ihrem eigenen speziellen und besonderen Erkenntnisstil, welche James ,Subuniversa' nennt." (Schütz 1954, 102)

Die Palette möglicher Welten reicht von der Alltagswelt über die Welt der Wissenschaft bis zur Traum- und Phantasiewelt, die Wahnwelt der Psychose, die Welt des Rausches halluzinogener Drogen wie LSD; schließlich gehört auch – so würden wir heute hinzufügen – die „virtuelle" Realität des Internet dazu. Das Internet ist in dieser Perspektive eine eigene Welt und damit Teil der Wirklichkeit. Jede dieser Welten bildet nach Schütz einen eigenen Sinnhorizont und ist auf eigene Weise real. In jedem Wirklichkeitsbereich gibt es Sinnmuster, die untereinander aber nicht kompatibel sein müssen. Wir haben jedoch die Fähigkeit, zwischen ihnen zu wechseln. Vielleicht ist es gerade für Menschen konstitutiv, dass sie Weltenwanderer sind, dass sie sich in verschiedenen Welten aufhalten können, um dann in ihre Alltagswelt zurückkehren zu können. Denn das ist notwendig und stellt das sensible Kriterium für Gemeinschaftsfähigkeit dar: Die Welt des Alltags ist der unhintergehbare Bezugsrahmen für solche Wanderungen. Das Wandern in andere Welten ist eine Abkehr vom täglichen Leben im Vertrauen darauf, dass ich wiederkehren werde. Die anderen Welten stellen die Selbstverständlichkeiten der Alltagswelt in Frage, bedrohen diese direkt oder indirekt und wirken deshalb häufig angstauslösend. Gemeinschaften entwickeln deshalb Formen (Traditionen, Konventionen) für die Zulassung anderer Welten, für die In-Frage-Stellung des Alltags. Wenn sie erfolgreich ist, liegt häufig eine Krise vor, die in der Regel zu spezifischen Biographisierungsprozessen führt:

„Wenn sein Leben [das des Menschen – W.M./B.J.] bzw. das, was ihm als Sinn seines Lebens gilt, bedroht erscheint, muß er sich fragen, ob denn das, was gerade noch so dringlich und wichtig schien, was immer so dringlich und wichtig ist. Er unterzieht die bisher so selbstverständlich wirksamen Relevanzen einer ausdrücklichen Deutung in dem Licht, das die gegenwärtige Krise auf sein bisheriges und das in Frage gestellte zukünftige Leben wirft. Was das Ergebnis dieser Deutung ist, ist eine andere Sache: die Relevanzen können je nachdem für nichtig oder doch immer noch für richtig befunden werden. Das Ergebnis seiner Überlegungen kann der Mensch als ein Memento mori für seinen weiteren Lebenslauf festhalten oder – vor allem dann, wenn sich die Krise verflüchtigt – so schnell als möglich wieder vergessen." (Schütz/Luckmann 1984, 175)

Der Mensch beginnt dann Fragen an sich und die Welt zu stellen. Es kann zu einer Umstrukturierung subjektiver Relevanzen und damit zu einer Transformation des Welt- und Selbstverhaltens kommen. Menschen sehen sich und ihre Welt dann anders. Genau das ist es, was in der Biographieforschung interessiert: Können wir im Einzelfall solche Wandlungen verstehen; können wir Aussagen über Bedingungen und Folgen machen?

Obwohl also der Welt des Alltags eine pragmatische Auszeichnung zukommt, sind die anderen Welten nicht abgedrängt; sie stellen eine innere Bereicherung dar. Der Mensch verarmt, wenn er als Weltenwanderer sich nur in einer einzigen Welt einnistet. Denn Grenzüberschreitung bedeutet, dass das tägliche Leben seinen Realitätsakzent zugunsten eines anderen verliert: „Die natürliche Einstellung wird erschüttert, das pragmatische Motiv außer Kraft gesetzt, die Relevanzsysteme alltäglichen Handelns und alltäglicher Erfahrung weitgehend ausgeschaltet" (Schütz/Luckmann 1984, 169).

Auf der anderen Seite sieht sich der Mensch der Gefahr der Dissoziation ausgesetzt, wenn die Alltagswelt als archimedischer Punkt der Existenzorganisation außer Kraft gesetzt wird. Menschliches Leben ist aus dieser Sicht ein ständiger prozess der Erzeugung und Aufrechterhaltung von Welten. Wir sind Weltenwanderer, Grenzgänger, Fremde und Heimkehrer; Fragilität von Identität ist die Signatur unser Existenz. Wir haben gezeigt, dass Sinn- und Bedeutungserzeugung das kreative Zentrum des Menschen darstellt. Von dieser Schützschen Position lassen sich Bezüge zu moderner Biographieforschung herstellen: Es geht gerade darum, eine große Vielzahl von Formen des Zugangs des Menschen zu sich und zur äußeren gesellschaftlichen Realität kennenzulernen. Ein Wissen über eine breite Phänomenologie solcher Zugangsformen müßte eigentlich zum Grundbestand pädagogischen Denkens gehören. Es darf als eins der typischen Kennzeichen moderner Biographieforschung gelten, die Fragerichtung von dem Was und dem Warum auf das Wie gelenkt zu haben. Die Frage des Wie bezieht sich auf Formen; eigentlich könnte man sie von daher als eine morphologische oder strukturale Frage bezeichnen. Die Analyse von Biographisierungsprozessen dient der Absicht, solche Formen der Selbst- und Welthaltungen auszulegen. Resultat solcher Analysen sind häufig mikrologisch genau beschriebene Muster der Gestaltgebung, die eine Morphologie, teilweise möchte man sagen: eine Genealogie empirischer Bildungsfiguren darstellen. Biographieforschung in diesem Sinne beschäftigt sich mit dem Ausarbeiten von Bildungsfiguren. Sie betreibt das, was bei Walter Benjamin und bei Theodor W. Adorno *mikrologische Analyse* genannt wird. Wie der neue Artikulationsraum des Internet für solche individuellen Biographisierungsprozesse genutzt wird, soll im Folgenden an Beispielen der Erinnerungsarbeit gezeigt werden.

5.5.2 Erinnerungskulturen im Internet

Erinnerungskulturen gibt es viele. Das Totengedenken ist eine der ursprünglichsten und in den verschiedenen Gesellschaften am weitesten verbreitete Erinnerungskultur. Der Tote lebt in der Erinnerung der Nachwelt weiter. In diesem Sinne sagt Jean Paul Sartre in seinem Hauptwerk „Das Sein und das Nichts" (Sartre 1993, zuerst 1943), dass ein Mensch zweimal sterben könne: Einmal wenn er körperlich sterbe und zum anderen, wenn er aus der Erinnerung seiner sozialen Umgebung verschwinde, wenn er also vergessen werde, wenn die Erinnerung aus seinem sozialen Umfeld verschwindet. Im Folgenden fragen wir also, welche Erinnerungskulturen wir – am Beispiel des Totengedenkens – im Internet finden. In den letzten Jahren haben sich mit erstaunlich steigender Tendenz verschiedene Formen des Erinnerns etablieren können. Die Palette ist groß. Schauen wir uns einige Beispiele an.

1. Zunächst ist die Vielzahl *virtueller Tierfriedhöfe* auffallend. Nahezu für jede Haustierart, ob Katze, Hunde, Vögel, Reptilien, Kleintiere oder Großtiere (z.B. Pferde), gibt es solche virtuelle Gedenkstätten. So heißt es beispielsweise auf der Eingangsseite von *virtueller-tierfriedhof.de*: „Der virtuelle Friedhof bietet Ihnen die Gelegenheit Ihrem Liebling einen würdigen Abschied zu bereiten." Dort finden sich auch Gräber prominenter Tiere wie z.B. Daisy Moshammer (gest. 24.10.2006), Braunbär Bruno (gest. 26.06.2006) mit entsprechenden Kondolenzbüchern. Ein Grabbesuch beispielsweise bei dem Kater Felix (geb. am 10.3.1996, gest. am 7.10.2006) zeigt uns einen Rahmen, der von zwei schmaleren Rahmen flankiert wird. In dem linken schmalen Rahmen sehen wir untereinander drei Bilder von Felix, einem schwarzweißen Kater. Der mittlere große Rahmen zeigt uns zunächst, dass wir der 810. Besucher sind. Darunter sehen wir ein Grab mit Grabstein, Umrandung und Blumen; links daneben folgenden Text: „Lieber Felix, vor 10 Jahren hattest Du mich erwählt, Dein Herrschen zu sein. Du hattest Deinen eigenen Willen, aber dennoch wurdest Du für mich ein treuer und liebevoller Begleiter. Leider musste ich Dich nun von Deinen Leiden erlösen. Ich werde Dich nie vergessen und immer lieben. R.I.P." Im rechten schmalen Rahmen befindet sich das Kondolenzbuch mit vier Texteinträgen (Stichtag: 19.2.2007) und drei Blumen. Dieses ist sicherlich nicht der größte virtuelle Friedhof, aber er beinhaltet

immerhin Gedenkstätten für 188 Katzen, 158 Hunde, 15 Vögel, 4 Reptilien, 135 Kleintiere und 18 Großtiere. Da die Zahl virtueller Tierfriedhöfe steigt, so kann vermutet werden, ist auch das Bedürfnis, den eigenen Verlust öffentlich zu dokumentieren und dem Haustier ein virtuelles Weiterleben, ein Präsentsein in einer Gemeinschaft zu ermöglichen, gewachsen. Natürlich können auch andere Ursachen zu diesem Anwachsen geführt haben, aber wir vermuten, dass es das Bedürfnis ist, dem toten, geliebten Tier einen bleibenden Platz im öffentlichen Raum zu geben.

2. Neben den Gedenkseiten für Tiere gibt es die für verstorbenen Menschen. Zunächst ist eine nahezu unüberschaubare Zahl von memorial sites bekannter und berühmter Persönlichkeiten zu nennen. Allein die Gedenkseiten für Prinzessin Diana sind kaum zu überschauen. Im deutschsprachigen Raum ist es beispielsweise die Seite *prinzessin-diana.de*, die dem Besucher alle Informationen zu Dianas Leben bietet. Das internationale Kondolenzbuch beinhaltet 2665 Einträge. Die registrierten 2225 User haben die Möglichkeit, Filme und Fotos zu betrachten, im Forum sich auszutauschen, an regelmäßigen Diana Umfragen teilzunehmen, News als RSS-Feed zu abonnieren und sich in der Diana Bibliothek herumzutummeln. Ziel dieser Bibliothek ist es, sämtliche Medienberichte über Prinzessin Diana zu sammeln und von allen Besuchern bewerten zu lassen. Neben Büchern, Sonderheften, CD-ROMs gibt es auch Software rund um das Leben von Diana.

3. Interessanter und weniger spektakulär sind die *memorial sites*, die Privatpersonen ins Netz stellen, wenn sie einen Verlust erlitten haben. In der Regel sind dies persönliche Trauerseiten, wenn beispielsweise ein Kind, der Partner, Vater oder Mutter oder auch Freunde gestorben sind. Auch hier ist es nicht möglich, allein im deutschsprachigen Raum diese Seiten vollständig zu recherchieren. Es dürften Tausende sein. Das Gedenken erfolgt durch Texte, Photos, Bilder und kleine Videos. Auch hier finden wir in der Regel ein Kondolenzbuch, in das Bekannte und Freunde ihre Erinnerungen schreiben können. Die Seite *www.memory-of. com* vereinigt, um weitere Beispiele zu nennen, 41.000 Einträge (Toten-Profile) und 1.646.697 virtuelle Kerzen. Ähnlich sind *gonetoosoon.co.uk* mit über 4.200 Einträgen und *last-memories.com* mit über 1300 Einträgen strukturiert. Das Prinzip der Seiten ist gleich: Es gibt es die Möglichkeit, ein Profil für einen Verstorben anzulegen und anschließend u.a. virtuelle Kerzen für diesen anzuzünden, Erinnerungen in ein virtuelles Kondolenzbuch einzutragen und sogar Fotos, Audio- und Video-Dateien hochzuladen. Bei *gonetoosoon.co.uk* kann man sich sogar per SMS informieren lassen, wenn ein neuer Kondolenzbuch-Eintrag im Profil eines Verstorbenen gemacht wurde. Durch die Aktivitäten verschiedener Hinterbliebener kann sich so auch ein Besucher der jeweiligen Profil-Seite, der den Toten nicht kannte, ein annähernd lebendiges Bild des Verstorbenen machen.

4. Ein weiterer Typ von *memorial site* wird von Institutionen ins Netz gestellt, beispielsweise von Holocaust Organisationen (Shoa Foundation oder Yad Vashem). Die zentrale israelische Gedenkstätte Yad Vashem in Jerusalem stellt die eigenen Aktivitäten auf ihrer Homepage ausführlich vor, und auszugsweise ist das dort archivierte Material online verfügbar, so dass ein kleiner Teil der Erinnerungsarbeit virtuell geleistet werden kann, auch wenn dort keine förmliche, virtuelle Gedenkstätte errichtet wurde. Ein Bestandteil der virtuellen Gedenkstätte Yad Vashem[42] ist beispielsweise die „Halle der Namen", die die sogenannten „Seiten der Aussagen" (Pages of Testimony) beherbergt. Dabei handelt es sich um von Freunden oder Verwandten erstellte Erinnerungsseiten mit den Namen, Daten und persönlichen Informationen ermordeter Juden, deren Andenken so auf eine persönliche Weise bewahrt werden soll. Ein halbes Dutzend von ihnen ist stellvertretend für die vielen anderen Papierdokumente via Internet einzusehen. Sie sollen als symbolische Grabsteine dienen. In naher Zukunft sollen alle Dokumente ermordeter Juden online verfügbar gemacht werden. Schon jetzt sind Exponate aus den Fotoarchiven abrufbar. Mit ihnen wird nicht nur die Verfolgung dokumentiert, gleichzeitig wird die Biografie der dort abgebildeten Verfolgten dokumentiert und den Menschen gleichsam ein Gesicht gegeben. Der Versuch der Nazis, alles auszulöschen, auch die Erinnerung an die Menschen, nicht nur ihre physische Existenz, dieser Versuch wird nachträglich zumindest ein Stück weit revidiert. Die Rettung des einzelnen Schicksals vor der Logik der Macht kann also auch durch das Internet stattfinden.

Kirstin Foot und Barbara Warnick haben in ihrer Arbeit „Web-based Memorializing after September 11" (Foot/Warnick/Schneider 2005) die Memorialsites untersucht, die nach dem 11. September 2001 ins Netz gestellt worden sind. Nach den Angaben der Autorinnen sollen es tausende solcher Seiten sein. Es sind überwiegend persönliche Gedenken, die hier ins Netz gestellt wurden, um den Opfern Präsenz zu verleihen, um auch in diesem Fall den Toten einen Platz in der Gemeinschaft zu erhalten. Ähnliches gilt auch für die Inszenierung der Erinnerung an die Gefallenen und Vermissten des Vietnamkrieges durch den Vietnam Veterans Memorial Fund (VVMF). Ausgangspunkt ist eine reale Mauer in Washington D.C., in die 58.000 Namen von Toten oder Vermissten des Vietnamkrieges eingeschrieben sind. Am 10. November 1998 wurde die Virtual Wall im Rahmen einer feierlichen Zeremonie durch den damaligen U.S. Vize-Präsidenten Al Gore offiziell ins World Wide Web gestellt. Bei der Virtual Wall können sogenannte „remembrances" hinzugefügt werden. Eine *remembrance* ist eine Datei, die einen (oder allen) der Gefallenen bzw. Vermissten gewidmet ist. Es können sowohl Textnachrichten als auch Audio- oder Bilddateien hinterlegt werden. Im Mai 2003 waren 52.400 remembrances eingestellt, im November 2003:

---

42 http://www.yadvashem.org/ [18.6.2008].

88.536, im Januar 2004: 90.917 und im Januar 2006 156.797. Diese Daten zeigen, dass die Seite nicht als einmaliges Dokument, das als einmaliger Trauerakt zu bewerten ist, verstanden werden kann. Vielmehr wird hier Trauerarbeit über Jahre hinweg gleichsam kontinuierlich betrieben.

5. Schauen wir uns eine letzte Gruppe von memorial sites an. Allen genannten Seiten ist bisher gemeinsam, dass Toten – bezogen auf ihr Offline-Leben – eine virtuelle Gedenkstätte gegeben wird. Nun ist es bei den eingangs erwähnten Communities aber so, dass Menschen neben ihrer Offline-Existenz auch eine Online-Existenz leben. Die letzte Gruppe von memorial sites, die wir vorstellen möchten, bezieht sich auf diese Online-Existenzen. Die Seite MyDeathSpace[43] ist ein Ort für verstorbene Mitglieder von Myspace. Auf der Startseite heißt es:

> „Welcome to MyDeathSpace.com. Your global resource for MySpace.com member obituaries. MyDeathSpace.com is an archival site, containing news articles, online obituaries, and other publicly available information. We have given you the opportunity to pay your respects and tributes to the recently deceased MySpace.com members via our comment system. Please be respectful."

Auch hier finden wir eine ähnliche Logik. Es findet sich eine Seite für den Toten, die einen Link auf seine MySpace-Seite, also sozusagen auf seine Online-Existenz, enthält. Neben dem üblichen Kondolenzbuch finden wir umfangreiche Foren und Diskussionsmöglichkeiten.

Erinnerungsarbeit ist nach Ricoeur biographische Arbeit eines Verlustes. In diesem Sinne sagt er: „Die Trauerarbeit ist der Preis der Erinnerungsarbeit, und die Erinnerungsarbeit ist der Gewinn der Trauerarbeit" (Ricoeur 2004a, 106). Erinnern hat die Funktion, uns zu ermöglichen, eine Haltung zur Vergangenheit einzunehmen. Indem die Vergangenheit durch Erinnerung präsent gemacht wird, kann sie auf Distanz gebracht werden und damit wird sie der Reflexion zugänglich. Der Aufbau einer solchen Haltung bedeutet den Aufbau einer Orientierung. Maurice Halbwachs betont in seinem Hauptwerk „Das Gedächtnis und seine sozialen Bedingungen" (Halbwachs 1925) die sozialen Rahmen von Erinnerung. Seine Zentralthese ist, dass die Erinnerungen der Menschen sich an einem sozialen Zusammenhang orientieren; Gedächtnis wird also als ein soziales Phänomen interpretiert. Wenn etwas in der Gegenwart keinen sozialen Bezugsrahmen hat, wird es vergessen. Wie wir gesehen haben, ist die Tendenz der letzten 15 Jahre, einen solchen sozialen Bezugsrahmen vermehrt im Internet zu suchen; sicherlich nicht nur, aber immer mehr. Das ist ein weiterer Beleg für die generelle These, dass das Internet als Kulturraum betrachtet werden kann (vgl. Marotzki 2003b). Zwar ist es richtig, wie Angela Sumner in ihrer Arbeit „Kollektives Gedenken individualisiert" (Sumner 2004) betont, dass im Falle der Virtual Wall Gedenken höchst individualisiert ermöglicht wird, aber es ist nicht zu unterschätzen, dass durch die Remembrances gleichsam das Netz der sozialen Beziehungen aufgespannt wird

---

43 http://www.mydeathspace.com [18.6.2008].

und jeder Freund oder Bekannter den Verstorbenen aus seiner Perspektive wür-
digt. Auf diese Weise findet gleichsam eine (Wieder)Einbettung in ein soziales
Netz, in eine Gemeinschaft statt. Angehörige finden in virtuellen Gedenkstätten
Sichtweisen auf ihren Verstorbenen, die ihr Bild von ihm erhalten oder auch modifizieren können. Das Bewusstsein sozialer Zugehörigkeit beruht auf der Teilhabe
an einem gemeinsamen Wissen und einem gemeinsamen Gedächtnis. Beides wird
hier in bescheidenem Rahmen medial hergestellt.

5.5.3 Neue Biographisierungsformen im Internet

Wie bereits das letztgenannte Beispiel zeigt, transformieren sich Biographisierungsprozesse im Internet dahingehend, dass verschiedene individuelle Perspektiven
auf lebensgeschichtlich relevante Ereignisse an einem öffentlichen Ort zusammen-
getragen werden. Das vorangehende Kapitel hat hierfür verschiedene Beispiele
genannt, bei denen jeweils Ereignisse des kollektiven oder sozialen Gedächtnisses
im Zentrum standen. Unter umgekehrter Perspektive kann man solche Beispiele
versammeln, bei denen Biographien der User selbst im Zentrum stehen. Wir stellen hierzu drei Bereiche vor: Erstens das kollektive Erzählen biographierelevanter
Geschichten, zweitens die individuelle Biographisierung in privaten Weblogs und
durch die Praxis des sogenannten „Lifeloggings" bzw. „Microbloggings", drittens schließlich die neuen audiovisuellen Biographisierungsoptionen auf Video-
Sharingseiten.

Kollektive Geschichtserzählung
An der Schnittstelle zwischen kollektiver Erinnerungskultur und individueller Biographisierung stehen einige neue Webangebote, die zeitgeschichtliche
Ereignisse mit individuellen Erfahrungen in Verbindung bringen. Stellvertretend
für eine Reihe solcher Angebote[44] nennen wir die Seiten *miomi.com* und *zeitzeugen
geschichte.de.* Miomi bietet (wie die meisten Web 2.0-Angebote) die Möglichkeit,
ein individuelles Profil anzulegen. Das zentrale Interface-Element von Miomi ist
eine interaktiv skalierbare Zeitleiste, auf der von den Benutzern zeitgeschichtliche Ereignisse eingetragen werden können. Die Idee von Miomi (und anderen,
ähnlichen Angeboten) besteht nun darin, dass die User ihre eigenen, mit diesen
Ereignissen verbundenen Erfahrungen kommentieren. Auf diese Weise wird zu
den einzelnen, klassischer Weise massenmedial vermittelten Geschehnissen ein
ganzes Spektrum individueller Perspektiven sichtbar (die dann wiederum, ganz
im Sinne des Web 2.0-Gedankens, von anderen Mitgliedern kommentiert werden können). In multimedialer Hinsicht einen Schritt weiter geht das Portal *zeit
zeugengeschichte.de.* Hier können Nutzer Audio- und Videoclips von Zeitzeugen
des NS-Regimes selbst erstellen und hochladen. Vorhandene Clips können dann

---

44 Vgl. http://del.icio.us/joeriben/digitalstorytelling [18.6.2008].

von den Nutzern mit Untertiteln versehen und weitergeleitet werden. Auf diese Weise wird die eigene, aktive mediale Auseinandersetzung mit geschichtlichen Zusammenhängen ermöglicht und gefördert.

An solche medialen Erinnerungsarchitekturen lassen sich zwei Beobachtungen anschließen: Einerseits wird Zeitgeschichte vom politischen Abstraktum oder vom massenmedial produzierten und insofern „normierten" Ereignis zumindest ein Stück weit in den kollektiven – oder auch differenten – Erfahrungsraum der Individuen zurückgebracht. Die medialen Artikulationen beinhalten Perspektiven und Versionen sowie individuelle Einbettungen, die in ihrer Verschiedenheit voneinander einerseits deutlich machen, dass es keine „Generalperspektive" auf geschichtliche Ereignisse gibt, die aber andererseits auch das Gemeinsame und Verbindende, also identitätsstiftende solcher Ereignisse zum Ausdruck bringen kann. In dieser Richtung wird also Biographie zu einem Teil der „großen" Geschichte. Der Bildungswert liegt hierbei insbesondere darin, einen neuen, erweiterten Blick auf die vermeintliche Partikularität des eigenen gelebten Lebens im Raum kollektiv artikulierter Erfahrungen zu gewinnen. Die andere Seite der Medaille ist die Perspektive der narrativen Artikulation der individuellen Biographie (oder zumindest von Aspekten derselben). Seiten wie Miomi regen aufgrund ihres attraktiven Formats dazu an, überhaupt Verschriftlichungen eigener Lebensereignisse vorzunehmen. Durch die Annotationsmöglichkeit werden diese, ähnlich wie etwa in Weblogs, von vornherein einer Öffentlichkeit präsentiert. Da die auf dem Zeitstrahl verfügbaren „user-generierten" zeitgeschichtlichen Ereignisse gegenüber der freien autobiographischen Narration eine Vorstrukturierung darstellen, ist zudem eine alternative Form der Interpunktion der eigenen Lebensgeschichte impliziert. Es geht also letztlich auch darum, die eigene Biographie einmal anders, nämlich aus der Perspektive solcher Ereignisse zu betrachten, die für eine große Menge von Menschen relevant sind. Aus dieser Perspektive liegt das Bildungspotenzial eher in den erfahrbaren Differenzeffekten („Wie habe ich dieses Ereignis im Unterschied zu anderen, bzw. zu Angehörigen anderer gesellschaftlicher Gruppen, erfahren"), deren hohes Reflexivierungspotenzial auf der Hand liegt.

Private Weblogs, Microblogging/Lifelogging

In Kapitel 5.2.2 haben wir die *Blogosphere* als vernetzten Artikulationsraum unter der Perspektive des Wissensbezugs vorgestellt. In der Tat stellen wissensrelevante Inhalte aufgrund der hochgradig diskursiven technischen Struktur von Weblogs (Kommentierung, Gegenkommentierung) einen großen Teil der Gesamtstruktur der Blogosphere dar, deren Wissensflüsse sich von den vielgelesenen sogenannten „Alphablogs" zu kleineren Blogs bewegen und dort gegenseitig kommentiert und bewertet werden. Eine andere Seite der Blogosphere sind aber sicherlich private Weblogs, die weniger informations- und wissensorientiert sind, sondern vielmehr dem Interesse des Ausdrucks und der narrativen Verarbeitung von Erlebnissen und Gefühlslagen dienen – sei es mit oder auch ohne regelmäßige Leserschaft. In dieser Hinsicht mögen Zusammenschlüsse ähnlich gelagerter Weblogs erfolgen, so dass beispielsweise informelle Interessengemeinschaften von Betroffenen bestimmter Problemlagen (mit emotionalen Folgen) entstehen können; in anderen Fällen würden Weblogs unabhängig von diesem Gemeinschaftsaspekt als Ort der öffentlichen, jedoch anonymen Artikulation fungieren, die es den Subjekten ermöglichen, ihren Empfindungen und Problemen auf sichtbare Weise zu manifestieren. Das Weblog als Instrument der Biographisierung funktioniert in diesen Fällen allein durch seine „Kernstruktur" – vor allem die serielle, tagebuchähnliche Form in Verbindung mit dem Wissen, dass die eigenen Äußerungen gerade nicht in einer verschlossenen Raum, sondern für jeden sichtbar sind. Der individuelle Wert dessen liegt in der *potentiellen* Leserschaft, die im Sinne eines *imaginären Publikums* fungiert. Die mediale Struktur des Weblogs ermöglicht es, ein solches Publikum zu antizipieren, wodurch eine *äußere* Instanz gegeben ist, die in besonderer Weise, ähnlich wie vielleicht in einer (anonymen) Beichte, als Spiegel oder Reflexionspunkt dient.

Eine neue, derzeit (noch) nicht weit bekannte, jedoch in medienaffirmativen Szenen bereits recht etablierte Form des Bloggens ist das sogenannte „Microblogging" oder auch „Lifelogging". Anbieter wie *twitter.com, identi.ca* oder *pownce.com* bieten die Möglichkeit, sehr kurze Textbeiträge (je nach Anbieter auch mediale Beiträge) zu bloggen. Im Fall von *twitter* sind ausschließlich Textbeiträge von maximal 140 Zeichen möglich, die allerdings von anderen abonniert und in sehr flexibler Weise auf verschiedenen Medien und Endgeräten (z.B. auch als SMS) verbreitet werden. Es liegt auf der Hand, dass derartige Kommunikationstechnologien auf sehr verschiedene Weise genutzt werden können. Sehr häufig werden sie tatsächlich zu einer Art „Mikrobiographisierung" eingesetzt, bei der alltägliche Verrichtungen, Gedanken und Erlebnisse in komprimierter Form mitgeteilt werden. Es handelt sich in diesem Fall also um eher niedrigschwellige, dafür aber dauernd mitlaufende Formen von Artikulation. Um die Praxis des Microbloggens zu verstehen, muss man den Community-Aspekt gleichermaßen beachten: der Kern des „Twitterns" als sozialer Praxis liegt gerade nicht nur darin, selbst Beiträge zu verfassen, sondern wesentlich auch darin, andere Twitter-AutorInnen als Freunde zu markieren und damit ihre „Twitter-Streams" zu abonnieren. Diese tauchen dann auf den jeweiligen Endgeräten bzw. als eingeblendete Nachrichten am unteren Bildschirmrand in dem Augenblick auf, indem sie abgesendet werden. Es entsteht auf diese Weise im „Flow" der kurzen Beiträge letztlich ein Gesamtbild der Aktivitäten anderer, in das die eigenen Beiträge eingebettet sind.

Microblogging-Technologien eignen sich kaum zu narrativen Selbstentwürfen. Sie folgen vielmehr einer Logik des niederschwelligen Bewusstmachens und Artikulierens alltäglicher Abläufe und Handlungen. Ein reflexives Moment kommt dabei vor allem durch die verbreitete Praxis des Kommentierens und Gegenkommentierens ins Spiel; ein anderer interessanter Aspekt liegt in dem schnell Anwachsenden Protokoll über eigene alltägliche Aktivitäten. Als Ausdrucksform lässt sich das noch sehr neue Phänomen des Microbloggings zumindest grob einer Tendenz zuordnen, die man als *Veralltäglichung von Artikulation* bezeichnen könnte, und die gerade für viele Artikulationspraxen im Web 2.0 kennzeichnend ist (vgl. den derzeit diskutierten Begriff der „vernacular creativity", Burgess 2007).

Youtube

Diesem Phänomen „vernakulärer", also wenig reflexiver, beiläufiger Artikulation lassen sich auch viele Beiträge auf Video-Sharing-Plattformen wie *Youtube.com* zuordnen. Jedoch bietet das audiovisuelle Medium durchaus einen neuen Raum für elaborierte und reflexive Biographisierungsformen. Gemäß der medialen Struktur von Youtube, die im Kern darin besteht, das Medium Video in eine (im übrigen sehr komplexe) interaktive und partizipative mediale Struktur einzubetten, sind hierbei vor allem zwei Modi hervorzuheben: erstens solche Äußerungsformen, bei denen die spezifischen Möglichkeiten der digitalen Videotechnik kreativ genutzt werden; zweitens solche Äußerungsformen, die das Video eher als klassisches Aufzeichnungsmedium verwenden, jedoch die speziellen Eigenschaften der Plattform Youtube in Anspruch nehmen.

Ein Beispiel für den ersten Fall ist ein Video eines jungen Mannes. „NK5000", so der Mitgliedsname, hat 2356 im Zeitraum vom 11. Januar 2000 bis zum 31.7.2006 aufgenommene Selbstportraits – eines pro Tag – zu einem über fünfminütigen Film montiert, der derzeit knapp 900.000 mal aufgerufen worden ist.[45] Das Prinzip des Videos ist einfach: NK5000 ist jeweils von den Schultern an in der Bildmitte platziert, Augen und Gesicht der Kamera zugewandt, immer mit einem neutralen Gesichtsausdruck und mit sehr ähnlicher Kadrierung (so dass der Kopf immer etwa gleich groß erscheint). Das Video entfaltet seinen Reiz durch das stetige Spiel von Ähnlichkeit und Veränderung – ähnlich bleibt sich das Gesicht; die im Hintergrund zu sehenden Räumlichkeiten gleichen bleiben einige Sekunden gleich, verändern sich dann rapide, kehren wieder, einzelne Nachtaufnahmen stechen visuell für den Bruchteil einer Sekunde heraus, dann wieder sind in den bereits bekannten Räumlichkeiten Personen zu sehen, die im nächsten Augenblick wieder verschwinden. Ohne dass wir an dieser Stelle eine formale Analyse des Videos vornehmen, können wir festhalten, dass der visuelle Gesamteindruck von zwei Momenten dominiert wird: Einerseits fasziniert der sehr langsam ablaufende Prozess des Älterwerdens von NK5000. Was hier visuell erfassbar wird, ist ein Modell von Identität, das in der Identitätstheorie zuerst in Leibniz' Monadologie erwähnt ist: Identität erscheint nicht als monolithischer „Block", sondern be-

---

45 http://de.youtube.com/watch?v=6B26asyGKDo [18.6.2008].

steht jeweils im sozusagen mikrologischen Übergang von einem biographischen Augenblick zum nächsten (vgl. Jörissen 2000, 47ff.). Der zweite faszinierende Aspekt liegt in der unregelmäßigen Abfolge von Gleichheiten und Veränderungen des Hintergrundes. In der Geschwindigkeit des Wechsels tauchen Fragen auf: Wer sind die Personen, die aufblitzen und ebenso schnell wieder verschwinden? Aber auch die visuelle Einsicht in die Konstanz von (Wohn-) Verhältnissen inmitten des Wechsels wird im Zeitraffer erfahrbar. Der visuelle Biographisierungsversuch von NK5000 hat auf Youtube viele Nachahmer hervorgerufen, die sich auf ihre Weise der Idee einer visuellen Autobiographie annehmen.

Das zweite Beispiel besteht aus einer fortlaufenden Serie von Videobeiträgen, die ein unter dem Name „geriatric1927" sehr bekannt gewordener Rentner aus Großbritannien verfasst hat.[46] In seinen Beiträgen erzählt geriatric1927, mit wenigen Schnitten und schlichter visueller Inszenierung (typische Webcam-Ästhetik) Begebenheiten aus seinem Leben. Es ist wohl seiner community-internen Aktivität, der Kontinuität seiner Videobeiträge sowie der direkten, authentisch wirkenden Art – und nicht zuletzt auch dem für Youtube typischen Schneeballeffekt, dass beliebte Videobeiträge ab einem bestimmten Moment auf der Startseite präsentiert werden – zu verdanken, dass geriatric1927 eine solch große, weit über die englischen Nutzer hinausgehende Aufmerksamkeit erlangt hat. Dennoch steht er exemplarisch für eine mögliche Verwendungsweise von Videosharing-Seiten, die man als eine Form individuell initiierter „oral history" einordnen könnte.[47] Im Unterschied zu rein textbasierten Biographisierungsformen ist bei derartigen audiovisuellen Selbstpräsentationen zwar eine formale Anonymität möglich (durch Verwendung eines Pseudonyms); jedoch ist ein hohes *Involvement* dadurch gegeben, dass man auf visueller Ebene persönlich für seine Äußerungen steht – und auch einsteht, insofern man sich den Blicken und auch Kommentaren einer nicht im Voraus bekannten Zuschauerschaft aussetzt.

---

46 http://www.youtube.com/user/geriatric1927 [18.6.2008].
47 Vgl. zum Begriff der Oral History: Hoopes 1979. Das Buch ist auch online lesbar unter http://tinyurl.com/44reyq [18.6.2008].

6 Schluss

Die Frage, wie Menschen lernen und was Bildung bedeutet, ist jeweils in Abhängigkeit von der geistigen Situation der Zeit zu durchdenken. Die Signatur gegenwärtiger Gesellschaftsentwicklung ist ganz wesentlich durch die rasante Einführung neuer Informationsverarbeitungstechnologien geprägt. Nimmt man die Gebiete der Genforschung und der Forschungen zur Künstlichen Intelligenz sowie die durch sie öffentlich ausgelösten Diskussionen hinzu, dann stellt sich die Frage nach dem Ort des Menschen innerhalb des Gesamtgefüges gegenwärtiger soziotechnischer Systeme immer dringender. Wir werden genötigt, unser Verständnis vom Menschen neu zu durchdenken, um Auskunft darüber geben zu können, was Lernen und Bildung in hochkomplexen Gesellschaften bedeuten. Neuen Informationstechnologien kommt im Ensemble soziotechnischer Systeme eine besondere Rolle zu. Sie verändern nicht nur die Wahrnehmungsweisen des Menschen und dadurch auch ihn selbst. Es entspricht einer langen Tradition geisteswissenschaftlichen Denkens, davon auszugehen, dass Menschen im „Ausdruck" Sinnerfüllung finden und dass in der Kommunikation Anerkennung gesucht wird. Solche Artikulationen finden immer im Rahmen jener grundlegenden Koordinaten statt, die Lernen und Bildung konfigurieren. Verändern sich diese, finden wir auch veränderte Artikulationsbedingungen und veränderte Sozialisations- und Bildungsfiguren.

Das Hineinwachsen in die gegenwärtige Wissensgesellschaft, die Prozesse der Erziehung, des Lernens und der Bildung sind von Medien nicht mehr zu trennen. Moderne Medien sind nicht etwas, was als Ingredienz von Sozialisation anzusehen ist, sondern Sozialisation in der Moderne ist immer schon unhintergehbar mediale Sozialisation. Sozialisationsprozesse sind zutiefst verbunden mit und durchdrungen von medialen Strukturen. Es gibt kaum mehr medienfreie Räume. Heranwachsende wachsen in eine Welt hinein, in der Medien, egal in welcher Form, omnipräsent sind. Das Konzept der strukturalen Medienbildung trägt diesem Sachverhalt Rechnung, beklagt dieses aber nicht, sondern arbeitet die Chancen für die Menschen heraus.

Aus dem Sachverhalt der kontingenten und emergenten Erfahrungsstruktur in der Moderne folgt eine Reflexivitätssteigerung. Das ist in der modernisierungstheoretischen Diskussion immer wieder betont worden. Das mag man bedauern, weil dadurch Lernen wesentlich anspruchsvoller erfolgen muss, was heute schon dazu führt, dass immer mehr Menschen diesen erhöhten Anforderungen nicht nachkommen können, was wiederum zu gravierenden gesellschaftlichen Teilhabeproblemen führt. Es ist vielfach diskutiert worden, ob Medien und neue Informationstechnologien diese gesellschaftlichen Asymmetrien potenzieren.

Unabhängig davon, wie man sich in dieser Frage verhalten mag, ist klar, dass Medien und vor allem neue Informationstechnologien unser alltägliches Leben tiefgreifend verändert haben und wir den veränderten kulturellen und gesellschaftlichen Veränderungen nicht mit mehr oder weniger technizistischen Auffassung von Medien (Apparatelogik; Mensch-Maschine-Dualismus) begegnen können. Vielmehr führen die medial induzierten Veränderungen der Grundkoordinaten menschlicher Existenz, nämlich die Veränderungen von Raum und Zeit, zu veränderten Selbst- und Weltreferenzen des Menschen in der Moderne.

Das in diesem Band vorgelegte bildungstheoretisch inspirierte Konzept einer strukturalen Medienbildung hat im exemplarischen Durchgang durch die Medien des Films, der Bilder und des Internet gezeigt, wie verschiedene Reflexionsoptionen in mediale Architekturen eingeschrieben sind. Anhand der Dimensionen Wissen, Handlung, Grenzen und Biographie wurden Reflexionsdimensionen erarbeitet, die zum einen beanspruchen, Orientierungswissen in der Moderne zu strukturieren, so dass in Bildungsprozessen differenzierte Selbst- und Welthaltungen aufgebaut werden können. Zum anderen dienen sie dazu, sich im traditionellen medienpädagogischen Sinne handelnd und gestaltend zu medialen Sozialisations- und Lernumgebungen praktisch zu verhalten, indem beispielsweise die entwickelten Reflexionshorizonte für zielgruppenorienterte Medienarbeit mit Kindern, Jugendlichen, Erwachsenen und SeniorInnen verwendet werden. Neben der betrieblichen Weiterbildung haben sich in den letzten Jahren Professionalisierungsprozesse in verschiedenen akademisch basierten Berufen erwiesen, in denen das Phänomen der der grundsätzlichen Medialität der Gesellschaft eine zentrale Rolle spielt. Neue professionelle Aktivitätsbereiche bilden sich heraus, z.B. mediale Marktkommunikation. Analytische und gestalterische Aspekte sind dabei in projektförmiger Weise gefordert, um in Form multimedialer Kommunikationsarchitekturen den Herausforderungen moderner Gesellschaften gerecht zu werden. Allen genannten exemplarischen Bereichen gemeinsam ist die Notwendigkeit, die wachsende Unbestimmtheit und zunehmende Komplexität der Moderne mit den Mitteln gesteigerter medialer Reflexivität zu bearbeiten. Das ist der Kern des Medienbildungsgedankens, in dessen Zentrum der Mensch mit seinen medial konstituierten Selbst- und Weltverhältnissen steht.

7 Literatur

Abel, Günter (2005): Zeichen- und Interpretationsphilosophie der Bilder. In: Majetschak, Stefan (Hrsg.): *Bild-Zeichen. Perspektiven einer Wissenschaft vom Bild.* München, S. 13-29.

Akrich, Madeline/Latour, Bruno (1992): A Summary of a Convenient Vocabulary for the Semiotics of Human and Nonhuman Assemblies. In: Wiebe E./Law, John (Hrsg.): *Shaping Technology / Building Society: Studies in Sociotechnical Change.* Cambridge, Mass., S. 259-264.

Altwegg, Jürg (2006). Mahnmale für Armenier. Frankreich im Griff der Genozide. *Frankfurter Allgemeine Zeitung,* 25.04.2006, Nr. 96, S. 46.

Assmann, Aleida (1999): *Erinnerungsräume. Formen und Wandlungen des kulturellen Gedächtnisses.* München.

Assmann, Jan (1997): *Das kulturelle Gedächtnis. Schrift, Erinnerung und politische Identität in frühen Hochkulturen.* München.

Bätschmann, Oskar (2001): *Einführung in die kunstgeschichtliche Hermeneutik. Die Auslegung von Bildern.* Darmstadt.

Ballauf, Theodor (1989): *Pädagogik als Bildungslehre.* Weinheim.

Barck, Karlheinz (1997): Harold Adam Innis – Archäologe der Medienwissenschaft. In: Innis, Harold A. (1997): Kreuzwege der Kommunikation. Ausgewählte Texte hrsg. v. K. Barck. Wien/New York, S. 3-13.

Barthes, Roland (1964): Rhetorik des Bildes. In: Kemp, Wolfgang/Amelunxen, Hubertus von (Hrsg.): *Theorie der Fotografie III. 1945 – 1980.* München, S. 138-149.

Barthes, Roland (1989): *Die helle Kammer. Bemerkung zur Photographie.* Frankfurt/M..

Bateson, Gregory (1964): Die logischen Kategorien von Lernen und Kommunikation. In: Ders.: *Ökologie des Geistes. Anthropologische, psychologische, biologische und epistemoplogische Perspektiven.* Frankfurt/M. 1981, S. 362-399.

Baudrillard, Jean (1978): *Kool Killer oder Der Aufstand der Zeichen.* Berlin.

Baudrillard, Jean (1981): Der schönste Konsumgegenstand: Der Körper. In: Gehrke, Claudia (Hrsg.): *Ich habe einen Körper.* München, S. 93-128.

Bausch, Constanze/Jörissen, Benjamin (2004): Erspielte Rituale. Kampf und Gemeinschaftsbildung auf LAN-Partys. In: Wulf, Christoph e.a.: *Bildung im Ritual. Schule, Familie, Jugend, Medien.* Wiesbaden, S. 303-357.

Bausch, Constanze/Jörissen, Benjamin (2005): Das Spiel mit dem Bild. Zur Ikonologie von Action-Computerspielen. In: Wulf, Christoph/Zirfas, Jörg (Hrsg.): *Ikonologie des Performativen.* München, S. 345-364.

Becker, Barbara/Mark, Gloria (2002): Social Conventions in Computer-mediated Communication: A Comparison of Three Online Shared Virtual Environments. In: Schroeder, Ralph (Hrsg.): *The Social Life of Avatars. Presence and Interaction in Shared Virtual Environments.* London, S. 19-39.

Belting, Hans (2001): *Bild-Anthropologie. Entwürfe für eine Bildwissenschaft.* München.

Belting, Hans (2004): Eche Bilder und falsche Körper – Irrtümer über die Zukunft des Menschen. In: Maar, Christa/Burda, Hubert (Hrsg.): *Iconic turn. Die neue Macht der Bilder.* Köln, S. 350-364.

Bente, Gary/Krämer, Nicole C. (2002): Virtuelle Gesten: VR-Einsatz in der nonverbalen Kommunikationsforschung. In: Bente, Gary/Krämer, Nicole C./Petersen, Anita (Hrsg.): *Virtuelle Realitäten.* Göttingen, S. 81-107.

Berners-Lee, Tim (2000): *Weaving the Web.* New York.

Beyerle, Monika (1997): *Authentisierungsstrategien im Dokumentarfilm: Das amerikanische Direct Cinema der 60er Jahre.* Trier.

Blankertz, Herwig (1982): *Die Geschichte der Pädagogik.* Wetzlar

Boehm, Gottfried (1994b): Die Wiederkehr der Bilder. In: Boehm, Gottfried (Hrsg.): *Was ist ein Bild?* München, S. 11-38.

Boehm, Gottfried (Hrsg.) (1994a): *Was ist ein Bild?* München.

Böhme, Gernot (1999): *Theorie des Bildes.* München.

Böhme, Gernot (2002): Strukturen und Perspektiven der Wissensgesellschaft. In: *Zeitschrift für Kritische Theorie* 14 (2002), S. 57-65.

Boellstorff, Tom (2008): Coming of Age in Second Life. An Anthropologist Explores the Virtually Human. Princeton.

Bohnsack, Ralf (2003a): *Rekonstruktive Sozialforschung. Einführung in qualitative Methoden.* (5. Aufl). Opladen.

Bohnsack, Ralf (2003b): Qualitative Methoden der Bildinterpretation. In: *Zeitschrift für Erziehungswissenschaft* 2 (2003), S. 239-256.

Bohnsack, Ralf/Nohl, Arnd-Michael (2001): Jugendkulturen und Aktionismus. Eine rekonstruktive empirische Analyse am Beispiel des Breakdance. In: Merkens, Hans/Zinnecker, Jürgen (Hrsg.): *Jahrbuch Jugendforschung, Ausgabe 1/2001.* Opladen, S. 17-38.

Bordwell, David (1985): *Narration in the fiction film.* London.

Bordwell, David/Thompson, Kristin (2008): *Film art. An introduction.* (8., internat. ed.). Boston.

Burgess, Jean (2007): *Vernacular Creativity and New Media.* World Wide Web: http://eprints.qut.edu.au/archive/00010076/01/Burgess_PhD_FINAL.pdf [October 21, 2007].

Butler, Judith (1991): *Das Unbehagen der Geschlechter.* Frankfurt/M.

Cartmell, Deborah/Hunter, I. Q./Kaye, Heidi/Whelehan, Imelda (Hrsg.) (1999): *Alien Identities: Exploring Differences in Film and Fiction.* London

Clynes, Manfred E./Kline, Nathan S. (1960): Cyborgs and Space. In: Gray, Ch. H. (Hrsg.): *The Cyborg Handbook.* New York/London 1995, S. 29-42.

de Haan, Gerhard/Poltermann, Andreas (2002): *Funktion und Aufgaben von Bildung und Erziehung in der Wissensgesellschaft.* World Wide Web: http://www.wissensgesellschaft.org/themen/bildung/bildungwissen.pdf [3.2.2008].

Dery, Mark (1996): *Escape velocity. cyberculture at the end of the century.* London.

Deutscher Bundestag (2002): *Schlussbericht der Enquete-Kommission Globalisierung der Weltwirtschaft – Herausforderungen und Antworten.*

Dilthey, Wilhelm (1907): Das Wesen der Philosophie. In: *Gesammelte Schriften Band V.* (7. Aufl.). Stuttgart/Göttingen 1982, S. 339-416.

Dilthey, Wilhelm (1924): *Die geistige Welt. Einleitung in die Philosophie des Lebens. Erste Hälfte: Abhandlungen zur Grundlegung der Geisteswissenschaften. Gesammelte Schriften Band V.* (7. Aufl.). Stuttgart/Göttingen 1982.

Dilthey, Wilhelm (1924): *Der Aufbau der geschichtlichen Welt in den Geisteswissenschaften. Gesammelte Schriften Band VII.* (5. Aufl.). Stuttgart/Göttingen 1968.

Döring, Nicola (1999): Romantische Beziehungen im Netz. In: Thimm, Caja (Hrsg.): *Soziales im Netz. Sprache, soziale Beziehungen und Identität im Internet.* Opladen, S. 39-70.

Döring, Nicola (2003): *Sozialpsychologie des Internet. Die Bedeutung des Internet für Kommunikationsprozesse, Identitäten, soziale Beziehungen und Gruppen.* (2., vollständig überarbeitete Auflage). Göttingen.

Dohmen, Günther (1964): *Bildung und Schule. Die Entstehung des deutschen Bildungsbegriffs und die Entwicklung seines Verhältnisses zur Schule. Bd. 1.* Weinheim.

Elmer-Dewitt, Phillip (1993). Cyberpunk. Time 141, 6 (8.4.1991), S. 58-65.

Erlich, Victor (1955): Russischer Formalismus. Frankfurt/M. 1987

Evans, Frederick H. (1900): Apologie der reinen Fotografie. In: Kemp, Wolfgang/Amelunxen, Hubertus von (Hrsg.): *Theorie der Fotografie Band I.* München 1999, S. 230-234.

Ewing, William A. (Hrsg.) (1994): *Faszination Körper. Meisterfotografien der menschlichen Gestalt.* Leipzig.

Ewing, William A. (Hrsg.) (2000): *Das Jahrhundert des Körpers. Figürliches Fotografieren.* Berlin.

Fischer, Hans Rudi (Hrsg.) (2000): *Wirklichkeit und Welterzeugung. In memoriam Nelson Goodman.* Heidelberg.

Foot, Kirsten/Warnick, Barbara/Schneider, Steven M. (2005): Web-Based Memorializing After September 11: Toward a Conceptual Framework. In: *Journal of Computer-Mediated Communication* 11 (2005) 1, article 4. World Wide Web: http://jcmc.indiana.edu/vol11/issue1/foot.html [18.6.2008].

Freud, Sigmund (1914): Erinnern, Wiederholen und Durcharbeiten. In: *Studienausgabe, Ergänzungsband (Schriften zur Behandlungstechnik).* Frankfurt/M. 1975, S. 205-215.

Freud, Sigmund (1917): Trauer und Melancholie. In: *Studienausgabe Bd. III (Psychologie des Unbewußten).* Frankfurt/M. 1969, S. 193-212.

Freyermuth, Gundolf S. (1996): *Cyberland. eine Führung durch den High-Tech-Underground.* Berlin.

Fromme, Johannes (2006): Socialisation in the Age of New Media. In: *MedienPädagogik* 11 (2006). World Wide Web-Version: http://www.medienpaed.com/05-1/fromme05-1.pdf [July 16, 2007].

Fromme, Johannes (2008): Virtuelle Welten und Cyberspace. In: Gross, Friederike von/Marotzki, Winfried/Sander, Uwe (Hrsg.): *Internet – Bildung – Gemeinschaft.* Wiesbaden, S. 169-201.

Fromme, Johannes/Jörissen, Benjamin/Unger, Alexander (2008): (Self-) Educational effects of computer gaming cultures. In: Ferdig, Rick (Hrsg.): *Handbook of Research on Effective Electronic Gaming in Education.* Hershey.

Fryer Davidov, Judith (1998): *Women's Camera Work: Self/body/other in American Visual Culture.* Durham.

Gaffer, Yvonne (2000): *Aktionismus in der Adoleszenz. Theoretische und empirische Analysen am Beispiel von Breakdance-Gruppen.* Berlin.

Gauntlett, David (2004): Web Studies: What's New. In: Gauntlett, David/Horsley, Ross (Hrsg.): *Web studies. 2nd Edition.* London, S. 3-23.

Giddens, Anthony (1996): *Konsequenzen der Moderne.* Frankfurt/M.

Goffman, Erving (1996): *Rahmen-Analyse. Ein Versuch über die Organisation von Alltagserfahrungen.* (4. Aufl). Frankfurt/M.

Goldin, Nan (1989): *The ballad of sexual dependency.* New York.

Goodman, Nelson (1990): *Weisen der Welterzeugung.* Frankfurt/M.

Hahn, Alois (2000): *Konstruktionen des Selbst, der Welt und der Geschichte.* Frankfurt/M.

Halbwachs, Maurice (1925): *Das Gedächtnis und seine sozialen Bedingungen.* Frankfurt/M. 1985.

Halbwachs, Maurice (1938): *Das kollektive Gedächtnis.* Frankfurt/M. 1991.

Hall, Stuart (2000): *Cultural studies. Ein politisches Theorieprojekt.* Hamburg.

Hamman, Robin B. (2003): Computernetze als verbindendes Element von Gemeinschaftsnetzen. Studie über die Wirkungen der Nutzung von Computernetzen auf bestehende soziale Gemeinschaften. In: Thiedeke, Udo (Hrsg.): *Virtuelle Gruppen. Charakteristika und Problemdimensionen.* Opladen, S. 213-235.

Hansen, Mark B. N. (2006): *Bodies in code. Interfaces with digital media.* New York.

Hansmann, Otto/Marotzki, Winfried (Hrsg.) (1989): *Diskurs Bildungstheorie II: Problemgeschichtliche Orientierungen. Rekonstruktion der Bildungstheorie unter Bedingungen der gegenwärtigen Gesellschaft.* Weinheim.

Haraway, Donna (1985): Ein Manifest für Cyborgs. Feminismus im Streit mit den Technowissenschaften. In: Dies.: *Die Neuerfindung der Natur. Primaten, Cyborgs und Frauen.* Frankfurt/M./New York 1995, S. 33-72.

Haraway, Donna (1995): *Die Neuerfindung der Natur. Primaten, Cyborgs und Frauen.* Frankfurt/M./ New York.

Hattendorf, Manfred (1999): *Dokumentarfilm und Authentizität: Ästhetik und Pragmatik einer Gattung.* Konstanz.

Hegel, Georg Wilhelm Friedrich (1833): *Wissenschaft der Logik.* Berlin.

Heintz, Bettina (2003): Gemeinschaft ohne Nähe? Virtuelle Gruppen und reale Netze. In: Thiedeke, Udo (Hrsg.): *Virtuelle Gruppen. Charakteristika und Problemdimensionen.* Opladen, S. 180-210.

Heiting, Manfred (Hrsg.) (2001): *Imogen Cunningham, 1883-1976.* Köln/New York.

Heitmeyer, Wilhelm (1997): *Was treibt die Gesellschaft auseinander? Bundesrepublik Deutschland: Auf dem Weg von der Konsens- zur Konfliktgesellschaft.* Frankfurt/M.

Henning, Michelle (2003): The subject as object: photography and the human body. In: Wells, Liz (Hrsg.): *Photography – A critical introduction.* London/New York, S. 159-192.

Hentig, Hartmut von (1984): *Das allmähliche Verschwinden der Wirklichkeit. Ein Pädagoge ermutigt zum Nachdenken über die neuen Medien.* München.

Hentig, Hartmut von (2002): *Der technischen Zivilisation gewachsen bleiben. Nachdenken über die Neuen Medien und das gar nicht mehr allmähliche Verschwinden der Wirklichkeit.* Weinheim.

Herring, Susan e.a. (2005): *Conversations in the Blogosphere: An Analysis ,From the Bottom Up'. (Proceedings of the 38th Hawaii International Conference on System Sciences).* World Wide Web: www.blogninja.com/hicss05.blogconv.pdf [June 12, 2006].

Heydorn, Heinz-Joachim (1980): *Bildungstheoretische Schriften. 3 Bde.* Frankfurt/M.

Hoffmann-Riem, Christa (1980): Die Sozialforschung einer interpretativen Soziologie - der Datengewinn. In: *Kölner Zeitschrift für Soziologie und Sozialpsychologie,* 32. Jg. (1980). S. 339-372.

Höhne, Thomas (2003): *Pädagogik der Wissensgesellschaft.* Bielefeld.

Holland, Patricia (2003): „Sweet is it to scan": personal photographs in popular photography. In: Wells, Liz (Hrsg.): *Photography – A critical introduction.* London/New York, S. 113-158.

Holzer, Boris (2005): Vom globalen Dorf zur kleinen Welt: Netzwerke und Konnektivität in der Weltgesellschaft. In: Heintz, Bettina/Münch, Richard/Tyrell, Hartmann (Hrsg.): *Weltgesellschaft. Sonderheft der Zeitschrift für Soziologie.* Bielefeld, S. 314-329.

Homfeldt, Hans Günther/Schulze-Krüdener, Jörgen (Hrsg.) (2000): *Wissen und Nichtwissen. Herausforderungen für Soziale Arbeit in der Wissensgesellschaft.* Weinheim/München.

Hoopes, James (1979): *Oral history. An introduction for students.* Chapel Hill.

Hugger, Kai-Uwe (2005): Transnationale soziale Räume von deutsch-türkischen Jugendlichen im Internet. In: *MedienPädagogik* 11.10.2005 (2005). World Wide Web-Version: http://www.medienpaed.com/05-2/hugger1.pdf [16.6.2008].

Humboldt, Wilhelm von (1792): Ideen zu einem Versuch, die Grenzen der Wirksamkeit des Staates zu bestimmen. In: Ders.: *Werke in fünf Bänden. Bd. 1.* (3.Aufl.). Darmstadt 1980, S. 56-233.

Humboldt, Wilhelm von (1820): Über das vergleichende Sprachstudium in Beziehung auf die verschiedenen Epochen der Sprachentwicklung. In: Ders.: *Werke in fünf Bänden. Bd. 3.* (3. Aufl.). Darmstadt 1980, S. 1-25.

Humboldt, Wilhelm von (1827-1829): Über die Verschiedenheiten des menschlichen Sprachbaus. In: Ders.: *Werke in fünf Bänden. Bd. 3.* (3. Aufl.). Darmstadt 1980, S. 144-367.

Husserl, Edmund (1939): *Erfahrung und Urteil. Untersuchungen zur Genealogie der Logik.* Hamburg 1972.

Husserl, Edmund (1950): *Cartesianische Meditationen.* Hamburg 1992.

Husserl, Edmund (1954): *Die Krisis der europäischen Wissenschaften und die transzendentale Phänomenologie. eine Einleitung in die phänomenologische Philosophie.* Den Haag.

Innis, Harold Adam (1949): Tendenzen der Kommunikation (The Bias of Communication. In: ders., *Kreuzwege der Kommunikation. Ausgewählte Texte hrsg. v. K. Barck.* Wien/New York, S. 95-119.

Innis, Harold Adam (1997): *Kreuzwege der Kommunikation. Ausgewählte Texte hrsg. v. K. Barck.* Wien/New York.

Iske, Stefan/Klein, Alexandra/Kutscher, Nadia (2005): Differences in Internet Usage: Social Inequality and Informal Education. In: *Social Work & Society* 3 (2005) 2, S. 215-223. World Wide Web-Version: http://www.socwork.de/IskeKleinKutscher2005.pdf.

Janssen, Ludwig (1998): *Auf der virtuellen Couch. Selbsthilfe, Beratung und Therapie im Internet.* Bonn.

Jenkins, Henry (2006): *Media Literacy – Who Needs It?* World Wide Web: http://www.projectnml.org/yoyogi [16.6.2008].

Jensen, Jens F. (2001): Virtual Inhabited 3D Worlds: Interactivity and Interaction Between Avatars, Autonomous Agents and Users. In: Qvortrup, Lars (Hrsg.): *Virtual Interaction: Interaction in Virtual Inhabited 3D Worlds.* London, S. 23-47.

Jörissen, Benjamin (2000): *Identität und Selbst. Systematische, begriffsgeschichtliche und kritische Aspekte.* Berlin. Online-Version: http://tinyurl.com/4u6y6t [18.6.2008]

Jörissen, Benjamin (2007a): Informelle Lernkulturen in Online-Communities. Mediale Rahmungen und rituelle Gestaltungsweisen. In: Wulf, Christoph e.a.: *Lernkulturen im Umbruch. Rituelle Praktiken in Schule, Medien, Familie und Jugend.* Wiesbaden, S. 184-219.

Jörissen, Benjamin (2007b): *Beobachtungen der Realität. Die Frage nach der Wirklichkeit im Zeitalter der Neuen Medien.* Bielefeld.

Jörissen, Benjamin/Marotzki, Winfried (2008): Online-Communities und Social Networking. Neue Entwicklungsrichtungen im Rahmen des Web 2.0. In: Meyer, Thorsten e.a. (Hrsg.): *Bildung im Neuen Medium. Wissensformation und digitale Infrastruktur.* Münster/New York, S. 150-165.

Jung, Matthias (2005): „Making us explicit": Artikulation als Organisationsprinzip von Erfahrung. In: Schlette, Magnus/Jung, Matthias (Hrsg.): *Anthropologie der Artikulation. Begriffliche Grundlagen und transdisziplinäre Perspektiven.* Würzburg, S. 103-142.

Kallmeyer, Werner/Schütze, Fritz (1977): Zur Konstitution von Kommunikationsschemata der Sachverhaltsdarstellung. In: Wegner, Dirk (Hrsg.): *Gesprächsanalysen.* Hamburg, S. 159-274.

Kämmerer, Jörn Axel (2006): Was geschah in Armenien? Aufklärung und Völkermord: Ihr Nationalismus versperrt der Türkei den Weg nach Europa. In: *Frankfurter Allgemeine Zeitung,* 24.04.2006, Nr. 95, S. 42.

Kamper, Dietmar (2000): Nachwort. Die Schnittstelle von Bild und Körper. In: Belting, Hans/Kamper, Dietmar (Hrsg.): *Der zweite Blick – Bildgeschichte und Bildreflexion.* München, S. 281-287.

Kant, Immanuel (1800): Logik. Ein Handbuch zu Vorlesungen. Hrsg. v. G.B. Jäsche. In: ders., *Schriften zur Metaphysik und Logik 2. Werkausgabe Bd. VI. Hrsg. v. W. Weischedel.* Frankfurt/M.: Suhrkamp (1977).

Kempter, Klaus/Meusenberger, Peter (Hrsg.) (2005): *Bildung und Wissensgesellschaft.* Wien/New York.

Kinsella, Sharon (1995): Cuties in Japan. In: Skov, Lise/Moeran, Brian (Hrsg.): *Women, media and consumption in Japan.* Richmond, S. 220-254.

Klafki, Wolfgang (1975): *Studien zur Bildungstheorie und Didaktik.* Weinheim/Basel.

Klafki, Wolfgang (Hrsg.) (1985): *Neue Studien zur Bildungstheorie und Didaktik. Beiträge zur kritisch-konstruktiven Didaktik.* Weinheim/Basel.

Koda, Tomoko (2007): Cross-Cultural Study of Avatars' Facial Expressions and Design Considerations Within Asian Countries. In: Ishida, T./Fussell, S. R./Vossen, P. T. J. M. (Hrsg.): *Intercultural Collaboration (IWIC 2007).* Wien/New York, S. 207-220.

Kokemohr, Rainer (2007): Bildung als Welt- und Selbstentwurf im Anspruch des Fremden. Eine theoretisch-empirische Annäherung an eine Bildungsprozesstheorie. In: Koller, Hans-Christoph; Marotzki, Winfried; Sanders, Olaf (Hrsg.): *Bildungsprozesse und Fremdheitserfahrung. Beiträge zu einer Theorie transformatorischer Bildungsprozesse.* Bielefeld, S. 13-68.

Koller, Hans-Christoph (1997): Bildung in einer Vielfalt der Sprachen. Zur Aktualität Humboldts für die bildungstheoretische Diskussion unter den Bedingungen der (Post-) Moderne. In: Koch, Lutz/Marotzki, Winfried/Schäfer, Alfred (Hrsg.): *Die Zukunft des Bildungsgedankens.* Weinheim, S. 45-64.

Kompetenzzentrum Informelle Bildung (Hrsg.) (2007): *Grenzenlose Cyberwelt? Zum Verhältnis von digitaler Ungleichheit und neuen Bildungszugängen für Jugendliche.* Wiesbaden.

König, Eckard/Zedler, Peter (Hrsg.) (1989): *Rezeption und Verwendung erziehungswissenschaftlichen Wissens in pädagogischen Handlungs- und Entscheidungsfeldern.* Weinheim.

Krämer, Sybille (1998b): Sprache – Stimme – Schrift. In: *Paragrana* 7 (1998) 1, S. 33-57.

Krämer, Sybille (2000): Das Vergessen nicht vergessen! Oder: Ist das Vergessen ein defizienter Modus von Erinnerung? In: *Paragrana* 9 (2000) 2, S. 251-275.

Krämer, Sybille (Hrsg.) (1998a): *Über Medien. Geistes- und kulturwissenschaftliche Perspektiven.* Berlin.

Krol, Ed (1992): *The whole Internet user's guide and catalog.* Sebastopol, Calif.

Lachmann, Renate (1993): Gedächtnis und Weltverlust – Borges' memorioso – mit Anspielungen auf Lurijas Mnemonisten. In: Haverkamp, Anselm (Hrsg.): *Memoria. Vergessen und Erinnern.* München, S. 492-519.

Leschinsky, Achim (1988): Lebenslaufforschung – ein neues Paradigma sozial- und erziehungswissenschaftlicher Forschung. In: *Zeitschrift für Pädagogik* 34 (1988), S. 19-23.

Levinas, Emmanuel (1995): *Zwischen uns. Versuche über das Denken an den Anderen.* München.

Lewy, Guenter (2005): The Armenian Massacres in Ottoman Turkey. A Disputed Genocide. Salt Lake City (The University of Utah Press).

Lovink, Geert (2006): Zugriff verweigert. In: *Jungle World* (2006) 36. World Wide Web-Version: http://jungle-world.com/seiten/2006/36/8465.php [6.9.2006].

Lüders, Jenny (2006): *Ambivalente Selbstpraktiken. Eine Foucault'sche Perspektive auf Bildungsprozesse in Weblogs.* Bielefeld.

Lévy, Pierre (1997): *Die kollektive Intelligenz. Eine Anthropologie des Cyberspace.* Mannheim.

Løvlie, Lars (2008): Is there Any Body in Cyberspace? Ot the Idea of a Cyberbildung. In: Gross, Friederike von/Marotzki, Winfried/Sander, Uwe (Hrsg.): *Internet – Bildung – Gemeinschaft.* Wiesbaden, S. 31-44.

Maar, Christa/Burda, Hubert (Hrsg.) (2004): *Iconic turn. Die neue Macht der Bilder.* Köln.

Manfé, Michael (2005): *Otakismus: Mediale Subkultur und neue Lebensform. Eine Spurensuche.* Bielefeld.

Mannheim, Karl (1921): Beiträge zur Theorie der Weltanschauungsinterpretation. In: Ders.: *Wissenssoziologie. Auswahl aus dem Werk.* (2. Aufl.). Neuwied 1970, S. 91-154.

Marotzki, Winfried (1990): *Entwurf einer strukturalen Bildungstheorie. Biographietheoretische Auslegung von Bildungsprozessen in hochkomplexen Gesellschaften.* Weinheim.

Marotzki, Winfried (1991): Ideengeschichtliche und programmatische Dimensionen pädagogischer Biographieforschung. In: Hoffmann, Dietrich (Hrsg.): *Bilanz der Paradigmendiskussion in der Erziehungswissenschaft.* Weinheim, S. 81-110.

Marotzki, Winfried (1997): Digitalisierte Biographien? In: Lenzen, Dieter/Luhmann, Niklas (Hrsg.): *Bildung und Weiterbildung im Erziehungssystem. Lebenslauf und Humanontogenese als Medium und Form.* Frankfurt/M., S. 175-198.

Marotzki, Winfried (1999): Erziehungswissenschaftliche Biographieforschung. Methodologie – Tradition – Programmatik. In: *Zeitschrift für Erziehungswissenschaft* 2 (1999) 3, S. 325-341.

Marotzki, Winfried (2000): Zukunftsdimensionen von Bildung im neuen öffentlichen Raum. In: Marotzki, Winfried/Meister, Dorothee M./Sander, Uwe (Hrsg.): Opladen, S. 233-258.

Marotzki, Winfried (2003a): *Zur Konstitution von Subjektivität im Kontext neuer Informationstechnologien.* Baltmannsweiler.

Marotzki, Winfried (2003b): Online-Ethnographie – Wege und Ergebnisse zur Forschung im Kulturraum Internet. In: Bachmair, Ben/Diepold, Peter/Witt, Claudia de (Hrsg.): *Jahrbuch Medienpädagogik 3.* Opladen, S. 149-165.

Marotzki, Winfried/Niesyto, Horst (Hrsg.) (2006): *Bildverstehen und Bildinterpretation. Methodische Ansätze aus sozialwissenschaftlicher, kunst- und medienpädagogischer Perspektive.* Wiesbaden.

Marotzki, Winfried/Nohl, Arnd Michael (2004): Bildungstheoretische Dimensionen des Cyberspace. In: Thiedeke, Udo (Hrsg.): *Soziologie des Cyberspace. Medien, Strukturen und Semantiken.* Wiesbaden, S. 335-354.

Marotzki, Winfried/Stötzer, Katja (2006): Die Geschichten hinter den Bildern. Annäherungen an eine Methode und Methodologie der Bildinterpretation in biographie- und bildungstheoretischer Absicht. In: Marotzki, Winfried/Niesyto, Horst (Hrsg.): *Bildverstehen und Bildinterpretation. Methodische Ansätze aus sozialwissenschaftlicher, kunst- und medienpädagogischer Perspektive.* Wiesbaden, S. 15-44.

Matz, Reinhard (1981): Gegen einen naiven Begriff der Dokumentarfotografie. In: Kemp, Wolfgang/Amelunxen, Hubertus von (Hrsg.): *Theorie der Fotografie Band IV.* München, S. 94-105.

McLuhan, Marshall/Fiore, Quentin (1967): *The Medium is the Massage.* New York (reprinted ed.) 2001.

Medienpädagogischer Forschungsverbund Südwest (2007): *JIM-Studie 2007. Jugend, Information, (Multi-) Media. Basisuntersuchung zum Medienumgang 12- bis 19-Jähriger.* Stuttgart.

Meyer-Drawe, Käthe (1989): Lebenswelt. In: Lenzen, Dieter (Hrsg.): *Pädagogische Grundbegriffe.* Reinbek b. Hamburg, S. 923-930.

Mietzner, Ulrike/Pilarczyk, Ulrike (2003): Methoden der Fotografieanalyse. In: Ehrenspeck, Yvonne (Hrsg.): *Film- und Fotoanalyse in der Erziehungswissenschaft. Ein Handbuch.* Opladen, S. 19-36.

Milgram, Stanley (1967): The small world problem. In: *Psychology Today* 2 (1967), S. 60-67.

Mirzoeff, Nicholas (1999): *An introduction to visual culture.* London.

Mirzoeff, Nicholas (Hrsg.) (1998): *The visual culture reader.* London.

Mitchell, William John (1992): *The reconfigured eye: visual truth in the post-photographic era.* Cambridge, Mass.

Mittelstrass, Jürgen (1982): *Wissenschaft als Lebensform. Reden über philosophische Orientierungen in Wissenschaft und Universität.* Frankfurt/M.

Mittelstrass, Jürgen (1989): *Der Flug der Eule. Von der Vernunft der Wissenschaft und der Aufgabe der Philosophie.* Frankfurt/M.

Mittelstrass, Jürgen (2001): *Wissen und Grenzen. Philosophische Studien.* Frankfurt/M.

Mittelstrass, Jürgen (2002): Bildung und ethische Masse. In: Killius, Nelson/Kluge, Jürgen/Reisch, Linda (Hrsg.): *Die Zukunft der Bildung.* Frankfurt/M., S. 151-170.

Mörtenböck, Peter/Mooshammer, Helge (Hrsg.) (2003): *Visuelle Kultur. Körper – Räume – Medien.* Wien.

Müller, Hans-Rüdiger/Stravoravdis, Wassilios (2007): *Bildung im Horizont der Wissensgesellschaft.* Wiesbaden.

Nardi, Bonnie A./Schiano, Diane J./Gumbrecht, Michelle (2004): Blogging as Social Activity, or, Would you let 900 Million People Read Your Diary? In: *Journal for Social and Behavioral Sciences* 6 (2004) 3, S. 222-231.

Naumann, Barbara/Pankow, Edgar (2004): *Bilder-Denken. Bildlichkeit und Argumentation.* München.

Nolda, Sigrid (2001): Vom Verschwinden des Wissens in der Erwachsenenbildung. In: *Zeitschrift für Pädagogik* 1 (2001), S. 101-120.

Ober, Patricia (2005): *Der Frauen neue Kleider. Das Reformkleid und die Konstruktion des modernen Frauenkörpers.* Berlin.

Oelkers, Jürgen/Tenorth, Heinz Elmar (Hrsg.) (1993): *Pädagogisches Wissen.* Weinheim.

Oevermann, Ulrich (1976): Beobachtungen zur Struktur der sozialisatorischen Interaktion. Theoretische und methodologische Fragen der Sozialisationsforschung. In: Auwärter, Manfred/ Kirsch, Edith/Schroeter, Klaus (Hrsg.): *Seminar. Kommunikation, Interaktion, Identität.* Frankfurt/ Main, S. 371-403.

Panofsky, Erwin (1962): Studien zur Ikonologie. In: *Studien zur Ikonologie. Humanistische Themen in der Kunst der Renaissance.* Köln 1980, S. 29-61.

Petersen, Anita/Bente, Gary/Krämer, Nicole C. (2002): Virtuelle Stellvertreter: Analyse avatar-vermittelter Kommunikationsprozesse. In: Bente, Gary/Krämer, Nicole C./Petersen, Anita (Hrsg.): *Virtuelle Realitäten.* Göttingen, S. 227-253.

Pilarczyk, Ulrike/Mietzner, Ulrike (2000): Bildwissenschaftliche Methoden in der erziehungs- und sozialwissenschaftlichen Forschung. In: *Zeitschrift für Qualitative Bildungs-, Beratungs- und Sozialforschung (ZBBS)* 2 (2000), S. 343-364.

Pilarczyk, Ulrike/Mietzner, Ulrike (2005): *Das reflektierte Bild. Die seriell-ikonographische Fotoanalyse in den Erziehungs- und Sozialwissenschaften.* Bad Heilbrunn.

Projektgruppe Eisenheim (1973): *Rettet Eisenheim. Eisenheim 1844 – 1972. Gegen die Zerstörung der ältesten Arbeitersiedlung des Ruhrgebietes.* (3. Aufl.). Berlin.

Rasp, Markus (Hrsg.) (1997): *Contemporary German Photography.* Köln.

Rauhut, F./Schaarschmidt, I. (1965): *Beiträge zur Geschichte des Bildungsbegriffs. Eingeleitet und mit einem Anhang versehen von W. Klafki.* Weinheim.

Reid, Elizabeth (1999): Hierarchy and power: social control in cyberspace. In: Smith, Marc A. (Hrsg.): *Communities in cyberspace.* London/New York, S. 107-133.

Rheingold, Howard (1994): *Virtuelle Gemeinschaft. Soziale Beziehungen im Zeitalter des Computers.* Bonn.

Ricoeur, Paul (2004a): *Das Rätsel der Vergangenheit. Erinnern – Vergessen – Verzeihen.* (4. Aufl). Göttingen.

Ricoeur, Paul (2004b): *Gedächtnis, Geschichte, Vergessen.* München.

Rorty, Richard (1981): *Der Spiegel der Natur. Eine Kritik der Philosophie.* Frankfurt/M.

Rorty, Richard (1989): *Contingency, irony, and solidarity.* Cambridge.

Sachs-Hombach, Klaus (Hrsg.) (2005): *Bildwissenschaft zwischen Reflexion und Anwendung.* Köln.

Sagert, Dietrich (2004): *Der Spiegel als Kinematograph nach Andrej Tarkowskij.* Univ.-Diss., Humboldt Universität Berlin, 2004. Online-Version: http://edoc.hu-berlin.de/dissertationen/sagert-dietrich-2004-12-17/HTML/ [18.6.2008]

Sandbothe, Mike (2001): *Pragmatische Medienphilosophie.* Weilerswist.

Sandbothe, Mike/Marotzki, Winfried (Hrsg.) (2000): *Subjektivität und Öffentlichkeit. Kulturwissenschaftliche Grundlagenprobleme virtueller Welten.* Köln.

Sartre, Jean Paul (1993): *Das Sein und das Nichts.* Reinbek b. Hamburg.

Schäfer, Alfred/Wimmer, Michael (1999): Einleitung. Zu einigen Implikationen der Krise des Repräsentationsgedankens. In: Schäfer, Alfred/Wimmer, Michael (Hrsg.): *Identifikation und Repräsentation.* Opladen, S. 9-26.

Schäfer, Gerd/Wulf, Christoph (Hrsg.) (1999): *Bild – Bilder – Bildung.* Weinheim.

Schändlinger, Robert (1998): *Erfahrungsbilder. Visuelle Soziologie und dokumentarischer Film.* Konstanz.

Schapp, Wilhelm (1953): *In Geschichten verstrickt. Zum Sein von Mensch und Ding.* (3. Aufl.). Hamburg 1985.

Schleiermacher, Friedrich (1838): Über den Begriff der Hermeneutik mit Bezug auf F. A. Wolfs Andeutungen und Asts Lehrbuch. In: Schleiermacher, Friedrich: *Hermeneutik und Kritik.* Frankfurt/M. 1977, S. 309-347.

Schlette, Magnus/Jung, Matthias (Hrsg.) (2005): *Anthropologie der Artikulation. Begriffliche Grundlagen und transdisziplinäre Perspektiven.* Würzburg.

Schneider, Sigrid/Grebe, Stefanie (Hrsg.) (2004): *Wirklich wahr! Realitätsversprechen von Fotografien.* Ostfildern.

Schorn, Ludwig/Kolloff, Eduard (1839): Der Daguerreotyp. In: Kemp, Wolfgang/Amelunxen, Hubertus von (Hrsg.): *Theorie der Fotografie Band I.* München 1999, S. 56-59.

Schroeder, Ralph (2002a): *The social life of Avatars. Presence and interaction in shared virtual environments.* London.

Schroeder, Ralph (2002b): Social Interaction in Virtual Environments: Key Issues, Common Themes, and a Framework for Research. In: Schroeder, Ralph (Hrsg.): *The Social Life of Avatars. Presence and Interaction in Shared Virtual Environments.* London, S. 1-18.

Schroeder, Ralph/Axelsson, Ann-Sofie (2006): *Avatars at Work and Play. Collaboration and Interaction in Shared Virtual Environments.* Dordrecht.

Schulz, Pit/Lovink, Geert (1998): *Der Anti-Barlow.* World Wide Web: http://www.heise.de/tp/r4/artikel/1/1030/1.html [16.6.2008].

Schütz, Alfred (1945): Über die mannigfaltigen Wirklichkeiten. In: ders.: *Gesammelte Aufsätze Bd. 1: Das Problem der sozialen Wirklichkeit.* Den Haag 1971, S. 237-298.

Schütz, Alfred (1954): Don Quixote und das Problem der Realität. In: ders.: *Gesammelte Aufsätze Bd. 2: Studien zur soziologischen Theorie.* Den Haag 1972, S. 102-128.

Schütz, Alfred/Luckmann, Thomas (1984): *Strukturen der Lebenswelt. Bd. 2.* Frankfurt/M.

Schwanitz, Dietrich (1999): *Bildung. Alles, was man wissen muß.* Frankfurt/M..

Schwenk, Bernhard (1983): Erziehung. In: Lenzen, Dieter/Mollenhauer, Klaus (Hrsg.): *Theorien und Grundbegriffe der Erziehung und Bildung. Bd. 1.* Stuttgart, S. 386-394.

Sklovskij, Viktor (1916): Die Kunst als Verfahren. In: J. Striedter (Hrsg.) (1971): *Russischer Formalismus.* München, S. 5-37.

Smith, Marc A. (1999): Invisible crowds in cyberspace: mapping the social structure of the usenet. In: Smith, Marc A./Kollock, Peter (Hrsg.): *Communities in cyberspace.* London/New York, S. 195-219.

Srubar, Ilja (1988): *Kosmion. Die Genese der pragmatischen Lebenswelttheorie von Alfred Schütz und ihr anthropologischer Hintergrund.* Frankfurt/M.

Steele, Valerie (2004): *The corset. A cultural history.* (3. print). New Haven, Conn.

Stegbauer, Christian (2001): *Grenzen virtueller Gemeinschaft. Strukturen internetbasierter Kommunikationsforen.* Wiesbaden.

Stehr, Nico (1994): *Arbeit, Eigentum und Wissen. Zur Theorie von Informationsgesellschaften.* Frankfurt/M.

Stelarc (1996): Von Psycho- zu Cyberstrategien. In: *Kunstforum* 132 (1996) Nov.-Jan, S. 73-81.

Stephenson, Neal (1993): *Snow crash.* London.

Stojanov, Krassimir (2006): *Bildung und Anerkennung. Soziale Voraussetzungen von Selbst-Entwicklung und Welt-Erschließung.* Wiesbaden.

Strauss, Anselm L. (1993): *Continual permutations of action.* New York.

Stroß, Annette M. (2001): Die „Wissensgesellschaft" als bildungspolitische Norm? In: *Sozialwissenschaftliche Literatur-Rundschau* 42 (2001), S. 84-100.

Sturken, Marita/Cartwright, Lisa (2004): *Practices of looking. an introduction to visual culture.* Oxford.

Sumner, Angela M. (2004): Kollektives Gedenken individualisiert: Die Hypermedia-Anwendung „The virtual Wall". In: Erll/Nünning (Hrsg.) (2004): *Medien des kollektiven Gedächtnisses. Konstruktivität – Historizität – Kulturspezifität.* Berlin/New York, S. 255-276.

Tänzler, Dirk/Knoblauch, Hubert/Soeffner, Hans-Georg (Hrsg.) (2006): *Zur Kritik der Wissensgesellschaft.* Konstanz.

Tarkowskij, Andrej (1989): *Martyrolog. Tagebücher 1970-1986.* Berlin.

Tarkowskij, Andrej (1993): *Der Spiegel: Filmnovelle, Arbeitstagebücher und Materialien zur Entstehung des Films.* Berlin.

Tarkowskij, Andrej (2000): *Die versiegelte Zeit. Gedanken zur Kunst, zur Ästhetik und Poetik des Films.* München.

Tarkowskij, Larissa (1998): *Andrej Tarkowskij.* Paris.

Taylor, T. L. (2002): Living Digitally: Embodiment in Virtual Worlds. In: Schroeder, Ralph (Hrsg.): *The Social Life of Avatars. Presence and Interaction in Shared Virtual Environments.* London, S. 40-62.

Theunert, Helga (2007): *Integrationspotenziale neuer Medien für Jugendliche mit Migrationshintergrund.* World Wide Web: http://www.jff.de/dateien/integrationspotenziale_neue_medien_migration.pdf [October 18, 2007].

Thiedeke, Udo (Hrsg.) (2003): *Virtuelle Gruppen. Charakteristika und Problemdimensionen.* (2. überarbeitete und aktualisierte Aufl.). Opladen.

Thimm, Caja (Hrsg.) (1999): *Soziales im Netz. Sprache, soziale Beziehungen und Identität im Internet.* Opladen.

Turkle, Sherry (1995): *Life on the screen. Identity in the age of the Internet.* London.

Tynjanov, Jurij N. (1927): Über die Grundlagen des Films. In: Albersmeier, Franz-Josef (Hrsg.) (1995): *Texte zur Theorie des Films.* Stuttgart, S. 141-174.

van Straten, Roelof (1997): *Einführung in die Ikonographie.* (2., überarb. Aufl.). Berlin.

Vogel, Fritz Franz (2006): *The Cindy Shermans: inszenierte Identitäten. Fotogeschichten von 1840 bis 2005.* Köln.

Warne, Pam/Tolnay, Alexander (Hrsg.) (2007): *Zeitgenössische Fotokunst aus Südafrika.* Heidelberg.

Weinrich, Harald (2000): *Lethe. Kunst und Kritik des Vergessens.* (3., überarb. Aufl.). München.

Wells, Liz (Hrsg.) (2003): *Photography. A critical introduction.* (2. ed., reprinted). London/New York.

Welsch, Sabine (2003): *Ausstieg aus dem Korsett. Reformkleidung um 1900.* (2. veränd. u. erw. Aufl). Darmstadt.

Welsch, Wolfgang (1998): „Wirklich". Bedeutungsvarianten – Modelle – Wirklichkeit und Virtualität. In: Krämer, Sybille (Hrsg.): *Medien – Computer – Realität. Wirklichkeitsvorstellungen und Neue Medien.* Frankfurt/M., S. 169-212.

Welsch, Wolfgang (2000): Virtual to begin with? In: Sandbothe, Mike/Marotzki, Winfried (Hrsg.): *Subjektivität und Öffentlichkeit. Kulturwissenschaftliche Grundlagenprobleme virtueller Welten.* Köln, S. 25-60.

Welsch, Wolfgang (2001): Auf dem Weg zu transkulturellen Gesellschaften. In: *Paragrana* 10 (2001) 2, S. 254-284.

Welzer, Harald (Hrsg.) (2001): *Das soziale Gedächtnis. Geschichte, Erinnerung, Tradierung.* Hamburg.

Weniger, Erich (1952): Bildung und Persönlichkeit. In: Ders.: *Die Eigenständigkeit der Erziehung in Theorie und Praxis.* (2. Aufl.). Weinheim 1958.

Wetzstein, Th. A. (1995): *Datenreisende. Die Kultur der Computernetze.* Opladen.

White, Michele (2006): *The body and the screen. theories of internet spectatorship.* Cambridge, Mass.

Wiesing, Lambert (2005): *Artifizielle Präsenz. Studien zur Philosophie des Bildes.* Frankfurt/M.

Willke, Helmut (1999): Die Wissensgesellschaft. In: Pongs, Armin (Hrsg.): *In welcher Gesellschaft leben wir eigentlich? Bd. 1.* München, S. 259-280.

Wolf, Herta (Hrsg.) (2002): *Paradigma Fotografie. Fotokritik am Ende des fotografischen Zeitalters.* Frankfurt/M.

Wolf, Herta (Hrsg.) (2003): *Diskurse der Fotografie. Fotokritik am Ende des fotografischen Zeitalters.* Frankfurt/M.

Wolf, Naomi (1992): *The beauty myth. How images of beauty are used against women.* New York, NY.

Wulf, Christoph/Zirfas, Jörg (2005): *Ikonologie des Performativen.* München.

Yee, Nick (2007): *The Proteus Effect: The Effect of Transformed Self-Representation on Behavior.* World Wide Web: http://vhil.stanford.edu/pubs/2007/yee-proteus-effect.pdf [October 19, 2007].

Zillien, Nicole (2006): *Digitale Ungleichheit. Neue Technologien und alte Ungleichheiten in der Informations- und Wissensgesellschaft.* Wiesbaden.

Zirfas, Jörg/Jörissen, Benjamin (2007): *Phänomenologien der Identität.* Wiesbaden.

Zwiefka, Natalie (2007): *Digitale Bildungskluft. Informelle Bildung und soziale Ungleichheit im Internet.* München.

8 Stichwortregister

www.utb.de

Fit fürs Studium

Vom Basiswissen bis zum Prüfungstraining:

UTB bietet kompakte, aktuelle Lehrbücher und ein vielseitiges Programm.

Seit 40 Jahren.

UTB